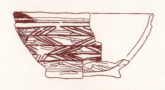

擦文土器の研究

古代日本列島北辺地域土器型式群の編年・系統・動態

榊田朋広
Tomohiro Sakakida

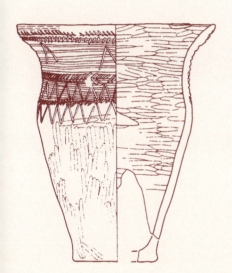
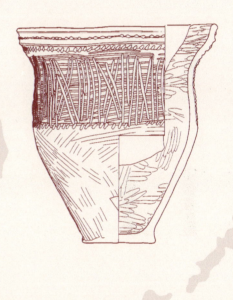

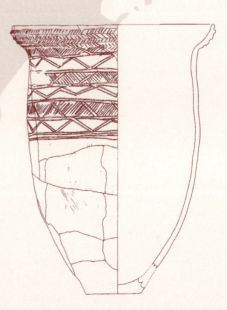

北海道出版企画センター

目次

序論　擦文土器研究の今日的意義と本書の目的 …………………………………………… 9

はじめに　11

第1節　擦文文化期の歴史的環境　11

第2節　擦文土器研究の射程　12

1　本書の目的①　土器編年の整備　12

2　本書の目的②　地域間交流論や集落論を射程にいれた土器編年の構築　14

第Ⅰ部　擦文土器研究史

第1章　擦文土器研究史からみた問題の所在と方法論の展望 ………………………… 19

はじめに　19

第1節　擦文土器編年研究の流れ　19

1　第Ⅰ期：擦文土器研究の揺籃期―土器の特徴の記述と時代的位置づけ―（1950年代まで）　19

2　第Ⅱ期：擦文土器編年の確立―編年案の共有と土器・文化系統観の対峙―（1950年代〜1980年代まで）　20

3　第Ⅲ期：資料の爆発的増加―編年案の林立と方法論的停滞―（1990年代〜現在まで）　26

第2節　本書の方法論　28

1　擦文土器の特質　28

2　擦文土器研究と土器様式編年　29

3　擦文土器研究と土器型式編年　30

4　本書の方法論　31

小結　33

第Ⅱ部　擦文土器の編年と系統

第2章　北大式土器の編年と系統 ………………………………………………………… 37

はじめに　37

第1節　北大式土器編年研究史と問題の所在・方法論の展望　37

1　北大式土器研究の黎明　37

  2　擦文土器成立過程研究としての北大式土器研究―「土師器母胎説」と「続縄文土器母胎説」からの評価―　39

  3　北大式土器編年研究の問題点　39

  4　北大式土器編年研究の今日的展望　41

  5　北大式土器の系統論的分析の留意点　42

第2節　後北C_2-D式土器と北大式土器の間　43

  1　「モヨログループ」の位置づけをめぐって　43

  2　後北C_2-D式、「モヨログループ」、「北大Ⅰ」の属性の抽出　44

  3　後北C_2-D式、「モヨログループ」、「北大Ⅰ」の属性分析　47

第3節　北大式精製土器甕の編年　49

  1　北大式精製土器甕の編年方法と手順　49

  2　北大式精製土器甕の属性の抽出と分類　50

  3　タイプと文様の組みあわせ　53

  4　遺構出土土器の検討　55

  5　北大式土器の細分型式の設定　56

  6　北大式土器各細分型式の出土状況の検討　57

第4節　北大式粗製土器甕の編年　60

  1　北大式粗製土器甕の分類　62

  2　北大式粗製土器甕の細分型式への編成　63

  3　北大式粗製土器甕の遺構出土状況　64

第5節　北大式注口土器・片口土器の編年　67

  1　北大式注口土器の編年　67

  2　北大式片口土器の編年　68

第6節　道央部における北大式土器の型式細分のまとめ　68

第7節　道央部以外の北大式土器　70

  1　道東・北部の北大式土器　70

  2　道南部の北大式土器　71

  3　東北地方の北大式土器　72

第8節　北大式土器の変遷の実態　73

  1　後北C_2-D式から擦文土器にいたる変化―タテの系統―　73

  2　隣接諸型式からもたらされた影響―ヨコの系統―　76

  3　隣接諸型式との関係からみた北大式土器の変遷の特質　78

小結　80

第3章　前半期擦文土器甕の編年と系統 …………………………………………… 83

　はじめに　83

　第1節　問題の所在と方法論の展望　83

　　1　問題の所在　83

　　2　前半期擦文土器甕の分析視点　86

　第2節　前半期擦文土器甕の編年　87

　　1　前半期擦文土器甕の分帯系列と一帯系列の分類　87

　　2　前半期擦文土器甕の遺構一括資料の検討　92

　　3　層位事例からの検証　93

　　4　前半期擦文土器甕の編年　95

　第3節　擦文土器甕における分帯系列と一帯系列のゆくえ　95

　　1　擦文土器甕の口唇部文様帯の発達と疑似口縁化　95

　　2　後半期擦文土器甕にみられる2系列の文様施文域　96

　　3　出土状況からの検証　97

　第4節　前半期擦文土器甕の系統と成りたち　97

　　1　桜井第一型式土師器甕と前半期擦文土器甕の関係　97

　　2　北大式土器と前半期擦文土器甕の関係　99

　　3　前半期擦文土器甕の成立と展開　102

　　4　前半期擦文土器甕の変容と後半期擦文土器甕の成立　106

　小結　107

第4章　後半期擦文土器甕の編年と動態 …………………………………………… 109

　はじめに　109

　第1節　後半期擦文土器甕の概要と先行研究の検討　109

　　1　後半期擦文土器甕を取りまく資料的環境　109

　　2　一括資料の様相からみた先行研究の今日的評価　111

　第2節　後半期擦文土器甕の分析視点　120

　　1　後半期擦文土器甕のモチーフの備わり方　120

2　モチーフに着目する意義　121

　3　モチーフの抽出と分類　123

第3節　後半期擦文土器甕のモチーフの変遷順序　128

　1　甕系第2段階のモチーフ　128

　2　後半期初頭のモチーフ　129

　3　後半期初頭以後のモチーフ　129

　4　一括資料からみたモチーフの分類と変遷順序の仮定　131

　5　複文様列土器のモチーフ共存状況の検討　137

第4節　後半期擦文土器甕の編年　146

　1　複文様列土器の分類　146

　2　単文様列土器の分類　148

　3　後半期擦文土器甕の編年　148

　4　層位事例からの検証　149

　5　将来的な細分の可能性について　151

　6　胆振・日高地方の後半期擦文土器甕の編年対比　152

第5節　先行研究との対比　154

　1　佐藤達夫の編年　154

　2　藤本強の編年　155

　3　塚本浩司の編年　155

第6節　後半期擦文土器甕の変遷と展開　157

　1　後半期擦文土器甕の変遷　157

　2　後半期擦文土器甕の展開　158

小結　163

第5章　擦文土器坏・高坏の編年　………………………………………………………　167

はじめに　167

第1節　擦文土器坏の時期区分　167

　1　擦文土器坏の編年研究小史　167

　2　東北地方土師器坏編年研究の現状　169

　3　擦文土器坏細分の留意点　170

　4　擦文土器坏の分析　170

5　擦文土器坏の時期区分　176

第2節　擦文土器高坏の時期区分　178

1　擦文土器高坏の編年研究小史　178

2　擦文土器高坏の分析　179

3　擦文土器高坏の時期区分　184

第3節　擦文土器坏・高坏の編年　186

第4節　東北地方土師器坏との編年対比　187

1　坏系第1段階に先行する坏について　187

2　非ロクロ製土師器坏との編年対比　187

第5節　擦文土器坏・高坏の変遷と展開　189

1　坏系土器の変遷と東北地方土師器坏　189

2　ロクロ製土師器坏の影響について　189

3　坏系土器の変遷の画期　191

小結　191

第6章　擦文土器の編年設定と成立過程の復元　195

はじめに　195

第1節　擦文土器の編年と変遷の実態　195

1　擦文土器の編年　195

2　擦文土器の変遷の実態　195

3　先行研究との編年対比　207

第2節　擦文土器の一括資料の成りたち　208

1　擦文土器編年研究における特定の一括資料を標式にみたてる方法の展開　208

2　一括資料を標式にみたてる編年から個別器種の地域性を読みとる方法の問題点　208

3　個別器種の編年と器種組成の編年を階層的に構成する方法の意義　209

第3節　擦文土器の成立過程をめぐる問題の検討　210

小結　212

第Ⅲ部　古代日本列島北辺地域における土器型式群の動態と擦文土器

第7章　トビニタイ式土器の編年と系統　215

はじめに 215

第1節 トビニタイ式土器編年の研究史と問題の所在 215

1 トビニタイ式土器の編年研究小史 215

2 トビニタイ式土器編年研究の問題点 217

第2節 トビニタイ式土器の分析視点 220

第3節 トビニタイ式土器の編年 222

1 トビニタイ式土器の属性の抽出と分類 222

2 トビニタイ式土器の属性分析 224

3 トビニタイ式土器の分類 228

4 個体資料の検討 228

5 出土状況からの検証 230

6 トビニタイ式土器の編年 232

7 トビニタイ式土器の型式論的特徴 235

第4節 オホーツク貼付文土器からトビニタイ式土器への変遷過程 235

1 研究の現状 235

2 トーサムポロ遺跡R-1地点から出土したオホーツク貼付文土器の特徴 237

3 トーサムポロR-1群の属性の抽出と分類 238

4 根室海峡周辺部のオホーツク貼付文土器一括資料の段階設定 239

5 知床半島以西のオホーツク貼付文土器の一括資料について 240

6 トビニタイ式土器の成立過程 240

第5節 擦文土器との編年対比 241

第6節 「トビニタイⅠ群」の再検討 244

1 「トビニタイⅠ群」の系統論的位置づけ 244

2 「トビニタイⅠ群」の編年的位置づけ 245

第7節 トビニタイ式土器の成立・展開・変容・終焉と擦文土器 247

1 トビニタイ式土器の成立・展開・変容・終焉 247

2 トビニタイ式土器から擦文土器におよんだ型式論的影響 250

3 トビニタイ式土器と擦文土器の型式間交渉とその推移 251

4 トビニタイ式土器の展開と擦文土器 251

小結 254

第 8 章　道南部擦文土器の編年と系統 …………………………………………………………… 257

はじめに　257

第 1 節　道南部擦文土器甕の変遷過程　259

1　道南部擦文土器甕の器形の検討　259

2　道南部擦文土器甕の文様の検討　262

3　器形と文様の検討のまとめ　263

第 2 節　道南部擦文土器甕の編年　263

1　札前遺跡出土土器群の分類と編年上の位置づけ　263

2　道南部擦文土器甕の編年と道央部以東との編年対比　266

3　道南部擦文土器甕の系統と独自性　267

4　「青苗文化土器」の評価　268

第 3 節　道南部擦文土器坏・高坏の変遷過程　269

第 4 節　道南部擦文土器と道央部以東擦文土器の交渉関係　271

1　道南部擦文土器の展開と道央部以東の擦文土器　271

2　甕系土器の口唇部文様帯の多様性とのかかわり　274

3　道央部以東の甕系土器浸透時における道南部の様相　275

小結　275

第 9 章　北大式土器と擦文土器の広域編年対比 …………………………………………………… 277

はじめに　277

第 1 節　広域編年対比　277

1　北大式土器の広域編年対比　277

2　擦文土器の広域編年対比　278

第 2 節　暦年代の検討　283

1　データの集成　283

2　各時期の暦年代の推定　288

第 3 節　擦文土器の終焉をめぐる問題の検討　289

1　擦文第 5 期の下限年代について　289

2　高坏消滅説の再検討　289

3　鉄鍋の受容から甕の終焉をよみとる方法の再検討　290

小結　291

総論　擦文土器の歴史的位置づけ　293

　はじめに　295

　第1節　各章の総括　295

　　1　擦文土器編年の設定と成立過程の復元　295

　　2　時空間的に隣接する土器編年の設定と擦文土器の広域編年上の位置づけ　297

　第2節　擦文土器の成立・展開・変容・終焉とその歴史的位置づけ　297

　　1　擦文土器成立前期―北大1式古段階～北大3式1類―　297

　　2　擦文土器の成立―擦文第1期前半～後半―　302

　　3　擦文土器の展開―擦文第2期前半～擦文第3期前半―　304

　　4　擦文土器の変容―擦文第3期後半～第4期後半―　310

　　5　擦文土器の終焉―擦文第5期―　313

　　6　擦文土器の通時的変動と画期　313

　　7　擦文土器の歴史的位置づけ　314

　第3節　本書の成果と今後の展望　315

　　1　擦文土器編年研究の展望　315

　　2　集落論・地域間交流論への接続　316

引用・参考文献　319

図表出典　342

あとがき　349

序　論

擦文土器研究の今日的意義と本書の目的

はじめに

　近年、日本列島北辺や北東アジアなど北方地域の歴史研究では、国家の「周辺」に位置づけられた地域の歴史叙述をめぐる学際的研究が活況を呈している。各学問は、「周辺」地域となんらかの形で関係するそれぞれの分野の資料を分析し、古代・中世社会を成りたたせしめる重要なファクターとして「周辺」地域のになった歴史的役割を浮かびあがらせる点で共通する。それは、「周辺」地域の歴史復元をとおして一国史的な歴史叙述を相対化する試みであり、すでに多くの成果が上がっている（蓑島 2001、天野他編 2009 等）。

　このような、日本史や東アジア史を「中心ー周辺」というマクロな視野にたってとらえる歴史叙述の基盤をなしているのは、各地域におけるミクロな歴史研究の実践である。そして、このミクロな地域史を復元するうえで、発掘調査にもとづく物質資料の蓄積とその考古学的研究の果たす役割が特に重視されている。その理由としては、物質資料のもつ資料論的性質、すなわち、時空間的な普遍性、文献の希少性・内容的断片性を補えるという利点（近藤 1976）、「中心」側の書き手の主観というバイアスに左右されない点（佐原 1999）などが、ミクロな地域史を活写するのに適しているためだと考えられる。また、文献史学の立場からは、「周辺」の様相を記した史料が「中心」にくらべて圧倒的に少ないことが、考古学研究に期待をよせる理由として挙げられている（小口 2010）。

　考古学においては、この「中心ー周辺」という概念と内容は異なるがよく似た構図をもつものとして、「中の文化ー北の文化・南の文化」という地域概念が提唱されている（藤本 1982b・1988）。それは、列島史を考古学的視点でマクロに通観する際の大まかな参照枠として今日でも有効に機能している（藤本 2009）。そして、この地域概念もまた、各地域のミクロな考古学研究の地道な積み重ねなくしては理解できないものであることは言うまでもない。

　さて、「中心ー周辺」であれ「中の文化ー北の文化・南の文化」であれ、ミクロな地域史復元に適する物質資料のなかで、年代の決定とかかわる土器は、最たる基礎資料に位置づけられる。本書は、北方の「周辺」地域あるいは「北の文化」に位置づけられる擦文文化期の北海道島に展開した土器研究の実践である。対象時期は、続縄文文化終末期から擦文文化終末期までであり、本州島の時代区分で言うと古墳時代中期〜平安時代末期におおむね相当する。

第1節　擦文文化期の歴史的環境

　続縄文文化終末期から擦文文化期は、北海道島内外の歴史における大きな画期である。藤本強（1988）は、「北の文化」について、稲作農耕社会を基盤とする国家の成立を経験しない、という生態的・社会的特質とともに、大陸との北の接点になりやすい、という地理的特質を挙げた（21－22頁）。近年の極東ロシアの考古学研究では、北海道島やサハリン島・千島列島の社会・文化配置が大陸諸文化からの北回りの影響によって質的に変容するのはオホーツク文化期からであることがわかっており（福田 2007）、このオホーツク文化の成立・展開期が続縄文文化終末期から擦文文化期に併行する。したがって、

この時期は、生態的・社会的・地理的に「北の文化」たる特質が浮かびあがるという意味で、北海道島内の歴史展開上の画期だと言える。

また、続縄文文化終末期に相当する6〜7世紀は、古墳文化など求心性の高い政治秩序を備えた諸王権・国家が隋・唐の建国など東アジアの情勢を受けて律令国家形成にのりだし、その枠外にある北海道島がおのずと「周辺」を担う地域の1つに位置づけられてゆく時期でもある。続縄文文化は諸王権・国家と決して無関係であったわけではなく、交易という形で直接的・間接的にかかわっていたことが注目されており（蓑島2001）、先述のオホーツク文化の展開も、このような東アジアの情勢と深く関わっていたと考えられている（臼杵2005）。続縄文文化と隣接諸文化との交流はそれまでの時期にも存在したが（熊木2003、青野2011）、その関係が「周辺」化のなかで政治的・経済的に再編されてゆくという意味で、続縄文文化終末期は道外諸文化との関係史の視点からみて大きな画期だと言える。

このように、続縄文文化終末期から擦文文化期は、考古学研究から提示された「北の文化」と古代・中世北方史研究でキーワードになっている「周辺」という2つの概念が、生態・社会・地理・政治・経済等さまざまなレベルでむすびつく時期なのである。換言すれば、続縄文文化終末期以降の「北の文化」の内実を考古学的に解明することは、北方の「周辺」地域史復元の寄与につながるのである。

第2節　擦文土器研究の射程

擦文土器研究の実践は、「北の文化」としての擦文文化の歴史叙述に盤石の基盤を築くための営為であると同時に、擦文文化研究を北方の「周辺」地域史研究のなかに位置づけるための出発点となる。擦文土器は、もともと相対的に遺物の種類が少ないと言われる擦文文化（藤本1982a：110－111頁）にあって普遍的に出土する考古資料であり、かつ個体資料や器種組成の異同を比較することで擦文文化と時空間的に隣接する諸文化とを分析的につないでゆける特徴をもつ。本書で実践する土器研究は、おもに土器編年に関するものである。擦文土器の編年研究は十分な蓄積を有しており、今日までに示された擦文土器全体の変化の方向性については、筆者も大枠で首肯できるものと評価している。そのため、こうした状況のなかであらたに編年案を提示することに対し、屋上に屋を架するようなものとの批判の声があがるかもしれない。そこで、ここでは擦文土器編年研究を今日実践することの意味と編年設定のねらいについて論じる。

1　本書の目的①　土器編年の整備

これまでの擦文土器編年の研究には、擦文土器のみを分析することで単系統的に設定されてきた経緯がある。しかし、擦文土器の諸属性は隣接諸型式との共時的交渉によって複数の系統から構成されていることはまちがいなく、個別属性の違いが通時的な変化としてではなく共時的な変異としてあらわれている可能性も考慮されなくてはならない。先行研究ではこうした問題意識が概して希薄であり、土器の微細な違いを十分検討せずに時期差とみなす研究はいまだに多い。もちろん、そうした違いに時期差が示されている可能性を完全に排除することはできないが、一方で、時間的細分一辺倒の姿勢ではある一時期における土器群の共時的な変異の振幅がみすごされてしまい、時間軸と空間軸で一体となる編年の

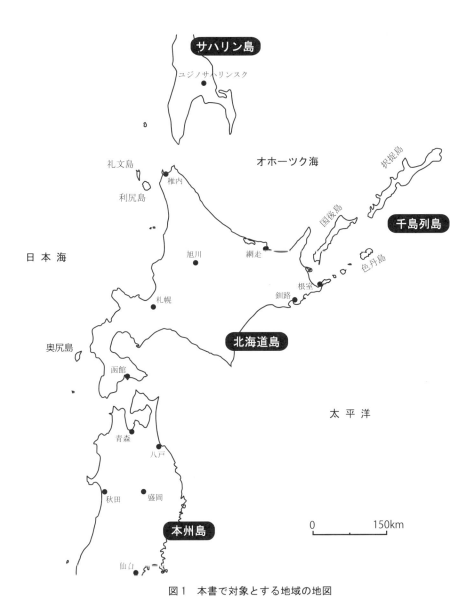

図1　本書で対象とする地域の地図

整備にも影をおとすことになりかねない。当然のことながら、編年の細分を志向するのであれば、時間軸とともに空間軸にも十分な配慮が必要である。したがって、本書では、土器同士の異同を通時的変化と共時的変異という2つの側面からともに検証可能な程度の細分にとどめる土器編年の設定をめざす。

また、〝空間軸への配慮〟とも関係するが、過細分により時間軸の検証不可能性が増すことで、考古学的な地域圏の抽出や地域性の把握に悪影響がおよぶことにも注意すべきである。文献史料や出土文字資料等から国・郡・村といった歴史的「地域」の外延をある程度検証しやすい本州島の古代・中世諸社会と異なり、擦文文化期の北海道島ではア・プリオリな「地域」設定ができず、編年的基礎にたったうえでさまざまな考古資料同士で地域間の異同を比較する、という手順を踏まえなければ、「地域」を論じることは不可能である。擦文文化研究においては、時間軸の検証不可能性は空間軸の検証不可能性を

序論　擦文土器研究の今日的意義と本書の目的

誘発して「地域」を検討できなくなること、そしてそれが考古学研究そのものを閉塞状況に追いこむことを強く意識しなくてはならない。だからこそ、擦文土器編年研究においては、設定する編年の目盛りを第三者による検証や議論を可能にする程度にあわせることも肝要なのである。

　近年の擦文土器編年研究には、蓄積した資料の集成・整理以外の目的を打ちだしたものがほとんどみあたらない。もちろん、こうした目的そのものは大変重要だと考えるが、それだけでは土器以外の研究課題との接点が曖昧になることも事実である。次章以降で詳しくみるが、実は擦文土器研究には今日でも解決されていない問題や、議論の俎上にも上がらない問題がいくつも残されている。また、編年研究のなかには、先行研究を十分に省みないもの、論理展開に相当無理のあるもの、生産的な議論をさまたげるような姿勢で出されたものもみられる。加えて、各論で展開される独自の分析視点や方法論が相互批判・検証にさらされることなく提示されつづけているため、結論のみが氾濫するという事態が招かれてしまっている。さらに、相対編年上の問題点や論点が明確に意識されないまま暦年代で土器が論じられるため、それらを再検討しようとする機運が高まらない。一見華々しいようだが、個々の編年研究のもつ可能性は固く閉ざされ、擦文文化の諸研究に対する発言力を持ち得ないまま、深刻な停滞状況にあるのが現状ではないか、というのがいつわらざる実感なのである。このような現状を打開するためには、擦文土器編年研究の問題点や論点をいま一度十分に把握し、適切な方法論を模索しながらその時々の資料水準のもとで編年を提示しつづける、という弁証法的営為を繰りかえしてゆくほかにないだろう。

2　本書の目的②　地域間交流論や集落論を射程にいれた土器編年の構築

　近年、擦文土器の個別器種を検討し、その広域分布や地域差をもとに地域間交渉の濃淡を読みとることで、地域間交流にアプローチする研究（中田 1996，瀬川 1996，天野・小野 2007，齋藤 2009）が盛んに提示されている。一方、近年の擦文土器編年研究では、特定の一括資料を標式にみたてることで設定する方法が主流になっている（仲田 1997，塚本 2002，八木 2010）。しかし、実は一括資料を標式とする編年によって個別器種の地域差を検討する視点は、方法論上の多くの問題点を内包している（第2〜第5章の成果を踏まえ第6章で詳細に論じる）。擦文土器編年研究では、編年がどのような認識レベルで地域間交流論に接続させられるのかを明確に意識し、丹念に方法論を鍛えてゆかなくてはならない。

　本書では、このような問題を意識し、系統論的視点を導入することで各時期の土器内容に隣接諸型式からの型式論的影響やそれらとの共時的交渉の有無・度合いによってもたらされる変異の振幅差を想定し、在地系統と外来系統の接触・交錯・融合・分岐・置換といった現象の時空間的展開を俯瞰できる土器編年を構成することをめざす。擦文土器が隣接諸型式といかなる共時的関係でむすばれて成りたっており、そしてその関係が通時的にどのように変動してゆくのか、という点を明らかにすることで、擦文土器の変遷を諸型式の共時的交渉の関係史としてとらえることができるだろう。そこから読みとれる土器の「動き」は、地域間交流と交流史の復元にも一定の発言力をもち得るものになると考えられる。

　ところで、近年、異文化同士の交易に注目が集まるなかで、本州で出土するいわゆる「北方系土器」（佐藤 1967・1975・1983・1983，高橋 1982，光井 1987・1990）や擦文土器に備わる特定の属性が、交易の様相を反映するものとして注目されている（鈴木 2004，瀬川 2005）。しかし、土器の「動き」が何らかの交流を反映していることは確かだとしても、それがいかなるヒトの動きの反映なのかは集落論や生業論

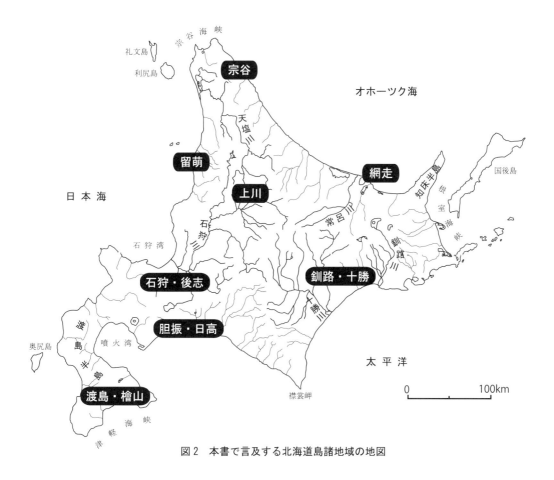

図2　本書で言及する北海道島諸地域の地図

など多方面の研究成果とすり合わせながら徐々に浮きぼりにされるべき問題である。十分な検討を踏まえずダイレクトに交易活動の反映とみなす考え方には、懐疑的にならざるを得ない。

　したがって、土器研究と集落研究を架橋する論理を備えた編年の構築がもとめられることになる。近年、交易に目がむくあまり、擦文文化の集落動態が「交易ありき」で説明し尽くされる傾向にある。しかし、擦文文化期の交易を過度に重視する視点に警鐘が鳴らされていること（笹田2013）を踏まえるならば、まずいったん交易と集落のあり方を切りはなし、各々を社会を構成するサブシステムとしてとらえなおしたうえで、編年的基礎にたって個々の遺物・遺構論を軸とする集落論を推しすすめ、"いかに交易がおこなわれていたか"を地域ごとに問うていく視点が必要である（榊田2014）。

　しかしながら、擦文文化の遺構出土土器は、1・2点の完形・略完形資料や細かな破片資料であることが多い。相対的に遺物の種類が少ない擦文文化にあって、もっとも普遍的な資料と言い得る土器でさえ、遺跡・遺構というコンテクストのなかで読み解く際にこのような状況に直面せざるを得ないのである。それゆえ擦文土器編年を構築する際には、少しでも多くの遺跡・遺構の時期認定をおこなえるよう土器1点1点の時期比定精度を高めようとする問題意識と努力がもとめられることになる。土器研究と集落研究を架橋する論理を備えた擦文土器編年は、すでに藤本（1972）によって提示されており、それを駆使した擦文文化の集落論・生業論も展開されている（藤本1982a）。本書は、藤本の擦文文化論を

序論　擦文土器研究の今日的意義と本書の目的

今日的な資料水準のもとで批判的に継承してゆく試みの一歩でもある。

　土器は、取りあげられる側面が研究目的に応じて多様になるのが普通であり、それゆえ歴史に対し多角的な発言力をもち得る。擦文土器においても事情は同じである。本書では、以上の2つの目的を各々有機的に関連する土器編年研究上の問題として意識し、「北の文化」としての擦文文化研究に盤石の基盤をあたえることをめざしたい。

　なお、本書では、図2にしたがい、渡島半島と奥尻島を含めた渡島・桧山地方を「道南部」、石狩川中・下流域から石狩湾沿岸部の石狩・後志地方および噴火湾東岸部から襟裳岬の胆振・日高地方を「道央部」、天塩川流域・日本海沿岸部北部から利尻・礼文両島や宗谷海峡を経由してオホーツク海沿岸部北部にいたる留萌・宗谷地方および石狩川上流域の上川地方を「道北部」、常呂川流域・オホーツク海沿岸部南部から知床半島北西岸部までの網走地方および知床半島南東岸部から根室海峡を経由して釧路川・十勝川流域にいたる釧路・十勝地方を「道東部」として、記述する。

第Ⅰ部

擦文土器研究史

第1章　擦文土器研究史からみた問題の所在と方法論の展望

はじめに

　擦文土器の編年は、資料の増加とともに今日まで細分がすすめられてきたが、擦文文化という歴史事象の背後に潜む居住者像のとらえ方によって擦文土器の定義や細分の根拠は左右されてきた。擦文土器編年研究の推移を理解するためには、その時々の資料水準などを視野に入れながら、各論で示された編年案や方法論の内容、およびそれらの妥当性と有効性を今日的視点から評価しなくてはならない。
　本章では、擦文土器編年研究の流れをおさえ、擦文土器の見方が編年研究の進展とともにどのように変わってきたのかを概観し、問題点や論点を明らかにする。

第1節　擦文土器編年研究の流れ

1　第Ⅰ期：擦文土器研究の揺籃期―土器の特徴の記述と時代的位置づけ―（1950年代まで）

　この時期の擦文文化研究史については、宇田川洋（1967）や斉藤傑（1971・1972）の諸論考に詳しい。これらにみちびかれつつ、土器編年に限定した研究の流れを把握する。
　擦文土器に対し、その特徴から「擦紋」の名称を最初に用いたのは新岡武彦（1931）である。河野広道（1935）は、調整痕や文様の特徴、器種といった細かな特徴を指摘し、新岡の言う「擦紋土器」の内容をより具体的な形で記した。そこでは、土師器や須恵器をともなって出土し、北海道島における「金属器文化」を代表する遺物として「擦紋土器群」と総称された。[1] 後年、擦文土器の文様の消長を説明し、時間的細分の可能性を提示した（河野 1955）。
　その後、名取武光（1939）は、刻文をもつものを「北海道式刻紋土器」、もたないものを「擦紋土器」とし、それらに土師器や須恵器などを含めて「擦紋式土器群」と総称した。その内容は河野の「擦紋土器群」と大同小異であるが、「北海道式刻紋土器」の形態に地方色があることを早くも指摘している。また、「擦紋土器」を「北海道式刻紋土器」と「土師器」の中間に位置づけ、「縄紋式土器の匂ひを多少伝へて居る」とし、「縄紋土器との関連が濃い」とされる「北海道式刻紋土器」や、「土師器」との違いに注意をはらっている。表現に曖昧さを残すが、そこには「擦紋式土器群」が縄文期の伝統を残す土器と土師器、そして双方の特徴をもつ土器など複数の系統から成りたっていることが示唆されており、続く第Ⅱ期の擦文土器に対する認識の枠組みが提示されていることは注目される。
　河野や名取の研究とともに、この時期の擦文土器研究を牽引したものに後藤寿一（1932・1934・1935a・1935b）の一連の論考がある。そこでは、江別市の竪穴住居址や墳墓群の調査と出土遺物に関する知見にもとづく副葬鉄器の内容や流入経路の推定、擦文土器の年代推定など、実証性の高い文化系統論や時代区分論が積極的に展開されており、河野・名取両氏の説をより強固にする一助となった。

河野、名取、後藤らの研究によって、擦文土器の歴史的位置と時間的・空間的細分の可能性が示されたと言えるだろう。このような、擦文土器研究の「基盤」が用意された時期を、研究史上の第Ⅰ期と呼ぶ。以後は、三氏の研究成果を引き継ぐ形で、多くの研究者によって擦文土器が分析されることになる。

2　第Ⅱ期：擦文土器編年の確立—編年案の共有と土器・文化系統観の対峙—（1950年代～1980年代まで）

戦後、北海道では網走市モヨロ貝塚の発掘調査を皮切りに、高等学校の郷土研究会や道外研究者による発掘調査が各地でおこなわれた。擦文土器研究も、発掘調査時の知見や出土資料の観察をとおして、次第に実証性の高さを増してゆく。やがて、各研究者によって土器編年案が提示されることになり、第Ⅰ期に用意された研究の基盤が強固なものになる。この時期を、研究史上の第Ⅱ期と呼ぶ。

土器編年の共通認識ができあがる過程には実資料にもとづく活発な相互批判と検証があり、そこから今日でも解決をみない見解のくいちがいや、今日的な資料水準からみて検討を要する考えも多く生み落とされた。ここでは、土器編年研究の流れと、擦文土器成立過程研究の流れに分けてみてゆきたい。

2−1　擦文土器編年研究の流れ

第Ⅱ期初期の論考のうち、後年の擦文土器研究に大きな影響をおよぼしたものに、名取ら（名取他1962）による白老町アヨロ遺跡の発掘調査と、桜井清彦（1958a）による東北地方北部での発掘調査にもとづく土師器の編年研究がある。前者では、おもに擦文土器の前半期にかかわる土器群があつかわれ、「擦文式土器A型」「擦文式土器B型」に分類された。「A型」には続縄文文化終末期の北大式土器も含まれており、後章で述べる型式区分上の問題がみられる点には注意を要する。ただし、それまでの研究では擦文土器が縄文土器や土師器などと対置される形で位置づけられていたのに対し、この論考は擦文土器を細分した最初のものであり、以後の第Ⅱ期の土器研究のなかで頻繁に引用されることになる。また、後者では、道外の調査・研究とはいえ、擦文土器成立の問題や年代を考えるうえで今日でも準拠可能な東北地方北部の土師器編年が提示された。すなわち、桜井第一型式・第二型式の2細分編年である。

その後、駒井和愛を代表とする東京大学による道東オホーツク海沿岸部の発掘調査成果が刊行された（駒井編1963・1964）。そこに所収されている駒井（1964）と佐藤達夫（1964）の論考では、アヨロ遺跡の成果や桜井の研究を下敷きとしつつ、道東部の後半期の土器をあわせた細分案が提示された。前者は、擦文文化の初頭から終末までの土器群をはじめて体系的に分類・整理した編年であり、俗に「東大編年」と呼ばれている。そこでは、擦文土器の主要器種である甕形土器[2]の細かな変遷過程が詳細に述べられており、今日的視点からみても修正を要しない土器分析結果として、研究史上重要な位置を占めることになった。

以後の擦文土器研究では、北海道は東大編年、東北地方北部は桜井編年がそれぞれ参照枠となり、編年の細分や暦年代の推定、成立過程や終末の様相に関する多くの論考が提出されることになる。菊池徹夫（1970）は、擦文土器をAからEの5つに分類した。そのなかで、「擦文式土器の成立に関しては、在来の伝統的な土器型式である続縄文式をベースとしながらも、本州、とくに東北地方の土師器が直接極めて大きな役割を演じている」と述べた。佐藤（1972）は、旧稿（佐藤前掲）に増加した資料を加え、緻密な型式論的分析をほどこし、非常に細かい編年案を提示した。藤本強（1972）は、道東常呂川下流

第1章　擦文土器研究史からみた問題の所在と方法論の展望

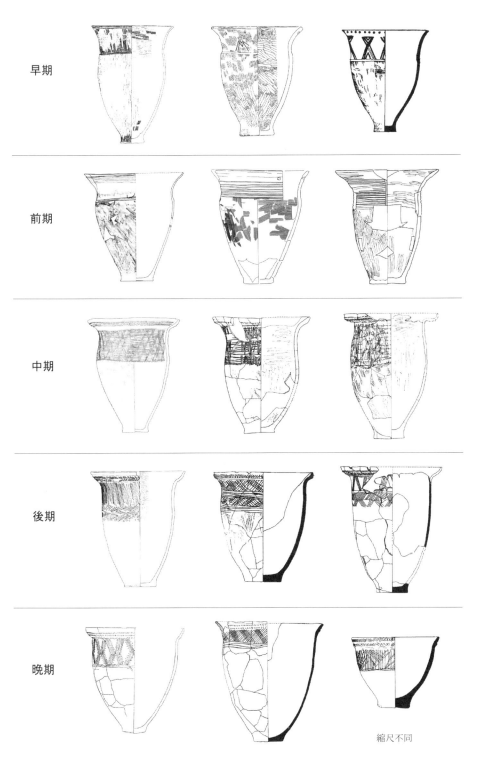

縮尺不同

図3　宇田川洋による擦文土器の5時期編年案

域の発掘調査で出土した遺構一括資料にみられる成形、整形、器形、施文、文様の5属性の備わり方をもとに、道東部の擦文土器をaからlまで12にグルーピングした。道東部の土器編年については、大井晴男（1972）の古手の擦文土器の分析によりさらに内容が深まった。宇田川洋（1980）は、各氏の土器編年案をまとめ、早期・前期・中期・後期・晩期という全道的な5時期編年案を提示した（図3）。これは、各編年の相違点を最大公約数的に包括したものであり、資料が増加した今日においても準拠が可能な参照枠となっている。また、各氏が考える擦文土器の変化の方向性に大きな隔たりがない一方で、時期の区分数や区分の仕方の違いは大きいことを明らかにした点も、宇田川編年の重要な成果である。このうち早期には北大式が含まれており、それは菊池（1970）が「プレ擦文式」と名づけたもの、大井（1970）が「擦文0」と名づけたものに相当している。石附喜三男（1984）は、擦文土器の成立に関する自身の見解（石附1965・1968）を踏まえたうえで、刻文土器の文様の推移を基軸とした6時期編年案を提示した。特定の文様や整形手法が時期差把握の根拠とはなりにくいことが指摘されるなど、細分の根拠にほかの研究者との違いが認められるが、土器の変化の流れに関しては共通の認識にいたっている。石附の編年と先述の菊池（1970）の編年には、擦文土器成立過程に関する考えの違いが反映されているが、これについてはすぐ後でみる。

　先述の藤本の編年のように、特定地域の集中的な発掘調査で出土した土器をもとに研究が提示されたことも第Ⅱ期の特徴である。松前町札前遺跡からは、それまでやや様相の不明瞭だった道南部にあって、白頭山－苫小牧（B－Tm）火山灰によって新旧関係をとらえられる遺構から膨大な量の土器が出土した。久保泰（1984）は、遺構一括資料をもとに編年案を示し、道南部の土器の地域性や変遷の独自性を明らかにした。このような特定地域にみられる土器の地域性の認識は、その後天野哲也（1987）の論考に受け継がれ、道南部、道北西部、道東部で土器の型式論的変遷が異なっていた可能性が指摘された。以後、このような地域ごとの資料の増加によって、擦文土器のもつ地域性にも積極的に目が向けられてゆく。

　一方、土器編年が地域ごとに進められるなかで、それまでの編年に対し疑問も示されるようになる。千歳市末広遺跡出土土器の一括資料をテフロクロノロジーの手法をもとに編年した根本直樹（1985）は、ⅰ）従来古いとされてきた文様と新しいとされてきた文様が遺構一括資料中に認められること、ⅱ）一括資料を編年の単位とするかぎり文様の異同の比較から時期差をみちびきだせない場合もあること、の2点を指摘した。小樽市蘭島遺跡群の土器を詳細に分析した大島秀俊（1988）は、北大式から後半期擦文土器までの整形手法は個体ごとで変異が大きいこと、頸部の段を装飾化したいわゆる「段状沈線」と単なる沈線文との間に時期差を想定できないこと、などを述べた。また、沈線のある坏とない坏がセットとしてみられる事例を示し、形態論で時間軸を設定することの危険性を論じた（大島1989）。これらの指摘は、特定地域の個別土器の徹底した分析に裏打ちされているがゆえに説得力があり、単なる地域性の問題としてかたづけることはできない。むしろ、個体ごとで変異が大きい擦文土器各器種の時空間的消長を遺構一括資料からいかに読み解くか、という擦文土器編年研究の根幹的な問題にせまっているという点で、近年の編年研究に対する重要な問題提起になっていると考える。

2－2　擦文土器成立過程研究の流れ

　土器編年が確立されていくのと同じころ、擦文土器の成立過程を解明する作業と関係して、北海道島

で出土する土師器の存在が問題にされるようになる。

　この問題を最初に体系的にあつかったのは石附（1965）である。石附は、北海道島における土師器の様相を明らかにすることが「擦文式文化の成立年代を決定するに際して重要な意味をもつ」との見方にたち、北海道島の桜井第一型式類似資料を集成した。そして、東北地方の桜井第一型式との相違点を指摘しながらも、「北海道においても、桜井第一型式に明らかに類する土師器の出土が認められる」こと、「個々の器種間において、多少なりとも東北地方のものとの相違が認められるのは、地方差であるとともに伝播に要した時間の差を示す」との考えを示し、[3]擦文土器の成立に土師器が関与した点を強調した。この論考では「各器種の土師器は、一つの遺跡あるいは遺構から、必ずしも全部がともに出土しないにしても、あくまでも全器種をこの型式に属するassemblageとして一体に把握すべきもの」であり、「この時期においては、甕、壺を擦文土器とし、坏、甑を土師器として、別個に分類するというようなものでは、決してない」とも主張された。以後、石附は擦文土器研究で一貫してこのような様式編年的視点をとることになる。後年、石附（1968）は、「擦文式土器が、その中に続縄文式土器の面影をまったくとどめて」おらず、「土師器が北海道に入ってきて地方化したとする可能性の強いこと」を述べ、擦文土器と土師器のつながりに重点をおく自身の立場を明確に示した。この「土師器母胎説」とも言うべき考えは、擦文土器成立過程をめぐる主要見解の一翼を担うことになる。

　石附の考えとニュアンスを異にする考えを示したのは菊池（1972）である。菊池は、擦文土器の成立には桜井第一型式土師器だけでなく北大式も介在したと考え、主として鋸歯状文様の型式論的変遷過程の復元をつうじて擦文土器が「結局は在来の続縄文式に連なる」という「続縄文土器母胎説」とも言うべき考えを示した。以後、擦文土器の成立過程をめぐっては、「土師器母胎説」と「続縄文土器母胎説」を両極とした独自の見解や問題提起が積極的に提示されることになる（佐藤1972, 上野1974, 高杉1975, 斉藤1967・1983, 渡辺1981, 横山1984・1990, 根本1985）。

　このうち、「土師器母胎説」を積極的に展開したのは斉藤傑である。斉藤（1967）は、石附同様に北海道島から出土した土師器の分析から問題に取りくみ、函館市湯ノ川出土例を「第一型式」、栗沢町由良出土例を「第二型式」、江別市江別兵村出土例を「第三型式」とし、各型式の器種ごとの違いを読みとったうえで、「東北地方の甕形そのもの」の「第一型式」から、「北海道的な変化」をとげた「第二型式」に変遷すること、および「第三型式」は「ロクロ使用による須恵器が伴出することによって明確に前の型式と区別」できることを論じた。また、「擦文文化の概念のきめてになるもの」として「住居址の構造と土器の組合せ」に注目し、ⅰ）擦文土器の器種組成も住居址構造も東北地方の土師器やそれを出土する遺構の伝播によって説明できること、ⅱ）北大式の器種組成が擦文土器と異なること、ⅲ）北大式を出土する住居址構造が明らかでないこと、の3点を根拠として「土師器母胎説」を支持した。後年、斉藤（1983）は、「土器は器として作られて」おり、「文様といったことよりも、第一義的に考えなければならないことは、土器の形であり、その器形の組み合せである」という器種組成のつながりを重視する立場を表明し、「擦文土器の組み合せが土師器の系統から生み出されてくる」ことから「擦文土器は土師器から生じた土器」であると結論づけた。

　一方、佐藤（1972）は、「続縄文土器母胎説」を緻密な型式論的分析によって支持した。佐藤は、北大式、

土師器、擦文土器それぞれの系統的変化を明らかにし、「土師器には土師器の推移があった」こと、「擦紋土器は新来の土師器が変化したというわけではなく、従来の続縄紋土器が土師器の影響下に変化したもの」と考え、「土師器母胎説」に異を唱えた。擦文土器の複雑な成立過程を系統論的視点によって解きほぐしている点に、それまでの研究にはない独自性がみられた。

このように、擦文土器成立過程の解釈をめぐっては、2つの「母胎説」がそれぞれ独自の論理や視点のもとで展開されている。そして、斉藤（1983）自身、2つの「母胎説」にみられる差が「擦文土器の成立に対して、そのどこに力点をおくかといった微妙な」ものだと論じているように、どちらの説にも一定の根拠があることが、問題を複雑にしている。[4] 事実、2つの「母胎説」それぞれの長所と短所を把握し、土師器と北大式という異系統土器同士の相互交渉のなかから擦文土器が生まれるという、二説の折衷的な考えも示されている（高杉 1975, 根本 1985）。「擦文式土器が、その中に続縄文式土器の面影をまったくとどめて」いないと言った石附でさえ、後年、擦文土器のなかに北大式の属性が認められることに注意をはらっているのである（石附 1984）。

このようななか、2つの「母胎説」を批判的に検討し、遺構一括資料の様相差を手がかりに土師器と北大式それぞれの系統的変遷の解明に取りくんだのが横山英介（1984・1990）である。横山（1984）は、「続縄文土器母胎説」には「擦文土器と続縄文土器とをその接点において区別することは全く不可能に」なり、「時代設定に際し何を画期として認定するか」という視点が欠如していることに問題があり、「土師器母胎説」には「土師器のみから擦文土器－刻み目文や鋸歯状文の施文される土器－が生じるという考え方は、型式学的側面からも無理」の多いことに問題があると述べた。そのうえで、まず、北大式、頸部に段のみをもつ甕、横走沈線文をもつ甕をグルーピングし、続縄文土器の文様の系統が認められるものに「a」、土師器の単一組成が認められるものに「b」の記号を与え、遺構一括資料を集成しその様相差を手がかりに「Ⅰa期・Ⅰb期」→「Ⅱa期・Ⅱb期」→「Ⅲ期」という変遷過程があると論じた。この考えは、北大式と土師器が異系統の土器として併存し（Ⅰ期・Ⅱ期）、やがて融合して擦文土器が成立する（Ⅲ期）、という構図になっている（横山 1990）。それまでの2つの「母胎説」の折衷的な見方（高杉 1975, 根本 1985）にくらべると、分析の根拠がより具体的に示された点を評価できる。

また、擦文土器と土師器の区別を明確に論じた点も重要である。北海道では同じ個体が研究者によって土師器と呼ばれたり擦文土器と呼ばれたり統一的な見解が示されず、特に頸部に横走沈線文をもつ甕について見解のくいちがいが顕著であることを指摘したうえで、次のように述べた。

「この種の甕（頸部に横走沈線文をもつ甕：筆者註）は、本州島北部でも特に北半部の地域、岩手県北部から秋田県北部を結ぶ北の地域に多く出土例がみられる。北海道でも数多くみられるものである。これなど、どこの地域でどのような系統のもとに形成されるかが1つの課題ではあるが、土師器の範ちゅうでとらえられるものである。したがって、北海道でもこれは土師器である。極言すれば、擦文土器は土師器である。ただ、これとともに土器群をなすもう一方の土器、刻線文の土器は、その独特な特徴からみて、土師器と呼ばないわけだから、そうなると、擦文文化の土器には、土師器・刻線文土器・須恵器の3者がみられるということになる。須恵器は別として、広義の擦文土器とは土師器と刻線文土器とをいうのであり、後者も文様など一部の要素以外、土師器と共通する土器というわけである（横山 1990：

24頁)」。

　この「広義の擦文土器」「狭義の擦文土器」[5]という概念は、第Ⅰ期に名取（1939）によって示された、刻文をもつものを「北海道式刻紋土器」、もたないものを「擦紋土器」とし、それらに土師器や須恵器などを含めて「擦紋式土器群」と総称する考えを、第Ⅱ期の資料水準に即して発展的に継承したものと評価できるだろう。[6]

　擦文土器成立過程をめぐる問題とその解釈については、横山（1990）の研究が一つの到達点だと言うことができる。というより、それ以後、この問題が積極的に論じられることはなくなった。その原因には、東北地方北部における資料の蓄積と土器研究の進展があったと考えられる。これについては、第Ⅲ期のところで詳しくみてゆきたい。

2-3　第Ⅱ期のまとめ

　以上、第Ⅱ期の擦文土器研究を概観してきた。内容は多岐にわたっているが、主要な論点は擦文土器の編年細分とその成立過程にかかわるものである。編年については、初頭の様相や編年区分の根拠に違いがあることをのぞけば、共通理解は得られている。各編年案を束ねた宇田川（1980）の5期編年によって、土器の変化の方向性が明示され、今日でも通用する擦文土器編年の大綱ができあがった。

　その一方で、成立過程については見解のくいちがいが大きい。そこでは、土師器や北大式との併行関係や型式論的連続性、および各土器型式（様式）のくくり方に対する認識の違いが、問題を一層複雑なものにしている。ただ、横山（1990）の総括的研究によって1つの見とおしがたてられたと言える。

　このように、第Ⅱ期は、発掘調査件数の増加にともない、出土資料や研究の質・量が飛躍的に向上した時期であった。なかでも土器編年の確立をみたことがやはり最大の成果と言うべきであり、第Ⅰ期に北海道島の「金石併用時代」として認識された歴史的一時期としての擦文文化の内実を、より緻密な時間軸と空間軸からとらえなおすことが可能になったのである。

　それでは、第Ⅱ期の研究内容を下敷きとしてそのまま近年増加した資料を解釈すればいいかと言えば、話はそう簡単にはいかない。なぜなら、提示された編年が個々の遺構一括資料と齟齬をきたしているという批判や、編年細分の根拠にされた土器属性の違いがどの程度まで時期差を示しているのかという疑問が、すでに第Ⅱ期において示されていたからである（根本1985、大島1988・1989）。注意すべきは、第Ⅱ期に提示された土器編年が、藤本（1972）のそれをのぞき全道の資料から組みたてられた大枠のものであること、そしてそれに対する疑問が範囲の狭い特定地域の土器群の分析から発せられたということである。すなわち、〝全道的な土器編年をいかに各地の土器様相に整合させるか〟という問題は、第Ⅱ期において解消されないまま残されたとみるべきなのである。

　また、こうした編年上の問題が解消されない状況では、必然的に横山（1990）が復元した擦文土器成立過程の構図には検討の余地が残されることになる。なぜなら、〝北大式と土師器が併存したのち融合して擦文土器が成立する〟という横山の認識は、北大式・土師器・擦文土器の通時・共時性が保証された編年が前提として存在していなければ、そもそも論証できない性質のものだからである。

　それではこれらの問題は、今日的な資料水準のもとで十分に検討されたのだろうか。このことに注目しながら、続く第Ⅲ期の研究状況をみてゆきたい。

3　第Ⅲ期：資料の爆発的増加―編年案の林立と方法論的停滞―（1990年代～現在まで）
3－1　地域間交渉論へのシフト

　1990年代以降、道内では土器をはじめとする考古資料が増加の一途をたどった。こうしたなか、札幌市K39遺跡長谷工地点の調査では、B-Tmテフラの堆積層との良好な堆積関係がとらえられた（藤井編1997）。さらに、後年調査された同市K39遺跡第6次調査地点（藤井編2001）では、擦文文化期の良好な堆積をなす複数枚の文化層が検出された。これらの調査成果によって、擦文文化の古い時期から新しい時期までの土器群の変遷を、B-Tmテフラとの上下関係も踏まえてとらえることが可能になった。各地の土器群を集成して前・中・後期の3時期に区分した全道的な編年案（中田ほか1999, 中田2004）は、このように質的な向上をみた資料群が基準にされている。澤井玄（2007）は、同様の資料群を対象に、大型の甕を「型式変化をもっともたどりやすい」器種と考える立場から前期・中期前半・同後半・後期前半・同後半という5期区分案を提示した。第Ⅱ期の編年研究同様に、甕の文様の特徴、特に多条横走沈線文が「文様→地文→消滅」と性質を変化させることに前・中・後期の大別区分の根拠をおき、その他の細かな変化をもとに中期と後期を前半・後半に階層的に細分している点に特徴がある。また、擦文土器と青森県の五所川原窯産須恵器の共伴例が増えたことにより、後者の年代観を参照して擦文土器の暦年代を詳細に論じることが可能になった。鈴木琢也（2006）は、五所川原窯産須恵器の編年を基軸とし、共伴する擦文土器の変遷過程をたどった。

　一方で、擦文土器の研究は、次第に編年や成立過程の復元から、地域同士の関係の強弱といった問題へと焦点がシフトしてゆく。そして、地域集団の動態を詳細にとらえるためのツールとして、各地のより細かな土器編年が要求されるようになった。たとえば、中田裕香（1990・1996）は道央部や道北日本海沿岸部の土器群の細分を、瀬川拓郎（1996）は道南部の土器群の細分をそれぞれ試みた。両氏の論考では、土器の地域的な特徴を抽出しその分布状況を確認することで、細分時期ごとの地域同士の交渉関係が考察されている。道東部では、松田猛（2004）が土器群を悉皆的に集成し編年案を提示している。各地の土器群の分類が緻密になされ、記述内容が豊かになったことは第Ⅲ期の成果の1つである。

　土器群の地域差と地域間交渉の復元をおこなった研究のなかで、もっとも細かな編年をもとに展開されたのは塚本浩司（2002）の研究である。塚本は、まず調査例の多い地域ごとに土器の変化の流れを押さえ、各地域の対応関係や年代を考えることによって細分編年を設定したのち、周辺の地域と比較しながら地域ごとのまとまりと地域差を考察した。なかでも、「最も形態の変化の激しい器種」とみなした坏・高坏の分類を編年の基軸にしたところに独自性があり、各地の土器群は計11期に束ねられた。

　このように、第Ⅲ期の特徴として、ⅰ）特定地域で断続的かつ爆発的に資料の量が増えたこと、ⅱ）札幌市の遺跡調査で得られたような層位学的知見や五所川原窯産須恵器の共伴事例の増加など、資料をめぐる環境の質が飛躍的に向上したこと、の2点が挙げられる。こうした状況を受けて、擦文土器研究はあらたに地域間交渉論へとシフトしていった。最近では、擦文土器の地域性を重視する天野哲也・小野裕子（2007）が、各地域で独自に変遷する擦文土器が地域間で交渉関係をもっていた、とする地域差と地域間交渉を総合する論を展開している。[7]

3-2　第Ⅲ期の土器研究にみられる問題点

　1980年代後半、東北地方北部の土師器研究では、宇部則保（1989）が青森県八戸地方で増加した資料をもとに桜井第一型式の細分案を提示するなど、あらたな動きがみられた。青森県では、その後も土師器細分編年案が盛んに提示されるようになる（三浦1994・1995, 齋藤2001, 宇部2000・2002）。そして、こうした研究動向は、東北地方北部の研究成果を北海道側にスライドさせることで擦文土器の広域編年対比や暦年代の推定を容易なものにした（仲田1997, 八木2007a・b・2008）。それまで、擦文土器の成立が東北地方北部の土師器の様相と密接に関係すると考えられていたことからすれば、東北地方側の土器研究成果が北海道側の研究者に受け入れられるのは当然のなりゆきだったと言えるだろう。しかし、このような研究の流れが、編年方法などに対する内省的検討の欠如をもたらし、第Ⅱ期までの擦文土器研究を批判的に継承しようとする視点を希薄なものにすることにもつながっている。

　たとえば、三浦圭介（1994）は、東北地方北部の多条横走沈線文あるいは段状沈線文のある甕や坏を含む土器群を「古代前期東北北部型土師器」と呼び、「この土器群はだいたい七世紀前葉ころに東北北部で発生」し、「北方では北海道全域がこの土器群で占められるようになると」考えた。そして、「東北地方北部では九世紀初頭段階で古代城柵が設置されている地域とまったく同様な律令的土器様相に一変し」、「八世紀末葉までは「古代前期東北北部型土師器」で一体化していた北海道と本州北部は、この時点で、津軽海峡を挟み分断されてしまうよう」だと述べた。三浦は、東北地方北部と北海道島の土器群に「古代前期東北北部型土師器」という同じ枠をはめ、東北地方北部との差異を強め独自の特徴的な土器に展開してゆく北海道島の土器群に「擦文土器」という名称を与えることで、「北海道においては本州と分断されたこの九世紀初頭に、「古代前期東北北部型土師器」を基盤にして擦文土器が発生し、それ以降本格的に独自の特徴的な土器に展開してゆく」という現象の説明を試みたのである。その説明の枠組み自体は、東北地方の様相も視野におさめた独自性の高いものとして評価できるが、第Ⅰ期・第Ⅱ期の研究で与えられてきた擦文土器に対する北海道側の考えが一切考慮されておらず、氏の「擦文土器」成立に対する説明が、それ以前の研究の脈絡からみて唐突であることは否定できない。

　問題は、その後に出された擦文土器研究が、こうした東北地方側の「擦文土器」のとらえ方を無批判に用いていることにある（塚本2002・2009, 八木2007a・2008）。すなわち、第Ⅱ期までの研究成果の批判的な継承作業を経ないまま、「擦文土器」のとらえ方が東北地方から外挿されたために、擦文土器研究全体をとおしてみた時の問題点や論点が覆い隠されてしまったのである。事実、第Ⅱ期に指摘された資料の実態と土器編年の不整合という問題（根本1985, 大島1988・1989）は棚上げされたままとなり、第Ⅲ期のあらたな編年案の提示を受けても解決をみていない。それどころか、第Ⅱ期はもとより第Ⅲ期においても土器編年の俎上にのせられない資料が、特に甕において確実に増加している。

　これに加えて、分析結果に対する相互批判の乏しさが、こうした状況をさらに悪い方向にみちびいている。実際、第Ⅲ期では、各分析方法や着眼点でどのようなことが判明しどのような限界があるのか、擦文土器研究の方法論的検討がまったくと言っていいほどなされていない。結果的に、多様な結論が林立し、それが土器編年研究上の問題点や論点を覆い隠し、方法論が検討されないままあらたな結論が生み落とされる、という負の循環に陥ってしまっているのが現状ではなかろうか。

近年では、東北地方北部と北海道島を同一土器圏としてくくることを問題視する東北地方の研究者も増えており（宇部2007，八木2007a）、編年上の問題にとどまらず、擦文土器の認識についても検討を要する必要にせまられている。こうしたことからも、本来であれば第Ⅱ期の研究成果を今日的な資料水準のもとで批判的に検討し、擦文土器の内容を十分掘りさげたうえで東北地方側の研究成果に対応していくのが順当なはずなのだが、総じて第Ⅲ期の研究はこうした取りくみに乏しいと言わざるを得ないのである。少なくとも、論点を整理したうえで編年を提示しないかぎり、東北地方側の研究成果をいくら取りいれたところで擦文土器研究そのものは前進しないだろう。本書では、各氏の方法論の長所は積極的に評価し、短所については綿密な批判的検討を加えながら、問題に1つ1つ取りくんでゆきたい。

第2節　本書の方法論

前節で先行研究の問題の所在を明らかにしたが、誤解のないよう述べると、筆者は分析視点を統一するべきなどと断じるつもりはない。むしろ逆で、先行研究の方法論や編年との対比をきちんとおこない、第三者による検証可能性を保持しさえすれば、資料に応じた複数の土器編年方法の使い分けはなされてよい、というのが本書の立場である。

1　擦文土器の特質

本書であつかう時代には、「続縄文」「擦文」「オホーツク」といった北海道独自の名称が与えられている。擦文文化期は本州の時代区分で言う奈良時代・平安時代に並行し、歴史学的な区分ではおおむね古代にあたる。日本考古学では、文献による記録がみられる時代以降を歴史時代、それ以前の無文字社会を先史時代として便宜的に区分するのが一般的である。それぞれの時代をあつかう考古学は歴史考古学・先史考古学と呼ばれ、用いられる理論や方法、資料の性質、分析対象を取りまくコンテクストなど、多くの違いがある。奈良〜平安時代の考古学は、歴史考古学の範疇に含まれる。

それでは、以上のような日本考古学の伝統的区分を擦文文化期に適用できるだろうか。今日まで、当該期の北海道島の物質資料を直接的に示す文献史料は存在しない。したがって、定義だけをみれば擦文文化期は先史時代ということになる。しかしながら、近年の資料の蓄積と研究の進展によって、当該期の北海道島と本州島の諸文化が密接に関係したことが明らかにされている。となると、当該期の北海道島が本州島古代社会と接合する途上にあったという見方（瀬川2005）にも説得力はある。すなわち、擦文文化期には、〝先史時代にあって先史時代にあらざる〟、あるいは〝歴史時代にあって歴史時代にあらざる〟、という日本考古学上きわめて特異な性質が備わっているのである。

この性質は、擦文文化期の物質文化に対する我々の解釈にも少なからぬ影響をおよぼすと思われ、土器も例外ではない。擦文土器の生産体制や流通・消費の形態が本州島古代社会と同じだという保証はまったくないので、本州島の古代土器の分析のために鍛えあげられてきた方法論や研究をつうじて形成されたパラダイムのもとで擦文土器の編年、成りたち、変遷といった問題を解明できるとは考えにくい。しかし、同じことは先史土器との対比においても言えるわけであり、東北地方古代土器などと強い接点をもっていた擦文土器を先史土器研究的な方法論やパラダイムのもとでとらえられるのかどうかという

ことは、十分な検討を要する問題である。すなわち、擦文土器とは、先史土器と古代土器の〝狭間〟に位置づけられる特異な土器だと理解されよう。

　同じ土器群を編年するとしても、先史土器研究的な方法を用いるか古代土器研究的な方法を用いるかによって、時間軸と空間軸の切りとられ方はまったく異なったものになる。前節２－２でみた擦文土器成立過程に関する認識の齟齬は、まさにこのような方法論上の違いによって生じている。先にみたように、各認識は固有の論理で支えられているためにどちらか一方を切り捨てることはできず、異なる土器編年観や文化観が相互検証のなされないまま並立していた。なかには、別々の論理によって組みたてられた編年観や文化観が混用されるものもある。このように混沌とした状況が整理されず容認されているのが今日の擦文土器研究だと言っても過言ではなく、擦文土器が先史土器と古代土器の〝狭間〟に位置づけられることと、編年認識上の〝溝〟とも言うべきものが存在していることは、決して無関係ではない。

　少なくとも擦文土器の編年研究においては、本州島先史・古代土器の編年方法を単純に外挿するのみでは、編年認識上の〝溝〟は一向に埋まらない。各方法論の有効性と限界性をみすえ、資料に応じた方法論の検討をその都度徹底的におこなうことが肝要となる。

２　擦文土器研究と土器様式編年

　そこで、まず、近年主流になっている擦文土器の様式編年的な分析に関する留意点を挙げたい。

　小林行雄の一連の論考（小林1930・1931・1932・1933，小林編1939，小林他1943）で示された土器様式の概念は、研究とともに変化していったことが知られている。贄元洋（1991）による学史的整理では、①型式を分割したり統合したりいわば任意に設定される様式（小林1930・1931・1932）→②美術史の概念を導入して捉えられた「斉一性概念としての様式」（小林1933，小林編1939）→③遺跡での出土状況から設定される同時性を根拠としている「型式群としての様式」（小林他1943）、という順番で変化していること、小林（1959）による「弥生式土器の研究においては、器形による手法の差がはげしいので、壺の形式に属するＡ型式と甕の形式に属するＢ型式とが同時に存在したことをみとめ、Ａ・Ｂ両型式の同時性をあらわすために、それらが同じＸ様式に属するという説明方法をとっている」（297頁）という著名な解説も「型式群としての様式」の概念規定であり、そこでは「斉一性概念」は影をひそめていること、などが明らかにされた。

　一方、辻秀人（2005）は、「斉一性概念としての様式」を再評価し、小林の言う形式を「イメージとして共有される同じモデル（描かれざる設計図）によって作り出された斉一性のある最小単位のまとまり」である「細別器種」に置きかえ、「斉一性の認められる細別器種を様式要素とし、斉一性をもつ細別器種の集合体として様式を把握」する考えを提示した。これを踏まえて辻（2007b）は、「細別器種は当時の人々が用いた道具」であり、「主要な細別器種を共有し、それらが同様の型式変化を遂げる地域は、同じ道具を使う人々の広がりと対応」し、「同じ道具を使う人々は、道具の使い方、つまりは生活の仕方が共通」し、「主要な細別器種の組み合わせとその変遷を同じくする土器群は、同じ生活様式を持つ人々の反映として、土器様式として認識することが可能である」という考えのもと、擦文土器成立前後の土器群を全体に栗囲土器様式に類似する特徴をもつことを根拠に「北海道型栗囲土器様式」と呼んだ。こ

の研究では、統一された分析視点によって北海道島〜東北地方南部の土器群の異同が浮きぼりにされた。

　しかし、そこでは同時に、北海道島の土器群に東北地方と異なる様式構造もみいだされている。そのようななかで「栗囲土器様式」の地方型ともとらえられるような名称をあたえることは、はたして擦文土器の内容を掘りさげてゆくうえで適切なのだろうか。そもそも、土器様式論だけでは擦文土器（正確には北大式も）の一面しか浮きぼりにならないことは、研究史上の第Ⅱ期で展開された擦文土器成立過程をめぐる論争が明らかにしていることである。[8] 擦文土器は北海道島在地系統土器と東北地方系統の土器の接触によって形成され、東北地方土師器とは明らかに異なる成りたちを内包させながら展開するのであり、様式概念の背後に措定される「同じ主体（人間集団）」（辻 2005：9頁）という枠組みを北海道島と東北地方の土器群に当てはめられるとは考えにくい。事実、辻（2007b）もこの時期の北海道島では在地の人々が「北部型栗囲土器様式」を受けいれ模倣したと考えている。

　ほかに土器様式論の適用に際して注意したいのは、いわゆるエティック／エミックの問題（小杉 2006）である。我々が「甕」「坏」など同じ形式（「細別器種」）にカテゴライズするものが、北海道島と東北地方それぞれの製作・使用者によって同じ意味を付与されていたとは断定できない。それは各形式（「細別器種」）の数量比や出土状況、製作と使用の場の復元など、諸コンテクストを加味した総合的な比較によって検討されるべき問題であって、分類の前提におくべきではない。たとえば、北大式に共出する坏には甕と同様のスス・コゲ痕が付着していることが多く、擦文土器坏・高坏にも同様の例は散見される。東北地方北部の古墳時代土師器坏に炭化物の付着する例があることを指摘した宇部（2007b）は、それが煮炊き具としても使われたと考え、東北地方南部の同器種との使用方法の違いをみいだしている。これらは、道具としての機能が形式（「細別器種」）と一対一対応するとはかぎらないことを示す事例であり、東北地方南部で設定された「細別器種」概念がどの範囲まで適用できるのか、という問題を提起する。実際、辻（2007b）も、東北地方南部と北部・北海道島で土器の使用方法に違いがあることに注意をはらっている。

　高橋照彦（1999）は、本州島の古代土器に「律令的土器様式」という概念（西 1982）を適用することの問題を論じるなかで、土、木、金属などさまざまな材質の器からなる平安時代の食膳具を例にだし、古代以降の食膳具に土器様式論を適用することで生じる問題を指摘している。これが擦文土器の場合、「土製食膳具」というカテゴリーを設定することそのものが検討すべき問題となるのであり、当該期の北海道島の土器群に土器様式論を適用するのがいかにむずかしいかがわかるだろう。[9]

　誤解のないよう述べると、ここでの批判は、小林や辻の土器様式論の全面的な否定を意図するものではない。結論を先どりすることになるが、本書で設定する擦文土器編年は、その一面を「型式群としての様式」という見方で評価できるものである。ただ、土器様式論ではとらえつくせない土器が古墳時代や古代の日本列島に存在し、それが北大式や擦文土器などこの時期の北方地域に展開した土器なのだということを、ここでは強調したいのである。

3　擦文土器研究と土器型式編年

　次に、日本列島の先史時代土器研究の主流である型式編年的な方法で当該期の土器をあつかう際の留意点を挙げたい。当該期の土器編年を型式論によって設定した代表的な先行研究は佐藤達夫（1964・

1972）の論考であり、近年では柳澤清一（2007）が、佐藤の型式論的な編年を継承することを自認し、「北方編年体系の見直し」を試みている。しかし、これらの研究には出土状況からの検証が不十分だという問題が指摘されている（桑原1976, 高瀬2002, 榊田2009c, 榊田・熊木2014, および本書第7章註3）。特に柳澤の研究には、遺跡表土や遺構覆土など堆積時期の不明な土層、遺跡形成論的な根拠にもとづく堆積過程の記録がなされていない土層、包含遺物の全容が十分記録されていない土層などを層位事例としてもちだすなど、問題が多い。当該期の土器研究における出土状況からの検証に際して留意すべき点については、次項で述べる。ここでは、型式論による土器編年は出土状況からの検証が不十分であるうちは論証に耐えない、という基本的事項を確認しておきたい。

　山内清男（1935・1937）は、土器型式の年代順が「層位」ないし「層位又はその他の自然現象」によって完備されることを論じている。一方で、各型式の年代順が「層位」ないし「層位又はその他の自然現象」によって完備しないとき、型式内容を比較することで型式の年代的位置をさだめる方法を、仮の「推定」と明言している（山内1935）。山内はこの区別の理由を詳しく論じていないが、それはよく考えればきわめて明白である。形態の複雑化や単純化、文様の交替、文様の出現や消滅・盛行や衰退など、一般に型式論的変化とされる現象には時間性が内包されている（例：「形態が単純から複雑に変わる」「文様が●●から◆◆に変わる」「●●という文様が出現する（消滅する）」等）。そのため、型式論のみで年代順を定めることは「年代的変化を前提として年代順を定める」というトートロジーに陥るのであり、論証という営為がなりたたないのである。山内（1937）は、「任意の物件を並列し、独断によつて古かるべきものを決め、それに照して新しきものを推定する様な所謂型式学」をきびしく戒め、「層位又はその他の自然現象に應じて年代順を定め」たのち「文物の変遷をみるのが順序」（29－30頁）だと述べていることからも、型式論による土器編年において論証と「推定」を明確に区別していたと理解できる（小杉1995：65－69頁）。

　以上から、層位等の出土状況からの検証作業は、型式編年の論証に不可欠だと理解できる。[10] 逆に言えば、層位事例等のかぎられているなかで型式論のみによって年代を仮設する論考はすべからく論証不十分だと言えるし、[11] 報文中に記載された出土状況を恣意的に操作して型式論的「推定」が論証されたかのように論じるたぐいの論考（柳澤2007）は論理の破綻と紙一重の関係にある。[12]

　北海道島では、時期・地域によって良好な層位事例や一括出土事例がかぎられており、型式論による編年では論証に耐えない場合が多い。本書の具体的な分析をとおして、擦文土器や隣接諸型式の編年を型式論一辺倒の姿勢で設定することがむずかしい、ということが明らかになるだろう。

　誤解のないよう述べると、筆者は型式論による細分が擦文土器や隣接諸型式の編年整備に有効な方法の1つであることは否定しない。ただ、時期ごと地域ごとの土器の実態や土器を取りまく環境を十分考慮せずに型式論のみで土器の変化を説明し尽くそうとする狭隘な姿勢が、擦文土器の型式編年的な検討の有効性や可能性を著しく損なう結果につながることを強調したいのである。[13]

4　本書の方法論

　どの時期どの地域であれ、「土器」と「出土状況」の2つを手がかりにしない土器編年はあり得ないだろう。換言すれば、この2つの手がかりを原理とする方法を駆使することで、先史土器研究的な方

法にも古代土器研究的な方法にも開かれた編年を提示できると考えられる。そのようなものとして、本書では土器群の変遷順序を仮定し出土状況から検証をおこなう、というオーソドックスな方法を重視する。

本書であつかう土器の大半では、層位事例など出土状況からの検証が可能な事例が時期・地域ごとに偏っているため、遺構一括資料から編年を設定する方法が主体となる。これまでの擦文土器編年で用いられた遺構一括資料の出土状況を丹念に検討すると、床面出土資料だけでなく覆土出土資料もあわせて抽出されたものが多い（横山1984, 仲田1997, 塚本2002, 八木2010）。細分時期の時間幅は、共伴する鉄器・ロクロ製土師器・須恵器、広域テフラの年代観を参照すれば（塚本2002）、宇田川（1980）の編年で言うと一時期あたり100年前後と考えることができる。[14] 近年の編年ではそれがさらに細分されているわけだから、一時期あたりの年代幅は100年前後未満という非常に短いものになっていることになる。しかし、たとえば覆土の堆積が我々の設定し得る一時期以上の時間幅をもって進行していた場合、覆土・床面双方の出土土器を一括資料とみなす方法には問題が出てくる。そして理屈のうえでは、もとめる一時期あたりの年代幅が短くなればなるほど、床面と覆土との堆積時間の差がもたらす影響は深刻になるはずである。特に北海道などの寒冷地域では、河川の沖積作用の活発な低地などをのぞけば、本州側に比して自然堆積層の形成速度が緩慢になり遺構覆土の堆積に時間がかかることも、覆土出土資料のあつかいに注意を喚起するだろう。この問題は、擦文文化期の竪穴住居址のくぼみが現代でも埋まりきっていない状況（藤本1982a）などをみれば明らかであり、道内でも特に寒冷な気候下にある道東・北部での出土状況は、慎重に吟味されなければならない。

したがって、編年の細分をめざすのであれば、床面出土資料にかぎった一括資料を抽出することが分析の出発点になると言っても過言ではない。遺構の土層堆積や土器の出土状況に関する記載は、報告書によって統一されていないため、本書では、覆土出土資料や出土層位の記載がない資料については分析対象からはずしている。また、細かい破片資料は、完形・略完形資料にくらべ混入の可能性が高いと考えられるため、まず完形・略完形資料で編年を設定したうえで混入か否かを判断するのが順当だと判断する。そのため、細かい破片資料は、たとえ床面出土と記載されていても分析対象からはずす。さらに、竪穴住居址屋内カマドの袖に芯材として埋めこまれている土器は、住居廃棄時点の一括資料との間に時期差をもつ可能性があるため、分析対象からはずす。分析資料の抽出には、以上の原則を課した。

ところで、床面出土の一括資料といえども、それから知られるのは廃棄時の同時性であり、製作時の同時性までは認定できない。そのため、土器製作後の使用期間に長短があれば、製作時期の古い土器と新しい土器が同時に埋没することはあり得る。これは、土器生産遺構が検出されないゆえにかぎりなく製作時の実態に近い一括資料に恵まれない擦文土器の編年を設定するうえで、強く意識するべき点である。わずかな例の一括資料を眺めるだけで異時期の資料の混在を認定するのはまず不可能であり、全一括資料を集成し、床面で共伴する土器群の特徴を定性的に把握することが不可欠となる。しかし、先行研究では、数例の一括資料を編年の標式にみたてる一方で、その一括資料がなぜ標式足りうるのかが詳らかにされてこなかった。仮に一括資料が層位的に検出されていようとも、あるいは出土土器の個体数や組成が良好であっても、数例の一括資料は全一括資料群の一部にすぎないことを意識する必要がある。

もちろん、設定し得る一時期内のすべての一括資料が同時に廃棄されたわけはないだろうから、たとえ以上のような作業を経たとしても、各一括資料から抽象された土器群のまとまりがある程度の時間幅をもつことは避けられない。ただし、資料が増えるたびに既存の時間軸を検討し、その時々の一括資料の様相との整合を図りつづけた結果が、前とくらべてより「廃棄時の同時存在」の実態に近づいていると評価することは可能であり、このような作業をおこなう前と後とでは、得られる時間軸の精度が格段に異なると予想されるだろう。[15]

小結

以上、雑駁ながら擦文土器研究の流れを概観してきた。研究史上の第Ⅰ期の研究は、第Ⅱ期に増加した資料にもとづく批判的検討がしっかりなされており、そこに研究の確実な前進をみてとれる。一方、第Ⅱ期と第Ⅲ期の研究のあいだではつながりが弱く、問題意識や方法論が継承・共有されないままにあることが明らかである。序章で、今日の擦文土器研究が本質的な停滞状況にあると評価したのは、まさにこの点においてほかならない。したがって、本書では、第Ⅱ期にみられた編年上の問題と擦文土器成立過程の問題に対する回答が第Ⅲ期の研究の中から明瞭な形で得られていないことを根本的な問題と考え、第Ⅱ期の研究内容がもつ問題を現在の資料水準から検討し、さらにその結論をもとに第Ⅲ期の研究内容をも検討することを目的としたい。

以下の章では、擦文土器を中心とする当該期の土器編年研究を個別におこなう。個々の先行編年研究は、各章で詳細に検討したい。あらかじめ述べておくと、各章では対象とする資料の性質に応じて属性分析や型式論的分析を適宜併用することで説得力をもたせた部分があるが、土器群の変遷順序を仮定し出土状況から検証をおこなうという方法は一貫させている。なお、次章以下では、特にことわりのないかぎり、代表的な擦文土器の先行編年として宇田川（1980）による5期区分（図3）を参考にする。

註

1) その後の論考では、擦文文化期は「金石併用時代」にあらためられている（河野1955）。
2) 本書では、甕形土器・坏形土器など擦文土器の主要器種について、便宜的に「甕」「坏」などと呼称する。
3) このような傾斜編年的な説明の仕方については、桑原滋郎（1976）による詳細な批判がある。筆者も桑原の批判に同意する。石附の真意は定かではないが、文化要素が一方から他方に伝播する際に時期差を想定する考え方が、当時の学界で少なからぬ影響力を持っていたこと（工藤1976）と関係している可能性がある。
4) 擦文土器成立過程の認識には、「土師器母胎説」と「続縄文土器母胎説」の二評価のみならず、研究の蓄積の結果浮かびあがってきた文化概念といかに整合のとれた記述を展開させるか、という点にも評価の重心がおかれたことに特徴がある。しかしながら、「文化」というものの重層性（藤本1983）や抽象性を考慮すれば、文化概念との整合性という評価基準には、研究者同士で共通理解が形成されにくい難点があったことは否定できないだろう。こうした難点は、斉藤（1982）と藤本（1983）の論争にその一端を垣間みることができる。
5) 「狭義の擦文土器」という用語は文中に記されていないが、それが横山にとって「広義の擦文土器」の対置概念として用

第Ⅰ部　擦文土器研究史

意されていたことは明らかだろう。前後の文脈から、「狭義の擦文土器」には「刻線文土器」が当てはまると考えられる。

6) なお、第Ⅱ期に横山（1990）の研究以外で擦文土器に対する概念を明確に論じたものに、石附（1968）の研究がある。石附は、「本州から移入されたことの明らかな土師器、須恵器は別としても、北海道における土着の土器である擦文土器（名取武光1939の用語：筆者註）、刻文土器の両者を総称する用語として擦文式土器の語を使用したい」とし、「擦文式土器を一つの指標とする文化という意味で擦文式文化という名称を用いたい」と述べた。第Ⅰ期の土器や文化の定義を第Ⅱ期の資料水準や研究成果に即し批判的に継承しようとした点は、横山の研究と同様に評価されるべきだろう。

7) ただし、そこでは「土器の変遷が地域ごとで独自に進行していた」という前提が自明のものとされているように思われる。筆者は、地域ごとの土器の変遷のあり方は土器編年を設定した後に検証するべきであり、土器編年とは分けてあつかうのが妥当だと考える。この前提を土器編年にもちこむことで生じる方法論上の問題点は、第7章第3節6も参照されたい。

8) 辻（2007b）の考えは明らかに擦文土器「土師器母胎説」の系譜に位置づけられるが、そこでは「続縄文土器母胎説」の内容や擦文土器成立過程をめぐる研究史に触れられていない。

9) 筆者が「甕」や「坏」という用語をあくまで「甕形土器」や「坏形土器」の略称として使うことにこだわるのは、こうしたエティック／エミックの問題を考慮してのことである。

10) 横山浩一（1985）は、層位学的方法を援用することの説明に、「型式学的方法よりも主観が入りこむ余地が少ない」点を重視している。しかし、土器編年研究において型式論のみではそもそも論証という営為が成りたたない、という本質的な問題を解消する役割をもつことの方がはるかに重要だろう。

11) ただし、筆者は、層位事例のかぎられているなかでも、そこでの型式論による年代学的仮説が「推定」にとどまるものだということを自覚し、ほかの様々な「推定」との弁証法的対話を繰りかえすなかで妥当な編年を模索しようとする作業（千葉・曽根原2012）は意義のあることだと考えている。

12) ここで「論理が破綻している」と言いきらないのは、型式認識が層位の評価にある程度介入するのはやむを得ないと考えられるためである（大塚2000）。ただし、層位の評価に介入させるべきは論証されていることが明確な型式認識であり、「推定」段階のそれではない、ということに注意を喚起しておきたい。このことに無自覚なまま型式論的「推定」によって層位等の出土状況をいたずらに操作することは、「推定」から論証にいたる道筋とは真逆の方向性をたどるものであり、型式論による編年を山内（1937）の推奨する「科学的手段」から遠ざける行為でしかない。

13) この意味で、柳澤（2007等）による当該期土器編年の大半の論証は不十分である。したがって、本章の論旨と関係する部分以外には触れない。

14) 塚本（2002）によれば、宇田川編年早期は200年前後の年代幅をもっている。

15) 塚本（2002）は、千歳市祝梅三角山Ｄ遺跡（千歳市教育委員会編1978）、末広遺跡（千歳市教育委員会編1981）、札幌市サークル会館遺跡（吉崎・岡田編1981）の資料を編年の標式にみたてているが、いずれにも遺構覆土出土資料や出土層位の記載がない資料が含まれており、一括資料のあつかいに問題が多いと言わざるを得ない。報告書の記載等から一括性の高さを判断している部分も見受けられるが、筆者は、遺構出土資料の一括性に対する認識は、出土状況からの判断だけで決まるのではなく、既存の編年に対する認識とあらたな出土事例との不断のクロスチェックによってのみ妥当性が高められる性質のものだと考えている。なお、近年、千葉豊（2008：46－49頁）が一括資料を取りあつかう際の問題点や留意点を簡潔にまとめており、参考になる。

第Ⅱ部

擦文土器の編年と系統

第2章　北大式土器の編年と系統

はじめに

　北大式土器は、本州島の古墳時代〜奈良時代前半に併行する時期の北海道島を中心に展開した土器群である。土器編年上は、続縄文文化後葉の後北C_2-D式に後続し、擦文土器の前に位置づけられる。北大式の最終段階を擦文土器に含めるか否かは研究者によって異なるが、続縄文文化末葉にかかる土器群だという共通理解が得られている。

　本章の目的は、北大式の編年を整備することと、北大式を構成する諸属性の系統の成りたちを復元し、後北C_2-D式の系統をひく属性が隣接諸型式といかなる接点をもちながら変化してゆくのか、北大式の変遷過程の体系的な理解を示すことである。

　北大式は、続縄文土器・土師器・擦文土器という三者の境界に位置づけられる編年上の特質をもつ。続縄文土器は型式編年によって、土師器は様式編年によって設定されているため、続縄文土器の後北C_2-D式との関連から北大式を編年区分したものでは器形や文様の型式論的連続と断絶が重視され、土師器との関連から北大式を編年区分したものでは土師器にみられる器種が北大式にあるのか否かが重視される、という具合に多様な評価がなされてきた。すなわち、北大式編年研究には、隣接諸型式の編年方法によって分析結果が左右されやすいという難点があり、それが各研究内容の不一致を生みだし相互評価をむずかしくしている。結果として、北大式の編年は今日にいたっても定見が得られていない、という現状がもたらされているのである。[1]

　この点を意識し、本章ではまず北大式編年研究の流れをおうことで問題点や論点を確認し、妥当と考えられる分析視点を提示する。そのうえで具体的な分析と編年設定をおこなう。先行研究で提示された編年上の解釈は多岐にわたり論点も錯綜しているため、分析の過程で各方法論・着眼点を適宜検討する。

第1節　北大式土器編年研究史と問題の所在・方法論の展望

1　北大式土器研究の黎明

　戦前、縄文文化後半から続縄文文化期に相当する土器は「北海道式薄手縄紋土器群」と総称され、それらは前北式（前期北海道式薄手縄紋土器）と後北式（後期北海道式薄手縄紋土器）の2つに分けられていた（河野1933）。名取武光（1939）は、後北式末期の土器群をそれまでの土器と次期の擦文土器の中間形とみなし、河野広道（1955）は、こうした縄文土器から擦文土器への移行的形態を示すものを「後北E式」と呼んだ。両氏は、北海道島の土器を概観するなかで、後北式が道央部以西の文化の影響によって変わってゆくものとして擦文土器の成立過程についての理解を示した（河野・名取1938）。後年、河野（1959）が札幌市北海道大学構内から出土した土器を標式資料として「北大式＝後北E式」と呼びかえたことで、

第Ⅱ部　擦文土器の編年と系統

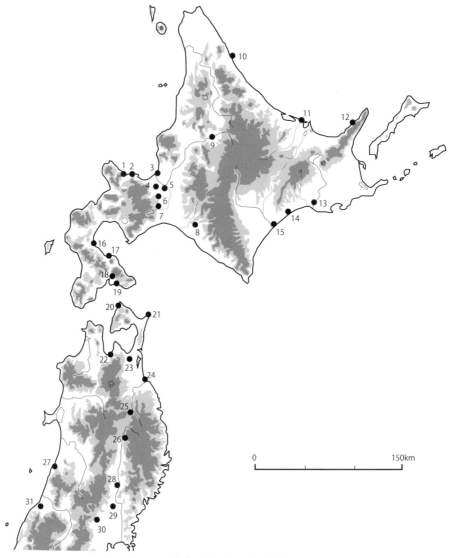

図4　本章で言及する主要遺跡の位置

1. 大川・天内山：2. 蘭島遺跡群：3. 八幡町ワッカオイ地点：4. K39・C507・C544・N162・M459・S153
5. 吉井の沢1・萩ヶ岡・高砂・大麻3・町村農場1：6. 西島松5・柏木B・カリンバ2・ユカンボシE5・ユカンボシE7・ユカンボシC15：7. ウサクマイ遺跡群：8. ユオイチャシ：9. 近文町5：10. 音標ゴメ島：11. トコロチャシ跡・常呂川河口：12. ウトロ：13. 床丹・天寧1：14. ノトロ岬：15. 十勝太若月：16. オクツナイ2：17. 尾白内：18. 上藤城3：19. 汐泊川第1地点：20. 大間貝塚・奥戸：21. 大平4：22. 宮田館：23. 森ヶ沢：24. 田向冷水・市子林：25. 大久保：26. 高柳・宿田：27. 宮崎：28. 中半入：29. 伊治城：30. 木戸脇裏：31. 山田

　北大式の名称がはじめて学会に示された。そこでは、器形や文様などの型式論的特徴が詳しく述べられたが、タイプサイトでの出土状況や標式資料が未公表だったこともあり、しばらくの間、その実態は不明瞭なままであった。

　その後、釧路市（旧阿寒町）シュンクシタカラ遺跡（沢編1963）や共和町発足岩陰遺跡（竹田1970）の発掘調査で北大式がまとまって出土した。その成果を受け、土器の特徴や出土状況をもとに北大式の

細分可能性を指摘したのが松下亘（1963）である。松下は、北大式を「施文的に後北式に関連のありそうなグループ（一類）」と「器形、胎土焼成、施文から擦文式の関連が考えられるグループ（二類）」に分け、一類と二類が「続縄文文化の終末から擦文文化の初めに亘って、漸移的に変遷した」（8頁）と論じた。この論考は、北大式が後北式に後続し擦文土器の前に位置づけられることをはじめて型式論的視点によって具体的に示したものであり、北大式の実態解明が続縄文土器から擦文土器への変化を明らかにする鍵になることを論じた、という点で高く評価されるものである。また、器形や突瘤文をはじめとする文様など、今日まで細分の着眼点にされることになる属性が挙げられており、以後の分析の方向性を確立した、という意味でも研究史上重要な位置を占めている。

2 擦文土器成立過程研究としての北大式土器研究―「土師器母胎説」と「続縄文土器母胎説」からの評価―

　河野、名取、松下の論考によって、北大式が擦文土器の直前に位置づけられることにほぼ疑う余地はなくなった。それゆえ、北大式の研究が早くから擦文土器の成立をめぐる問題と切りはなせない関係にあったのは当然のことだった。擦文土器の成立については、「土師器母胎説」と「続縄文土器母胎説」の二説が異なる解釈の枠組みとして並立していた（第1章第1節2-2参照）。そして、北大式の解釈も、おのずとこれら二説の枠組みのなかで揺らいできたのである。

　松下の論考より少し前に、東北地方の土師器編年が確立されたことで（氏家1957, 桜井1958）、東北地方南部・北部と北海道島が編年上でむすばれ、相互の共時性や暦年代を論じることが可能になった。こうしたなか、石附喜三男（1965）によって北海道島出土の土師器の存在が重視されたことにより、擦文土器の起源を東北地方土師器にもとめる「土師器母胎説」が研究の1つの潮流をなし、そのなかで北大式が取りあげられるようになった。「土師器母胎説」支持者たちは、擦文土器を東北地方土師器が地方化したものとみなすため（石附1965・1968, 斉藤1967）、北大式から擦文土器にいたる時間的階梯を土師器の影響の浸透度から評価する傾向があった。北大式を器種組成の違いによって編年区分する方法はその典型であり（斉藤同上, 大沼1980）、擦文土器に近い器種組成をなす「北大Ⅲ」を続縄文土器の範疇からはずし擦文土器に含める考え方（大沼他2004）は、今日において主流となっている。

　これとは異なるアプローチから北大式研究に取りくんだのが、「続縄文土器母胎説」支持者たちである。そこでは、「続縄文土器－擦文土器」という北海道島在地土器の系統的変遷が重視され、北大式から擦文土器にいたる時間的階梯が後北C_2-D式の型式論的変遷の延長から評価された（菊池1972a, 佐藤1972）。「続縄文土器母胎説」支持者らのアプローチは、器種組成の比較に偏りがちだった「土師器母胎説」の流れをくむ研究に対し、個体資料の細分にも目をむけることの重要性を提起したと言える。

3 北大式土器編年研究の問題点

　もちろん、「土師器母胎説」支持者たちは、器種組成以外の着眼点を軽視したわけではない。たとえば、斉藤傑（1967）は、北大式の文様構成を集成したうえで、「突瘤文」「縄文」「隆起線文」「沈線文」を特徴的な文様として抽出し、それらの組みあわせから「北大Ⅰ」「北大Ⅱ」「北大Ⅲ」の3つにグルーピングした（図5）。この3分類案は、今日一般に使われている北大式編年の骨格をなすものであり、それは「続縄文土器母胎説」支持者らの分析方法に近い。しかし、編年区分が文様の違いによってなされたり、器

第Ⅱ部　擦文土器の編年と系統

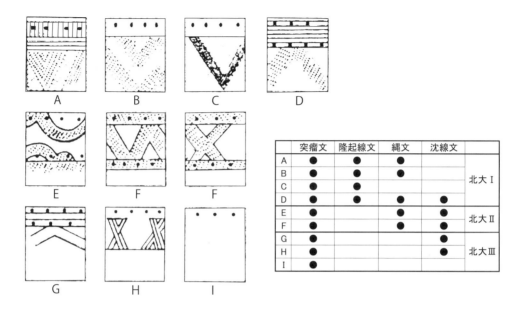

図5　斉藤傑による文様からみた北大式土器分類

種組成の違いによってなされるなど、概して「土師器母胎説」支持者の論理には一貫性がない（斉藤前掲，大沼1980）。こうした方法が採られるのは、北大式から擦文土器にいたる変遷が、続縄文土器（後北C₂-D式）のうえに土師器の影響が様々な形でかぶさりながら進行するために、「続縄文土器母胎説」的な文様分類と「土師器母胎説」的な器種組成分類が混用されやすいことに原因があると推察される。「土師器母胎説」と「続縄文土器母胎説」の違いは、極論を言えば様式編年と型式編年の方法論的違い、ということになるが、それらには土器の分類方法や「地域」概念などに大きな隔たりがあり、[2] 双方の方法論を単純に組みあわせればいいというものではない。

　また、先に文化概念を定義し、それに整合するように土器をカテゴライズする分析の進め方も、編年研究に影を落としているように思われる。斉藤（1967）は、坏や須恵器の共伴という器種組成の特徴を「擦文文化の概念の決め手」とみなし、別の器種組成をなす北大式を「擦文文化の概念よりはずれるもの」と考えた。そのうえで、「続縄文土器→北大式土器」「土師器→擦文土器」という2つの土器変遷の流れを想定した（斉藤1983）。しかし、土器の変遷は土器の分析から明らかにするのが筋であり、編年区分と文化区分という異なる認識レベルの問題を混同するべきではない。というより、土器の編年や変遷に対する的確な理解が先行しないかぎり、文化の定義づけは不可能ではなかろうか。

　いみじくも斉藤（1983）自身、擦文土器の成立過程をめぐる見解の違いについて、「北大式土器を間におき、続縄文土器と擦文土器、それに土師器も加わるなかで、これらの土器の関係をどのように考えるかの違い」だと述べ、「その違いは、擦文土器の成立に対して、そのどこかに力点をおくかといった微妙な差」であり、「相容れないほどの大きな違いがあるとは思えない」（125-126頁）と指摘している。「土師器母胎説」と「続縄文土器母胎説」双方の方法を混用するのではなく、かといって〝力点のおき場所〟にこだわって方法論の優劣を競うのでもなく、それぞれの〝力点のおき方〟の長所を評価しつつ

第 2 章　北大式土器の編年と系統

眼前の課題に対し適材適所に使い分けることが、今日の北大式研究に必要な姿勢だろう。

4　北大式土器編年研究の今日的展望

　それでは、北大式の編年を整備するためには、「土師器母胎説」と「続縄文土器母胎説」の長所をいかに使い分けるべきだろうか。筆者は、甕や坏などの個別器種とそれらを総合した器種組成とで時空間ごとの位相が同じになるとはかぎらない、という意識をもつことが肝要だと考えている。

　石附（1965）は、遺構出土土器に対しては全器種を「一体に把握すべき」であり、「甕、壺を擦文土器とし、坏、甑を土師器として、別個に分類する」見方に異を唱えた。斉藤（1967）も同様の意見を示した。すなわち、北大式であっても坏がともなえば擦文土器として1つにくくられるため、そこには「北大式の甕と土師器の坏の共伴」という図式が成りたつ余地はない。これらの姿勢には、「土師器母胎説」支持者が与する様式編年的な土器のくくり方が端的に示されている。

　しかし、そもそもある時期の器種組成がどの地域でも同じ系統の土器からなるという保証はどこにもない。したがって、全器種を「一体に把握すべき」なのかどうかは個別器種の系統論的分析によって明らかにされるべき問題であり、検討なしに編年の前提におくことには論理の飛躍があると判断される。もちろん、ある器種組成がすべて同じ系統の土器からなっていると判明する場合もあろうが、それとて多様な器種組成の1つの位相にすぎないと考えるべきだろう。要するに、まず個別器種の系統論的分析にもとづく編年を設定し、それによって明らかになった各器種の変遷や地域差などを総合して器種組成レベルの編年を設定する、という階層的なアプローチを試みるべきだというのが筆者の考えである。

　この考えにもとづくと、甕と坏とで時期差、地域差、系統差などが別々に分析されるため、地域ごとに多様な系統の土器が組成する可能性が想定されることになる。たとえば、在地系統の甕と外来系統の坏からなる組成もあれば、外来系統の甕と坏だけの組成もある、という具合にである。さらに、甕という一器種でも在地系統と外来系統が併存していると判断される場合には、両者が組成することも起こり得ると想定する。煩雑なようだが、北大式や擦文土器では在地系統の土器と外来系統の土器の接触が一器種レベルで起こっていると考えられる以上（名取 1939、河野・名取 1938）、個別器種や器種組成の成りたちに様々な位相を想定する柔軟な分析視点をもつのが妥当ではなかろうか。

　個別器種の系統論的分析にもとづく編年設定を第一とするとき、それを具体的に実践した先行研究としてまず注目されるのは、佐藤達夫（1972）の編年である。佐藤は、土器同士の型式論的系統関係のみきわめを徹底させる姿勢から、北大式には北大式の、土師器には土師器の系統がそれぞれあり、ときに接点をもちながら変化してゆく過程として北大式の系統的変遷を予察した。擦文土器の成立についても、北大式と土師器それぞれの系統的変遷と接触のなかで評価した。[3]

　佐藤と同様に個体資料の観察にもとづき、隣接諸型式からの型式論的影響に配慮しつつ北大式の系統論的分析をいっそう綿密におしすすめたのが西蓮寺健（1979・1981）である。西蓮寺は、時期区分・型式区分の指標にされてきた突瘤文の有無や器種組成の異同といった諸事象の背景に隣接諸型式との交渉の有無・強弱を想定し、時期差と地域差を弁別する必要性を強調した。この視点にたち、「北大Ⅱ」と「北大Ⅲ」は必ずしも時期差を示さないと考えた。後述するように、この考えは今日の出土状況と整合的であり、きわめて先見の明があったと評価できる。

ただし、佐藤の編年は、資料がかぎられていた当時にあって、各地の土器を型式論的視点によってつなぎあわせて設定されたものであり、細分の妥当性が出土状況から検証されていないという問題がある（桑原1976、および本書第1章第2節3）。出土状況からの検証不足という問題は、西蓮寺の編年にもある。両説とも、土器分類案を編年へと昇華するまでには、なお検討すべき点が残されている。

ほかに系統論的な分析視点を導入したものとして、横山英介の一連の研究も注目される。横山は、石狩市紅葉山25号遺跡（吉崎他1975）で擦文土器と土師器が組成する一群を「北海道型土師器」としたうえで（横山他1975）、道内の北大式を、土師器をともなう「南方型」とともなわない「北方型」に分け、「南方型」から「北海道型土師器」に変遷すると述べた（横山1982）。「北海道型土師器は、あくまで末期続縄文土器がベース」にあると述べているように（横山他1975：44頁）、擦文土器の成立過程を土師器と北大式の接触・融合の過程としてとらえた（横山1984・1990）。

ただし、その編年は、覆土出土土器や出土位置の不明瞭な土器を含む「一括資料」を標式として設定されたものであり、資料のあつかいに問題が多い。また、一括資料が編年の単位にされるため、個別器種の系統的変遷が佐藤や西蓮寺の考えほど明確に示されていない憾みがある。

このように、個別器種の系統論的分析にもとづく研究では、主に甕を対象とした土器型式ごとの系統論・型式論が展開され、後北C_2-D式－北大式－擦文土器という北海道島在地土器のタテの系統的変遷と、外来土器である土師器の系統的変遷を別々に分析し、かつ土師器が北大式におよぼした影響を考察するというヨコの系統論が展開されていることが注目される。いずれの研究も分析に不十分な点を残すとはいえ、在地土器系統と外来土器系統の接触・交渉の過程として北大式の変遷をとらえようとする考えは、時期差と地域差の弁別や共時的変異の振幅への配慮など編年整備にとって不可欠の視点を備えたものであり、高く評価されるべきだろう。

したがって、個別器種の系統論的分析をおこない、今日の資料水準のもとで出土状況からの検証をおこなうことが、北大式の編年整備と変遷過程の復元のために必要な作業だと考えたい。

5　北大式土器の系統論的分析の留意点

先行研究では、北大式と時空間的に隣接する土器型式との共時的関係や系統関係が、一部の属性にかぎって推定されることが多い。たとえば、菊池徹夫（1972a）や田才雅彦（1983）は、突瘤文とV字状モチーフによって後北C_2-D式－北大式－擦文土器にいたる系統関係を説明しているし、斉藤（1967）や根本直樹（1985）は、器面調整の共通性を根拠に北大式と土師器の併行関係を説明している。近年では、時期が新しくなるにつれハケメ調整痕が増加するという傾向を重視し、その出現を編年の画期ないし細分の指標にする考えもある（鈴木2003）。

むろん、このような視点が、土器型式間のタテ・ヨコの系統関係を推定するうえで重要であることはまちがいない。とはいえ、北大式を構成する属性が、北海道島在地土器（後北C_2-D式）と外来土器（東北地方土師器・オホーツク土器）のいずれか一方から単系統的に受け継がれているとはかぎらない以上（佐藤1972、西蓮寺1981）、分析する属性を一部のものにかぎると時期差と地域差の弁別がむずかしくなることが危惧される。たとえば、突瘤文の出現は、十和田式などオホーツク土器からの影響を想定するのが妥当である。また、道内では北大式期以降に東北地方土師器（ないしその系統をひく土器）が漸増する

傾向にあることからみて、それらが北大式におよぼした影響にも注意しなくてはならない。ハケメ調整痕や頸・胴部の境の段[4]などの出現は、東北地方土師器からの影響ととらえたほうが理解しやすい。宮城県仙台市鴻ノ巣遺跡（工藤編2004）、新潟県巻町南赤坂遺跡（前山・相田2002）、札幌市C429遺跡（札幌市教育委員会編2013）では、ハケメ調整痕をもつ後北C_2-D式が出土した。[5] 札幌市K39遺跡工学部共用実験研究棟地点（小杉他編2011）、恵庭市ユ

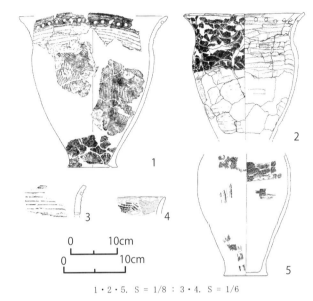

図6　ハケメ調整痕のある「北大Ⅰ」「北大Ⅱ」
1・5. K39工学部共用実験研究棟地点：2. ユカンボシE7：3. 床丹：4. 田向冷水

カンボシE7遺跡（立川・末光編1999）、釧路町床丹遺跡（笹田・豊原2006）、青森県八戸市田向冷水遺跡（小保内他2006）では、ハケメと考えられる調整痕をもつ「北大Ⅰ」や「北大Ⅱ」が出土した（図6）。このように、続縄文土器と土師器の型式交渉が後北C_2-D式期からなされていることは確実であり、北大式期をとおしてハケメ調整技術が土師器からもたらされた可能性を考えるべきである。その有無を時期区分の根拠にするのは、適切ではない。

　北大式の変遷は、後北C_2-D式から受け継がれる属性と隣接諸型式から受けいれられる属性が複雑に入り混じる形で進行するものだと考えられる。したがって、北大式の時期差と地域差を弁別し、通時・共時両側面に配慮した編年を設定するためには、これら複雑にからみあった諸属性をできるかぎり系統別にときほぐす作業が不可欠となる。そのうえで、隣接諸型式との接点を浮きぼりにしつつ、各属性の連関状況の構造的な変化として、その変遷過程を復元することが望ましい。

　以下では、このような問題意識のもとで分析をすすめるが、特にことわりのないかぎり、斉藤（1967）による「北大Ⅰ」「北大Ⅱ」「北大Ⅲ」の３分類案を代表的な先行編年として検討対象とする。

第2節　後北C_2-D式土器と北大式土器の間

1　「モヨログループ」の位置づけをめぐって

　田才（1983）は、後北C_2-D式に突瘤文の加わった土器について、「北大式誕生への胎動を示すもの」として注目し、突瘤文があることを根拠に後北C_2-D式の範疇からはずし、「モヨログループ」と呼称することを提唱した（図7）。氏は、このグループから次のグループ（田才分類2類）への移行を「北大式

第Ⅱ部　擦文土器の編年と系統

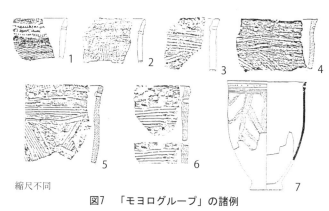

図7　「モヨログループ」の諸例
1．柏木B：2．大間貝塚：3．開成4：4〜6．モヨロ貝塚：7．安平D

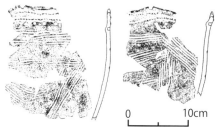

図8　S153遺跡第774号ピット出土土器

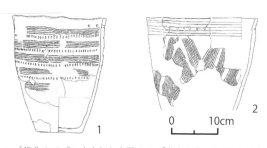

1．「後北C₂-D式」とされた土器：2．「北大Ⅰ式」とされた土器
図9　ユカンボシC15遺跡F-1出土土器

土器の誕生を意味する」と述べていることからみて、「モヨログループ」を後北 C_2-D式と北大式の中間的様相を示すものととらえているようである。

このような土器群の編年的位置づけを考えるうえで、札幌市S153遺跡（加藤編1976）第774号ピットから出土した土器（図8）は重要な問題を提起する。それは、帯縄文のみの胴部文様や口唇部下位の2条の貼付文をもつ一方で突瘤文も備えており、後北 C_2-D式と「北大Ⅰ」の中間的様相を呈する。このような特徴をもった土器が単独で遺構から出土している点を積極的に評価するならば、独立した時間軸として設定できる可能性はある。

しかし、千歳市ユカンボシC15遺跡（三浦・鈴木編1998）F-1では、「後北 C_2-D式」と「北大Ⅰ」の共伴が確認されている（図9）。そのため、ただちに「モヨログループ」に単独の時間軸を与えることはできない。かといって、ユカンボシC15例の共伴例をそのまま容認することは、後北 C_2-D式と「北大Ⅰ」という、細分された2型式の同時存在を認めることにもなるのであり、先行研究との間に齟齬が生じてしまう。したがって、これら各土器群の錯綜した出土状況を矛盾なく説明するためには、後北 C_2-D式、「モヨログループ」、「北大Ⅰ」を同じ視点で分析し、遺跡ごとの出土状況をみる必要がある。そのうえで、いかなる解釈がもっとも資料の実態に即しているのかをみきわめるのが順当だろう。

2　後北 C_2-D式、「モヨログループ」、「北大Ⅰ」の属性の抽出

これまで、後北 C_2-D式の編年案は多くの研究者によって提示されてきたが、ここでは属性分析と型式論的方法を併用した方法で設定された熊木俊朗（2001）の編年を参考にする。熊木があつかったのは道東部の資料であるが、道央部の後北 C_2-D式の詳細な分析は鈴木信（2003）によってなされており、熊木によって細かな編年対比がおこなわれている。そこで、鈴木の道央部の時期区分を熊木の対比をもとにおきかえた編年（熊木編年後北 C_2-D式Ⅲ期）を、北大式と比較するために用いる。

第2章　北大式土器の編年と系統

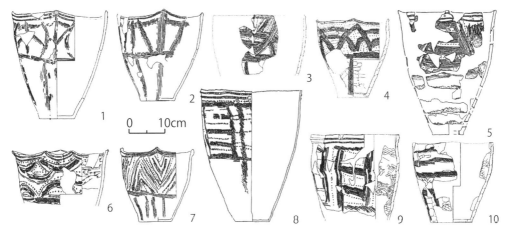

図10　道央部における後北 C_2-D 式Ⅲ期
1〜4. 鈴木（2003）のd段階：5〜7. 同e段階：8〜10. 同f段階

　後北 C_2-D 式Ⅲ期（図10）、「モヨログループ」、「北大Ⅰ」を同じ視点で分析するためには、属性を、Ⅰ）後北 C_2-D 式に主体的にみられ北大式にふるわなくなるもの、Ⅱ）後北 C_2-D 式にふるわず北大式に主体的にみられるもの、の2つにあらかじめ分けておくことで、一連の変遷過程をみとおしやすくなる。すなわち、その属性を次のように抽出する（図11）。

属性①　口唇部断面形態
　Ⅰ）先細り（熊木編年の「尖る」におおむね対応）
　Ⅱ）平坦・丸味

属性②　口唇部の刻み
　Ⅰ）あり
　Ⅱ）なし

属性③　口唇部下の貼付文（後北 C_2-D 式に一般的な、刻みのある1〜3本の貼付文）
　Ⅰ）あり
　Ⅱ）なし

属性④　胴部上半の文様（熊木編年の「体部文様要素」におおむね対応）
　Ⅰ）微隆起線文＋帯縄文＋列点文[6]、帯縄文＋列点文
　Ⅱ）帯縄文のみ

属性⑤　胴部下半の縦走する帯縄文
　Ⅰ）あり
　Ⅱ）なし

　属性①〜④は、Ⅰ）からⅡ）への変化をよく反映することが明らかにされている（熊木前掲）。属性⑤は、後北 C_2-D 式と北大式の違いをよく反映すると考えられるので、あらたに注目する。

第Ⅱ部　擦文土器の編年と系統

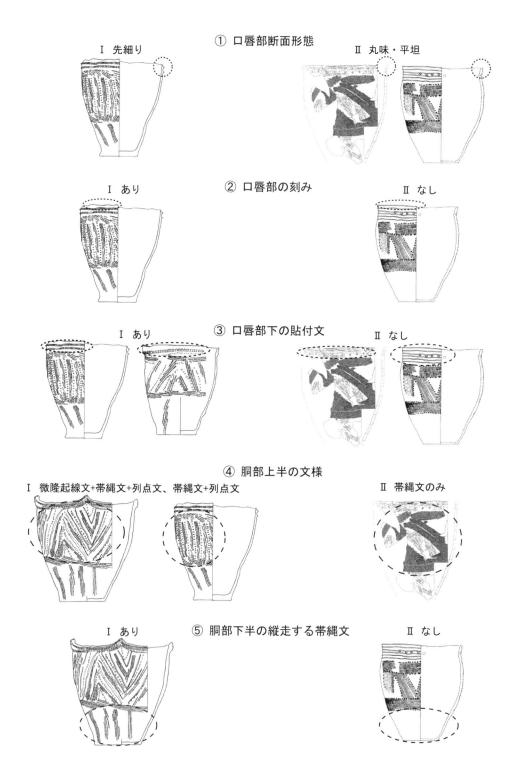

図11　着目する属性

第 2 章　北大式土器の編年と系統

遺跡・遺構名	参考文献	口唇部断面形態 先細り	口唇部断面形態 平坦・丸味	口唇部の刻み目 あり	口唇部の刻み目 なし	口唇部下の貼付文 あり	口唇部下の貼付文 なし	胴部上半の文様 (微隆起線文+)帯縄文+列点文	胴部上半の文様 帯縄文のみ	胴部下半の縦走する帯縄文 あり	胴部下半の縦走する帯縄文 なし
ワッカオイ地点D地区　11号土壙墓	直井編1977 Fig.39-3	●		●		●		●		●	
ワッカオイ地点D地区　14号土壙墓	同上 Fig.39-4	●		●		●		●		●	
ワッカオイ地点D地区　21号土壙墓	同上 Fig.5	●		●		●		●		●	
ワッカオイ地点D地区　25号土壙墓	同上 Fig.15-2	●				●		●		●	
ワッカオイ地点D地区　2号土壙墓	同上 Fig.39-2		●	●		●		●			●
ワッカオイ地点D地区　5号土壙墓	同上 Fig.43-5	●		●		●		●		●	
ワッカオイ地点D地区　17号土壙墓	同上 Fig.40-2	●		●		●		●		●	
ワッカオイ地点D地区　32号土壙墓	同上 Fig.20-2	●		●		●		●		●	
柏木B　第247号土壙墓	木村編1981 Fig.371-3	●		●		●			●	●	
ワッカオイ地点D地区　24号土壙墓	直井編1977 Fig.9-1	●		●		●			●	●	
	同上 Fig.10-1	●		●		●		無文		無文	
ワッカオイ地点D地区　20号土壙墓	同上 Fig.41-1	●		●		●		●		●	
	同上 Fig.41-6	●		●		●		●		●	
	同上 Fig.41-5	●		●		●		●		●	
	同上 Fig.41-2	●		●		●			●	●	
	同上 Fig.41-4	●		●		●			●	●	
	同上 Fig.41-3	●		●		●		無文		無文	
	同上 Fig.42-2		●	●			●		●		●
S153 第774号ピット	加藤編1976 157図-774-1	●		●		●			●	●	
	同上 157図-774-2	●		●		●			●	欠	
ワッカオイ地点D地区　27号土壙墓	直井編1977 Fig.21-2	●		●		●		●		●	
ユカンボシC15 F-1	三浦・鈴木編1998 図V-25-12		●	●		●		●		●	
	同上 図V-25-13		●	●		●			●	●	
柏木B　66号土坑墓	木村編1981 Fig.425		●	●		●		●		●	
町村農場1　土壙8	江別市郷土資料館編1993 図7-2	●		●		●		●		●	
K39工学部共用実験研究棟地点　PIT41	小杉他編2011 図63-18		●	●		●		●		●	
吉井の沢1 P-210	中村他1982 図7-63-1		●	●		●		●		欠	
大麻3 土壙408	佐藤編2000b 図10-1		●	●		●		●		欠	

・網掛けは、「口唇部下の貼付文」「胴部下半の縦走する帯縄文」の属性がともにⅡの土器である。
・注口・片口・皿形土器は分析対象からのぞいている。

表1　後北C₂-D式Ⅲ期、「モヨログループ」、「北大Ⅰ」の諸属性

3　後北C₂-D式、「モヨログループ」、「北大Ⅰ」の属性分析

　表1に、道央部の遺構からまとまって出土した後北C₂-D式Ⅲ期、「モヨログループ」、「北大Ⅰ」に備わる属性を示した。石狩市八幡町遺跡ワッカオイ地点（横山・石橋編1975, 直井編1976・1977）では、属性Ⅰをもつ土器がまとまる傾向にある。この遺跡では、異なる型式が地点を異にしてまとまって出土しており、なかでもD地区では、後北C₂-D式Ⅲ期が「北大Ⅰ」を混じえずに出土しているため、時期区分のうえで参考になる（図12）。

　一方、江別市吉井の沢1遺跡（北海道埋蔵文化財センター編1982c）の各遺構では、属性Ⅱをもつ土器が多い（図13-2・3・6・7）。それらには、「北大Ⅰ」に特徴的な微隆起線文と帯縄文を幾何学的に組みあわせた胴部文様がある。恵庭市柏木B遺跡（木村編1981）66号土壙墓出土土器（図13-1）にも、属

第Ⅱ部　擦文土器の編年と系統

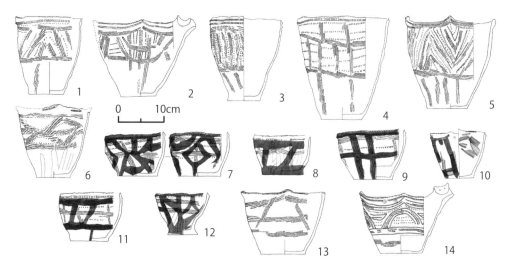

図 12　八幡町遺跡ワッカオイ地点 D 地区遺構出土土器

1・2. 第 14 号土壙墓：3. 第 11 号土壙墓：4. 第 21 号土壙墓：5. 第 25 号土壙墓
6. 第 2 号土壙墓：7〜14. 第 20 号土壙墓

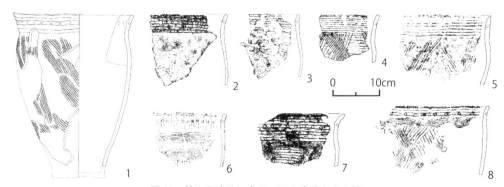

図 13　柏木 B 遺跡・吉井の沢 1 遺跡出土土器

1. 柏木 B 第 66 号土壙：2. 吉井の沢 1 P-174：3. 同 P-197：4・5. 同 E-13：6. 同 P-86：7. 同 P-238：8. 同 E-7

性Ⅰはない。これらの土器とワッカオイ地点 D 地区の土器との違いは明確であり、「北大Ⅰ」では属性Ⅰが消滅している可能性が高い。

このように、「属性Ⅰの有無」という差異によって、後北 C_2-D 式Ⅲ期と型式論的に異なる一群として、北大式の最初期を認定し得る。その場合、従来の「北大Ⅰ」認定の根拠が変更されるが、「属性Ⅰの有無」に細分の根拠をおくことで、先にみたユカンボシ C15 遺跡 F-1 における「後北 C_2-D 式」と「北大Ⅰ」の共伴という実態（図 9）を矛盾なく説明できるようになる。ユカンボシ C15 例の「後北 C_2-D 式」とされた土器（図 9-1）では、属性の大半がⅡで占められる（表 1）。ワッカオイ地点 D 地区の土器（図12）との違いは明確である。特に、「口唇部下の貼付文なし」「胴部下半の縦走する帯縄文なし」の 2 属性の組みあわせは、後北 C_2-D 式にはなく北大式にみられるものであり、型式区分の明確な指標となる。すなわち、属性Ⅰの消滅、特に「口唇部下の貼付文」と「胴部下半の縦走する帯縄文」のⅠからⅡへの

交替を根拠にするならば、ユカンボシC15例の2個体は、ともに北大式に属させることができる。このことは、突瘤文の出現といった単一属性の消長にではなく、複数属性の交替に型式区分の根拠をおくほうが、資料の実態に即した編年を設定できることを示している。また、後北C_2-D式と北大式の差異は、口縁部文様にかぎって言えば、口唇部下の貼付文の消失によく反映されていることにも注目したい（表1）。北大式には突瘤文をもたない例が多いことを考慮すると、突瘤文の出現のみに注目した型式区分は、資料の実態に即さない危険がある（西蓮寺1981）。このことも、型式区分の根拠を複数属性の交替におく理由の1つである。

さて、以上の点を踏まえつつ、あらためてS153例（図8）をみてみよう。大半の属性がⅡだという点でワッカオイ地点D地区例と異なるが（表1）、口唇部下の貼付文をもつという点では、北大式に位置づけた吉井の沢1例やユカンボシC15例などとも異なる。すなわち、S153例は、「北大Ⅰ」認定の根拠を再検討してもなお、後北C_2-D式Ⅲ期と「北大Ⅰ」の中間的な様相を示すのである。このことから、S153例を含む「モヨログループ」に独立した時間軸を与える根拠は、現状ではきわめて弱いと言わざるを得ない。S153例については、口唇部下の貼付文が北大式に認められないことを重視し、後北C_2-D式Ⅲ期に含めるのが妥当である。

以上の検討から、道央部の後北C_2-D式末～北大式初頭の編年とその内容は、次のようになる。

後北C_2-D式末期：後北C_2-D式Ⅲ期、および「モヨログループ」のうち「口唇部下の貼付文」「胴部下半の縦走する帯縄文」の両方あるいはどちらか一方を備えるもの。[7]

北大式初期：後北C_2-D式Ⅲ期のうち「口唇部下の貼付文」「胴部下半の縦走する帯縄文」の両方が消失したもの、および従来の「北大Ⅰ」。

なお、「モヨログループ」の型式論的性格については第8節で触れる。

第3節　北大式精製土器甕の編年

1　北大式精製土器甕の編年方法と手順

北大式を北海道島在地土器編年のタテ軸に位置づけるならば、相対的に後北C_2-D式Ⅲ期より新しく擦文土器より古い、ということになる。すなわち、後北C_2-D式Ⅲ期に類似する特徴をもつ土器が、時間とともに擦文土器との類似を強めていく、というタテの系統的変化を想定できる。この想定は、属性の新旧関係を認定するうえでも参考になるだろう。

問題は、東北地方土師器やオホーツク土器など隣接諸型式からの型式論的影響によってもたらされた属性をいかにあつかうか、である。北大式の各個体はきわめて多様であり（上野1974、西蓮寺1981）、なかには土師器甕そのものと言ってよい器形や器面調整をもつ土器に縄文や刻線文がつけられる例もある。すなわち、新旧関係を示すかにみえる属性でも同時期の隣接諸型式からの型式論的影響によって出現した可能性があり、時期差なのか地域差なのか判断に苦しむものが多いのである。出現頻度に違いがあるにもかかわらず通時的に認められるハケメ調整痕や突瘤文は、その最たる例と言えるだろう。

そこで、〝北大式は隣接諸型式の影響によって個体別に多様化している〟という前提を分析の出発点

第Ⅱ部　擦文土器の編年と系統

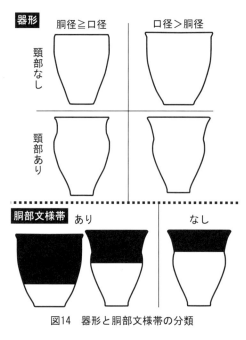

図14　器形と胴部文様帯の分類

におくことにする。すなわち、ある一時期の北大式には、隣接諸型式の影響を強く受けた個体もあれば影響の少ない個体もある、と考えるのである。この視点にたち、後北 C_2-D 式－北大式－擦文土器というタテの系統に位置づけられる属性にかぎって変遷順序をとらえることで、北大式を細分できると同時に、後北 C_2-D 式からの各変遷段階に応じた隣接諸型式からの影響の有無・度合いをも把握できるようになる。以下では、隣接諸型式で主体となる属性を可能なかぎりのぞきつつ、後北 C_2-D 式Ⅲ期に主体となるもの、北大式に独自のもの、擦文土器に主体となるもの、というように、前後の型式に備わる属性との類似・相違点に配慮しながら属性をみてゆく。

　ところで、北大式の甕には、文様が口縁～頸・胴部にわたってほどこされるものと、口縁部だけにほどこされるものがある。これまで、後者は「北大Ⅲ」に位置づけられていたが（図5-Ⅰ）、先述のとおり、突瘤文の有無だけで型式細分をおこなうことには問題がある。近年、鈴木（2003）は、後者を「円形刺突文土器」と呼び、前者と分けた細分をおこなった。道東部や道北日本海沿岸部、東北地方北部では、すでに後北 C_2-D 式期に胴部の無文化が起こっているようであり（佐藤1984，野村・大島1992，小林1993a・b，石井1994，熊木2001）、北大式においても、頸・胴部以下に文様がほどこされない甕が通時的に存在していた可能性が高い。すなわち、甕に精粗の分化がみられると評価できる（小林前掲）。したがって、以下では前者を精製土器、後者を粗製土器と呼び、別々に分析する。[8]

　このほか、北大式には注口土器、片口土器、浅鉢などいくつかの器種があるが、全体的に資料数が少なく、時間的変化を反映すると考えられる属性も乏しい。したがって、まず精製土器甕の細分型式を設定し、次に粗製土器甕、注口土器、片口土器の順に分析をおこない各々細分型式に組みこんだのち、最後にすべてを総合した編年を提示する。[9] 以下の分析で対象とするのは、2014年度までに実測図・写真等の報告がなされた土器のうち、口唇部から胴部下半まで残存する土器である。

2　北大式精製土器甕の属性の抽出と分類

　抽出する属性は、①器形と胴部文様帯の組みあわせ、②文様、の2項目である。

属性①　器形と胴部文様帯の組みあわせ

　北大式の器形と胴部文様帯を、それぞれ次のように分ける（図14）。

器形

・胴径≧口径／頸部なし

・胴径≧口径／頸部あり

・口径＞胴径／頸部なし

・口径＞胴径／頸部あり

胴部文様帯

・あり…文様が口縁部・頸部・胴部にほどこされる。

・なし…文様が口縁部と頸部にかぎられる。

			胴部文様帯	
			あり	なし
器形	頸部なし	胴径≧口径	33	
		口径＞胴径	24	
	頸部あり	胴径≧口径	9	1
		口径＞胴径	72	96

表2　器形と胴部文様帯の属性クロス集計表

表2に、各種器形と胴部文様帯の有無のクロス集計結果を示した。これから、ⅰ）頸部がない器形には必ず胴部文様帯が備わる、ⅱ）胴部文様帯がない器形の大半は口径＞胴径となる、という知見が得られる。これらの知見は、後北C₂-D式Ⅲ期に頸部がなく胴部文様帯をもつものが多いこと（図10・12）や、擦文土器に口径＞胴径となり胴部文様帯がないものが多いことと整合的であり、前後の型式とのつながりを矛盾なく説明できる。このことから、器形と胴部文様帯の組みあわせには北大式の時期差が反映されている蓋然性が高い。したがって、図15のように6つのタイプに分ける。

このうち、タイプⅠ～Ⅲは後北C₂-D

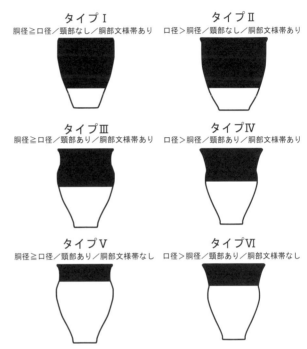

図15　着目する属性①（器形と胴部文様帯の組みあわせ）

式Ⅲ期と類似点が多く、タイプⅥは擦文土器と類似点が多い。したがって、前者が古く後者が新しいと考えられる。タイプⅣ・Ⅴは、北大式に独自の属性の組みあわせである。[10] 細かくみると、頸部の有無によってタイプⅠ・ⅡとⅢ～Ⅵに分けられ、胴部文様帯の有無によってタイプⅠ～ⅣとⅤ・Ⅵに分けられる。

属性②　文様（図16）

文様は、口縁部から胴部までに備わるものを対象とした。ただし、隣接諸型式との関連が考えられる口縁部の突瘤文と、頸胴部の「区画」の2つはのぞいている。図15の各タイプを判別できる土器には、以下の14パターンの文様の組みあわせを確認できた。

文様①…帯縄文（＋列点文）

帯縄文を単独でほどこすか、列点文と組みあわせたもの。

文様②…微隆起線文＋帯縄文（＋列点文）

微隆起線文と帯縄文をほどこしたもの。両者を組みあわせて同一のモチーフを形成する場合と、部位ごとに別々にほどこす場合がある。列点文をこれらと組みあわせる場合と、ほどこさない場合がある。

第Ⅱ部　擦文土器の編年と系統

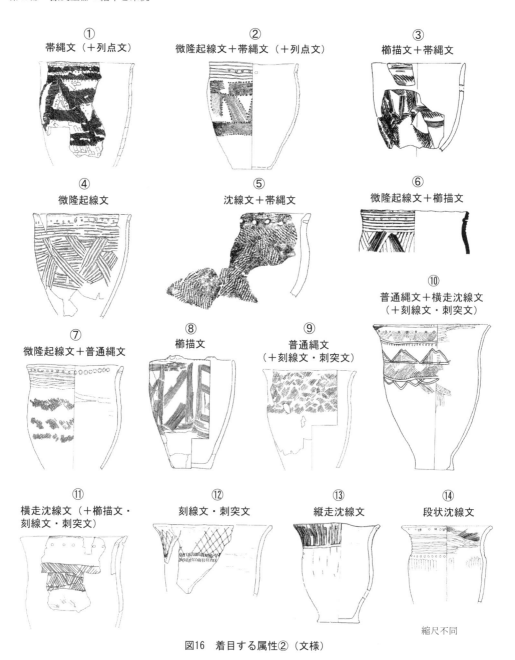

図16　着目する属性②（文様）

文様③…櫛描文＋帯縄文

　帯縄文と櫛歯状工具で引いた文様（以下「櫛描文」）をともにほどこしたもの。

文様④…微隆起線文

　微隆起線文を単独でほどこしたもの。

文様⑤…沈線文＋帯縄文

　帯縄文とそれを縁どるような沈線文をほどこしたもの。

第 2 章　北大式土器の編年と系統

文様⑥‥微隆起線文＋櫛描文

微隆起線文と櫛描文をともにほどこしたもの。両者を組みあわせて同一のモチーフを形成する場合と、部位ごとに別々にほどこす場合がある。

文様⑦‥微隆起線文＋普通縄文

微隆起線文と普通縄文をほどこしたもの。なお、普通縄文は、地文としてではなくほかと同様に 1 種類の文様としてあつかう（以下同様）。

文様⑧‥櫛描文

櫛描文を単独でほどこしたもの。

文様⑨‥普通縄文（＋刻線文・刺突文）

普通縄文を単独でほどこすか、刻線文や刺突文と組みあわせたもの。

文様⑩‥普通縄文＋横走沈線文（＋刻線文・刺突文）

普通縄文と横走沈線文をほどこしたもの。刻線文や刺突文をこれらと組みあわせる場合と、ほどこさない場合がある。

文様⑪‥横走沈線文（＋櫛描文・刻線文・刺突文）

横走沈線文を単独でほどこすか、櫛描文、刻線文、刺突文と組みあわせたもの。

文様⑫‥刻線文・刺突文

刻線文や刺突文をほどこしたもの。両者を組みあわせる場合と、単独でほどこす場合がある。

文様⑬‥縦走沈線文

縦走沈線文をほどこしたもの。

文様⑭‥段状沈線文＋刻線文

横位のナデを横環させて段を数条作出することで横走沈線文のような装飾効果をあげた文様を単独でほどこすか、刻線文と組みあわせたもの。[11]

このうち、後北 C_2-D 式 III 期と共通する文様は①のみである。一方、擦文土器は口・頸部に備わる横走沈線文を基本とするが、ここでみた文様では⑭が認められる。したがって、前者が古く後者が新しいと考えられる。

3　タイプと文様の組みあわせ

表 3 に、タイプと文様のクロス集計結果を示した。タイプ I から VI に向かう

		文様													
		① 帯縄文（＋列点文）	② 微隆起線文＋帯縄文（＋列点文）	③ 櫛描文＋帯縄文	④ 微隆起線文＋帯縄文	⑤ 沈線文＋帯縄文	⑥ 微隆起線文＋櫛描文	⑦ 微隆起線文＋普通縄文	⑧ 櫛描文	⑨ 普通縄文（＋刻線文・刺突文）	⑩ 普通縄文＋横走沈線文（＋刻線文・刺突文）	⑪ 横走沈線文（＋櫛描文・刻線文・刺突文）	⑫ 刻線文・刺突文	⑬ 縦走沈線文	⑭ 段状沈線文（＋刻線文）
タイプ	I	7	18	1		1	2		3	1					
	II	1	13		1		1	1	2			1			
	III		1		2			1			2	3			
	IV	4				1			2	5	32	21	7		
	V												1		
	VI									2	2	1	32	47	11

■ … 後北 C_2-D 式 III 期と共通性が高い属性
▨ … 擦文土器と共通性が高い属性

表 3　タイプと文様の属性クロス集計表

第Ⅱ部　擦文土器の編年と系統

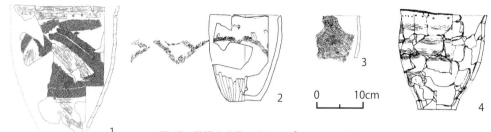

図17　帯縄文を備えるタイプⅠ・Ⅱの土器
1. 蘭島餅屋沢2：2. 堀株神社：3. 大麻3：4. 有珠オヤコツ

図18　段状沈線文をもつタイプⅥの土器
1. 蘭島B地点：2. ユカンボシE7：3. 餅屋沢：4. 中島松6

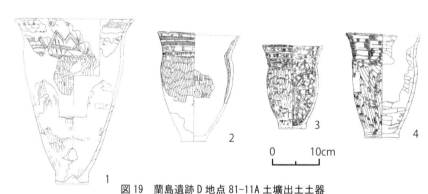

図19　蘭島遺跡D地点81-11A土壙出土土器

にしたがって、組みあう文様が①から⑭に変わる傾向を確認できる。このことから、先に推定した属性の新旧関係は、おおむね妥当だと判断される。すなわち、文様①の備わるタイプⅠ・Ⅱの土器（図9-1、図17）は、前節でみた後北C_2-D式Ⅲ期の口唇部下の貼付文と胴部下半の縦走する帯縄文の2属性が欠落した、北大式最初期のものである。また、文様⑭の備わるタイプⅥの土器（図18）は、擦文土器の器形・文様と共通性が高く、相対的に新しいと判断できる。

　問題は、これらをのぞいた残りの土器（表3中の網掛け以外の部分）において、タイプと文様に多様な組みあわせが認められることにある。いかなる組みあわせに時期差が反映されているのか、このクロス集計表だけで判断するのはむずかしい。そのため、実際の出土状況や土器の特徴なども加味しながら、細分の手がかりをさぐってゆきたい。

第 2 章　北大式土器の編年と系統

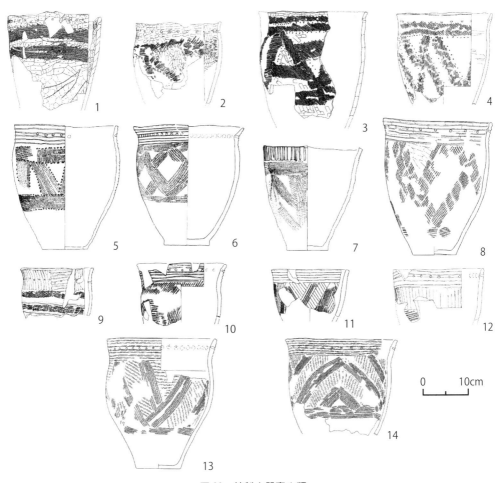

図 20　精製土器甕 1 類

1．チプタシナイ　：2・3．フゴッペ洞窟　：4．大川　：5・7．K39 ポプラ並木東地点　：6．町村農場 1　：8．茂漁 8
9．祝梅川山田　：10．堀株神社　：11．M459　：12．柏木 B　：13・14．K39 工学部共用実験研究棟地点

4　遺構出土土器の検討

　ユカンボシ C15 遺跡 F-1 出土土器（図 9）は、ともにタイプⅡで、1 が文様①、2 が文様②を備える。前節で述べたように、1 のような土器は北大式の最初期に位置づけられるので、共伴する 2 もほぼ同時期のものとみられる。したがって、タイプⅠ・Ⅱ、文様①・②は、それぞれ北大式のなかでもっとも古い属性だと判断できる。

　小樽市蘭島遺跡 D 地点（小樽市教育委員会編 1992b）81-11A 土坑出土土器（図 19）では、胴部文様帯の備わるものが 1 点もない。先述のとおり、胴部文様帯の消失は、擦文土器との類似性を強める方向性をもった変化である。そして、この例によって、胴部文様帯を備えない土器だけからなる時期があったとわかる。このように考えると、先のユカンボシ C15 例（図 9）に胴部文様帯が備わることは示唆的であり、北大式を胴部文様帯の有無によって細分できる可能性をみちびきだせる。以上から、タイプⅠ・Ⅱより新しいと考えられるⅢ～Ⅵのなかでも、胴部文様帯を備えるⅢ・Ⅳが古く、備えないⅤ・Ⅵが新

第Ⅱ部　擦文土器の編年と系統

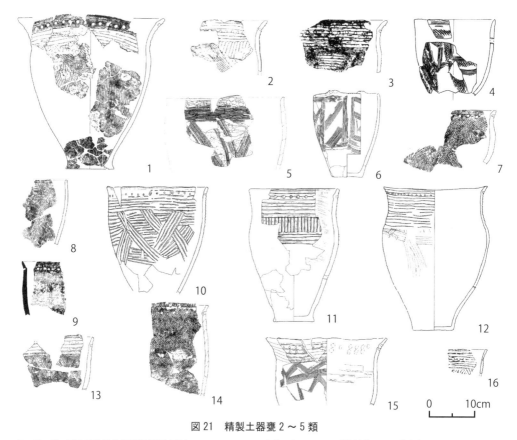

図21　精製土器甕2〜5類

1・13・15. K39工学部共用実験研究棟地点：2. M459：3. 吉井の沢1：4. 堀株神社：5. 蘭島餅屋沢2：6. 大川 7・8・12. 大麻3：9. 茂漁：10・16. 柏原5：11. ユカンボシC9：14. フゴッペ洞窟

しいと判断できる。あらためて表3をみると、タイプⅤ・Ⅵに組みあう文様は⑧〜⑭である。したがって、文様①・②より新しいと考えられる③〜⑭のなかでも、③〜⑦が古く⑧〜⑭が新しいと判断できる。

5　北大式土器の細分型式の設定

以上の検討から、各属性の出現順序を次のように仮定する。

タイプ…Ⅰ・Ⅱ→Ⅲ・Ⅳ→Ⅴ・Ⅵ

文様…①・② → ③〜⑦ → ⑧〜⑭

そして、これにしたがうと、土器は次のようにまとめられる。[12]

精製土器甕1類…タイプⅠ・Ⅱ／文様①・②（図20）

精製土器甕2類…タイプⅠ・Ⅱ／文様③〜⑦（図21-4〜10・14）

精製土器甕3類…タイプⅢ・Ⅳ／文様①・②（図21-1〜3・11・12）

精製土器甕4類…タイプⅢ・Ⅳ／文様③〜⑦（図21-13）

精製土器甕5類…タイプⅠ・Ⅱ／文様⑧〜⑭（図21-15・16）

精製土器甕6類…タイプⅢ・Ⅳ／文様⑧〜⑭（図22・23）

精製土器甕7類…タイプⅤ・Ⅵ／文様⑧〜⑭（図24・25）

第 2 章　北大式土器の編年と系統

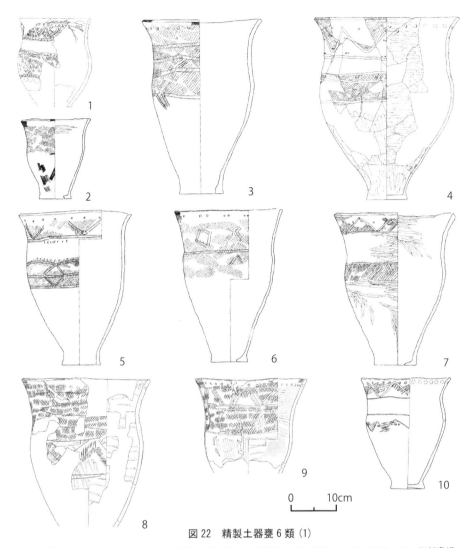

図 22　精製土器甕 6 類 (1)

1. 大川：2・3・5〜7. 八幡町ソッカイオイC地区：4. ウサクマイD地区：8・9. C544：10. 町村農場1

　表4に、各類の遺構出土状況を示した。各類は、相互に共伴関係になく、細分型式として設定できる蓋然性が高い。ただし、2〜5類は、遺構出土数が少ないという点で1・6・7類と対照的であるため、現状では一括して1つの細分型式にまとめるのが無難だろう。

　以上の検討から、精製土器甕の細分型式を次のように設定する。[13]

北大1式古段階＝精製土器甕1類（図20）

北大1式新段階＝精製土器甕2〜5類（図21）

北大2式＝精製土器甕6類（図22・23）

北大3式＝精製土器甕7類（図24・25）

6　北大式土器各細分型式の出土状況の検討

　北大式の遺構出土例は多いとはいえ、異なる細分型式同士の共伴例がほとんどないため（表4）、それ

第Ⅱ部　擦文土器の編年と系統

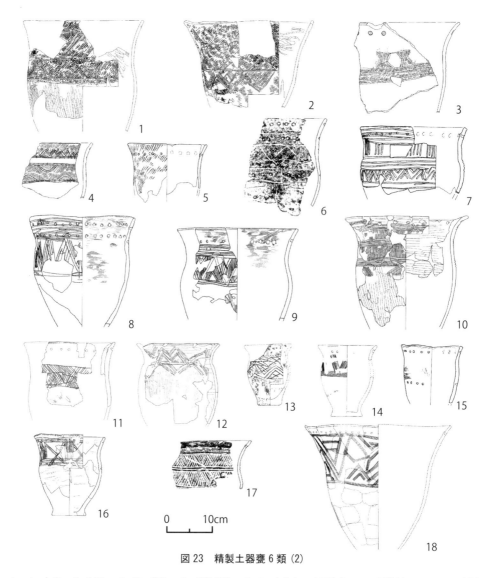

図23　精製土器甕6類（2）

1〜4. 大川：5. N426：6・15. 高砂：7. 堀株神社：8・9. ウサクマイN地点：10. 西島松5：11・12. 船浜
13. フゴッペ洞窟：14. タプコプ：16. キウス9：17. キウス7：18. ウサクマイD地点

それの時間的先後関係の検討にはやや不十分な点を残している。しかしながら、北大式を出土した遺跡には、ⅰ）異なる地点や包含層で細分型式ごとにまとまって出土する例が多い、ⅱ）時間的に隣接する細分型式同士が同じ遺跡で主体となって出土する頻度が高い、といった特徴がある。ここでは、各細分型式が遺跡・遺跡内の特定の地点・包含層ごとにまとまって出土した例を確認し、その時間的先後関係を検証する。その際には、ある程度まとまった量の土器が出土していること、何らかの遺構が検出されていることを主たる条件として抽出した。

出土パターン①…北大1式古段階のみを出土する遺跡・地点・包含層

柏木B遺跡、ユカンボシC15遺跡、札幌市K39遺跡ポプラ並木東地点（吉崎・岡田編1987）が該当す

第 2 章　北大式土器の編年と系統

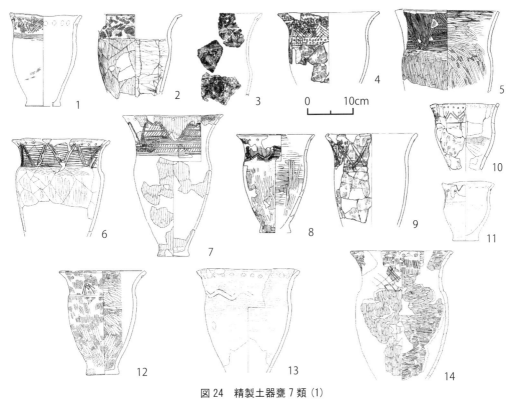

図 24　精製土器甕 7 類 (1)

1．K39 工学部共用実験研究棟地点：2．ユカンボシ E7：3．アヨロ：4・9．恵庭公園：5・8．美々 8：6．ユカンボシ E9：7．西島松 9：10．ユカンボシ E7 B 地点：11．カリンバ 2：12．カリンバ 3：13．C507：14．蘭島 B 地点

る。いずれの遺跡でも後北 C_2-D 式Ⅲ期が出土しており、型式組列の参考になろう。

出土パターン②…北大 1 式古段階・新段階を出土し、2 式・3 式がともなわない遺跡・地点・包含層

吉井の沢 1 遺跡、札幌市 M459 遺跡（柏木編 2005）が該当する。出土パターン①と②の違いに示されるように、1 式新段階を出土する遺跡としない遺跡があることに古段階と新段階の時期差が示されていると考えられる。

出土パターン③…北大 2 式のみを出土する遺跡・地点・包含層

八幡町遺跡ワッカオイ地点 C 地区（直井編 1976）、江別市高砂遺跡（直井編 1988, 高橋・直井編 1989, 園部編 1991）が該当する。

出土パターン④…北大 2 式・3 式を出土し、1 式古段階・新段階がともなわない遺跡・地点・包含層

蘭島遺跡 D 地点、札幌市 C544 遺跡（田中編 2012）、恵庭市西島松 5 遺跡（和泉田編 2002, 佐藤他編 2004・2008）、ユカンボシ E7 遺跡が該当する。これらのうち、C544 遺跡で出土した土器の大半は 2 式であり、3 式はわずかしかない。逆に、蘭島遺跡 D 地点と西島松 5 遺跡では大半が 3 式であり、2 式はわずかしかない。このような出土状況の違いにも、2 式と 3 式の時期差が示されている。

出土パターン⑤…北大 3 式のみを出土する遺跡・地点・包含層

小樽市蘭島遺跡 B 地点（小樽市教育委員会編 1989）、余市町天内山遺跡（峰山他 1971）、恵庭市中島松

第Ⅱ部　擦文土器の編年と系統

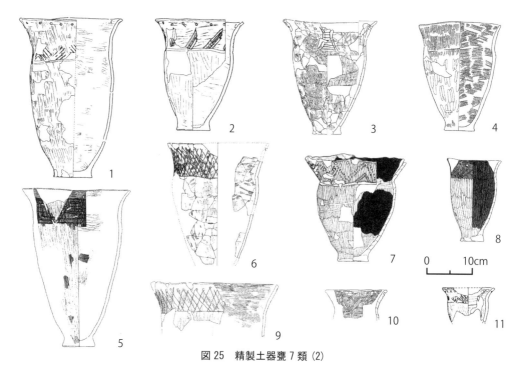

図 25　精製土器甕 7 類 (2)

1・2. 美々 8：3. 柏木川 7：4. 柏原 18：5. 天内山：6. 中島松 6：7・8. 西島松 5：9. 入舟
10. 蘭島 A 地点：11. ユカンボシ E7

6 遺跡（松谷・上屋編 1988）、千歳市美々 8 遺跡（北海道埋蔵文化財センター編 1982a・b・1988・1990・1992・1993・1994）、旭川市近文町 5 遺跡（シン・荒井共同企業体編 2012）などが該当する。

　このように、精製土器甕の各細分型式は、遺構出土状況とともに、遺跡での出土状況にも明瞭な違いをみいだせる。もちろん、北大 1 式古段階〜 3 式まで途切れなく出土している遺跡もわずかにあるため、細分の妥当性を遺跡単位の出土パターンから検証する方法は、確実に有効ではない。しかし、このように多様な出土状況がみられるなかにあって、上記出土パターンの遺跡が広い範囲で多く発見されていることにこそ、各細分型式の違いが地域差によるものではない証拠が示されていると評価したい。

　なお、北大 1 式新段階のみを出土した道央部の遺跡は、現状でみられない。これは、1 式新段階の土器が同古段階と同時期の地域差であることを示すように思える。しかし、出土パターン①と②のような違いが確認されるほか、苫小牧市柏原 18 遺跡（苫小牧市埋蔵文化財調査センター編 1995）のように、遺構こそみつかっていないが、1 式新段階・2 式・3 式が出土し 1 式古段階が出土しない状況を示す遺跡もある。1 式新段階を同古段階と 2 式の間におくことで型式論的つながりがスムーズになる点も踏まえると、型式論的知見と出土状況の両面からみて、1 式古段階と新段階はやはり時期差を示すと考える。

第 4 節　北大式粗製土器甕の編年

　粗製土器甕には、精製土器甕と同じく器形、頸部の有無、文様の種類に違いがある。ただし、胴部文

第2章 北大式土器の編年と系統

遺跡・遺構名	1類	2類	3類	4類	5類	6類	7類
ユカンボシC15 F-1	○						
K39工学部共用実験研究棟地点 PIT23	+						
K39工学部共用実験研究棟地点 PIT41	+						
M459 HE59	+						
吉井の沢1 P-210	+						
大麻3 土壙345	+						
大麻3 土壙408	+						
町村農場1 土壙8	+						
柏木B 66号土坑墓	+						
K39工学部共用実験研究棟地点 PIT26		+					
大麻3 土壙391		+					
大麻3 土壙415		+					
吉井の沢1 P-238			+				
K39工学部共用実験研究棟地点 PIT15				+			
大麻3 土壙402				+			
大川 P-202					+		
大麻3 土壙434					+		
ユカンボシE5 GP1						○	
ユカンボシE7 P-47						○	
大川 GP-102						+	
ワッカオイ地点C地区 1号土坑墓						+	
ワッカオイ地点C地区 3号土坑墓						+	
ワッカオイ地点C地区 4号土坑墓						+	
C544 4PT39						+	
C544 4PT16・42 (※1)						+	
高砂 P-245						+	
高砂 P-605						+	
ユカンボシE7 P-21						+	
蘭島D地点 81-11A土坑							●
近文町5 FP15							○
蘭島B地点 41-7A炉址							+
蘭島B地点 42-A・B・C炉址							+
蘭島D地点 81-9A土坑							+
天内山 3号墳墓							+
K39工学部共用実験研究棟地点 PIT33							+
K39工学部共用実験研究棟地点 PIT09							+
町村農場1 土壙93							+
萩ヶ岡 墓305							+
ユカンボシE7 P-1							+
ユカンボシE7 P-28							+
ユカンボシE7 P-38							+
ユカンボシE7 P-46							+
西島松5 P5							+
西島松5 P6							+
西島松5 P8							+
西島松5 P11							+
西島松5 P15							+
西島松5 P22							+
西島松5 P27							+
西島松5 P30							+
西島松5 P99							+
西島松5 P146							+
西島松9 F8							+
イヨマイ6 IP-9							+
ウサクマイA 墓坑64-8							+
ウサクマイN IP-31							+
ユカンチャシ ⅢP-2							+

+…1個体、○…2個体、●…3個体以上

※1 … 4PT16と4PT42から出土した土器が接合した資料である。

表4 精製土器墓分類群の遺構出土状況

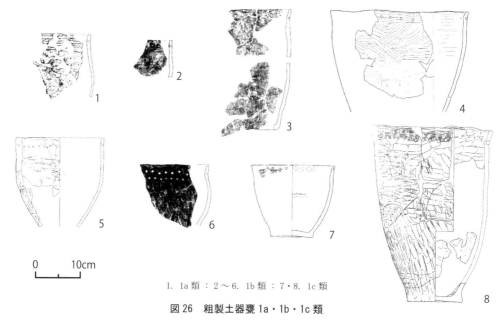

1. 1a類：2〜6. 1b類：7・8. 1c類

図26　粗製土器甕 1a・1b・1c類

1. 吉井の沢1：2・5. ウサクマイD地区：3. 大麻3：4. ユカンボシC15：6. ウサクマイN
7. K39工学部共用実験研究棟地点：8. フゴッペ洞窟

様帯を備えないので、その有無を基準とした精製土器甕のタイプ分類を用いることはできない。そこで、まず、胴部文様帯をのぞいた属性にもとづく分類をおこなう。次に、精製土器甕の分析で得られた各属性の新旧関係に関する知見を参照し、細分型式に組みこむ。最後に、精製土器甕との共伴例を確認し、細分の妥当性を検証する。

1　北大式粗製土器甕の分類

粗製土器甕を、属性の違いから以下のように分ける。

粗製土器甕1a類…器形は胴径≧口径となる。頸部はない。文様は微隆起線文と突瘤文からなる。属性が精製土器甕1類（図20）と共通する（図26-1）。

粗製土器甕1b類…器形は胴径≧口径となる。頸部はない。文様は突瘤文のみからなる。突瘤文には2列のものもある。1a類の微隆起線文がなくなったものである（図26-2〜6）。

粗製土器甕1c類…器形は口径＞胴径となる。頸部はない。文様は突瘤文のみからなる。1b類の口径が胴径を上まわったものである（図26-7・8）。

粗製土器甕2a類…器形は胴径≧口径のものと口径＞胴径のものがあるが、いずれにも頸部がある。文様は微隆起線文と突瘤文からなる。属性が精製土器甕3類（図21-1〜3・11・12）と共通する。1a類の頸部が発達し、口径が胴径を上まわったものである（図27-1〜6）。

粗製土器甕2b類…器形は胴径≧口径となる。頸部がある。文様は突瘤文のみからなる。突瘤文には2列のものもある。2a類のうち胴径が口径を上まわる一群の微隆起線文がなくなったもの、あるいは1b類の頸部が発達したものとみることができる（図27-7〜13）。

粗製土器甕2c類…器形は胴径≧口径のものと口径＞胴径のものがあるが、いずれにも頸部がある。文

第 2 章　北大式土器の編年と系統

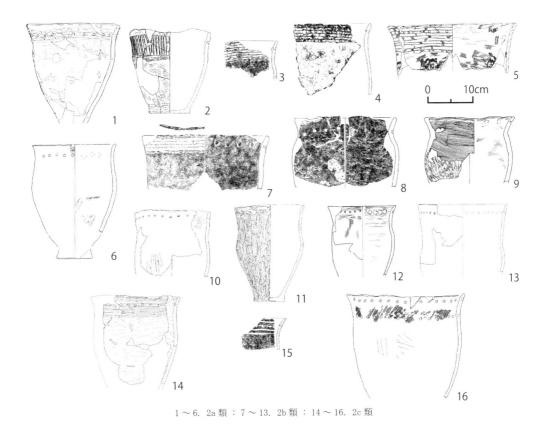

1～6. 2a 類：7～13. 2b 類：14～16. 2c 類

図 27　粗製土器甕 2a・2b・2c 類

1. K528：2. 梅川 3：3. 吉井の沢 1：4. 茂漁 8：5. フゴッペ洞窟：6～8・16. K39 工学部共用実験研究棟地点
9・12. ウサクマイ N：10・11. 大川：13. カリンバ 2：14. 船浜：15. 大麻 3

様は沈線文や普通縄文からなる。属性が精製土器甕 6 類（図 22・23）と共通する（図 27-14～16）。

粗製土器甕 2d 類…器形は口径＞胴径となる。頸部がある。文様は突瘤文のみからなる。突瘤文には 2 列のものもある。2c 類のうち口径が胴径を上まわる一群の各種文様がなくなったもの、あるいは 2b 類の口径が胴径を上まわったものとみることができる（図 28）。

このように、粗製土器甕は、頸部の有無によって 1 類と 2 類に大きく分けられ、器形や文様によってさらに 7 つに分けられる。

2　北大式粗製土器甕の細分型式への編成

頸部をもたない 1 類は、すべて北大 1 式新段階以前に含められる。1a 類は属性の共通性からみて 1 式古段階が粗製化したものと考えられる。1b 類は、微隆起線文の消失を、1 式古段階の粗製化とみることも 1a 類からの時間的変化とみることもできる。したがって、1 式古段階～新段階相当の一群として幅をもたせるのが無難だろう。同じ理由で、1c 類も 1 式古段階～新段階相当と考えたい。

頸部をもつ 2 類は、すべて北大 1 式新段階以降に含められる。細かくみると、2a 類・2c 類は属性の共通性からみて、それぞれ 1 式新段階・2 式が粗製化したものと考えられる。2b 類は、器形の共通性から 1 式新段階～2 式相当とみられる。2b 類は編年上で 1b 類に後続することになるが、先に頸部の

第Ⅱ部 擦文土器の編年と系統

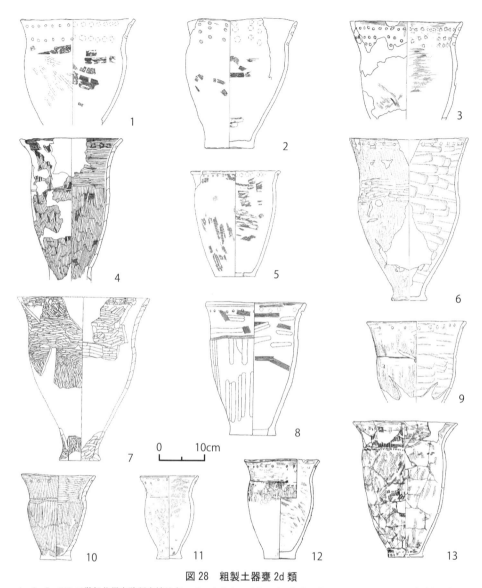

図28 粗製土器甕2d類

1・2・5．K39工学部共用実験研究棟地点：3．ウサクマイN：4．キウス5：6・9．C544：7．チブタシナイ
8．静川26：10．西島松5：11．中島松7：12．厚真12：13．恵庭公園

粗製土器甕	精製土器甕
1a類	1式古段階
1b類	1式古段階
1c類	〜新段階
2a類	1式新段階
2b類	1式新段階〜2式
2c類	2式
2d類	2式〜3式

表5 粗製土器甕の細分型式対比表

有無によって確認された、精製土器甕1式古段階→新段階→2式という変遷順序と矛盾しない。2d類は、器形の共通性から2式〜3式相当とみられ、これらが粗製化したものと考えられる。

以上の精製土器甕との比較をまとめて示したのが、表5である。

3 北大式粗製土器甕の遺構出土状況

図29に、粗製土器甕と精製土器甕の共伴例を示した。1〜4・

第 2 章　北大式土器の編年と系統

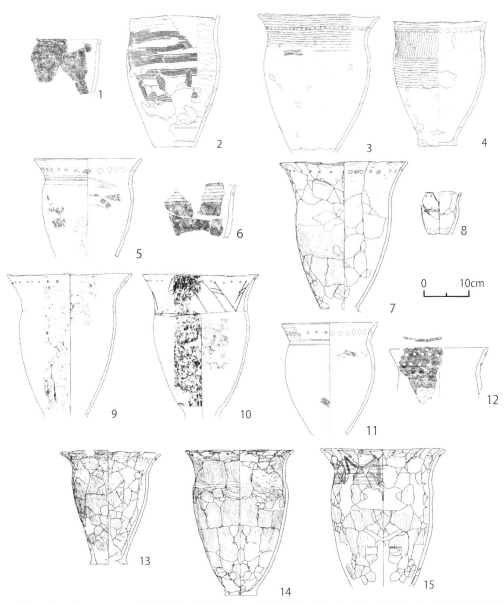

1. 粗製土器甕 1c 類 : 2・4・6. 精製土器甕 1 式新段階 : 3. 粗製土器甕 2a 類 : 5・7・9・11・13・14. 粗製土器甕 2d 類
8. 精製土器甕 2 式 : 10・12・15. 精製土器甕 3 式

図 29　粗製土器甕と精製土器甕の共伴例

1・2. 幌内 D P-145 : 3・4. 幌内 D P-51 : 5・6. K39 工学部共用実験研究棟地点 PIT26 : 7・8. ユカンボシ E7 P-21
9・10. 萩ヶ岡 墓 305 : 11・12. K39 遺跡工学共用実験研究棟地点 PIT09 : 13～15. ユカンボシ E7 P-28

7・8 は、先の型式比定案をうらづける事例である。2d 類は 1 式新段階～3 式まで共伴しており、一見すると先の型式比定案と整合しないように思える。しかし、5 と 6 の共伴は「廃棄時の同時性」ととらえるべきで、この 2d 類が精製土器甕 1 式新段階と同時期に製作されていた可能性は低いと判断する。このように考えれば、2d 類が精製土器甕 2 式～3 式相当とみる先の見解とも矛盾しないし、9～15 の

第Ⅱ部　擦文土器の編年と系統

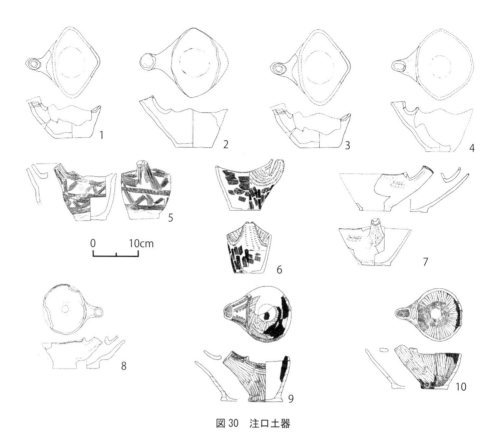

図30　注口土器

1. 吉井の沢1 P-211 : 2・3. 吉井の沢1 P-228 : 4. 吉井の沢1 P-230 : 5. 大川 P-202 : 6. 天内山1号墳墓
7. カリンバ2 33号土坑 : 8. カリンバ2 55号土坑 : 9. 西島松5 P70 : 10. 西島松5 P98

遺構名	文様	上面観	口縁部形態	共伴する土器（※1）
吉井の沢1 P-211	なし	不整円・角ばり	波状	
吉井の沢1 P-228	なし	不整円・角ばり	波状	精製土器甕1式古段階〜新段階
	なし	不整円・角ばり	波状	（細片のため共伴かどうかは不確実）
吉井の沢1 P-230	なし	不整円・角ばり	波状	
大川 P-202	櫛描文	不整円・角ばり	波状	精製土器甕1式新段階　土師器坏
天内山 1号墳墓	列点文	不整円・角ばり	波状	
カリンバ2 33号土坑	なし	円	波状	
カリンバ2 55号土坑	なし	円	平縁	
西島松5 P70	口唇部刻み	円	平縁	
西島松5 P98	なし	円	平縁	

※1　確認できる属性から細分型式を比定できるものにかぎって示している。

表6　遺構出土注口土器の諸属性

ように精製土器甕3式との共伴例が多いという実態にも整合する。

　粗製土器甕は共伴例が少なく、精製土器甕にくらべ出土状況からの検証が不足しているが、現状で型式比定案を否定するような事例が存在しないことを評価しておきたい。

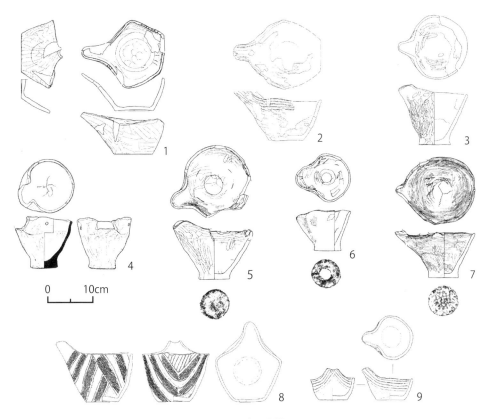

図31　片口土器

1. ユカンボシC15 F-78 ：2. 幌内D P-163 ：3. 大川 GP-99 ：4. ウサクマイA 墓坑63-5 ：5. ユカンボシE7 P-32
6. ユカンボシE7 P-21 ：7. ユカンボシE7 P-48 ：8. 森ヶ沢 10号墓 ：9. 森ヶ沢 15号墓

遺構名	文様	上面観	口縁部形態	共伴する土器（※1）
ユカンボシC15 F-78	口唇部刻み	不整円・角ばり	平縁	
幌内D P-163	なし	不整円・角ばり	波状	1式新段階～2式（粗製土器甕2b類）
大川 GP-99	なし	円	平縁	
ウサクマイA 墓坑63-5	なし	円	平縁	
ユカンボシE7 P-21	なし	円	平縁	2式～3式（粗製土器甕2d類）
ユカンボシE7 P-32	なし	円	平縁	2式～3式（粗製土器甕2d類）
ユカンボシE7 P-48	なし	円	平縁	2式～3式（粗製土器甕2d類）

※1　確認できる属性から細分型式を比定できるものにかぎって示している。

表7　遺構出土片口土器の諸属性

第5節　北大式注口土器・片口土器の編年

1　北大式注口土器の編年（図30）

　表6に、遺構から出土した注口土器の属性を示した。口縁部が打ち欠かれている例は、分析対象からはずしている。

　精製土器甕1式新段階までに共伴するものには、口縁部形態が4単位の波状となり、上面観が不整円や角ばった形状を呈する特徴がある（1～4）。甕と同様の櫛描文などの文様をもつものもあり(5)、こ

のような例は古く位置づけられそうである。一方、平縁の口縁部や上面観が円形を呈するものには、甕との共伴例がない。恵庭市カリンバ2遺跡（上屋編1987）33号土坑出土土器(7)の口縁部はゆるやかな波状を呈する。型式論的にみると、先にみた4単位波状の口縁部形態をもち、不整円や角ばる上面観となる注口土器は、カリンバ2例のような土器を介して、口縁部の平縁化や上面観の円形化が進行すると思われる。平縁の口縁部と円形の上面観をもつ注口土器（9・10）は、西島松5遺跡P70・P98でそれぞれ無文の甕と共伴している。これらの無文甕は、東北地方土師器甕の系統の脈絡で時期を比定するのが妥当である（註9参照）。両例とも頸・胴部の境にゆるい段があることから、東北地方南部の編年で言う住社式～栗囲式に比定できる（伊藤1989）。これらの土師器は、後に述べるように北大2式～3式に併行すると考えられるため、これにともなう注口土器もその頃のものと判断できる。[14] これも後述するが、北大1式古段階が住社式併行期までくだることはないと考えられるので、口縁部形態と上面観から想定した時期差を追認できる。

　以上から、注口土器は、型式論的特徴から2時期に分けられる。北大1式古段階の甕を多く出土した吉井の沢1遺跡では古手の注口土器が、北大3式の甕を多く出土した西島松5遺跡では新手の注口土器が出土していることも、2時期区分の傍証となる。注口土器の型式論的変遷期は、ともなう甕の編年からみて1式新段階～2式期にあると推定できる。

2　北大式片口土器の編年（図31）

　表7に、遺構から出土した片口土器の属性を示した。ユカンボシC15例と長沼町幌内D遺跡（鈴木編2014）の例は上面観が不整円形で、後者の口縁部には微隆起線文があり、古手の注口土器と類似の属性を備える。幌内D遺跡P-163では1式新段階～2式の甕が共伴する。これらの特徴をもつ片口土器を古く位置づけられそうである。残りは上面観が円形や楕円形となり、2式～3式の甕との共伴例もある。

　以上から、片口土器は、上面観や文様の違いから2時期に分けられる。青森県七戸町（旧天間林村）森ヶ沢遺跡（阿部編2008b）15号墓で出土した片口土器(8)は、幌内D例とそれより新手の片口土器の属性を併せもつ。おそらく、片口土器も注口土器と同様に、上面観が不整円形から円・楕円形へ、文様があるものからないものへ、それぞれゆるやかに変化したと推定される。

第6節　道央部における北大式土器の型式細分のまとめ

　ここまでのまとめとして、表8に各細分型式の属性の内訳を示した。図32には、本章の編年を旧稿（榊田2009a）の編年と対比したものを示した。旧稿とは、型式論的変遷の流れに対する認識はほぼ同じであり、編年の区分数が異なる。もともと旧稿で設定した精製土器甕の北大Ⅰ式・Ⅱ式には、中間的な様相を示す土器が少なからずあり、この点に批判がむけられていた（鈴木2011）。しかし、その後になってK39遺跡工学部共用実験研究棟地点やC544遺跡など札幌市域でこの時期の資料の蓄積がすすみ、旧稿の北大Ⅰ式・Ⅱ式の型式区分を再検討できる環境が整った。このような経緯は、粗製土器甕の細分についても同じである。

　旧稿より細かく分けたことで煩雑さは増したが、検証可能性を保ちつつ北大式の編年整備と型式論的

第 2 章　北大式土器の編年と系統

			1式古段階	1式新段階	2式	3式
甕の細分型式	精製土器		1類	2〜5類	6類	7類
	粗製土器			1a類		
				1b類・1c類		
					2a類	
					2b類	
					2c類	
						2d類
器形	胴径と口径	胴径 ≧ 口径	━━━━━━━━━━━━━			
		口径 ＞ 胴径		━━━━━━━━━━━		
	頸部	なし	━━━━━━			
		あり		━━━━━━━━━━━━━		
文様帯 胴部		あり	━━━━━━━━━━━━━━			
		なし				━
文様		帯縄文（+列点文）	━━━━━━			
		微隆起線文+帯縄文（+列点文）	━━━━━━			
		櫛描文+帯縄文	━━━			
		微隆起線文	━━━			
		沈線文+帯縄文	━━━			
		微隆起線文+櫛描文	━━━			
		微隆起線文+普通縄文	━━━			
		櫛描文	━━━━━			
		普通縄文（+刻線文・刺突文）	━━━━━			
		普通縄文+横走沈線文（+刻線文・刺突文）	━━━━━			
		横走沈線文（+櫛描文・刻線文・刺突文）	━━━━━━			
		刻線文・刺突文	━━━━━			
		縦走沈線文	━━━━━			
		段状沈線文+刻線文	━━━━━			

表8　北大式土器の細分型式と属性の内訳

変遷の把握をおこなううえで最低限の区分数であることは、ここまでの分析結果からも明らかだろう。特に1式新段階をあらたに設定したことで、かねてより指摘されていた「北大Ⅰ」と「北大Ⅱ」の型式論的ギャップ（佐藤1972, 西蓮寺1981）を、ある程度解消できた。また、粗製土器甕を7つに分類したことで、甕の粗製化に関するみとおしを得られたこともあらたな成果である。

第Ⅱ部　擦文土器の編年と系統

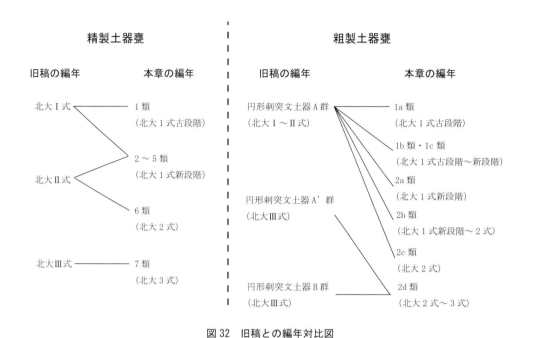

図 32　旧稿との編年対比図

第 7 節　道央部以外の北大式土器

1　道東・北部の北大式土器（図 33）

　表 9 に、道東部での各細分型式の遺構出土状況を示した。[15] 釧路市（旧音別町）ノトロ岬遺跡（山本編 1984）では、北大 2 式～3 式がまとまっている。このうち、40 号土坑は精製土器甕 6 類と粗製土器甕 2d 類の共伴例であり、先の型式比定案が道東部でも成りたつとわかる。

　そのほか、以下に記す遺跡で北大式がある程度まとまって出土しており、編年の参考になる。

　道北部では、枝幸町音標ゴメ島遺跡（川名・高畠 2010）で北大 1 式古段階のみが出土している。採集資料が含まれているが、この遺跡は「周囲わずか 1 km ほどの「小島」」に立地しているので、遺物の空間的なまとまりに信頼をおける。この出土状況は、道央部の出土パターン①と共通する。道東部では、ノトロ岬遺跡で発掘区から 1 式新段階・2 式・3 式が出土し、1 式古段階が出土していない。主体をなすのは 2 式であり、遺構出土土器の大半がこの時期に属する。釧路町天寧 1 遺跡（鈴木編 2011）では、発掘区から 1 式新段階と 2 式が出土し、1 式古段階と 3 式が出土していない。この 2 遺跡の出土状況は、道央部

遺構名	参考文献	型式名 2 式	3 式
ノトロ岬　30 号土坑	山本編 1984　第 43 図-1	精 6 類	
ノトロ岬　35 号土坑	同上　第 43 図-6～13	精 6 類	
ノトロ岬　59 号土坑	同上　第 49 図-3	精 6 類	
ノトロ岬　61 号土坑	同上　第 49 図-7	粗 2c 類	
ノトロ岬　40 号土坑	同上　第 44 図-8	精 6 類	
	同上　第 45 図-1・2	粗 2d 類	
ノトロ岬　41 号土坑	同上　第 45 図-6	粗 2d 類	
天寧 1　土坑 5	鈴木編 2011　図Ⅲ-21-55	精 6 類	
十勝太若月　土坑 32	石橋他 1975　Fig.49-1		精 7 類
十勝太若月　土坑 68	同上　Fig.114-1		精 7 類

・「精」「粗」は、それぞれ精製土器甕・粗製土器甕を示す。

表 9　道東部における北大式土器の遺構出土状況

第2章　北大式土器の編年と系統

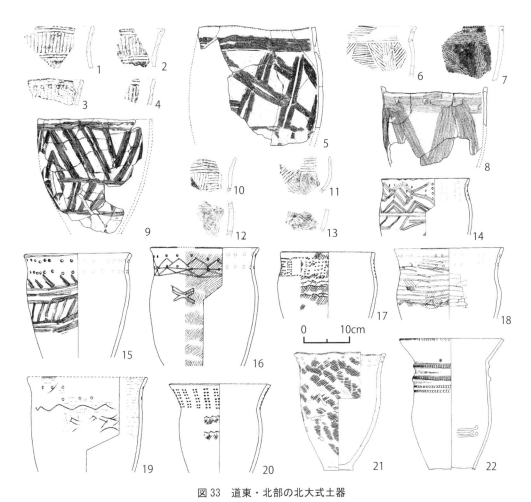

図33　道東・北部の北大式土器
1〜4. 音標ゴメ島：5〜9. ウトロ：10〜13. 床丹：14〜20. ノトロ岬：21. 天寧1：22. 十勝太若月

の1式古段階と新段階を時期差とみなす考えの間接的な根拠ともなっている。同町床丹遺跡（笹田・豊原2007）や斜里町ウトロ遺跡（松田他2011）では、1式古段階・新段階・2式が出土し、3式と断定できる土器は出土していない。北見市（旧常呂町）トコロチャシ跡遺跡（宇田川・熊木編2001）では、後北C_2-D式・1式古段階・新段階が出土している一方で、2式・3式と断定できる土器が出土していない。同市常呂川河口遺跡（武田編1996・2000・2002・2004・2005・2006・2007・2008）では、1式古段階から3式まで出土しているが、1式古段階・新段階の占める比率が高い。

2　道南部の北大式土器（図34）

道南部では、当該期の遺構数や出土土器点数が少ない。復元個体を出土した遺跡にかぎって細分型式の出土状況をみると（表10）、道東・北部と同様、時間的に隣接する細分型式が1つの遺跡でまとまる状況を確認できる。ただし、七飯町上藤城3遺跡（横山編2000）のように各時期の細分型式を出土する遺跡もあるので、資料のかぎられた現状では出土状況の確認にとどめるのが無難だろう。

第Ⅱ部　擦文土器の編年と系統

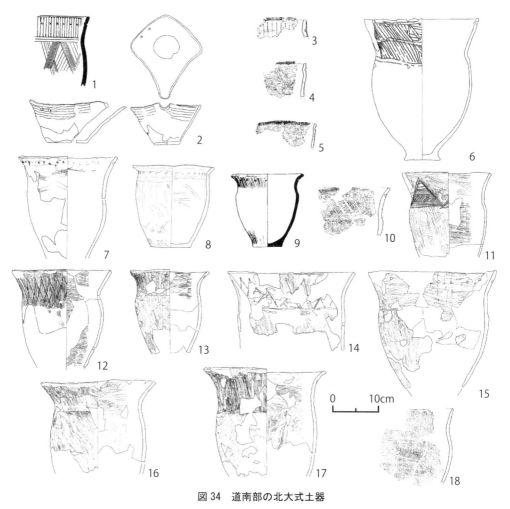

図34　道南部の北大式土器
1. 八雲駅鉄道敷地：2〜7. 上藤城3：8. 尾白内：9. 汐泊川第1地点：10〜18. オクツナイ2

3　東北地方の北大式土器（図35）

　東北地方での後北式・北大式の存在は、早くから知られてきた。列島北部の考古学と古代史両研究にとって重要な意味をもつと考えられたために研究の蓄積は厚く、[16] 活発な遺跡踏査や資料紹介がなされてきた（佐藤1968・1975・1976・1983・1984, 興野1983）。その後、遺構出土例も散見されるようになり、続縄文土器と東北地方古墳時代土師器の編年を論じる環境が整いつつある（木村1994・1998）。東北地方は、北大式の主要分布圏からはずれる地域であり、比較的安定した組成をなす土師器のなかに北大式が客体的・貫入的に入っているのが通例と考えられており、それは近年増加した資料からも追認できる（阿部1998）。そのため、各細分型式の排他的な出土状況を遺跡ごとに鮮明にとらえられる。ここでは、復元個体の出土状況が明確な遺跡での細分型式の様相を確認する。

　遺構出土例をみると（表11）、1式古段階〜新段階の例が多く、3式と断定できる土器を出土した例はない。なお、東北地方独特の特徴を備える土器もあるので、説明を加えたい。青森県八戸市市子林遺

跡（大野他編2004）SK11土坑墓出土土器(1)は、頸部がなく沈線文がほどこされる。1b類と2c類の中間的な特徴を備えた粗製土器甕であり、北海道島に類例がない。1b類が1式古段階～新段階、2c類が2式に比定されることから、この土器は1式新段階～2式に属すると考えられる。共伴する土器(2)も器形などに北

遺構名	参考文献	型式名			
		1式古	1式新	2式	3式
尾白内	森町教育委員会編1994 図26-1	粗1c類			
八雲駅鉄道敷地	千代1965 第V図-5		精2類		
上藤城3	横山編2000 図8-4	片古手			
上藤城3	同上 図8-5				精7類
上藤城3	同上 図8-6			粗2d類	
汐泊川第1地点	汐泊川遺跡調査団1965 図中4			粗2d類	
オクツナイ2	三浦編2004 第13図-2			粗2d類	
オクツナイ2	同上 第14図-3				精7類
オクツナイ2	同上 第14図-6				精7類
オクツナイ2	同上 第15図-8			粗2d類	
オクツナイ2	同上 第15図-9			粗2d類	
オクツナイ2	同上 第16図-10				精7類
オクツナイ2	同上 第16図-11			粗2d類	
オクツナイ2	同上 第17図-16				精7類
オクツナイ2	同上 第17図-37			粗2d類	

・「精」「粗」「片」は、それぞれ精製土器甕・粗製土器甕・片口土器を示す。

表10　道南部における北大式土器の遺跡出土状況

海道島に類例のない特徴を備えているが、一応タイプⅢ／文様⑨の範疇でとらえられるので、精製土器甕6類、すなわち北大2式に比定できる。この一括資料は、北大式が同一遺構で2点共伴した東北地方唯一の例であり、北海道島の出土状況と矛盾しない様相を示す点に注目したい。

　遺跡ごとの出土状況をみると、八戸市田向冷水遺跡では、後北C₂-D式Ⅲ期、北大1式古段階（粗製土器甕1a類）、1式古段階～新段階（精製土器甕3類、粗製土器甕1b類）、1式新段階～2式（粗製土器甕2b類）が出土している一方で、3式がない。青森市宮田館遺跡（茅野他編2009）では、後北C₂-D式Ⅲ期と1式古段階（精製土器甕1類）が出土し、1式新段階～3式がない。岩手県盛岡市宿田遺跡（今野他編2002）では、1式古段階（破片）が単独で出土している。ほかに、宮城県大崎市（旧岩出山町）木戸脇裏遺跡（阿部2008a）、秋田県由利本荘市（旧西目町）宮崎遺跡（齋藤・小松1987）、山形県鶴岡市山田遺跡（眞壁・松田編2003）など、1式古段階の単独出土遺跡がめだつ。

第8節　北大式土器の変遷の実態

1　後北C₂-D式から擦文土器にいたる変化―タテの系統―
1－1　器形

　頸部は、1式古段階にはなく（タイプⅠ・Ⅱ）、1式新段階にあるものとないものが併存し（タイプⅠ～Ⅳ）、2式（タイプⅢ・Ⅳ）と3式（タイプⅤ・Ⅵ）にはすべて備わる。胴径≧口径となる器形は、1式古段階から3式まで認められる（タイプⅠ・Ⅲ・Ⅴ）。ただし、3式にみられるタイプⅤの器形は非常に少なく、その大半は口径＞胴径となる（タイプⅥ）。器形の変化は、口径が胴径を徐々に上まわり、頸部が徐々に定着する形で進行する。すでに1式新段階に口縁部が大きく開くものがあるが（図21-1・15）、こうした器形が完全に定着するのは3式である。

第Ⅱ部　擦文土器の編年と系統

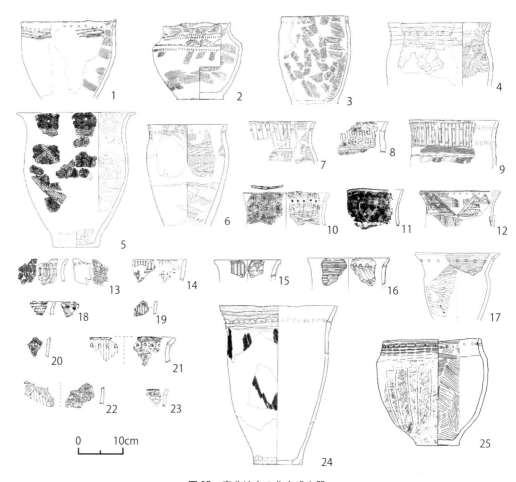

図35　東北地方の北大式土器

1～3. 市子林：4～7. 田向冷水：8. 大間貝塚：9. 宮田館：10. 森ヶ沢：11. 奥戸：12. 大平4：13・14. 宿田
15・16. 大久保：17. 高柳：18～20. 中半入：21・22. 宮崎：23. 木戸脇裏：24. 伊治城：25. 山田

遺構名	参考文献	型式名		
		1式古	1式新	2式
田向冷水　SI-1竪穴住居柱穴内	宇部・小久保編2001 第16図-6		精4類	
市子林　SK15土坑墓	大野他編2004 第28図-30		精5類	
市子林　SK11土坑墓	同上 第27図-23			精6類
	同上 第27図-24		粗1b類 か2c類	
山田　ST1539竪穴建物跡	眞壁・松田編2003 第12図-15	精1類		
森ヶ沢　10号墓	阿部編2008b 図版31-(1)-2		片古手	
森ヶ沢　15号墓	同上 図版32-(1)-4		片古手	
森ヶ沢　20号墓	同上 図版32-(4)-1		片古手	

・「精」「粗」「片」は、それぞれ精製土器甕・粗製土器甕・片口土器を示す。

表11　東北地方における北大式土器の遺構出土状況

1−2 文様帯

　後北C_2-D式Ⅱ期からⅢ期にかけて、文様の縦の割りつけ原理がみられなくなるが（熊木2001）、これは北大式以後も同様である。Ⅲ期の文様帯は、口縁部・胴部上半・胴部下半の三帯が横位に展開する構成となる。横位の文様帯の重畳構成は北大式をとおしてみられ、擦文土器へとつながる。胴部下半の文様帯は北大1式古段階になって完全に消失する。以後、胴部下半は基本的に無文となるが、胴部上半の文様帯がせり出し、上半と下半で同じ文様が展開するものもある（図13-1）。

　1式新段階になると、頸部があるものとないものが併存する。前者では、口縁部か胴部上半いずれかの文様帯が頸部までせり出す（図21-11・12）。ただし、このような器形の変化が生じても、1式古段階の口縁部と胴部上半という二帯配置の文様帯構成は維持される。

　2式になると、頸部の定着と関連し、そこに胴部上半の文様帯が拡大するもの（図22-2・3・6・9、図23-1・16〜18）や、あらたに文様帯が形成されるもの（図22-1・4・5・7・8・10、図23-2〜4・7・11）が出現する。すなわち、1式新段階にみられた口縁部と胴部上半の二帯配置の文様帯構成のほか、あらたに口縁部・頸部・胴部上半の三帯配置の文様帯構成が出現し、共存することになる。なお、1式古段階〜2式には同種類の文様が口縁部〜胴部上半までほどこされるものもある（図20-3,図21-6〜8・10、図22-5・7、図23-8）が、その場合でも、口縁部と胴部上半では文様の施文方向・施文角度などに違いがあり、二帯配置の文様帯構成が維持される点は注目すべきである。

　3式になると、口縁部と頸部の二帯配置の文様帯構成が基本となる。2式の胴部上半の文様帯が頸部に転移するもの（図24-1〜3・10・11）、頸部と胴部上半の文様帯が融合するもの（図24-4・7）もある。

　このように、文様帯の変遷には頸部の定着との密接な関係がある。1式古段階・新段階の文様帯配置は2式になって錯綜して多様性を増し、3式に定型化する。必ず前時期の文様帯配置を基礎としてあらたな文様帯配置が形成され、それが後の文様帯配置の基礎になるように変遷しており、連続性は強い。

1−3 文様

　1式古段階では、後北C_2-D式Ⅲ期にみられた口唇部下の貼付文と胴部下半の縦走する帯縄文が完全に消失する。貼付文のあった部位には帯縄文や横走・縦走する微隆起線文が展開するか、無文となる。そこに突瘤文がほどこされる場合とほどこされない場合がある。横走する微隆起線文は、後北C_2-D式Ⅲ期の口唇部下の貼付文が型式論的に変化したものだろう。この時期の文様は、帯縄文や列点文など総じて後北C_2-D式Ⅲ期の文様と共通性が高いが、微隆起線文に縁どられた範囲にさらに微隆起線文が充填されるようなあらたな手法も出現する（図20-11・12・14）。

　1式新段階になると、櫛描文や沈線文などあらたな文様が出現する。なかには、刻線文（図21-16）や普通縄文（図21-14、図33-16）など、後に盛行する文様もある。微隆起線文をもつものだと、1式古段階に帯縄文があった部分にも微隆起線文が充填されるものがある（図21-10、図33-6）。ほかに、この帯縄文部分が櫛描文になったり（図21-4）、帯縄文を縁どっていた微隆起線文が沈線文になるなど（図21-7）、前段階の各文様が頻繁に置き換えられるようになり、個体ごとの文様組成が多様化する。ただし、文様は数や種類が増えるとはいえ、1式古段階の施文位置や配し方などが踏襲されている。すなわち、それまでの施文手法に則りつつ多種多様な文様があらたに採りいれられているのであり、文様が変わる

からといってそこに断絶があるわけではない。

2式になると、普通縄文と横走沈線文・刻線文が盛行する。櫛描文（図23-14・18）もみられるが数は少なく、やや衰退するようである。これらの文様を用いて1式新段階と同様のモチーフを作出する例（図22-9、図23-1・8）もあれば、この時期に出現するモチーフもある（図22-6、図23-3）。

3式になると、横走沈線文と刻線文が主体となる。普通縄文（図24-1・2）や櫛描文（図24-3）もあるが、数は少なく衰退が著しい。これらの文様は、少ないながらも用いられ続けたと考えられる。2式と同じ文様を基本とするが、文様帯が頸部に押しこめられるため、モチーフが変化している例が多い（図24-7・8）。このように、文様の変化には文様帯の変化に規制されている部分がみられる。文様帯の変化が器形の変化に規制されていることを考慮すると、文様の変化が器形や文様帯の変化と連動して進行する場合もあったと考えられる。文様は常に複数種類が共存し、器形や文様帯の通時的変化と共時的変異のあり方に包摂される形で多様に選択されながらほどこされていた、というのが実態だろう。

以上、器形・文様帯・文様の消長を細かくみてきた。それらは相互に密接な関係をもちつつ、前後関係にある細分型式にまたがって存在しており、変化のタイミングも一様ではない（表8）。各属性は、隣接する時期同士で連続性が強く、出現頻度を違えながら数時期にまたがって漸移的な消長をとげている。このことから、一部の属性のみを取りあげて編年区分上の異同を議論すると、その全体的な変遷の実態をみあやまるおそれがあることに注意すべきである。普通縄文はまさにそうした例であり、その出現の突発性を重視する見解も示されてきたが（佐藤1972）、それによって編年を区分するのは適切ではない。また、先行研究には属性を別々に検討したものもあるが（鈴木2003、塚本2007）。それでは北大式の変化の方向性を指摘することはできても、変化の成りたちまで評価することはできないだろう。

2　隣接諸型式からもたらされた影響──ヨコの系統──

2−1　突瘤文の評価

北大式の口縁部に備わる突瘤文は、後北C_2-D式や擦文土器との差異をよく反映する属性として特に注目され、型式認定の手がかりとして重視された（松下1963、竹田1970）。その後、資料の増加にともない、突瘤文をもたない例も多いことが明らかとなり、その有無をもって北大式と隣接諸型式とを区分することに疑問が示されるようになった（峰山他1971、大沼1980、西蓮寺1981）。結局、この問題は明確な回答が出されないままに終わり、今日ではほとんど省みられなくなっている。ここでは、先の分析結果を踏まえて、先行研究を評価しつつ突瘤文に対する筆者の理解を示したい。

突瘤文に型式認定の根拠をおかない研究者は、その消長が時期差を示さないことを理由にする点で共通しているが、それによって北大3式をめぐる評価が2つに分かれてしまっている。すなわち、一方は、突瘤文の有無が北大式の型式認定の決め手にならないことを理由に、普通縄文をもたない北大3式を続縄文土器の枠からはずし擦文土器に含めるというもの（大沼1980）、もう一方は、突瘤文以外の属性に型式認定の根拠をもたせようとするものである（西蓮寺1979・1981）。

前者の考えでは、突瘤文の有無のほかに器種組成の類似も根拠にされていた（第1節2参照）。しかし、そこでは器種組成上の類似に目が向くあまり、北大式全体のなかの突瘤文の備わり方に対する配慮を欠いていたように思われる。たしかに、突瘤文は後北C_2-D式末期からみられるが、後北C_2-D式の大部

や擦文土器との差異をよく反映することもまた事実なのであり、突瘤文を重視する考え（松下1963, 竹田1970）は決して不当ではない。また、突瘤文がほぼ甕に限定される属性である以上、突瘤文をめぐる型式区分上の問題は甕にかぎって検討するのが妥当である。北大3式を器種組成上の特徴によって続縄文土器の枠からはずす様式編年的な視点と、突瘤文の有無といった型式編年的な視点とを、ともに型式区分の理由として同じ俎上にのせることには明らかな論理の飛躍がある（第1節3参照）。

　その点、後者の考えは、突瘤文のもつ重要性に配慮しつつ北大式全体のなかでその位置づけを再評価するものであり、研究の方向性や分析手順には賛同できる。西蓮寺（1981）は、突瘤文について、擦文土器甕にみられないという点では北大式の型式認識上重要であるが、後北C_2-D式末期にみられる以上はすべてにおいて型式認定の根拠にならない属性だと評価した。先述のとおり、突瘤文は後北C_2-D式末期にオホーツク土器からの型式論的影響によって出現したものだと考えれば、それがある土器とない土器の併存という現象を合理的に説明できる。すなわち、前者をオホーツク土器の影響をより強く受けたもの、後者をその影響が弱かったものと考えるのである。第2節でみた「モヨログループ」は、後北C_2-D式Ⅲ期のうちオホーツク土器の影響をより強く受けた一群として編年上に矛盾なく位置づけられる。

　ところで、突瘤文は北大1式古段階から3式まで連綿とみられるが、オホーツク土器側の突瘤文の消長を考慮すると、北大式各時期の突瘤文をすべてオホーツク土器からの型式論的影響によるとみることはできない。オホーツク土器では、北大式と同様のOI突瘤文は十和田式の後半期に出現し刻文期に衰退することが明らかにされている（熊木2012）。詳細な編年対比は第9章でおこなうが、オホーツク刻文土器に併行するのは北大2式〜3式と考えられ、この時期では明らかに北大式側で突瘤文が盛行している。この現象は、北大2式〜3式の突瘤文がオホーツク刻文土器からもたらされたものではなく、前時期までに十和田式からもたらされた突瘤文が北大式側の伝統的な属性として定着したものであることを反映している。[17] このように、細かくみると突瘤文の性質は時間とともに変化しており、系統的な解釈にも十分な注意が必要である。

2-2　頸・胴部の「区画」の評価

　北大2式・3式になると、頸・胴部の境に「区画」がほどこされるものがあらわれる（図24-2・3・6・8・10〜12・14、図25-1・2・4・7〜11、図28-7〜12）。この「区画」の由来は、東北地方土師器甕の頸・胴部の境にある段にもとめられよう。それは、東北地方南部では住社式からみられ（伊藤1989）、栗囲式にいたって普遍的な特徴となる（辻1990）。

　注目すべきは、北大2式にも3式にも、「区画」のあるものとないものが併存していることである。この現象は、住社式や栗囲式の段の影響がおよぶ場合もあればおよばない場合もあったことによって生じたものだろう。このような状況は、先にみた突瘤文のあり方と類似する。

　頸・胴部の「区画」は、2式では粗製土器甕（2d類）に多く、3式になって精製土器甕にも多くなる。これは、北大式の頸・胴部の「区画」がまず粗製土器甕にもたらされ、時間とともに精製土器甕にも定着したことを反映している。これはすぐ後で触れるように、粗製土器甕と東北地方土師器甕が密接な関係でむすばれていたことと関係している。

2-3 粗製化の評価

　第3節と第4節で、精製土器甕と粗製土器甕の分析を個別におこなった。しかし筆者は、粗製土器甕の型式論的変遷が精製土器甕のそれから完全に独立して進行したとは考えていない。むしろ、粗製土器甕の変化は精製土器甕以上に複雑な要因に左右されていたのではないかと推測している。

　先にみた粗製化とは、端的には精製土器甕における「無文域の増加」と言いあらわせる。この無文域が増加する背景には、東北地方土師器甕からのヨコの影響が想定され、すでに後北C_2-D式期からはじまっている可能性が高い（小林1993a・b, 石井1994）。注意したいのは、東北地方土師器甕からもたらされる型式論的影響の強弱の程度が、各時期で異なっていた可能性が高いことである。東北地方北部では、南小泉式と栗囲式の間に遺跡数や遺物数の断絶がみられることが判明している（菊池2010）。これを踏まえると、土師器が北に向かう「流れ」の強さにも通時的な程度差を想定せざるを得なくなる。となれば、北大式においても、東北地方土師器甕からもたらされる影響が強い時期もあれば弱い時期もあった、と想定するのが妥当である。東北地方土師器甕からの影響に強弱があったことは、先にみた頸・胴部の「区画」の様相からも支持される。

　このように考えると、東北地方土師器甕からの影響が弱い時期の粗製化は、土師器甕からのヨコの系統ではなく北大式内部のタテの系統を反映した現象、すなわち前時期までの無文域が増加に転じたという現象による可能性もある。このように、「無文域の増加」と一言で言いあらわせる型式論的変化であっても、その内実はタテとヨコの複雑な系統関係がからみあっている可能性があることに十分注意しなくてはならない。

3　隣接諸型式との関係からみた北大式土器の変遷の特質

　以上、北大式の変遷を、タテの系統とヨコの系統に分けて確認した。それを模式的にまとめて示したのが図36である。ここまでの検討から、北大式の通時的変遷は、相当に隣接諸型式との共時的関係に左右されていたことが明らかになった。隣接諸型式からおよぶ型式論的影響に強弱の差があることが北大式の属性に共時的な変異現象をもたらし、変異の振幅の度合いに応じて属性の変遷が単一の系統におさまりきらずに多様な形で進行する原因となっている。さらに、型式論的影響の発信源が1つではないため、影響をおよぼした土器型式の性格や影響の入ってくるタイミングの差によって、属性の共時的な変異現象にも様々な位相が示されている。在地土器が外来土器と頻繁に接触する過程で系統を交錯させながら変化すること、これが北大式の変遷の特質であり、そしてその型式論的特徴の多様性（上野1974, 西蓮寺1981）の原因だと考えられる。

　大局的にみると、後北C_2-D式Ⅲ期～北大1式新段階にまずオホーツク土器との関係が強まり、2式以降に東北地方土師器との関係が強まる、という型式間交渉の構図を読みとれる。ただし、交渉対象の変化は、はっきりとした時間的な線引きができるわけではない。厳密には、南北双方との交渉は各時期に存在し、その度合いの強弱が時間とともに推移する、と言ったほうが妥当だろう。擦文土器は、後北C_2-D式Ⅲ期以後、南北に隣接する土器型式との以上のような交渉が累積した果てに成立するのである。

第 2 章 北大式土器の編年と系統

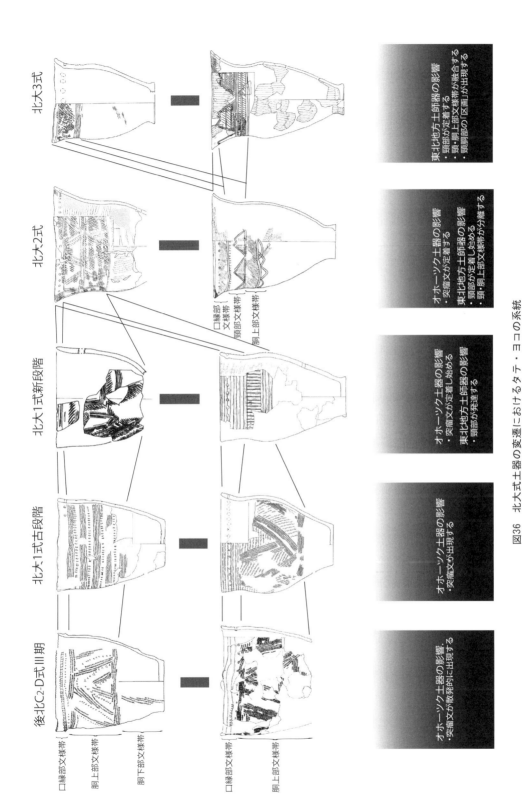

図36 北大式土器の変遷におけるタテ・ヨコの系統

第Ⅱ部　擦文土器の編年と系統

小結

　北大式の編年をめぐる先行研究では、様々な属性に着目した多くの分類案が提示された。しかし、用いる方法論が多様であるため論点が錯綜しやすかったこと、層位事例が少ないことなどが原因となり、各分類案を編年としてどのようにあつかうべきなのか、という点において共通理解が形成されることはなかった。それに加えて、各方法論の有効性や限界性の体系的な検討も低調であった。したがって、先行研究で提示された編年案は、いまだ土器分類の域を脱していないものだと言わざるを得ない。

　このような現状を考慮し、本章では、まず道央部で今日までに得られた北大式の完形・略完形個体を集成し、器形・文様帯・文様の属性分析にもとづく体系的な分類を試みた。次に一括資料を中心に出土状況からの検討をおこない、分類した土器群を編年として設定した。その過程で、北大式編年研究においてどのような問題が残されており、いかなる分析視点によってどの程度まで解決をはかれるのか、逐一検討をおこなってきた。零細な一括資料にもとづくものだという点に検討の余地を残すが、道東・北部、道南部、東北地方の出土状況とも矛盾しない、現時点で有効な広域編年を確立できたと考える。

　また、北大式の細分編年を確立したことで、属性ごとの時間的推移状況や共存・交替状況などをつぶさに把握できるようになったのも大きな成果である。各様相を示す属性がどの地域の型式系統上にあるのかを評価することで、在地型式（後北C_2-D式）と外来型式（オホーツク土器・東北地方土師器）の系統の接触・交錯の過程として北大式の変遷を理解できるようになったのである。

　擦文土器成立前夜には、北海道島在地土器型式と南北諸地域の土器型式の通時的な交渉があったことが明らかとなった。次章では、前半期擦文土器甕の編年を整備するとともに、その成立と展開に北大式系統の甕と外来系統の甕の型式交渉がどのように関与したのかを論じたい。

註

1) たとえば、今日一般に用いられている「北大Ⅰ式」「北大Ⅱ式」「北大Ⅲ式」という編年区分と内容は、実際の資料の十分な検討による整理・説明がなされないまま独り歩きしている。
2) このような問題を解説した論考は多数あり、筆者一人ではすべてを網羅できない。ここでは、特に参考にした文献を掲げるにとどめる。贄（1991）、小杉（1995）、大塚（2000）、矢野（2003・2007）。
3) 佐藤は、系統論的分析を踏まえて「続縄文土器母胎説」を支持し、「土師器母胎説」に疑問を示した。しかし、「土師器母胎説」と「続縄文土器母胎説」の違いは、斉藤（1983）が述べた「力点のおき方」、すなわち土器のくくり方によるものであり、対立させるべきではない。これについては、第6章で詳しく論じる。
4) 頸・胴部の境には、段のほかに横走沈線文がほどこされたものもある。以下では、これらをまとめて「区画」と呼ぶ。
5) 旧稿（榊田2009a）では、苫小牧市静川26遺跡（苫小牧市埋蔵文化財調査センター編1995）で出土した「北大Ⅰ」の調整痕をハケメと述べたが、ヘラナデの誤りであった（鈴木2011）。ここで訂正し、不備をお詫びしたい。
6) 本章で言う列点文とは、帯縄文や微隆起線文に沿ってほどこされる点列の総称である（熊木2001：186頁）。
7) 宮城県栗原市（旧築館町）伊治城跡SD260・261溝の覆土から、後北C_2-D式Ⅲ期と「北大Ⅰ」が出土している（菊池他編1992）。木村高（1994）は、これを共伴とみなして、「北大Ⅰ」が後北C_2-D式末期に併行する可能性を指摘した。しかし、

掘削時の掘りあげ土の流れこみ等が予想される溝跡出土土器を共伴の証拠とする考えには賛同できない。

8) 旧稿（榊田2009a）では、「有文甕形土器」「円形刺突文土器」などと呼称したが、本章では、名称の煩雑さを避けるために精製土器・粗製土器の名称を用いる。

9) 系統論の観点からすると、坏や須恵器は異系統土器だと判断される。また、「北大Ⅱ」「北大Ⅲ」などと共伴する無文の長胴甕も後北C_2-D式の系統をひくとは考えにくく、東北地方土師器甕の系統とみるのが妥当である。本章では、これらを北大式の範疇ではあつかわず、分析対象からはずす。浅鉢は、後北C_2-D式の系統をひくと考えられるが、資料数が少ないため、具体的な分析は今後の課題とする。

10) なお、現状でタイプⅢは9例、タイプⅤは1例しかない。このような資料は「例外」としてあつかうべきかもしれないが、北大式は、後北C_2-D式や擦文土器とくらべ多様性があるにもかかわらず出土点数が少なく、そもそもいかなる特徴を「例外」と言えるのか判断がむずかしい。本章では、少ない特徴にも光をあてた分類をおこない全体の中の位置づけを明確にする方が、第三者にとって結論の妥当性を検証しやすくなると判断し、タイプⅢ・Ⅴも分析に組みこむ。

11) ここで、段状沈線文の系統的な帰属について確認しておく。東北地方では、頸・胴部の境に1つの段をもつ栗囲式ないしその枠組みでとらえられる甕に混じって段を複数もつ土器が出土することがあり、本節ではこれらを段状沈線文の甕としている。これらは「北海道系土器」と呼ばれるように（光井1990）、東北地方在地土器に由来しないとみる考えがある。たしかに、東北地方では、段状沈線文の甕は段が1つの甕にくらべて数も少なく客体的な存在である。しかし、実は北海道島においても主体的な存在だとは言いがたく、遺構出土例も多くはない。すなわち、段状沈線文の甕は、北海道島と東北地方のどちらにおいても客体的な「どっちつかず」の土器だと言えるのである。このことから、段状沈線文の甕を無条件に北大式に位置づけることにも問題がないわけではない。ただし、東北地方では、北大式に似た刻線文が段状沈線文に組みあう傾向にあること（光井前掲）が注目されてよく、この傾向は北海道島でも確認される。本章ではこの点を積極的に評価し、段状沈線文を便宜的に北大式の属性に加えて分析する。

12) 各類は、属性の組みあわせをすべて包括し得るように設定した理念的なものである。そのため、現状で確認されない組み合わせ（タイプⅢ／文様①等）もある。ただし、タイプと文様の組みあわせに厳密な相関がみられないこと（表3）を考慮すると、将来的に出土する可能性は高い。したがって、様々な可能性の考えられる属性同士の組みあわせを包括するような分類群を現時点で設定することにも意義はあるだろう。

13) 北大1式新段階という名称であるが、その文様は、微隆起線文と帯縄文、およびそれらと組みあう櫛描文などからなり、全体的に1類に近い印象を受けるため、1類をさらに細分するような名称を与えるのが妥当だと判断した。

14) 旧稿（榊田2009a）では、西島松5遺跡P70・P98出土の無文甕を北大3式と同時期のものとしたが、論証の提示が不十分だったと反省している。ここでの考察によって現在の筆者の考えを明確に示し、不備を補いたい。

15) 旧稿（榊田2009a）では、ノトロ岬遺跡第48号・56号・61号土坑各出土土器と弟子屈町下鐺別遺跡（沢編1971）B地点3号竪穴出土土器も遺構一括資料として分析したが、いずれも破片資料であることから、本章では検討対象からはずす。

16) 東北地方における後北C_2-D式・北大式期の遺跡発掘調査や研究の進展については、阿部義平（2008a：12-37頁）による詳しいまとめがあるので、そちらを参照されたい。

17) オホーツク刻文土器に痕跡的に残る突瘤文（熊木2012）についても、同様の解釈が成りたつだろう。すなわち、オホーツク刻文土器のうち、突瘤文のあるものが北大2式の型式論的影響を強く受けた土器で、ないものが影響のおよばなかった土器だ、という解釈である。このように考えると、突瘤文をもつ刻文土器が道北部に多く道東部に少ないという

状況が、あらためて注目される。熊木（2009）は、それを「十和田式土器から刻文系土器へと移行する際のあり方に地域差があること」（310頁）を示すものとして注目したが、北大式からもたらされる型式論的影響の強弱によって道北部と道東部の刻文土器に地域差が生じた可能性も考えられることになろう。

第3章　前半期擦文土器甕の編年と系統

はじめに

　前半期擦文土器甕[1]の変遷のあり方については、研究史上の第Ⅱ期の研究をとおして共通認識が形成されており（駒井編1964, 石附1968, 菊池1970, 佐藤1972, 大井1972）、今日でも大きな修正を要さない（中田他1999, 塚本2002, 中田2004, 鈴木2006, 澤井2007）。また、東北地方北部の坏を基軸とした土師器編年研究（宇部1989）の進展により、擦文土器が東北地方北部土師器といかなる関係をもって成立したのかという問題（石附1968・1984, 高杉1975, 渡辺1981, 横山1982・1984）を、豊富な資料や具体的な研究成果によって論じるだけの環境が整備されている。こうした状況を受け、近年では東北地方の研究同様に坏を基軸とした擦文土器編年案が提示され（塚本2002）、坏の細分や変遷観が北海道と東北地方双方の研究者で共有されるなど、前半期擦文土器を広い視野から検討する研究が蓄積されている（仲田1997, 八木2007a・2008）。

　しかし、近年の研究では、坏とくらべて甕が十分に分析されているとは言いがたい。なぜなら、そこで用いられる甕の分類基準の大半は第Ⅱ期の研究と同じであり、その後になって膨大に増えた甕の様々な特徴が分析に組みこまれていないからである。実際には、編年研究のなかで着目され採用されてきた土器諸属性にも、細分の指標として妥当かどうか検討すべき点がめだっている。

　本章では、まず具体的な問題提起をおこなったうえで方法論を展望する。次に前半期擦文土器甕の編年を設定し、その変遷と展開を系統論的視点によって明らかにする。

第1節　問題の所在と方法論の展望

1　問題の所在
1−1　個体資料が提起する問題

　図38に、先行編年と齟齬をきたす個体資料を示した。1〜14・20では、これまで古いとみなされた属性と新しいとみなされた属性が同一個体内に共存している。たとえば、口唇部の平坦面や凹みは古い特徴だと考えられてきた。しかし、地文横走沈線上に重ね描きされる文様（7・9・10）や、地文横走沈線が消失した格子目文（3・6・11）、綾杉文（1・8）、鋸歯状文（4・5）、複段の文様列（20）など新しいとされる文様・特徴と組みあう例がある。このような形態の口唇部が長期的に存続することは、石附喜三男（1984）によっても指摘されている。2は、宇田川編年（図3）中期の特徴をもつ頸部文様と同後期の特徴をもつ頸部文様が組みあう。12〜14は、口縁部に横位の矢羽状刻文がめぐる中・後期の特徴と、頸部文様が横走沈線文のみで重ね描きされない前期の特徴とを併せもつ。これらの資料には、どの属性に注目するかで前期から後期のいずれにも位置づけられる、という問題がある。

第Ⅱ部 擦文土器の編年と系統

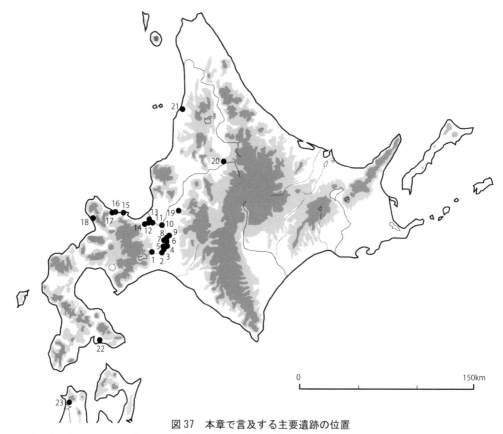

図37 本章で言及する主要遺跡の位置

1. ウサクマイA・B・N：2. 美々8：3. 祝梅竪穴・末広：4. 丸子山・キウス9：5. オサツ2・ユカンボシC9・C15：6. ユカンボシE4・カリンバ3：7. 茂漁4・7・8・柏木川1・4・13：8. 西島松南B地点：9. 南島松2・4・中島松5A・6・7：10. 大麻3：11. H317・H519：12. C504・K39・K435・K518・K440：13. K446・K528・K499・K523：14. C424・C507・C504・N162・N426・N30・N156：15. 蘭島餅屋沢：16. 大川・入舟：17. 沢町：18. ヘロカルウスE地点・G地点・東山：19. 由良：20. 旭町1：21. 香川6：22. 湯ノ川：23. 中島

　また、これまでの研究の俎上にのせられない特徴をもつ資料の存在にも注意したい。たとえば、口縁部や頸部文様の上位に無文帯をもつ土器（13・16）、このような無文帯に縦位の刻線文（15）や山形の刻文（17～19）がほどこされる土器などに着目した研究はほとんどない。

　このように、先行研究の土器変遷観や編年観では説明できない資料は多い。個体資料そのものをみなおす作業が急務の課題になっているのは明らかである。

1-2 出土状況が提起する問題

　図39に、先行編年で異なる時期に位置づけられた土器の共伴例を示した。これまで地文横走沈線の消失が編年の指標にされてきたが（佐藤1972，藤本1972）、地文横走沈線のある土器とない土器の遺構共伴例や同一文化層での共存例は多くの遺跡で確認される。[2] 仮にこれらを混在とみなすならば、それは全資料の定性的な分析を踏まえたうえでの判断でなくてはならない（第1章第2節4参照）。

　以上から、前半期擦文土器甕の先行編年には多くの検討の余地があるとわかる。特に、各時期の標式資料にされる一括資料の多い札幌市の遺跡にこのような甕が多いことに注意しなくてはならない。今日、

第3章　前半期擦文土器甕の編年と系統

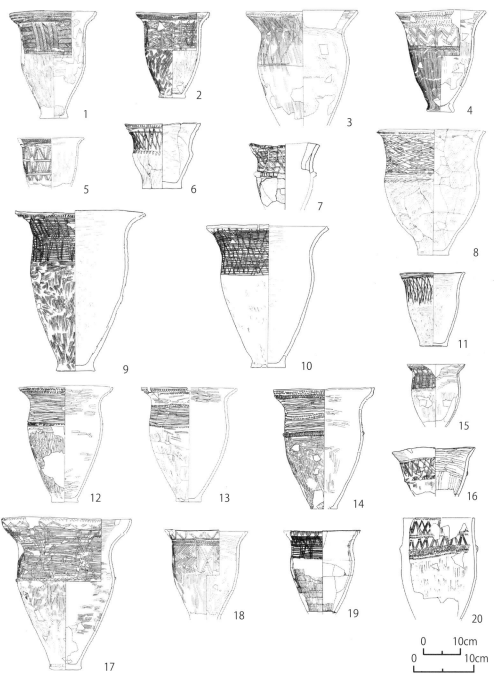

$1\sim5\cdot8\sim15\cdot17\sim20.\ S=1/10\ :\ 6\cdot7\cdot16.\ S=1/6$

図38　擦文土器甕の多様性

1〜3・15〜17. K39第6次調査地点：4. K518：5. K499：6〜8. 末広：9〜11. オサツ2：12. 大川：13. 入舟
14. 美々8：18. K440：19. K446：20. 柏原5

第Ⅱ部　擦文土器の編年と系統

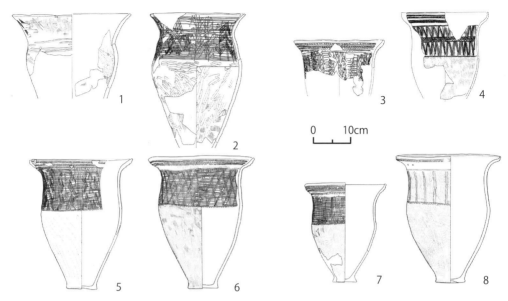

1. 宇田川編年前期：2・3・5〜7. 同中期：4・8. 同後期

図 39　時期差をもつとみなされてきた甕の共伴例

1・2. H519 遺跡 14 号　：　3・4. K499 遺跡 2 号　：　5〜8. N30 遺跡第 2 次調査地点 8 号

甕の編年を設定するために、こうした問題に耐えるような分類と整理がもとめられている。

2　前半期擦文土器甕の分析視点

　1つの遺構や1枚の遺物包含層から出土する前半期擦文土器甕には、形態・文様ともに多様性がある。こうした違いが時期差を示している可能性はあるが、それを保証するだけの層位事例や一括出土例が多いとは言えず、設定し得る一時期内での共時的な変異を示している可能性は残る。したがって、時空間的な変異が比較的少ない属性を分析の基軸にすえるのが望ましい。

　本章では、文様施文域というあらたな属性に注目する。前半期擦文土器甕にみられる主要な特徴は口・頸部の段と横走沈線文であり、先行研究でもその消長が重視されてきた。これらの特徴をもつ土器で早い段階に位置づけられたのは、口縁部と頸部に数条の横走沈線文をほどこすものである（図40左）。この横走沈線文については、東北地方土師器甕にみられる段が装飾的な文様として置き換えられたとみる考えもある（菊池1970，大島1988）。この横走沈線文が次段階に多条化する（図40右）、というのがこれまでの共通認識である。後続する中期の甕で多条横走沈線上に刻線文が重ね描きされることからみて（図39-2・3・5〜7）、型式論的な連続性という点で説得力がある（石附1984）。このように、「数条の横走沈線文→多条の横走沈線文」という型式論的な変化は、すでに編年が確立した頃から注目されており、近年の編年研究でも踏襲されている着眼点である（塚本2002，澤井2007）。

　ここで、文様施文域を「段や横走沈線文の施文域（有文帯）」ないし「段や横走沈線文によって画される範囲（無文帯）」としてとらえると（図40）、「数条の横走沈線文が口縁部と頸部とで別々にほどこされる〝分帯配置〟→多条化した横走沈線文が口縁部から頸部までほどこされる〝一帯配置〟」という

第3章　前半期擦文土器甕の編年と系統

文様施文域の変化として、段や横走沈線文の消長を読み換えられる。段や横走沈線文も文様施文域も2階梯の変遷としてとらえられるので、この読み換えは無意味に思えるかもしれない。しかし、今日的視野にたつと、個々の文様の違いを細分の根拠にすると不都合な部分が多く生じる。たとえば、佐藤達夫（1972）は、時間とともに口・頸部の広い部分に「一層多数」の沈線文が「極めて密接」にほどこされると述べたが、沈線文の条数は具体的な数値などで示されず、どの程度の間隔な

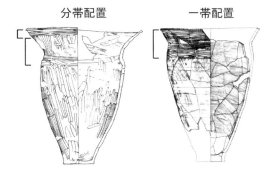

図40　前半期擦文土器甕の文様施文域

らば「極めて密接」なのかもわからない。横走沈線文の条数の増加は、時間的な変化としてはきわめて曖昧な表現しかできないため、追認のむずかしい着眼点なのである。また、横走沈線文と頸部の段を同一個体内にもつ甕はかなりの数が確認されており、"段から横走沈線文へ"、という単純な変遷観はもはや成りたたない。[3]

　一方、文様施文域とは、有文・無文を問わず段や横走沈線文によって示される器面上の範囲なので、沈線の条数や密度の差は問題にならないし、そもそも段や横走沈線文を分類の基準にすえないのだから両者が同一個体内に共存しても不都合はない。このように、文様施文域に注目することで、形態や文様の変異の振幅をある程度カバーできるのであり、ここに先の読み換えの利点がある。

　ただし、前半期擦文土器甕の変遷を「分帯配置から一帯配置へ」という認識だけで理解できるかと言えば、資料の実態はそう単純ではない。実は、各地の遺構一括資料には分帯配置と一帯配置の共伴例が多く確認されるばかりでなく、両者が通時的に併存する層位事例が確認されている。したがって、「分帯配置から一帯配置へ」という1系列の変遷を想定するのはむずかしい。むしろ、これらの事例を素直に解釈し、「分帯配置と一帯配置の共存」というあり方を念頭に置くべきである。次節では、このあり方を具体的に確認しながら編年を設定する。

第2節　前半期擦文土器甕の編年

1　前半期擦文土器甕の分帯系列と一帯系列の分類

　まず、分帯系列の文様構成を次のように分ける。

分帯1類…口縁部に横走沈線文、頸部下端に段ないし横走沈線文をもつ（図41-1～14）。
分帯2類…口縁部に横走沈線文、頸部下端と中ほどに段ないし横走沈線文をもつ（図41-15～19）。
分帯3類…口縁部は無文で、頸部上端と下端に段ないし横走沈線文をもつ（図41-20～22）。
分帯4類…口縁部は無文で、頸部下位ないし全面に横走沈線文をもつ（図42）。

　次に、一帯系列の文様構成を次のように分ける。

一帯1類…口・頸部は無文で、頸部下端に段ないし横走沈線文をもつ（図43-1～10）。

第Ⅱ部　擦文土器の編年と系統

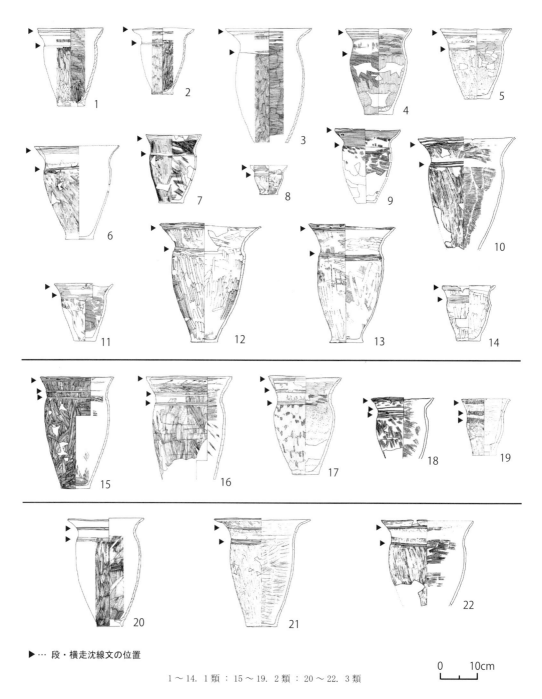

▶…段・横走沈線文の位置

0　　10cm

1～14. 1類：15～19. 2類：20～22. 3類

図41　分帯系列1類・2類・3類

1～3・20. 丸子山：4・5・17. キウス9：6・7. ウサクマイN：8・9. K435C1地点：10・22. ユカンボシE4
11. C507：12. ヘロカルウスG地点：13・14. ヘロカルウスE地点：15・16. ユカンボシC9：18. オサツ2
19. 末広：21. ユカンボシC15

第3章　前半期擦文土器甕の編年と系統

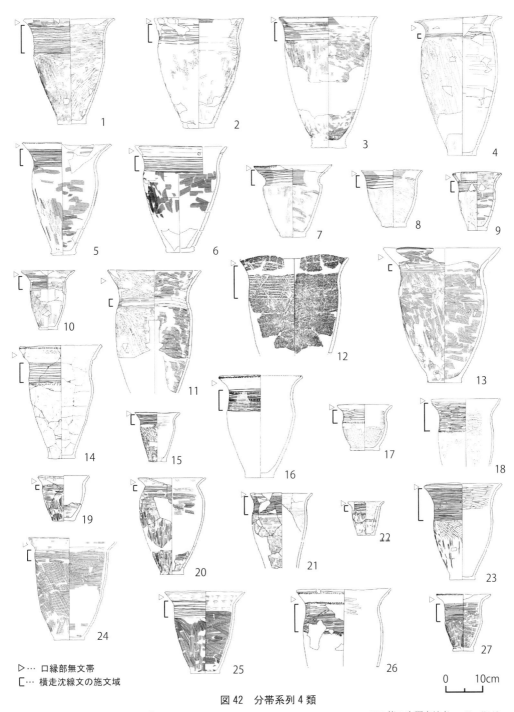

▷… 口縁部無文帯
[… 横走沈線文の施文域

図42　分帯系列4類

1. H317：2・3. K39長谷工地点：4. C504：5・6. K523：7・8. C424：9〜11. K39第6次調査地点：12. K446
13. H519：14. 末広：15. ユカンボシC15：16. ウサクマイB：17・18. 中島松7：19・20. 南島松4
21・22. 茂漁4：23・26・27. 大川：24・25. 沢町

第Ⅱ部　擦文土器の編年と系統

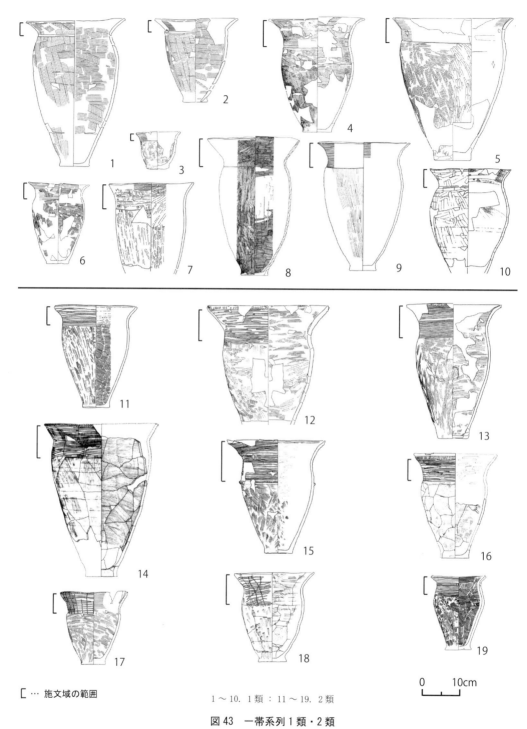

[… 施文域の範囲

1～10. 1類：11～19. 2類

図43　一帯系列1類・2類

1・2. K523：3・4. H317：5・12. H519：6. K435D1地点：7・11. カリンバ3：8. 丸子山：9. K39恵迪寮地点
10. ヘロカルウスE地点：13. K528：14. K446：15. オサツ2：16・18. 末広：17. C424：19. 大川

第3章　前半期擦文土器甕の編年と系統

表12　石狩低地帯の一括資料における分帯系列・一帯系列各類の出土状況

	遺構名	分帯系列 1類	2類	3類	4類	一帯系列 1類	2類	中期擦文	参考文献
	丸子山 IH-5	●							田村編1994
	末広 IH-59	●							大谷他編1982
	丸子山 IH-1	○							田村編1994
	ウサクマイN 14号墓	○							石附編1977
	キウス9 UH-4	○							三浦他編2008
様相①	中島松6 2号	●							松谷他編1988
	柏木川 PIT77	○							高橋編1971
	大麻3 住居跡	●							直井他編1983
	K435C地点 13号	●					+		上野他編1993
	K518 4号	○					+		小針編2011
	カリンバ3 SH-1	○					+		上屋編2003
	末広 IH-11	+					○		大谷他編1982
	丸子山 IP-11	+					+		田村編1994
	ユカンボシE4 竪穴	+	+						鬼柳他編1992
	ユカンボシC9 IP-8	○	+						熊谷他編1996
	ユカンボシC15 X-1	+	+						西田他編1998
	キウス5 UH-8	+	+						末光・広田編2011
	末広 IH-90	●							田村編1985
様相②	K39附属図書館本館再生整備地点 HP01	+	+	+					小杉他編2012
	柏木川4 KH-3	+	+	●					村田他編2005
	オサツN2 SH15		+	+					鈴木他編1995
	丸子山 IH-3	+	+	+					田村編1994
	K39医学部陽子線研究施設地点 XA01	+	+	+					小松他編2013
	末広 IH-9	+	+	+					大谷他編1982
	中島松5A地点 4号	+		+					松谷編1989
	祝梅川小野 III IH-8	+	+	+					芝田編2013
	末広 IH-3		○	+					大谷他編1982
様相③	末広 IH-62	+	+	○					大谷他編1982
	末広 IH-28	+	+	+					大谷他編1982
	末広 IP-20	+	+	+					松谷他編1988
	中島松6 1号	+	+	●					松谷他編2001
	ウサクマイN IH-5	+	+	+					俺市編2001
	K39恵油撲地点 1号	+	+	+		+			北大埋文調査室編1986

	遺構名	分帯系列 1類	2類	3類	4類	一帯系列 1類	2類	中期擦文	参考文献
	K39共用実験研究棟地点 1号				●				小杉他編2011
	K39長谷工地点 5号				○				藤井編1997
	ウサクマイB 4号								石附編1974
	末広 IH-30								千歳市教委編1981
	南島松2 1号				○				松谷編1992
	K523 8a層土器集中範囲				●		●		小杉他編2006
	H317 12号				○		●		仙庭他編1995
	末広 IP-57						○		千歳市教委編1981
	K39第6次調査地点 15号				+		+		藤井他編2001
	K435D3地点 20号				+		+		上野他編1993
	末広 IH-83				+		+		大谷他編1982
	K528 4号堀立柱建物跡				+		●		野月他編2008
様相④	茂漁4 1号・2号・3号				○		●		松井編1997
	H519 2号				+		+		石井他編2006
	カリンバ3 SH-2				+		+		上屋編2003
	中島松6 9号				+		+		松谷他編1988
	オサツN2 SH12				+		+		鈴木他編1995
	K528 1号				+		+		野月他編2008
	末広 IH-91				+		○		田村編1985
	K435D1地点 14号						●		上野他編1993
	K435D1地点 15号						●		上野他編1993
	N156 5号						○		羽賀編1999a
	C507 2号						+	+	柏木編2003
	K39第6次調査地点 54号						+	+	藤井編2001
	K446 2号						+		上野他編1979
	オサツN2 SH13						○		鈴木他編1995
	カリンバ3 SH-3						○		上屋編2003
	末広 IH-42						○		高橋編1996
	茂漁8 H-7						○		森編2004
	C424A地点 4号				●		+		柏木他編2003
様相⑤	中島松7 5号				●		+	+	松谷他編1988
	K39恵油撲地点 2号				+		●	+	北大埋文調査室編1986
	H519 12号				+		+	+	石井他編2006
	H519 14号				+		+	+	田村編1985
	末広 IH-101				+		+	+	上野編1979
	K446 1号				+		+	+	田村編1985
	K528 1号				+		+	+	野月他編2008

+…1個体、○…2個体、●…3個体以上

	遺構名	分帯系列				一帯系列		中期擦文	参考文献
		1類	2類	3類	4類	1類	2類		
様相①	ヘロカルウスE地点 3号	●				+			田部編1997
様相③	大川 SH-49			+	●	+	●		岡田他編2000
	沢町 SH-4	+		+	●		+		宮編1989
様相④	大川 SH-35				○				岡田他編2000
	大川 SH-40				○				同上
	東山1 H-15				○	●			野辺他編2004
	大川 SH-20				+	+			岡田他編2000
	大川 SH-19				●		○		同上
	大川 SH-36				+		●		同上
	大川 SH-37				+		○		同上
様相⑤	大川 SH-54				+		+	+	同上
	大川 SH-21				+		+	+	同上
	大川 SH-38				○			●	同上
	大川 SH-27						+	+	同上

＋…1個体、○…2個体、●…3個体以上

表13 後志地方の一括資料における分帯系列・一帯系列各類の出土状況

一帯2類…口・頸部全面に横走沈線文をもつ（図43-11～19）。

2 前半期擦文土器甕の遺構一括資料の検討

表12・13は、石狩低地帯と後志地方の遺構一括資料における各類の共伴状況を示したものである。まず分帯系列をみると、1類と4類が比較的排他的に出土しており時間的先後関係にあると判断できる。一方、2類と3類は1・4類双方と共伴しており明瞭な時間的先後関係をみいだしがたい。このような漸移的な出土状況は、1類が2・3類を介して4類へと連続的に変遷したことを反映していると考えられる。宇田川編年中期の甕と4類の共伴例があることも、1類→2・3類→4類という変遷順序の妥当性を支持する。したがって、分帯系列の共伴状況を次のようにまとめる。

様相①…分帯1類が単独出土。
様相②…分帯2類と3類が共伴および単独出土。分帯2類・3類と1類が共伴。
様相③…分帯1類・2類・3類と4類が共伴。
様相④…分帯4類が単独出土。
様相⑤…分帯4類と宇田川編年中期の甕が共伴。

分帯系列の変遷は、口縁部の横走沈線文が消失し無文になる形で進行する（図44）。これは、次節でみる中期以降の甕の多様性を考えるうえで重要になるので留意されたい。

次に、分帯系列に共伴する一帯系列をみると、様相①で1類のみ、様相③～⑤で1・2類がともなっている。このことから、相対的に1類が古く2類が新しいと理解できる。ただし、様相⑤にみられるように1・2類ともに中期の甕と共伴しており、両者の出土状況は明瞭な排他性を示さない。仮にこれらの共伴例を混在とみなすにしても、1・2類ともに中期に近い時期まで製作されていた可能性は否定できないだろう。このことから、一帯系列の変化は、1類から2類に交替すると考えるのではなく、1類が存在する時期のある時点に2類があらわれ中期直前まで併存する、と考えるのが妥当である。

ところで、一帯1類と2類では、口・頸部文様の有無という点で型式論的ギャップが大きく、スムーズな変遷をとげないようにみえるが、これについては一帯1類と2類の間に分帯4類を介在させることで合理的な説明が可能になる。一帯2類と分帯4類の共伴例は多く（表12・13）、両者が時間的に

第3章　前半期擦文土器甕の編年と系統

併行することはまちがいない。となると、一帯2類の横走沈線文の系譜は分帯4類のそれにもとめられる。すなわち、口・頸部無文帯という一帯1類の施文域上に分帯4類の横走沈線文が転写されることで一帯2類が出現する、と考える（図45）。分帯4類の横走沈線文の増加という型式論的変化を想定することでも一帯2類の出現を説明できるが、両者は共伴例の多さからみて時間的先後関係にあるとは考えにくい。

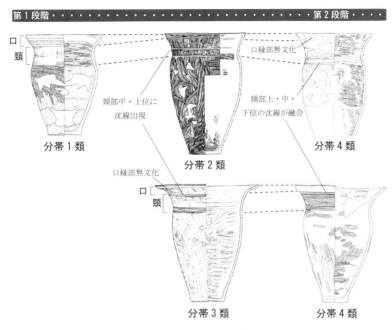

図44　分帯系列の変遷

また、この一帯2類の成立観を考えるうえで、図46の土器の特徴は示唆に富む。それは、口・頸部全面に横走沈線文がほどこされる点では一帯2類的だが、重ね描きされる刻線文が頸部にかぎられる点では分帯4類的でもある。すなわち、これらの土器では一帯系列の文様施文域に則りつつ分帯系列の文様構成が採られており、一帯2類と分帯4類の時間的併存と型式論的親和性を端的に示している。

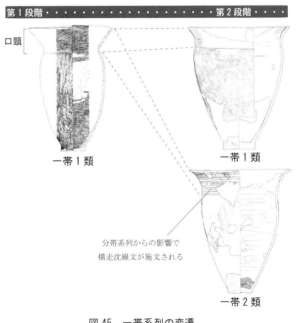

図45　一帯系列の変遷

なお、一帯2類と分帯4類が併存していると考えることで、中期以降の甕の多様性（図38）の一端を説明できるようになる。これについては、次節で詳しく説明したい。

3　層位事例からの検証

表14に、札幌市の遺跡の遺物包含層と各類の帰属層位を示した。みると、1単位の包含層中に含ま

第Ⅱ部　擦文土器の編年と系統

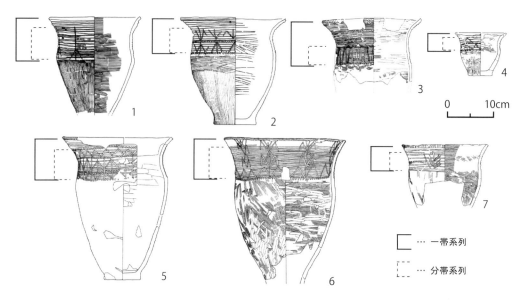

図46　分帯系列と一帯系列の文様施文域を併せもつ甕
1・2. K39恵迪寮地点 ： 3. K435B1地点 ： 4・7. K39長谷工地点 ： 5・6. H519

層序	層名	分帯系列				一帯系列		中期擦文	後期擦文	参考文献
		1類	2類	3類	4類	1類	2類			
古↓新	K39第6次調査地点　7a層	+		●	●	●	+			藤井編2001
	K39第6次調査地点　6g層			●	●	●	●			
	白頭山-苫小牧火山灰（B-Tm）									
	K39第6次調査地点　6a層				+		○	●	○	
	K435C地点　5´層	●		○		●				上野他編1993
	C507　7層	+			●	○				柏木編2003
	C504　11層			+	○	●				柏木他編2005
古↓新	K39長谷工地点　5g層				○		+			藤井編1997
	K39長谷工地点　5e〜5g層			●	●	●	○			
古↓新	K39第7次調査地点　10d層				+					秋山編2001
	K39第7次調査地点　10b・c層					+	+			
古↓新	H519　4e層					●				石井編2006
	H519　4a層				○	●				
	K39緑化地点　6層	+		○	○	○	+			藤井編1998
古↓新	K435D1地点　5a層					●				上野他編1993
	K435D1地点　3a〜c層				+			+	+	
	K435D3地点　3a〜c層	○			○	●				
	K435D2地点　3a〜c層					+	○			
	K528　第6文化層	○		+	●	●	●			野月他編2008

+…1個体、○…2個体、●…3個体以上
表14　札幌市諸遺跡の遺物包含層における前半期擦文土器甕の出土状況

れる分帯系列のまとまりは、一括資料の様相と整合的である。もちろん、時間的先後関係にあるとみなした類型が共出した遺物包含層もあるが、遺物包含層のもつ時間幅が遺跡同士で同じとはかぎらない以上、このような事例の存在によってただちに先の見解が反証されるわけではない。むしろ、さまざまな

第 3 章　前半期擦文土器甕の編年と系統

時間幅をもつだろう各遺物包含層にあって分帯 1 類と 4 類の排他性を明瞭に示す事例が少なからず存在することにこそ、先の見解の妥当性が示されていると考えたい。

　一帯系列は、1 類と中期の甕がともに出土した例がある。一括資料（表 12）と同様に、ある時期以降に 2 類が出現し 1 類とともに中期直前まで併存する状況が示されている。以上の層位事例から、一括資料の分析で示した各類の変遷順序の妥当性は支持される。

4　前半期擦文土器甕の編年

　以上の検討結果をもとに、前半期擦文土器甕の編年を次のように設定する。[4]

甕系第 1 段階前半＝様相①

甕系第 1 段階後半＝様相②

甕系第 2 段階＝様相④

　様相③は第 1 段階後半から第 2 段階への、様相⑤は第 2 段階から中期への移行的な様相を示す。

第 3 節　擦文土器甕における分帯系列と一帯系列のゆくえ

1　擦文土器甕の口唇部文様帯の発達と疑似口縁化

　擦文土器甕の口唇部には、いくつかの形態がみられる。これまで、早い段階では口唇部が面取りされるものや凹むものなどがあり、時間とともに丸みを帯びていくものだと考えられてきた。しかし、第 1 節 1 でみたように、この考えは個体資料（図 38-1・3 ～ 11・20）によって反証されるため妥当ではない。そこで、この問題を解消するために、分帯系列と一帯系列の共存を念頭におきつつ口唇部文様帯の変遷過程に着目する。

　宇田川編年中期以降の甕の口縁部が刻文の施文などによって形態的・装飾的に発達するという認識は、おそらく衆目の一致するところであろう（図 39-3 ～ 8）。それでは、このような装飾的な口縁部はいかなる過程であらわれるのだろうか。第 2 段階の甕で、中期以降の装飾的な口縁部にみられるような刻文が認められるのは口唇部である。前節でみたように、口縁部は無文となるか横走沈線文がほどこされるだけである。頸部と同じ刻線文が口縁部までおよぶものもあるが（図 43-17・18、図 46-6）、それはもともと頸部文様帯にほどこされる文様であり、中期以降の装飾的な口縁部文様との型式論的つながりはみいだせない。以上から、中期以降の装飾的な口縁部は口唇部が発達したものだと考えられる。これを模式的に示したのが図 47 である。第 2 段

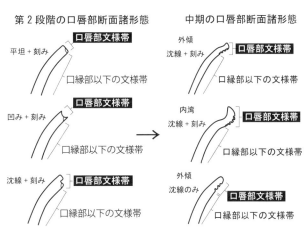

図 47　口唇部文様帯の発達にともなう口唇部の疑似口縁化模式図

第Ⅱ部　擦文土器の編年と系統

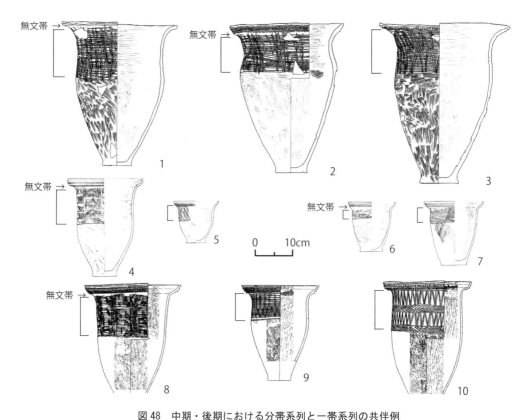

図48　中期・後期における分帯系列と一帯系列の共伴例
1〜3．オサツ2遺跡SH-7：4・5．香川6遺跡H-22：6・7．香川6遺跡H-5：8〜10．旭町1遺跡DP02P1

階では口唇面のみに限定されていた文様帯が次第に装飾的に発達し、あたかも口縁部のような形状と大きさをもつようになると考えるのである。このような口唇部文様帯の発達を、〝口唇部の疑似口縁化〟と呼ぶ。[5]

2　後半期擦文土器甕にみられる2系列の文様施文域

　中期の甕の装飾的な口縁部に系統発生上対応するのが第2段階の口唇部文様帯であれば、第2段階の口縁部文様帯はどうなるのだろうか。ここで注目したいのが、第1節1で指摘した装飾的な口縁部と頸部文様帯の間にある無文帯である（図48-1・2・4・6・8）。この無文帯が第2段階の分帯系列4類の口縁部無文帯と系統発生上対応すると考えれば、スムーズな型式論的変遷を想定できる。一方、装飾的な口縁部と頸部文様帯の間に無文帯がないもの（図48-3・5・7・9・10）は、第2段階の一帯系列2類の口唇部が疑似口縁化したものだとみなせる。このように、口唇部の疑似口縁化と2系列の文様施文域の存在と併存に注目することで、中期の甕の多様な口縁部の出現過程を説明できる。口縁部無文帯をもつ甕ともたない甕は、宇田川編年後期以降にもある（図48-4・6）。したがって、分帯・一帯という2系列の文様施文域は、擦文土器甕の初期から長期にわたって併存しつづけるとわかる。

　なお、甕の口唇部すべてが疑似口縁化するわけではない点にも注意しておきたい。図38-16は、頸部の格子目文からみて後期に位置づけられる甕であるが、口唇部は疑似口縁化せずその文様帯が省略さ

れたため、口縁部無文帯と頸部文様帯の分帯配置として構成されている。図38-18 は、口唇部が疑似口縁化しなかったため、前半期の甕の口唇部と同じ形態になっている。さらに興味深いことに、本来口縁部無文帯となるべき部分に鋸歯状文がほどこされている。同様の特徴は図38-19 にもある。口縁部の鋸歯状文は道南部の甕に多く認められる特徴であり（第8章参照）、そこからの影響をうかがわせる。疑似口縁をもつ分帯系列の甕にも口縁部無文帯に鋸歯状文をほどこした例はあり（図38-17）、これは口唇部が疑似口縁化しつつも口縁部に道南部の属性が取りいれられたものと解釈できそうである。第1節1-1 で問題にしたように、これらは、先行研究の考え方によれば「口唇部形態が古く頸部文様が新しい」という、時間的位置づけに苦慮する土器である。しかし、口唇部文様帯の省略を想定することで、第2段階以降の時期に矛盾なく位置づけられる。第2段階の甕の口唇部すべてが凹みや刻みをもつわけではないことも（図42・43）、それ以降の口唇部すべてが疑似口縁化しないことの傍証となろう。

　なお、このような口縁部形態の多様性は、後半期擦文土器甕の編年を考えるうえでも重要な意味をもってくる。詳細は次章で論じたい。

3　出土状況からの検証

　分帯系列と一帯系列の長期的な併存は、札幌市 N30 遺跡第 8 号竪穴住居跡（羽賀編 2004）、千歳市オサツ 2 遺跡 SH6・SH7、余市町大川遺跡 SH-41、道北部の苫前町香川 6 遺跡 H-13（苫前町教育委員会編 1988）での中期の共伴例（図 39-5～8、図 48-1～3）、香川 6 遺跡 H-5・H-22（図 48-4～7）、旭川市旭町 1 遺跡 DP02 竪穴 P1（瀬川 1995）での後期の共伴例（図 48-8～10）で確認できる。また、札幌市 K39 遺跡第 6 次調査地点の中期～後期の遺物包含層で両系列が共出しており、層位事例からも支持される。

　このように、擦文土器甕においては 2 系列の文様施文域が通時的に併存し、個々にほどこされる文様はその施文域上で通時的に変化したり共時的に変異しているとわかる。

第4節　前半期擦文土器甕の系統と成りたち

1　桜井第一型式土師器甕と前半期擦文土器甕の関係
1-1　先行研究の今日的評価

　第1段階の甕の器形は、土師器甕に特有の長胴形をなす。しかし、長胴化はすでに北大式からみられるため、土師器甕と擦文土器甕（正確には北大式の甕も）は、器形の異同では区分できない。また、北大式や擦文土器の整形手法は個体ごとにきわめて多様であるため（大島 1989）、これも土師器甕と擦文土器甕を区分する手がかりにはならない。このことから、現時点で両者を区分する有効な指標は、段や横走沈線文などの文様だと考えられる。

　しかし、これまでみてきた段や横走沈線文をもつ甕は、かねてより土師器と擦文土器のいずれに位置づけるかで評価が分かれてきた（渡辺 1981、横山 1990）。桜井清彦（1958a）は、青森県五所川原市（旧市浦村）中島出土の土器を標式として、多条横走沈線文のある甕を含めて第一型式を設定した（図49）。この見解にしたがえば、横走沈線文をもつ甕は土師器（桜井第一型式）に包摂されることになる。これは、擦文土器「土師器母胎説」（第1章第1節2-2 参照）の根拠になっている（石附 1965・1968・

第Ⅱ部　擦文土器の編年と系統

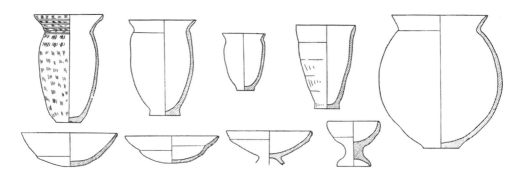

左上が青森県中島出土の横走沈線文をもつ甕

図 49　桜井清彦による東北地方北部の第一型式土師器

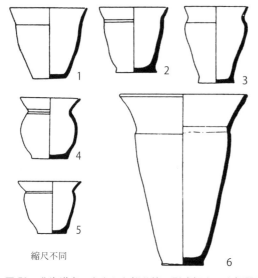

縮尺不同

図 50　北海道島で出土した桜井第一型式相当の土師器甕
1〜5. 湯ノ川：6. 由良

1984，横山 1984・1990，大沼 1989・1996，三浦 1994，塚本 2002）。石附（1968）は、北海道島の資料を概観するなかで、横走沈線文をもつ甕を「北海道においても現在のところ、他にあまり類例のないもの」（19頁）と述べた。横山英介（1990）は、東北地方の横走沈線文をもつ甕について「本州島北部でも特に北半部の地域、岩手県北部から秋田県北部を結ぶ北の地域に多く出土例がみられる」（24頁）と述べた。これらの評価も、横走沈線文をもつ甕の起源が東北地方にあるとする根拠になっているようである。

しかし、横走沈線文をもつ甕は、桜井の編年以後に増加した資料をみるかぎり、東北地方で客体的な出土状況を示し（宇部 1989，三浦 1995，齋藤 2001）、北海道島において主体的な分布傾向を示している。すなわち、横走沈線文をもつ甕は東北地方ではなく北海道島で成立したと考える方が、はるかに合理的である。[6] したがって、北海道島で出土する横走沈線文をもつ甕を「桜井第一型式に類する土師器」（石附 1965）と一括りにしその起源を東北地方にもとめるのではなく、桜井が着目した中島例にはそもそも北海道島の系統をひく甕が客体的に含まれていたものとして再評価すべきだろう。北海道側でこの種の甕を分析することは、桜井第一型式の系統論的な成りたちを解明するうえでも重要である。

1−2　文様施文域からみた前半期擦文土器甕一帯系列の系統

横走沈線文をもつ甕の成立地が北海道島であるという立場から、文様施文域という観点にもとづきその成立過程をたどってみよう。ここで注目したいのは、これまで道内最古の土師器として位置づけられてきた（石附 1965・1968・1984，横山 1982）、函館市湯ノ川遺跡（前野 1961）や栗沢町由良遺跡（斉

第 3 章　前半期擦文土器甕の編年と系統

藤 1963・1967）出土の甕である（図 50）。これらは、桜井第一型式併行とされつつも、東北地方の土師器甕とは特徴を異にしていることから、「北海道的」に変化した土師器だとみなされた（石附 1965・1968，斉藤 1967）。たしかに、口縁部の張りだし具合や頸部の長さなどが東北地方の土師器と異なることはまちがいない（斉藤 1967）。しかし、口・頸部が無文となり、頸部下端に段をもつという施文域上の特徴は、一帯系列 1 類と同じである。この施文域上の特徴は、形態上の違いを不問にすれば、桜井第一型式のみならず東北地方南部の栗囲式の甕にも通有のものである。このことから、一帯系列は東北地方の土師器甕の系統上に位置づけられる。齋藤淳（2001）による東北地方北部の土師器編年を参照すると、頸部下端に段をもつ一帯 1 類類似の甕は、前半期擦文土器甕の第 2 段階併行期までみられる。この様相は、一帯 1 類が第 2 段階でも出土するという北海道島の状況（表 12 〜 14）とも整合的であり、両地域で甕の変化が同調しているようにみえることには注目しておきたい。

2　北大式土器と前半期擦文土器甕の関係

一方、分帯系列の甕は、文様が口縁部と頸部で別々に備わる点に特徴があり、先述のとおり東北地方では客体的にしか出土しない。このことから、分帯系列の甕は北海道島在地型式である北大式の系統をひく可能性が高い。北大 3 式の文様帯構成は、二帯配置を基本にする（第 2 章第 8 節 1-2 参照）。それは、前半期擦文土器甕の分帯配置の文様施文域と関係しそうである。以下、この可能性を追究する。

2 − 1　先行研究の今日的評価

松下亘（1963）の論考によって北大式が型式論的に後北式と擦文土器の間に位置づけられることが明らかにされて以来、北大式の編年整備は、擦文土器の成立を考える際の重要課題として位置づけられてきた。北大式が前半期擦文土器と時間的に併行すると考えたのは、石附（1965・1968・1973）である。石附は、後北 C_2-D 式の末期に桜井第一型式土師器が接触して成立した北大式と、桜井第一型式が北海道島で地方化した土師器の系統をひく「擦文式土器」の 2 者が併存したと考えた。今日の東北地方の出土例にもとづくと、後北 C_2-D 式や北大 1 式古段階〜新段階に併行する土師器は古墳時代前期〜中期の塩釜式・南小泉式・引田式であることから（木村 1999，および本書第 9 章第 1 節 1）、石附の考えは成りたたないようにみえる。しかし、東北地方の出土例から反証されるのは後北 C_2-D 式や北大式に対する年代観であり（佐藤 1975）、北大式と擦文土器が併行関係にあるという仮説までは否定されない。

その後、石附の仮説を評価するうえで重要な見解が、菊池徹夫（1972a）によって提示された。菊池は、北大式と擦文土器甕の間に「平行沈線文、鋸歯状沈線文、あるいは突瘤文などを特徴とする土器群」である「プレ擦文式」（図 51）を介在させて、擦文土器甕の主要文様の系統が北大式にもとめられると考えた。「プレ擦文式」は、本書の北大 3 式に相当する。すなわち、菊池の仮説を検証することは、まさにここで問題とする北大 3 式と前半期擦文土器甕の型式論的つながりを解明することにほかならない。[7]

石附や菊池の研究以後、道央部などで資料が増えたことにより、この問題を具体的に検討することが可能になっている。以下では、北大式編年案と前半期擦文土器甕編年案を基軸とし、遺構一括資料の様相や個体資料の特徴な

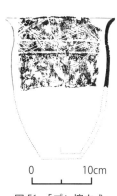

図 51　「プレ擦文式」

第Ⅱ部　擦文土器の編年と系統

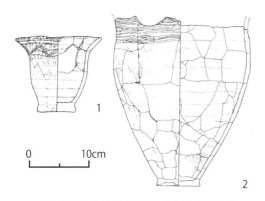

図52　N162遺跡1号竪穴住居址出土土器

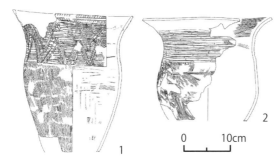

図53　大川遺跡SH54号竪穴住居址出土土器

どから問題にアプローチしてゆきたい。

2-2　遺構一括資料の検討

まず注目したいのは、札幌市N162遺跡（上野編1974）1号竪穴住居址で共伴した2点の甕である（図52）。報告者の上野秀一（1974）は、2を菊池の「擦文式土器A」に、1を「プレ擦文式」に比定し、両者が同時期の所産である可能性を指摘した。2は前半期擦文土器甕第1～第2段階、1は北大3式に比定される。この共伴例を素直に解釈すれば、北大3式と前半期擦文土器甕は併行関係にあることになる。むろん、これが異型式の「廃棄時の同時性」を示す共伴例だとみることはできるだろう。とはいえ、1に口唇部の連続的な刻みや横環する列点文など宇田川編年中期の甕に盛行する文様が備わっていることは注意すべきである。上野も、口唇部の刻みなどに注目し、「プレ擦文式」の中でも「多分に擦文化している」（98頁）と評価している。

この一括資料は、ⅰ）北大3式が型式論的に細分される、ⅱ）北大3式の下限が前半期擦文土器甕第1～第2段階併行期までくだる、という可能性を示唆する。

次に、余市町大川遺跡（岡田・宮編2000）SH54号竪穴住居址で共伴した2点の甕をみたい（図53）。2は前半期擦文土器甕第2段階に比定される。1は口唇部が疑似口縁化し、地文横走沈線上に刻線文が重ね描きされた口・頸部文様を備える。様相⑤とした（表13）、第2段階から中期の移行的様相を示す一括資料である。注目したいのは、1の重ね描きされた刻線文のモチーフで、地文横走沈線の下半部で刻線文が連結しながら横位に展開し、上半部で小ぶりの鋸歯状刻線文が間隔をおいて横位に展開している。このように施文域の上半部と下半部で刻線文を描きわける手法は、北大3式に散見される（図54-1～3・7）。この一括資料は、ⅰ）中期の重ね描きされるモチーフは北大3式の刻線文の系統をひく、ⅱ）北大3式の系統をひく甕が前半期擦文土器甕第2段階併行期まで存続する、という可能性を示唆する。

2-3　個体資料の検討

以上のような土器の存在を踏まえてあらためて北大3式をみると、共伴関係こそ不明であるが、明らかに前半期擦文土器甕との型式論的接点をもつ例があるとわかる（図54）。たとえば、4・16は、第1段階の分帯系列1類の頸部に北大式の系統をひくとみられる鋸歯状・格子目状の刻線文がほどこされた例であり、7・10は、第2段階の分帯系列4類・一帯系列2類の頸部に各種刻線文がほどこされた例である。これらの土器に共通しかつ前章でみた北大3式（図24・25）と異なる特徴は、以下のものである。

・普通縄文がない。

第 3 章　前半期擦文土器甕の編年と系統

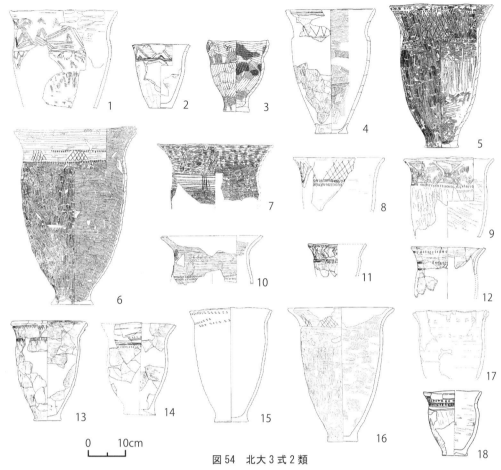

図 54　北大 3 式 2 類

1・8〜10．大川：2．ユオイチャシ：3．西島松 5：4．南島松 4：5・6．蘭島 B 地点：7．チブタシナイ
11．中島松 5A 地点：12〜14．中島松 6：15．緑町 4：16・17．近文町 5：18．美々 8

・突瘤文がなく、口縁部は無文となるか、掘りの浅い刻文・刻線文・列点文がほどこされる。
・横位・斜位に展開する狭い間隔の列点文が頸部文様として盛行する。
・以上の各種文様が、前半期擦文土器甕の文様施文域に則る横走沈線文と組みあわさる。

　口縁部に備わる掘りの浅い刻文・刻線文・列点文は、先の北大 3 式（図 24・25）にみられず、型式論的に後出の属性だと考えられる。突瘤文が変化したものとみることもできよう。また、狭い間隔の列点文は、中期の甕の頸部文様帯下端に備わる列点文との関係を想定できる。これらの特徴がすべて備わる土器（図 54-6）と一部しか備わらない土器とがあり、多様なあり方をみせる。

2-4　北大 3 式土器の細分と前半期擦文土器甕との編年対比

　このように、北大 3 式は、2 式と共通する文様・文様構成をもつ一群と、それよりやや新しい様相を示す一群からなる。ただし、遺構内共伴例がかぎられている現状では、出土状況からの検証が不十分である点に問題を残す。そのため、これらについては将来的な型式細分の可能性を認めつつ、北大 3 式のなかの段階差を示すものととらえておきたい。すなわち、前章でみた一群（図 24・25）を「北大 3 式

1類」、それに後続する本節で述べた一群を「北大3式2類」(図54) として設定する。

この考えにもとづくと、北大3式はもともと単独で存在し (1類)、次段階で前半期擦文土器甕第1〜第2段階と併存する (2類)、という形に編年を整理できる。[8] 大沼忠春 (1989) は、現広尾町出土の北大3式について、「北大式は本来この種の擦文土器を含まないものに対して名づけられたのであるから、(中略) 北大式と呼ぶことは適当ではない」という理由で「従来北大Ⅲ式と呼ばれてきたものを含めて、初期擦文土器を包括的に十勝茂寄式と称すること」を提案した。しかし、ⅰ) 大沼 (1980) の北大式型式区分の論理には一貫性がないこと (第2章第1節3参照)、ⅱ) 分布範囲も型式論的特徴も漠然としているなか、これまでの定義と違うという理由だけであらたな型式名称を用いるのは適切ではないと判断されること、などの理由から、「十勝茂寄式」という範疇を用いることには賛同できない。後年、大沼 (1996) は、「十勝茂寄式」に後続するとされる道東部の土器群を「十勝太式」と呼んだ。しかし、北大3式の型式細分が困難であることに加え、道東部の状況は道央部以上に不明瞭な部分が多いことから、「十勝太式」というあらたな型式名称を用いるのは適切ではない。北大式や前半期擦文土器甕の地域性、道東部での北大式の下限時期、北大式・擦文土器とオホーツク土器の型式交渉など多くの問題を検討し、そのうえで有効な型式設定をおこなえるのかを慎重に判断するべきだろう。

2-5 文様施文域からみた前半期擦文土器甕分帯系列の系統

前半期擦文土器甕の分帯系列1類の文様施文域は、北大3式1類の二帯配置の文様帯構成に系譜をもとめられる。北大3式1類の口縁部文様が横走沈線文に置き換わることで、分帯系列1類が成立すると考えたい。そして、北大3式2類の存在は、口縁部文様がすべて横走沈線文になるわけではなく、北大3式1類の系統をひく文様が残存するものもあることを示している (図54)。

3 前半期擦文土器甕の成立と展開

3-1 前半期擦文土器甕の成立と変遷過程

前半期擦文土器甕成立期は、北大3式1類から系統上分岐する北大3式2類と分帯系列1類、そして東北地方土師器甕の系統上の一帯系列1類が渾然一体となって存在するのが実態である。横走沈線文をもつ甕を東北地方の土師器が地方化したものとみる考え (石附1965, 斉藤1967) は、このように複雑な実態を説明するのに不十分だろう。

北大式と前半期擦文土器は編年上入りくむ関係にあり、東北地方土師器の系統が浸透するなかでも相互に強い関係を保ちながら併存する。それでは、このような型式系統のあり方は、その後どのようになるのだろうか。ここで再び、分帯系列と一帯系列の折衷例 (図46) に注目したい。いずれも前半期擦文土器甕第2段階に属し、一方の系列の施文域をベースにして横走沈線文がほどこされたのち、もう一方の施文域に則るように刻線文が重ね描きされている。刻線文は、北大3式2類のそれ (図54-6・7・10) と酷似している。これらの例は、第1段階に北大3式2類・分帯系列／一帯系列という二極的なあり方で存在していた型式系統が、時間とともに関係を強め第2段階にいたって融合した様相を示している。一帯系列2類の横走沈線文が分帯系列4類から転写される現象 (図45) も、二極的な型式系統の融合現象の一環として理解できる。分帯系列と一帯系列の折衷例 (図46) や北大3式2類 (図54) を介して、大川SH54例 (図53-1) のような甕が出現するのだろう。以上、前半期擦文土器甕の変遷を、

第 3 章 前半期擦文土器甕の編年と系統

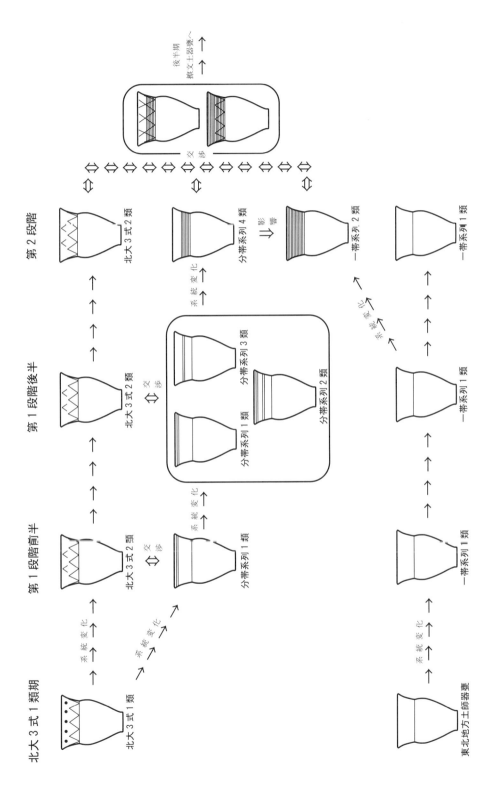

図 55　前半期擦文土器甕の諸系統と影響・交渉関係模式図

第Ⅱ部　擦文土器の編年と系統

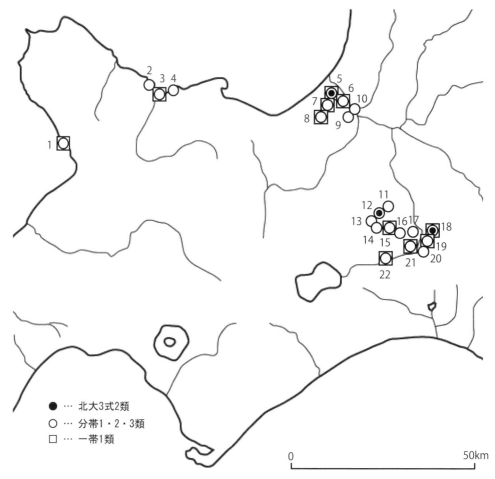

※ 資料は遺構床面ないし良好な堆積をなす遺物包含層から出土したものにかぎっている。
※ 破片資料ないし一帯系列で時期を判別できないものはのぞいている。

図56　甕系第1段階前半～後半における北大3式2類・分帯系列・一帯系列の遺跡ごとの共存状況
　1．ヘロカルウスE地点・G地点：2．沢町：3．大川・天内山：4．チブタシナイ：5．K523・K528・K460：6．H317：7．K518・K435・K39：8．C507・C504・C43・C44・N426：9．大麻3：10．後藤：11．中島松1・中島松6・南島松3B地点：12．西島松5：13．柏木川1・柏木川4：14．茂漁4・茂漁7・茂漁8：15．カリンバ3：16．ユカンボシE4：17．ユカンボシC9・ユカンボシC15・オサツ2：18．キウス5・キウス9：19．丸子山：20．祝梅川小野：21．末広：22．ウサクマイA・ウサクマイN

　時空間的に隣接する型式系統の接触と交渉の軌跡として描出したのが図55である。
　横山（1984）は、まず土師器が「単独にあるいは円形刺突文、鋸歯状文を施文する甕を主体とするグループと共伴関係をもちながら展開」し、次の時期に「それらはほぼ安定した形態を呈するようになり、その在り方は極めて北海道的な特徴を示すようになる」（69頁）と述べた。この理解は器種総体の検討にもとづくものだが、〝分帯系列（北大3式1類）と一帯系列（東北地方土師器）の没交渉的な共存状況〟から〝分帯系列と一帯系列の相互交渉にもとづく共存・接触・融合状況〟への変化という、本章で示した時間的変化の様相と重なる部分がある。甕については、氏の見解を追認する形になったと言える。
　なお、横山（前掲）は、上記の土器の様相を「擦文的」（69頁）な特質と評した。本章の知見に照らしあわせると、第1段階前半以降に分帯系列と一帯系列が併存する現象が、甕にかぎった「擦文的」様

第 3 章　前半期擦文土器甕の編年と系統

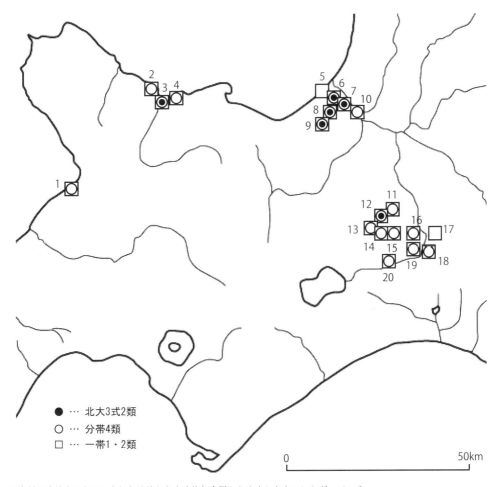

● … 北大3式2類
○ … 分帯4類
□ … 一帯1・2類

※ 資料は遺構床面ないし良好な堆積をなす遺物包含層から出土したものにかぎっている。
※ 破片資料ないし一帯系列で時期を判別できないものはのぞいている。

図57　甕系第2段階における北大3式2類・分帯系列・一帯系列の遺跡ごとの共存状況

1．東山：2．沢町：3．大川・入舟：4．蘭島B地点・蘭島餅屋沢・チブタシナイ：5．紅葉山49号：6．K501・K528・H37栄町地点・K446・K460：7．K523・H317・H519：8．K113・K36タカノ地点・K435・K39：9．C424・C507・C504・N426・N162・N156：10．後藤：11．中島松5A地点・中島松6・中島松7・南島松2・南島松4：12．西島松5：13．柏木川4・柏木川13：14．茂漁4・茂漁7・茂漁8：15．カリンバ3：16．ユカンボシC15・オリツ2：17．キウス9：18．祝梅川小野：19．末広・トメト川3：20．ウサクマイA・ウサクマイB・ウサクマイN

相の萌芽ということになる。このように、「擦文的」という表現で漠然と認識されてきた土器群の内容を、型式系統ごとの共存・接触の様相として描出できたことは、本章の成果である。

3－2　前半期擦文土器甕の展開とその地域的様相

次に、前半期擦文土器甕の展開の様相を地域ごとにみてみよう。図56・57に、第1段階前半〜後半と第2段階での北大3式2類・分帯系列・一帯系列の遺跡ごとの共存状況を示した。

第1段階前半〜後半では、恵庭市や千歳市など石狩低地帯南部で分帯系列が主体となる遺構・遺跡が多く、札幌市など石狩低地帯北部で一帯系列と分帯系列が共伴・共存する遺構・遺跡が多い（図56）。八木光則（2010）は、前半期擦文土器甕の横走沈線文の備わり方が北部と南部で異なると指摘した。しかし、一帯系列1類の比率が南部で低く北部で高いことを地域差とみるべきであり、横走沈線文の文様

第Ⅱ部　擦文土器の編年と系統

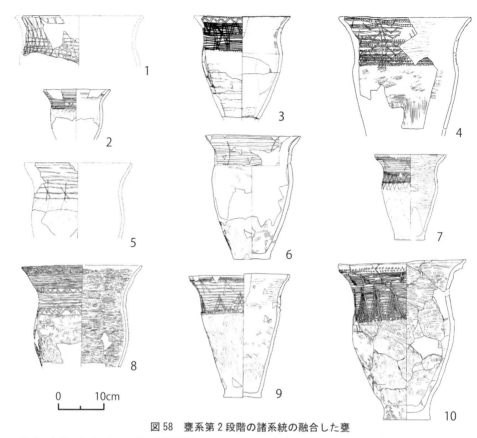

図58　甕系第2段階の諸系統の融合した甕
1・5．末広：2・7・9．K39第6次調査地点：3．K446：4．オサツ2：6．K528：8．大川：10．中島松6

施文域は南部と北部で共通している。そのほか、北大3式2類は必ず分帯系列と共伴・共存していること、一帯系列も含めた3者が共伴・共存する遺跡・遺構は南部・北部ともに少ないこと、などの特徴を指摘できる。

　第2段階では、分帯系列と一帯系列が共伴・共存する遺構・遺跡が格段に増えている（図57）。また、北大3式2類も含めた3者が共伴・共存する遺構も前時期より増えており、特に札幌市の遺跡に多い。[9] 道央部全域で、在地系統と外来系統の接触・融合がすすむ状況をみてとれる。

　このように、前半期擦文土器甕は、在地系統と外来系統が組成を違えつつ時間とともに関係を強めるように展開する。分帯系列と一帯系列の折衷例（図46）は、このような展開過程のなかで出現する土器だと考えられる。

4　前半期擦文土器甕の変容と後半期擦文土器甕の成立

　前半期擦文土器甕における2系列の文様施文域の併存現象と北大3式2類の残存現象を踏まえることで、後半期擦文土器甕の成立過程をみとおせるようになる。図58を参考に、分帯系列・一帯系列と北大3式2類の融合状況をもう少し詳しくみてみよう。

　1は、分帯系列の施文域をベースにした横走沈線文の上に、施文域上半部と下半部で描きわけられた

北大3式2類の刻線文が重ね描きされている。しかも、この刻線文の上端は横走沈線文をはみ出し口唇部まで達しており、明らかに一帯系列の施文域も踏襲されている。4は、一帯系列の施文域をベースにした横走沈線文の上や隙間に北大3式2類の列点文や刻線文がほどこされ、さらに列点文の施文を頸部のみにかぎる点に分帯系列の施文域の影響をも読みとれる。口唇部の疑似口縁化や重ね描きされる刻線文など、後半期擦文土器甕に近い特徴をもつ。このような例からも、分帯系列・一帯系列と北大3式2類の融合が後半期擦文土器甕の成立にかかわったと理解できる。

これらの土器で注意したいのは、重ね描きされた刻線文の施文域が横走沈線文の施文域と重ならないことである。これは、この時期の横走沈線文が刻線文の地文として完全に定着していないこと、すなわち純粋な文様としての名残をとどめていることを示している。次章でみるが、横走沈線文が地文として定着するのは次の時期である。したがって、前半期擦文土器甕第2段階から中期の甕（後半期擦文土器甕）への変化は、分帯・一帯の文様施文域に包摂されながら多様なあり方を示す横走沈線文や刻線文が（図46・58）、地文横走沈線に重ね描きされるモチーフとして定型化する過程だと理解できる。

このような形で、北大3式2類の刻線文は分帯・一帯の文様施文域とともに後半期擦文土器甕に引き継がれる。擦文土器甕に認められる刻線文の由来を続縄文土器にもとめた菊池（1972a）の仮説は的を射たものであり、資料のかぎられた当時にあってまさに卓見であったと評価できよう。

小結

本章では、前半期擦文土器甕の編年、型式論的変遷、系統の成りたちについて、文様施文域という視点からアプローチし、近年浮上してきた多くの問題の解決をこころみた。文様施文域は文様より上位の概念であり、文様や器形など個々の属性の型式論的変化については、あえて一部の指摘にとどめた。これは、増加の一途をたどる前半期擦文土器甕の多様性をみるにつけ、個々の属性の違いをすべからく時期差に還元してしまう前に、在地・外来の型式系統別に属性を整理し、共時的変異の振幅に注意しながら時間的変遷のアウトラインを示すことが先決だと判断したためである。

本章では、ⅰ）前半期擦文土器甕の編年は第1段階前半・後半、第2段階の3時期に区分されること、ⅱ）甕には分帯配置と一帯配置という2系列の文様施文域が通時的に併存し、時間とともに相互で接触を強めること、ⅲ）分帯系列は北大式の系統を、一帯系列は東北地方土師器甕の系統をひいており、前半期擦文土器甕の成立と展開は在地と外来の型式系統の接触・交渉の軌跡として描出できること、の3点を明らかにした。また、2系列の文様施文域は、口唇部文様帯が変化したり省略されるなどして後半期の多様な甕につながっていくことも確認できた。

北大式とオホーツク土器・東北地方土師器との通時的な型式交渉をベースとして前半期擦文土器甕は成立するが、北大式系統の甕が完全に消えることはなく、前半期擦文土器甕と接点をもちながら併存しつづけた。やがてそれらが融合することで、後半期擦文土器甕は成立するのである。

第Ⅱ部　擦文土器の編年と系統

註

1) ここで言う「前半期」とは、宇田川編年前期から中期の一部まで、おおむね白頭山－苫小牧火山灰（B-Tm）降灰期までの時期を指す便宜的な呼称である。

2) 石附（1984）は、甕の地文横走沈線がある時期を境に消失するのではなく、徐々に消えていくことを指摘している。

3) 頸部の段は、宇田川編年中期の甕にもみられる。したがって、それはある時期を境に消失するのではなく、徐々に消えていくものだとみるのが妥当である。同様の消長は、併行する東北地方北部の土師器甕でも確認される（齋藤2001）。

4) 本書の擦文土器編年では、甕の編年と坏・高坏の編年を別々に設定するので、それぞれをまとめる呼称として「甕系」「坏系」という言葉を用いる。第5章・第6章も参照されたい。

5) 成形作業に由来する痕跡の呼び名である「擬口縁」（佐原1979）と区別するために、〝疑似口縁〟の名称を用いる。

6) 八木光則（2010）も、横走沈線文が北海道島から東北地方にもたらされたと考えている。

7) その後、北大式末期の土器を擦文土器の範疇に入れるという定義の変更（大沼1980）がなされ、この考えが広く受け入れられるようになっていった（工藤2004, 中田2004a・b等）。その過程で、北大式と前半期擦文土器が編年的に併行関係にあるのか前後関係にあるのかという問題は、そもそも問題として意識されることが少なくなっていったように思われる。しかし、北大式を定義づけることと編年を設定することは元来別次元の問題であり、各土器型式の定義に説得力をもたせるためには編年上の問題に対する継続的な検討が優先されなければならない。

8) 八木（2010）は、この時期に横走沈線文以外の施文がなくなると指摘しているが、資料の実態はそうではない。北大式の系統をひく土器群が残存するという考えは、すでに大井晴男（2004）や天野哲也・小野裕子（2007）によっても示されている。ただし、大井や天野・小野が考える土器変遷のあり方は独特のものであり、筆者の考えとは異なる。それがもつ問題点については、第1章註7や第7章第3節6を参照されたい。

9) ただし、遺構外からではあるが、北大3式2類の刻線文をとりこんだ分帯・一帯系列は、恵庭市や千歳市などの石狩低地帯南部や後志地方の遺跡でも多く出土している。そのため、北大3式2類と前半期擦文土器甕の接触・融合は、道央部全域で起きた現象だと理解すべきである。

第4章　後半期擦文土器甕の編年と動態

はじめに

　本章では、後半期擦文土器甕[1]の編年を設定し、その変遷の実態と展開の特質を明らかにする。先行研究では、擦文土器の編年が初頭から終末まで1つの方法論でまとめて設定される傾向にあった（駒井1964、佐藤1964・1972、藤本1972、石附1984、横山1990、塚本2002、澤井2007）。しかし、前半期と後半期では甕の特徴や甕を取りまく資料の環境に少なからぬ違いがあるため、両時期の甕を同じ方法論で分析するのは適切ではない。そこで、まず後半期擦文土器甕の遺構一括資料の様相を概観し、問題点を確認する。次に妥当と考えられる方法論を提示し、編年の設定と変遷・展開過程の解明をめざす。

第1節　後半期擦文土器甕の概要と先行研究の検討

1　後半期擦文土器甕を取りまく資料的環境

　図60〜77に、胆振・日高地方と道南部をのぞく地域の完形・略完形土器が2個体以上共伴した一括資料を示した。[2]

　後半期擦文土器甕は全道に分布し（図59）、一部サハリン島南部や南千島、東北地方北部までおよぶ。しかし、個々の器形や文様は、きわめて変異に富む。器形は地域によって違いが大きく、特に、第7章でみるトビニタイ式を多く出土する遺跡では、器形が崩れていることが多い（図65-1〜3、図66-5・6・9〜18、図67-3〜6等）。これらは退化した印象を受けるので、一見しただけでは時期差と地域差を弁別できない。文様は器形にくらべ共通性が高いが、その種類が多く、さらに1個体の土器に複数種の文様が備わることもあり、一見しただけでは個々の文様を指標として時間的先後関係を判断できない。さらに、土器同士の遺構内共伴関係をたどるとき、いっそう複雑な実態に直面することになる。たとえば、近接する遺跡・遺構の土器同士でモチーフが異なるかと思えば、100km以上も離れた遺跡・遺構の土器同士でモチーフが共通する（図78）。そして、このような多種類のモチーフの錯綜現象が、道南部をのぞく地域のすべての遺跡で確認されるのが実状なのである。さらに、道北・東部では、遺構から出土する完形・略完形土器の個体数が、1、2点と少ない。俯瞰してみても、3点以上の完形・略完形土器が一括して出土した遺構が多く検出された遺跡はかぎられている。

　要するに、後半期擦文土器甕は、広範囲に分布するわりに良好な一括出土例や層位事例が少なく、さらに個々の土器が変異に富んでいるため、時期差と地域差の弁別がむずかしいのである。これは、遺構や1枚の遺物包含層中での出土点数が多く、横走沈線文を基調とする文様がほどこされ、石狩低地帯を中心とする道央部に高密度で分布する（図37）前半期擦文土器甕とまったく対照的である。

　擦文土器編年に関しては、1例ないし数例の遺構一括資料を標式にみたて、それらの様相差を時期差

第Ⅱ部　擦文土器の編年と系統

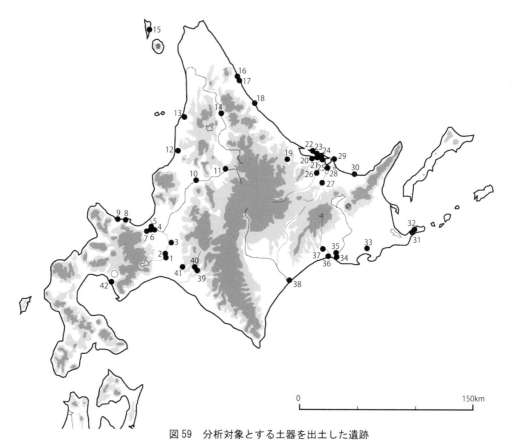

図 59　分析対象とする土器を出土した遺跡

1. 末広 ： 2. オサツ 2 ： 3. 中島松 7 ： 4. H317・H519 ： 5. K445・K499 ： 6. K518・K39 ： 7. N30 ： 8. 蘭島餅屋沢 ： 9. 大川 ： 10. 東広里 ： 11. 旭町 1 ： 12. 高砂 ： 13. 香川三線・香川 6 ： 14. 楠 ： 15. 香深井 1 ： 16. 落切川左岸 ： 17. ホロナイポ・ウエンナイ 2 ： 18. 開生・雄武堅穴群 ： 19. 寒河江 ： 20. 浜佐呂間Ⅰ ： 21. ST09・岐阜第二・岐阜第三 ： 22. ワッカ ： 23. ライトコロ川口・ライトコロ右岸・栄浦第二 ： 24. 常呂川河口 ： 25. 朝日トコロ貝塚 ： 26. 広瀬 ： 27. 元町 2 ： 28. 嘉多山 ： 29. 美岬 4 ： 30. ピラガ丘第Ⅲ地点・須藤 ： 31. 西月ヶ丘 ： 32. 穂香堅穴群 ： 33. 下田ノ沢 ： 34. 幣舞 2 ： 35. 北斗 ： 36. ノトロ岬 ： 37. 下仁々志別堅穴群 ： 38. 十勝太若月 ： 39. カンカン 2 ： 40. 穂別 D ： 41. 上幌内モイ ： 42. 有珠オヤコツ・有珠善光寺 2

に還元する、という方法が趨勢である（横山 1984，仲田 1997，塚本 2002，八木 2008）。この方法は、資料の高い密集性や層位事例にめぐまれた前半期擦文土器甕であれば編年設定上の大きな問題はないが、上記のような資料的環境にある後半期擦文土器甕に対しては効力を発揮しないだろう。仮に、後半期のある地域のある一括資料を標式にみたてても、その近隣地域に標式に比定できる一括資料が出そろっていることは少ない。そもそも、標式にみたてた一括資料に地域性のノイズがもたらされているのかどうかを検証する手段がない、という根本的問題もある。

後半期擦文土器甕の編年設定においては、このような資料的環境のもとで編年に説得力をもたせるためにいかに分析を組みたててゆくか、が問われることになる。そこで、次に図 60 〜 77 の一括資料を参考に、先行研究で細分の根拠にされた属性を評価しながら、後半期擦文土器甕を具体的にみてゆきたい。

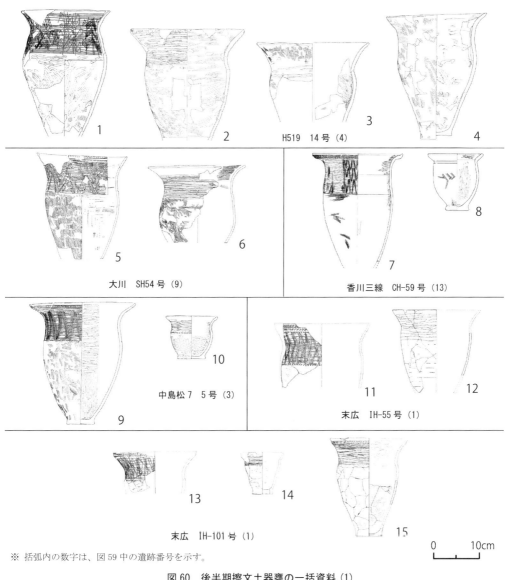

図60　後半期擦文土器甕の一括資料 (1)

※ 括弧内の数字は、図59中の遺跡番号を示す。

2　一括資料の様相からみた先行研究の今日的評価

　先行研究では、後半期擦文土器甕の時期差を示す属性として、①地文横走沈線、②モチーフの密度、③モチーフの列数、④口唇部の形態、⑤口唇部の文様、⑥器高、などが取りあげられてきた。

　①地文横走沈線については、これに重ね描きされるモチーフをもつ土器が古く、これの消失した土器が新しいと考えられてきた。大枠では妥当であるが、宇田川編年後・晩期の甕に備わる重ね描きモチーフの存在には注意したい。多くの場合、縦走する沈線によって画された範囲内に充填されるか（図67-2、図72-1）、1つの文様列を構成している（図70-15、図74-4・16、図75-2・5、図76-5・6・14・18・19）。石附喜三男（1984）が指摘したように、地文横走沈線上にモチーフを重ね描きする手法は、

第Ⅱ部　擦文土器の編年と系統

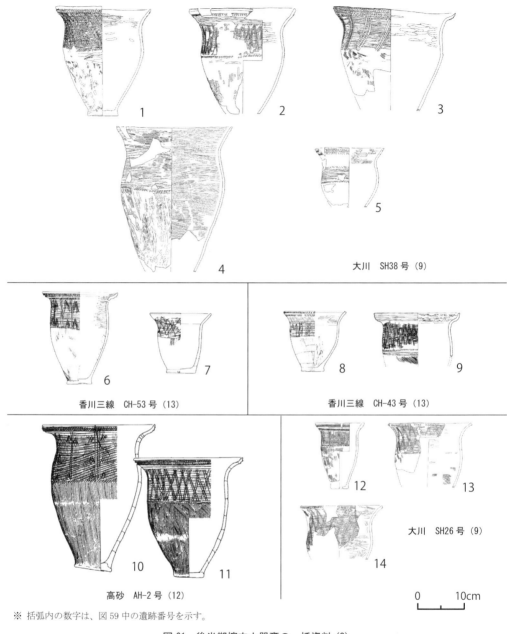

図 61　後半期擦文土器甕の一括資料（2）

ある時期を境に突然なくなるのではなく、様相を変えながら長期的に存在したと考えるべきだろう。重ね描きモチーフ自体に時期差が内包されている可能性が出てくるため、「重ね描きされていれば古い」と一概にみなすのではなく、重ね描きモチーフ自体を類型化し、その出現順序を吟味しなくてはならない。

②モチーフの密度については、低いものから高いものになる、という変化が想定されてきた（佐藤1972等）。しかし、宇田川編年中期の甕のモチーフには密度の高いものも低いものもあり（図60-1・5・7・9、図61-1〜3・6〜14、図62-1〜5、図63-16・17）、密度の低いモチーフは、後続する後期の甕にもある

第4章　後半期擦文土器甕の編年と動態

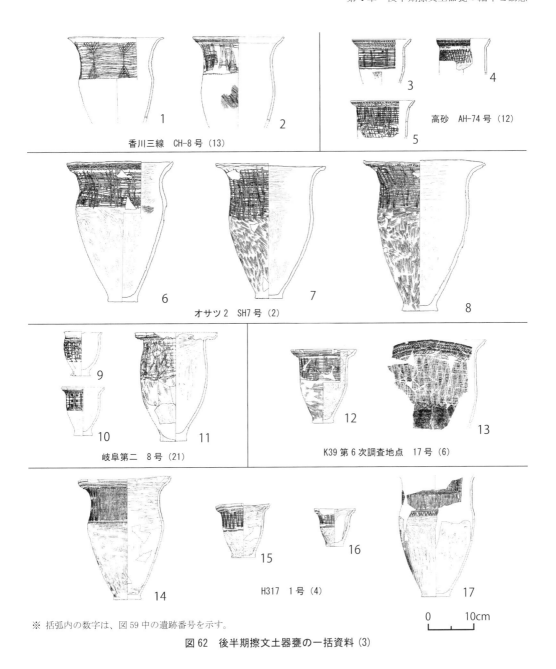

※ 括弧内の数字は、図59中の遺跡番号を示す。

図62　後半期擦文土器甕の一括資料（3）

（図64-4）。このように、密度の違いを時期差とみなす従来の解釈が、一括資料と個体資料から反証されることに注意しなくてはならない。

③モチーフの列数については、モチーフが複列化したものと単帯のもの（以下「複文様列土器」「単文様列土器」と呼称）の共伴例に注目したい。先行編年では、複列化したモチーフが時間とともに単帯になると考えられてきたが（石附1984等）、実際には両者の共伴例は非常に多い。たとえば、図69-9・10は単文様列土器のみの共伴例だが、同種のモチーフをもつ複文様列土器と単文様列土器の共伴例もある（図75-6～10）。これらを考慮すると、単文様列土器のみの共伴例には、一括資料を構成する個

第Ⅱ部　擦文土器の編年と系統

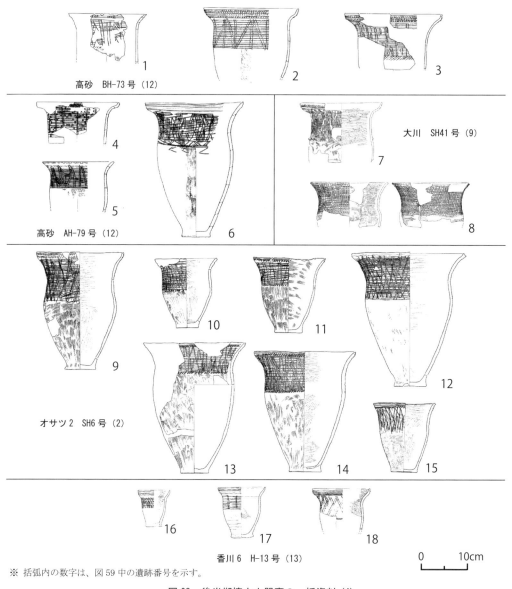

※ 括弧内の数字は、図59中の遺跡番号を示す。

図63　後半期擦文土器甕の一括資料（4）

体数の少なさによるバイアスがかかっているのではないか、という疑問がわく。事実、図77-5〜8をのぞけば、4個体以上の甕からなる後・晩期の一括資料には、複文様列土器と単文様列土器の共伴例しかない（図66-15〜18、図70-11〜19、図71-11〜15、図72-1〜4・8〜19、図73、図74-10〜17、図76-15〜19）。これらの一括資料に占める複文様列土器の比率は低く、このことが上記のバイアスをもたらした原因だと考えられる。宇田川洋（1980）は、晩期の甕を「複段文様は残っているが、徐々に単帯にもどっていく」（166頁）と評価した。この評価を今日の資料の状況に照らしあわせると、〝複文様列土器から単文様列土器への交替〟ではなく、〝一括資料中に占める複文様列土器の比率の減少〟と解釈するべきである。モチーフの列数という着眼点の有効性には、検討の余地がある。

第 4 章　後半期擦文土器甕の編年と動態

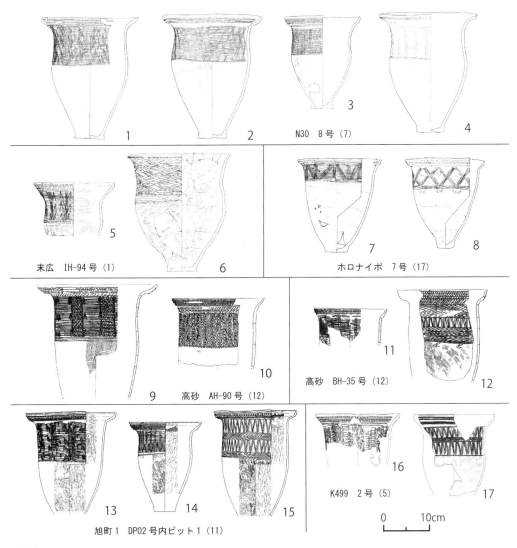

図 64　後半期擦文土器甕の一括資料 (5)

※ 括弧内の数字は、図 59 中の遺跡番号を示す。

④口唇部の形態については、前半期まで趨勢だった外反形態が内湾し、徐々に内側への屈曲の度合いを強めたのち、再び屈曲の度合いを弱めて外反形態に戻る、という一系列の変遷過程が考えられてきた（藤本 1972 等）。たしかに、こうした変遷過程の存在自体は今日の資料からも肯首できる。したがって、第 3 章第 3 節 1 では、口唇部文様帯の発達＝疑似口縁化という型式論的理解を示した。ただし、こうした口唇部形態の変遷が、全道で一様に進行したとは即断できない。実際、外反口唇は中・後期の甕にも多くみられる（図 63-8・15、図 64-6・7、図 65-1・2・16・18、図 66-3・5・6・11・17・19、図 67-3、図 70-16）。図 63-8、図 64-6 では、平坦化した口唇部に刻文がほどこされるなど、明らかに前半期擦文土器甕の特徴（図 42-7・9・14・16・26・27、図 43-12～14・16・17）が引き継がれている。前章では、これを口唇部文様帯の省略と解釈した。このような資料の存在を考慮すると、前半期から後半期にかけ

115

第Ⅱ部　擦文土器の編年と系統

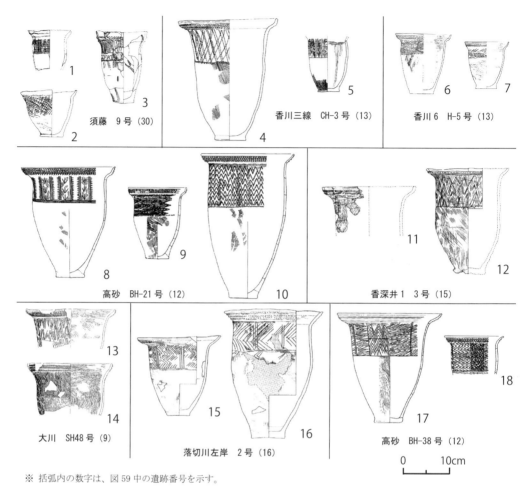

図65　後半期擦文土器甕の一括資料 (6)

※ 括弧内の数字は、図59中の遺跡番号を示す。

て、全体的に口唇部形態の内湾・内屈傾向が強まることはたしかだとしても、〝外反形態が趨勢だったある時期に内湾・内屈形態が加わり併存する〟という変化のあり方を想定するべきある。後・晩期の一括資料をみると、内湾・内屈の度合いが弱まることは確認できるが、外反形態の甕だけで構成される一括資料は全体的に少なく（図65-4〜18、図66〜77）、先の〝2形態の併存〟というあり方が引き継がれているようにみえる。時間とともに外反形態1つに戻る、という考えは適切ではないだろう。口唇部の形態は、外反形態と内湾・内屈形態が相互に入り混じりつつ漸移的に変遷したと考えられる。

⑤口唇部の文様については、文様帯の幅や文様密度が、形状の内湾・内屈化と連動しながら増加・発達し、その後に内湾・内屈化の度合いの弱まりとともに減少・衰退すると考えられてきた。第3章第3節1では、文様帯幅の増加現象を口唇部文様帯の発達としてとらえた。しかし、口唇部の形態が一系列の変遷をとげないことが考えられる以上、その文様の変遷についても再考の余地がある。口唇部の内湾・内屈化が強いものでは、従来の考えどおり、横走沈線文や矢羽状刻文などが密にほどこされるようになった（図64-9〜15等）のち、横走沈線文の消失や矢羽状刻文の形骸化が起きる（図73-1〜5等）、

第 4 章　後半期擦文土器甕の編年と動態

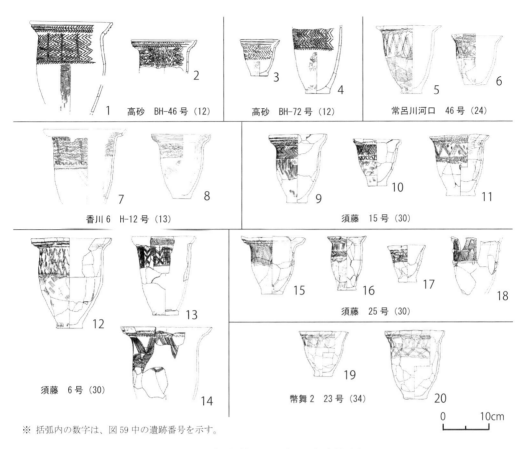

※ 括弧内の数字は、図 59 中の遺跡番号を示す。

図 66　後半期擦文土器甕の一括資料 (7)

という変化が想定される。しかし、中・後期の口唇部文様は一様ではなく、横走沈線文が省略されたもの (図 62-15・16、図 63-9、図 65-1、図 66-5) や矢羽状刻文が形骸化したもの (図 64-5) もある。後・晩期の甕では口唇部文様が形骸化したものが多いが、中期の甕にも形骸化した口唇部文様 (図 62-15・16、図 63-9、図 64-5、図 65-1) はある。口唇部の内湾・内屈化が弱い甕には前半期と同様の文様が備わることが多く (図 61-13・14、図 63-8、図 64-6)、外反形態の甕では口唇部文様帯が省略されることが多い (図 60-1、図 62-1、図 65-2、図 67-3、図 70-6)。このように、口唇部の文様帯や文様のあり方も形態と同様に多様である。文様の発達や形骸化はある時期を境に一斉に起きるのではなく、中期から文様が発達したものと形骸化したものの 2 者が併存し、時間とともに前者の比率が漸移的に減少する、と考えるべきである。

⑥器高については、時間とともに低くなる、という考えがある (藤本 1972, 塚本 2002)。この考えは、「本州からの鉄鍋受容にともなって擦文土器甕の煮沸具としての役割が変容し衰退する」という擦文器の終末観とも関係していると思われる。しかし、実際には、晩期にも大型の甕はある (図 67-5・7・8・13～16、図 68-5、図 69-8・10、図 70-1、図 72-15、図 73-8・12～14、図 75-1・3・10 等)。晩期の小型の甕のみの組成はあるが (図 72-16～19、図 74-4～6、図 75-11～13)、同様の組成は中期や後期にも

第Ⅱ部　擦文土器の編年と系統

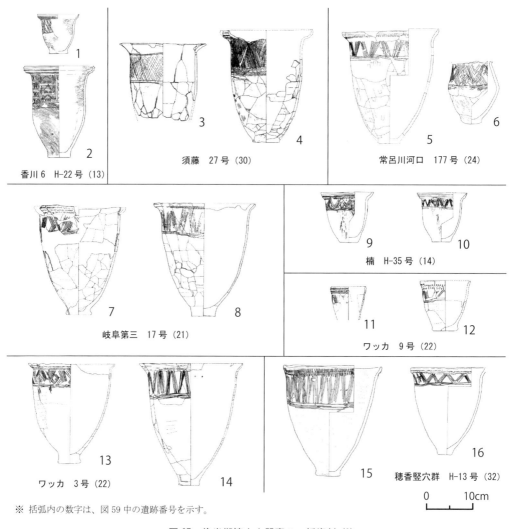

※ 括弧内の数字は、図59中の遺跡番号を示す。

図67　後半期擦文土器甕の一括資料 (8)

ある（図63-16～18、図65-1～3、図66-9～11・15～18、図70-16～19）。要するに、一括資料には、甕の煮炊き具としての役割の変化と器高の減少という2つの現象が、単純にリンクしないことが示されているのである。晩期の4個体以上の甕からなる一括資料には、組成全体に占める大型の甕の比率が低い例がある（図72-1～4・8～15）。したがって、仮に小型の甕のみの組成であっても、個体数の少ない一括資料にはバイアスがかかっている可能性を考えるべきだろう。また、トビニタイ式と共伴する擦文土器甕には小型のみを組成する例もあることが明らかになっており（榊田2009b）、器高の違いが地域差（系統差）に由来する可能性も考えなくてはならない。以上から、器高の減少をもって時間的先後関係を判断するのは適切ではない。[3]

このように、遺構一括資料を詳細にみると、先行編年で注目された着眼点には検討の余地があるとわかる。特に、地文横走沈線の有無、文様密度の高低差、モチーフの複列化の有無など、時期差を明瞭に

第 4 章　後半期擦文土器甕の編年と動態

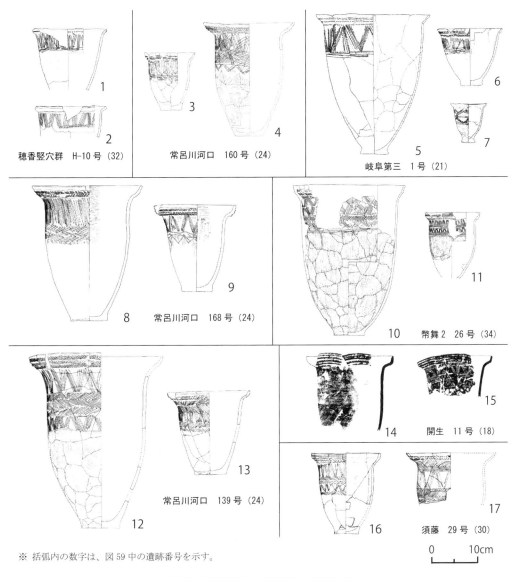

※ 括弧内の数字は、図 59 中の遺跡番号を示す。

図 68　後半期擦文土器甕の一括資料 (9)

示すと考えられてきた着眼点を反証する例が多いことに注意したい。また、口唇部形態・文様や器高のように、一系列の変遷を示さない属性のあつかいにも慎重を期す必要がある。なぜなら、時期差と地域差の弁別がむずかしい後半期擦文土器甕にあって、通時的変化と共時的変異の違いが曖昧な属性を細分の根拠にしても、編年に説得力をもたせられるとは考えにくいからである。

したがって、①通時的変化を明瞭にたどれること、②共時的変異の振幅をある程度カバーできること、この 2 つの条件を備えた属性に着目するのが、後半期擦文土器甕の編年設定においてもっとも望ましい。

第Ⅱ部　擦文土器の編年と系統

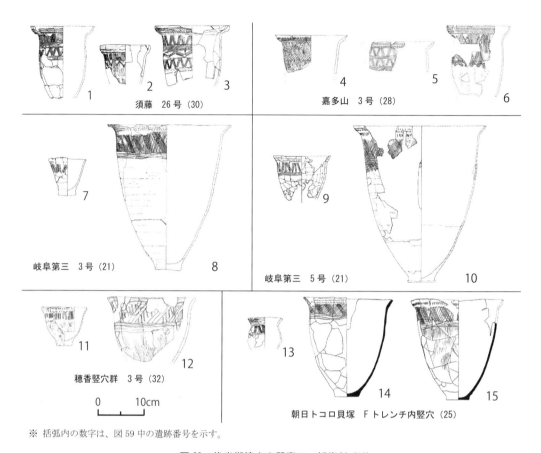

図 69　後半期擦文土器甕の一括資料 (10)

第2節　後半期擦文土器甕の分析視点

1　後半期擦文土器甕のモチーフの備わり方

　本章で分析の基軸とするのは、モチーフである。まず、後半期擦文土器甕のモチーフの見方について、図79の凡例によって説明する。モチーフをあらためて定義すると、〝複数の刻線文が組みあった特定の文様の総称〟ということになる。分帯系列（1）では頸部文様帯に、一帯系列（2～6）では口・頸部文様帯に割りつけられる。多くの場合、モチーフの上下端やモチーフ同士の境に1～数条の横走沈線文（図中a）が引かれている。この横走沈線文は、列点文に置き換えられることもある（3）。したがって、モチーフは〝口唇部文様帯下端からaまでの範囲にほどこされる文様〟であるとも言える。単文様列土器（1・3・5）では、aが1か所（上端か下端のみ）か2か所（上下端）となり、複文様列土器（2・4・6）では2か所以上となる。また、単文様列土器・複文様列土器ともにaが省略されることもあり（5・6）、その場合、複文様列土器ではモチーフ同士が直に接することになる（6）。なお、口・頸部（頸部）文様帯最下端のaと接して、列点文（図中b）や間隔をおいてほどこされる刻線文等（図中c）がみられることもあるが（1～3）、これらはモチーフに含めない。

第4章　後半期擦文土器甕の編年と動態

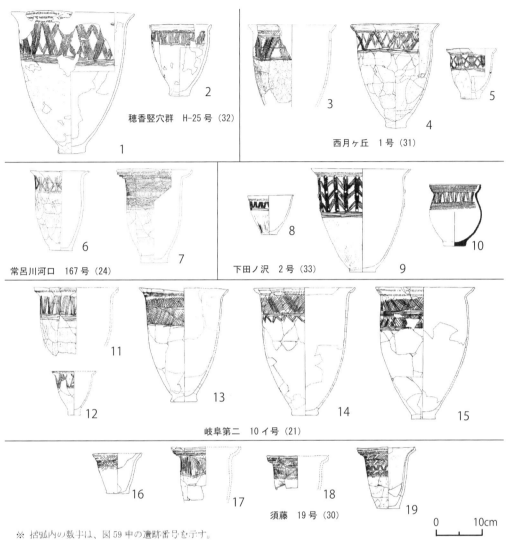

図70　後半期擦文土器甕の一括資料（11）

2　モチーフに着目する意義

　後半期擦文土器甕のモチーフには、編年設定上きわめて重要な原則が2つ備わっている。

原則①…複文様列土器と単文様列土器のモチーフの類似性

　文様列の幅に起因する大きさの違いを不問とすれば、1つの列を構成するモチーフの種類は単文様列土器と複文様列土器で類似する（図80）。このような類似がみられたとき、型式論的にみて両土器のモチーフは同時期か近接する時期の所産である可能性が高くなる。[4]

原則②…複文様列土器にほどこされるモチーフの同時性

　文様の割りつけが土器製作時になされる点に注目すると、複文様列土器の個体内に共存するモチーフは、製作時の同時性を端的に示す指標となる。これは土器と土器にほどこされる文様との物理的関係に

第Ⅱ部　擦文土器の編年と系統

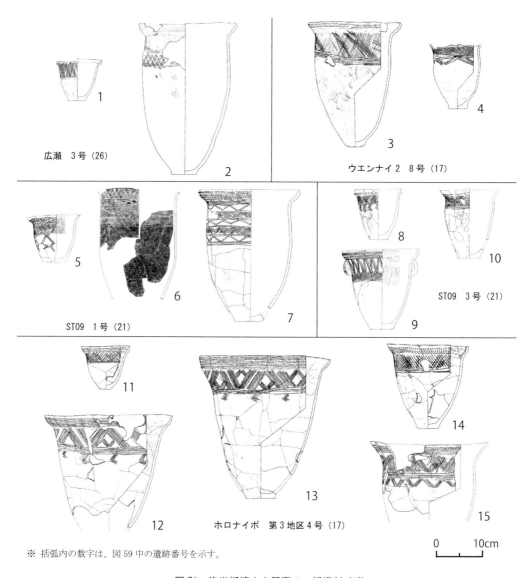

※ 括弧内の数字は、図59中の遺跡番号を示す。

図71　後半期擦文土器甕の一括資料（12）

かかわる現象であり、資料の混入などのノイズに左右されることはあり得ない（横山1985：68-69頁）。したがって、原則①をもとに推定される単文様列土器と複文様列土器の時間的関係の妥当性をたしかめる手がかりになる。

　これらの原則を念頭におき、モチーフを刻線文の特徴によって類型化し、複文様列土器・単文様列土器での備わり方を検討することで、説得力の高い変遷順序をみちびけるだろう。これは、層位事例や良好な一括出土例の少ないなかにあって編年の妥当性を高める有力な分析視点である。この2つの原則は、道南部をのぞく地域のすべての後半期擦文土器甕に通底してみられるため（図60～77）、地域差の問題ともかかわる共時的変異の振幅をカバーできる。また、モチーフは視覚的に明瞭であり、第三者にとって検証しやすいという利点もある。

122

第4章　後半期擦文土器甕の編年と動態

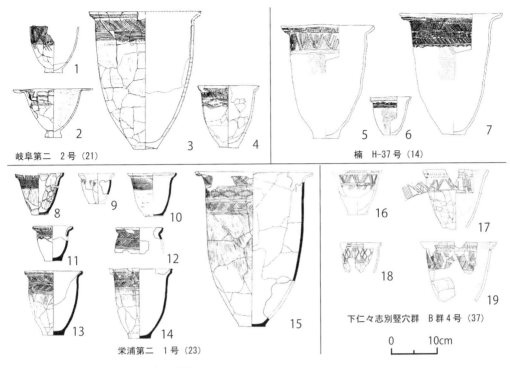

※ 括弧内の数字は、図59中の遺跡番号を示す。

図72　後半期擦文土器甕の一括資料 (13)

　モチーフに着目する理由は、ほかにもある。原則②より製作時の同時性を保証されたモチーフ群を抽出したのち、一括資料を構成する土器群のモチーフ組成を俯瞰することで、個々の土器がいかなる変化をとげたのち廃棄され一括資料として残されるにいたったのかを検証できるようになる。すなわち、廃棄時の同時性として示される一括資料の成りたちを、製作時の同時性を示す属性を手がかりにしてときほぐすことで、後半期擦文土器甕の変遷の実態をより鮮明にとらえられると考えられるのである。[5]

　このように、後半期擦文土器甕の編年・成りたち・変遷を1つの分析視点のもとで体系的にみとおせることに、モチーフに着目する最大の意義がある。

3　モチーフの抽出と分類

　図79の凡例にしたがい、以下のモチーフを抽出する。

重ね描き針葉樹状文（図81）

　縦走・斜行する沈・刻線の端部に向きの異なる短刻線を描き加えることで、あたかも針葉樹のような装飾効果をあげるモチーフを総称する。縦走・斜行する刻線は、向きや本数の異なる刻線が組みあって多様な様相を示す。また、刻線の向きや本数の違いにより、文様密度の低いものと高いものがある。

重ね描き格子目文（図82）

　傾斜方向の異なる斜行沈線が連結しながら横位に展開することで、格子目状の装飾効果をあげるモチーフを総称する。格子目の空白部に短刻線が充填される場合、文様密度はきわめて高くなる。

第Ⅱ部　擦文土器の編年と系統

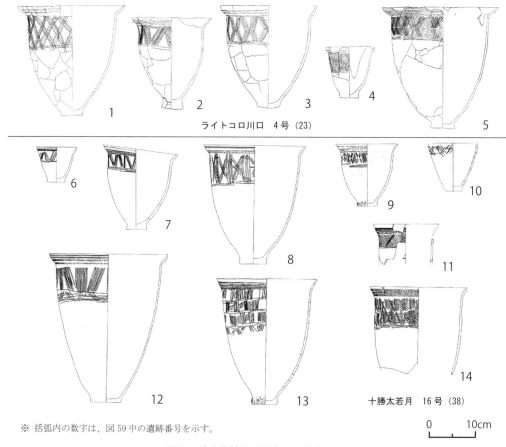

※ 括弧内の数字は、図59中の遺跡番号を示す。

図73　後半期擦文土器甕の一括資料（14）

重ね描き縦走沈線文（図83）

　縦位の沈線が単独で引かれるモチーフを総称する。沈線が2～数本で1単位となるものは横位に間隔をおいてほどこされ、文様密度は低い（1）。一方、沈線が隙間なく引かれるものは沈線に単位性がなく、文様密度は高い（2）。このモチーフは、幅広の文様列に長い縦走沈線文が重ね描きされる1類（1・2）と、狭い文様列中に短い縦走沈線文が重ね描きされる2類（3・4）に分ける。

重ね描き鋸歯状文（図84）

　鋭角・鈍角に接する斜行沈線が横位に展開するモチーフを総称する。鋸歯状文を構成する沈線と沈線に挟まれた三角形の空白部に短刻線が充填される場合、文様密度はきわめて高くなる（3・4）。短刻線の充填は空白部すべてになされるものや、1つおきの空白部になされるものがある。また、空白部ごとで充填される短刻線の種類が異なる例もあり、多様なあり方を示す。このモチーフは、幅広の文様列に大ぶりの鋸歯状文が重ね描きされる1類（1～4）と、狭い文様列中に押しつぶされたような鋸歯状文が重ね描きされる2類（5～7）に分ける。

重ね描き斜行沈線文（図85）

　斜行沈線が引かれるモチーフを総称する。

第 4 章　後半期擦文土器甕の編年と動態

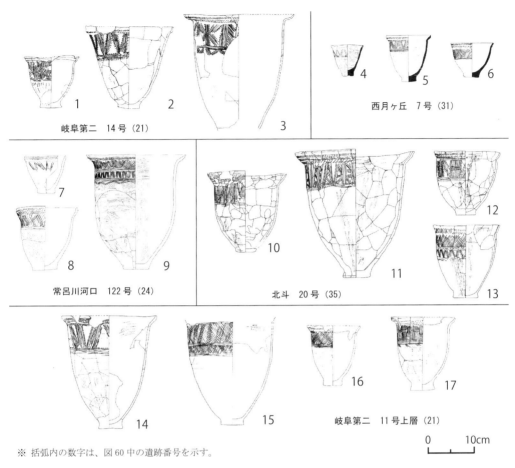

図 74　後半期擦文土器甕の一括資料 (15)

※ 括弧内の数字は、図 60 中の遺跡番号を示す。

重ね描き縦走綾杉文（図 86）

連骨する「ハ」の字状の短刻線が横位に展開するモチーフを総称する。総じて文様密度が高い。

格子目文（図 87）

重ね描き格子目文の地文横走沈線が消失したものである。

縦走沈線文（図 88）

重ね描き縦走沈線文の地文横走沈線が消失したものである。細分はおこなわない。

縦走綾杉文（図 89）

重ね描き縦走綾杉文の地文横走沈線が消失したものである。

横走綾杉文（図 90）

横位に連続して引かれる「く」の字・逆「く」の字状の短刻線が数列重畳するモチーフを総称する。横走綾杉文が地文となる例もあり、その場合に縦走沈線文、鋸歯状文、縦走綾杉文などが重ね描きされる（6・7）。総じて文様密度が高い。なお、1 つの文様列内に横走綾杉文と縦走綾杉文が交互にほどこされるもの（図 65-5・17、図 66-2）は、便宜的に横走綾杉文に含める。

第Ⅱ部　擦文土器の編年と系統

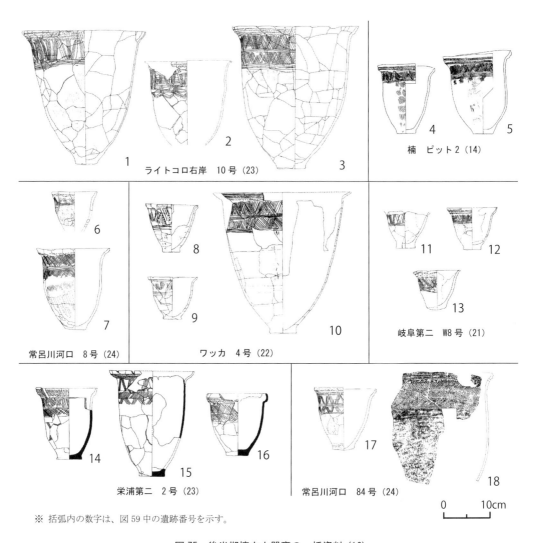

図75　後半期擦文土器甕の一括資料 (16)

※　括弧内の数字は、図59中の遺跡番号を示す。

鋸歯状文（図91）

　重ね描き鋸歯状文の地文横走沈線が消失したものである。細分はおこなわない。なお、重畳するものには向きの異なる鋸歯状文を対向させて菱形状の装飾効果をあげたものがあり（8）、この菱形を構成する刻線と刻線の間の空白部に短刻線が充填されるものもある。

斜行沈線文（図92）

　重ね描き斜行沈線文の地文横走沈線が消失したものである。斜行する沈線同士の空白部に、傾斜方向の異なる斜行沈線や短刻線が充填されるものもある。

斜格子文（図93）

　密度の高い斜行沈線が横位に展開した後、傾斜方向の異なる斜行沈線が間隔を置いて重ね描きされたモチーフを総称する。斜行沈線の傾斜角度、重ね描きされる斜行沈線の本数や間隔は多様である。

第4章　後半期擦文土器甕の編年と動態

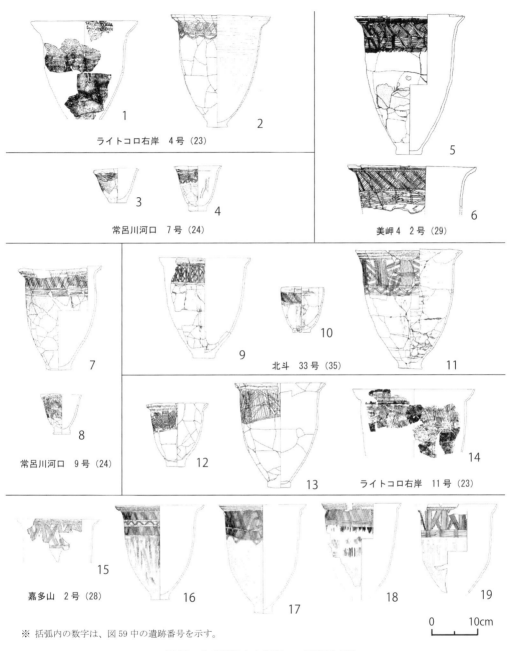

※ 括弧内の数字は、図59中の遺跡番号を示す。

図76　後半期擦文土器甕の一括資料 (17)

縦位分割文（図94）

　縦走する数本の沈線によってモチーフが縦に分割されているものを総称する。この縦走沈線には、横位・斜位の刻線が重ね描きされるものもある（4〜6）。このモチーフは、分割されたモチーフの種類によって次のように分けられる。すなわち、地文横走沈線上に重ね描きされているものを1類(1・2)、横走沈線が単独でほどこされたものを2類 (3)、斜行沈線が単独でほどこされたものや斜行沈線を

127

第Ⅱ部 擦文土器の編年と系統

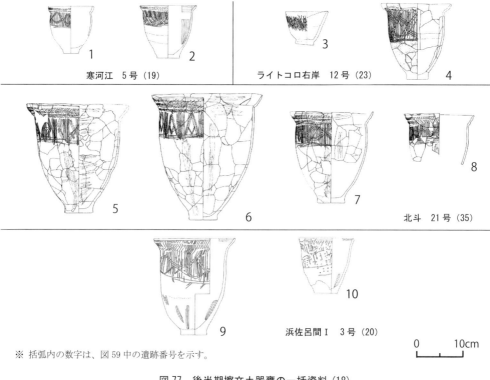

図77 後半期擦文土器甕の一括資料（18）

組みあわせて鋸歯状・「×」字状・菱形状・格子目状・綾杉状にしているものを3類（4～6）とする。

地文縦走沈線文（図95）

　隙間なく引かれた縦走沈線上に別のモチーフが重ね描きされているものを総称する。重ね描きされるモチーフには、横走綾杉文、横走沈線文、斜行沈線文、鋸歯状文などがある。

　表15～20に、図60～77の一括資料に備わるモチーフの内訳を示した。

第3節　後半期擦文土器甕のモチーフの変遷順序

1　甕系第2段階のモチーフ

　前章で、後半期擦文土器甕の重ね描きモチーフが北大3式2類（図54）の刻線文に由来すると述べた。詳しくみると、針葉樹状文、格子目文、縦走沈線文、鋸歯状文の萌芽的な様相を示すものがある（図52-1、図54-2・4～8・16）。これらの刻線文は、横走沈線が完全に地文化せずに文様としての名残をとどめており（図58）、図81～86に示した重ね描きモチーフと分けて考えなくてはならない。

　また、前章で様相⑤（表12・13）とした一括資料中の、第2段階の甕に共伴する甕のモチーフをみると、重ね描き針葉樹状文（図60-1・5）、重ね描き格子目文（図60-13、図61-1・2）、重ね描き鋸歯状文1類（図60-9）、重ね描き斜行沈線文（図61-3）がある。

第 4 章　後半期擦文土器甕の編年と動態

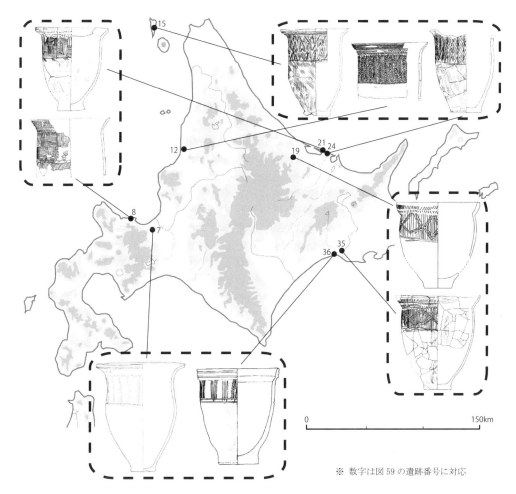

図 78　類似するモチーフの広域錯綜状況の例

※ 数字は図 59 の遺跡番号に対応

2　後半期初頭のモチーフ

　様相⑤の次段階に位置づけられる一括資料として、重ね描きモチーフをもつ甕のみの共伴例がある。そこで確認されるモチーフには、様相⑤の甕と同じモチーフ（図 61-6 ～ 14、図 62-1・2・4、図 63-7・8）のほか、重ね描き縦走沈線文 1 類（図 62-3、図 63-8）、重ね描き縦走綾杉文（図 62-5）などがある。いずれも単文様列土器であり、複文様列土器の出現が遅れるとする先行研究の考えを追認できる。前半期第 2 段階とくらべると、重ね描き鋸歯状文・格子目文などでは刻線同士の途切れ（図 58-5・7・9・10）や施文域の上半部と下半部で描きわける手法（図 58-3・4・7 ～ 10）がなくなる、などの変化がみられる。また、重ね描きモチーフの施文域が横走沈線文の範囲におさまることで横走沈線の地文化が達成される。ここでは、重ね描きモチーフをもつ単文様列土器のみからなる様相⑤直後の一括資料の段階を、〝後半期初頭〟と仮称する。[6]

3　後半期初頭以後のモチーフ

　図 62-6 ～ 17、図 63・64、図 65-1 ～ 3 は、後半期初頭の甕と、モチーフに新出の特徴がみられる

第Ⅱ部　擦文土器の編年と系統

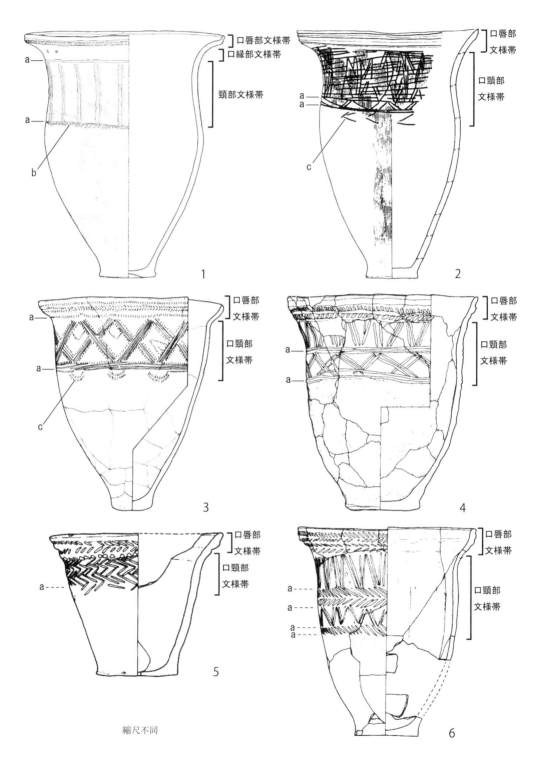

図79　本章における後半期擦文土器甕の見方凡例

第 4 章　後半期擦文土器甕の編年と動態

甕が共伴した例である。新出の特徴には、後半期初頭のモチーフが複列化した複文様列土器（図62-8、図64-14）、後半期初頭のモチーフと新出のモチーフが同一個体内で共存する複文様列土器（図62-10・11・13・17、図63-3・6）、新出のモチーフをもつ単文様列土器（図63-15・18、図64-4・6・8・10、図65-2）や複文様列土器（図64-12・15・17、図65-3）がある。新出のモチーフには、格子目文、縦走沈線文、縦走綾杉文、横走綾杉文、鋸歯状文、斜行沈線文、縦位分割文1類がみられる。これらの特徴をもつ甕は、後半期初頭よりも後出すると言えそうである。

重ね描き縦走沈線文2類、重ね描き鋸歯状文2類、縦位分割文2類、同3類、斜格子文、地文縦走沈線文をもつ甕は、後半期初頭の甕との共伴例がない（図65-4〜18、図66〜77）。したがって、これらのモチーフは、もっとも後出のものである可能性が高い。

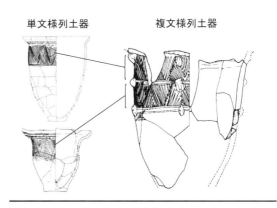

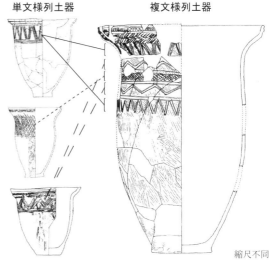

縮尺不同

図80　複文様列土器と単文様列土器のモチーフの類似性

4　一括資料からみたモチーフの分類と変遷順序の仮定

以上の共伴状況からモチーフをまとめると、次のようになる。

1群…後半期初頭のモチーフ

　単文様列土器…重ね描き針葉樹状文・重ね描き格子目文・重ね描き縦走沈線文1類・重ね描き鋸歯状文1類・重ね描き斜行沈線文・重ね描き縦走綾杉文

　複文様列土器…なし

2群…1群をのぞく、後半期初頭を含む一括資料に認められるモチーフ

　単文様列土器…格子目文・縦走沈線文・横走綾杉文・縦走綾杉文

　複文様列土器…格子目文・縦走沈線文・横走綾杉文・縦位分割文1類・鋸歯状文・斜行沈線文

3群…後半期初頭を含む一括資料に認められないモチーフ

　単文様列土器…鋸歯状文・縦位分割文2類・縦位分割文3類・斜行沈線文・斜格子文・地文縦走沈線文

　複文様列土器…縦走綾杉文・縦位分割文1類・重ね描き縦走沈線文2類・重ね描き鋸歯状文2類・縦位分割文2類・縦位分割文3類・斜行沈線文・斜格子文・地文縦走沈線文

第Ⅱ部　擦文土器の編年と系統

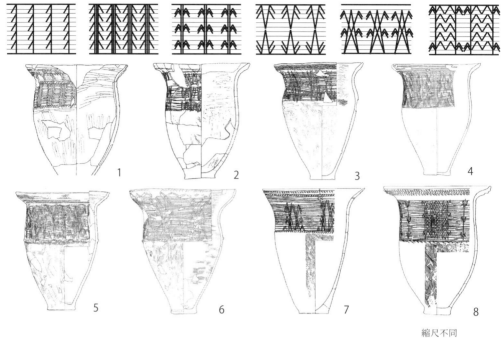

図81　重ね描き針葉樹状文

縮尺不同

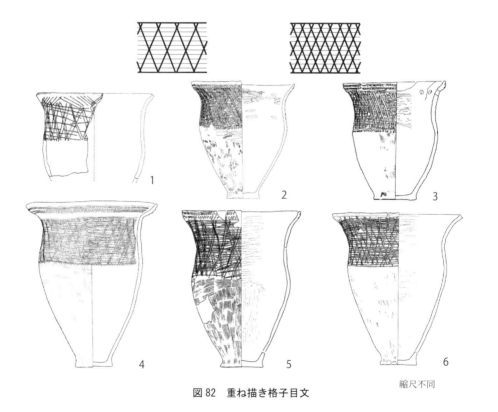

図82　重ね描き格子目文

縮尺不同

第 4 章　後半期擦文土器甕の編年と動態

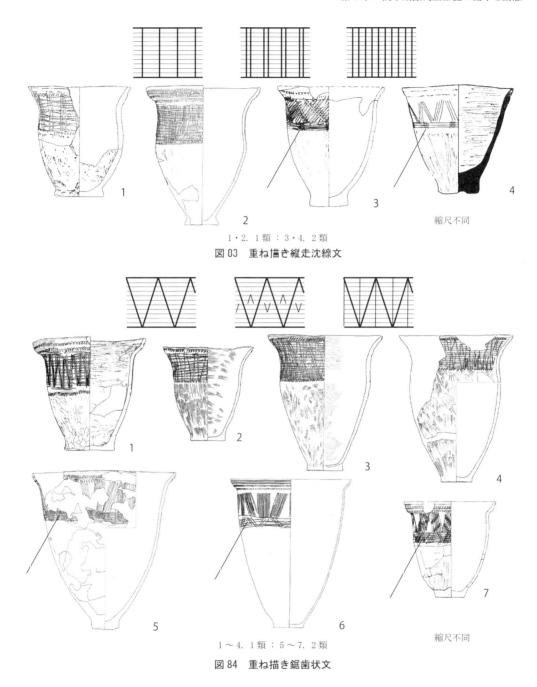

1・2. 1類：3・4. 2類
図 83　重ね描き縦走沈線文

1〜4. 1類：5〜7. 2類
図 84　重ね描き鋸歯状文

　このように、後半期初頭の一括資料に軸をおくと、各一括資料の単文様列土器と複文様列土器のモチーフ組成に以上のような違いをみいだせる。[7] モチーフ組成が 1 群→ 2 群→ 3 群の順に新しくなると仮定し、各種モチーフを古い方から順に分けると次のようになる。

1 類…1 群に出現するモチーフ…重ね描き針葉樹状文・重ね描き格子目文・重ね描き縦走沈線文 1 類・重ね描き鋸歯状文 1 類・重ね描き斜行沈線文・重ね描き縦走綾杉文

2a 類…2 群に出現するモチーフ…格子目文・縦走沈線文・横走綾杉文

133

第Ⅱ部　擦文土器の編年と系統

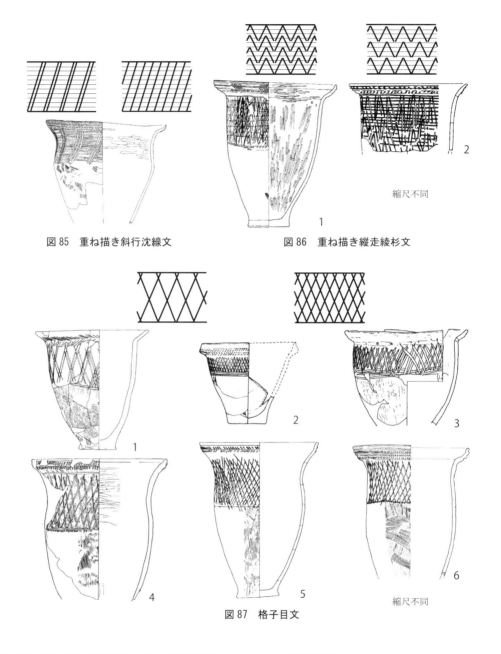

図85　重ね描き斜行沈線文　　図86　重ね描き縦走綾杉文

図87　格子目文

2b類…2群の単文様列土器のみに当初出現するモチーフ…縦走綾杉文
2c類…2群の複文様列土器のみに当初出現するモチーフ…縦位分割文1類・鋸歯状文・斜行沈線文
3類…3群に出現するモチーフ…縦位分割文2類・縦位分割文3類・重ね描き縦走沈線文2類・重ね描き鋸歯状文2類・格子目文・地文縦走沈線文

　一括資料を額面どおりに受けとめれば、1類→2a〜2c類→3類という変遷順序を想定できることになる。ただし、後半期擦文土器甕をとりまく資料的環境（第1節参照）をみるかぎり、一括資料の単純な羅列だけでは仮定した変遷順序に十分な説得力をもたせることはできない。ここまでの検討結果は、あくまでモチーフの変遷順序に関する1つの可能性を示したにすぎないのであり、各類を編年の細分

第4章　後半期擦文土器甕の編年と動態

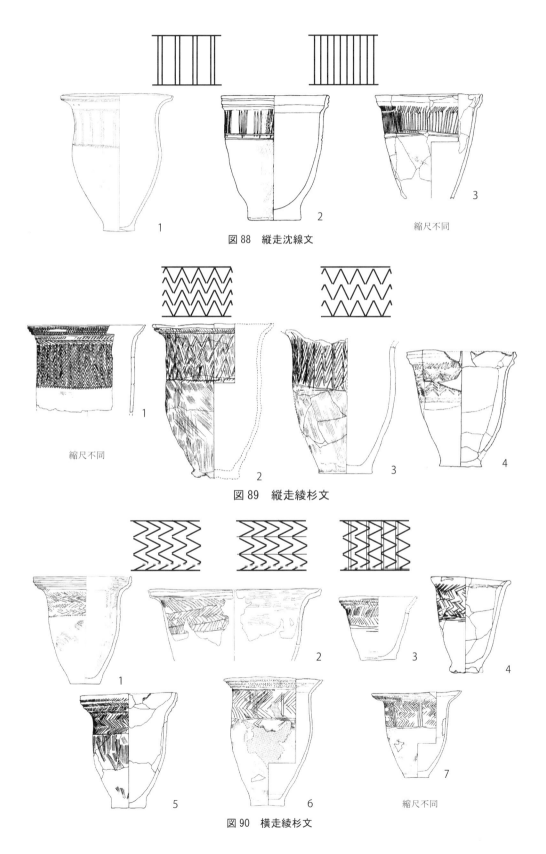

図 88　縦走沈線文

図 89　縦走綾杉文

図 90　横走綾杉文

135

第Ⅱ部　擦文土器の編年と系統

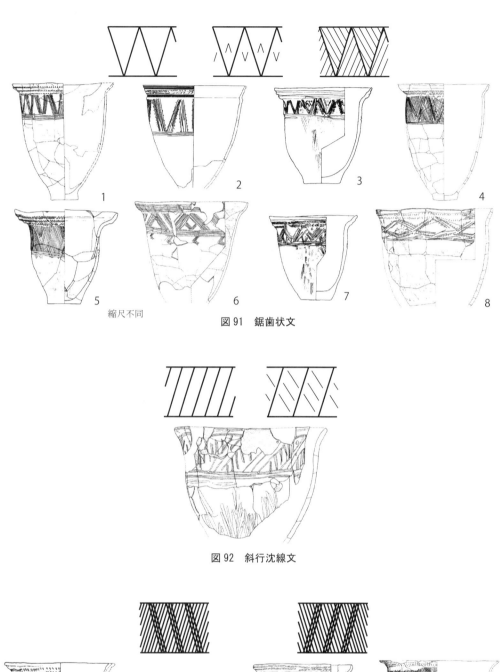

図 91　鋸歯状文

図 92　斜行沈線文

図 93　斜格子文

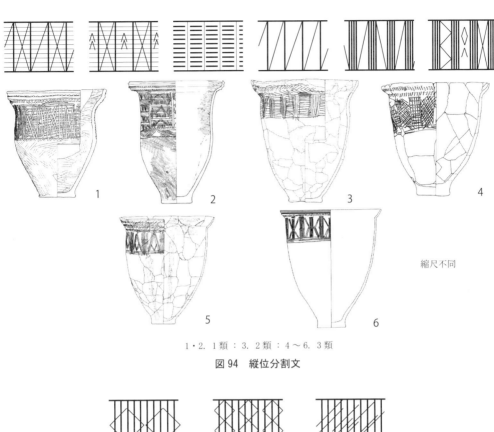

1・2.1類：3.2類：4〜6.3類
図94 縦位分割文

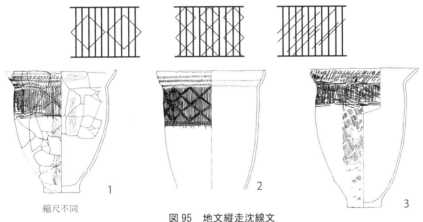

縮尺不同
図95 地文縦走沈線文

単位とするためには、いま少しの検討が必要である。

5 複文様列土器のモチーフ共存状況の検討

　複文様列土器に備わるモチーフ同士の共存は、土器製作時の同時性を端的に示す現象である（第2節2参照）。したがって、モチーフ各類のうち隣りあうもの同士が1個体の複文様列土器で確認できれば、上記変遷順序の妥当性は支持される。

　図62〜77の一括資料中の複文様列土器に備わるモチーフを、各類に分けて内訳を示したのが表21・22である。モチーフの共存パターンをすべて記すと、次のようになる（表23）。

共存パターンA…モチーフ1類のみ。

第Ⅱ部　擦文土器の編年と系統

遺跡・遺構名	図番号	類型	重ね描き針葉樹状文	重ね描き格子目文	重ね描き縦走沈線文1類	重ね描き鋸歯状文1類	重ね描き斜行沈線文	重ね描き縦走綾杉文	格子目文	縦走沈線文	横走綾杉文	縦走綾杉文	縦位分割文1類	鋸歯状文	斜行沈線文	重ね描き縦走沈線文2類	重ね描き鋸歯状文2類	縦位分割文2類	縦位分割文3類	斜格子文	地文縦走沈線文
H519 14号	図60-1	単1	●																		
香川三線 CH-59号	図60-5	単1	●																		
中島松7 5号	図60-9	単1			●																
末広 IH-101号	図60-13	単1		●																	
大川 SH38号	図61-1	単1		●																	
	図61-2	単1		●																	
	図61-3	単1					●														
香川三線 CH-53号	図61-6	単1	●																		
	図61-7	単1		●																	
香川三線 CH-43号	図61-8	単1	●																		
	図61-9	単1		●																	
高砂 AH-2号	図61-10	単1	●																		
	図61-11	単1		●																	
大川 SH26号	図61-12	単1	●																		
	図61-13	単1			●																
	図61-14	単1		●																	
香川三線 CH-8号	図62-1	単1	●																		
	図62-2	単1			●																
高砂 AH-74号	図62-3	単1				●															
	図62-4	単1			●																
	図62-5	単1						●													
オサツ2 SH7号	図62-6	単1	●																		
	図62-7	単1	●																		
	図62-8	複1			+																
	図62-9	単1	●																		
岐阜第二 8号	図62-10	複1			+							+									
	図62-11	複1	+													+					
K39第6次調査地点 17号	図62-12	単1	●																		
	図62-13	複1			+											+					
H317 1号	図62-14	単1	●																		
	図62-15	単1				●															
	図62-16	単1				●															
	図62-17	複1				+											+	+			
高砂 BH-73号	図63-1	単1	●																		
	図63-2	単1				●															
	図63-3	複1	+														+				
高砂 AH-79号	図63-4	単1			●																
	図63-5	単1				●															
	図63-6	複1	+														+				
大川 SH41号	図63-7	単1	●																		
	図63-8	単1		●																	
オサツ2 SH6号	図63-9	単1		●																	
	図63-10	単1		●																	
	図63-11	単1				●															
	図63-12	単1		●																	
	図63-13	単1				●															
	図63-14	単1				●															
	図63-15	単1							●												

・●はモチーフが1個体につき1種類のものである。＋はモチーフが1個体につき複数種類からなるものの一部である。
・「複」「単」は、それぞれ複文様列土器・単文様列土器を示す。

表15　一括資料を構成する甕のモチーフの内訳一覧表(1)

第4章　後半期擦文土器甕の編年と動態

遺跡・遺構名	図番号	類型	重ね描き針葉樹状文	重ね描き格子目文	重ね描き縦走沈線文1類	重ね描き鋸歯状文1類	重ね描き斜行沈線文	重ね描き縦走綾杉文	格子目文	縦走沈線文	横走綾杉文	縦走綾杉文	縦位分割文1類	鋸歯状文	斜行沈線文	重ね描き縦走沈線文2類	重ね描き鋸歯状文2類	縦位分割文2類	縦位分割文3類	斜格子文	地文縦走沈線文
香川6 H-13号	図63-16	単1		●																	
	図63-17	単1			●																
	図63-18	単2					●														
N30 8号	図64-1	単1	●																		
	図64-2	単1		●																	
	図64-3	単1			●																
	図64-4	単2						●													
末広 IH-94号	図64-5	単1	●																		
	図64-6	単2								●											
ホロナイポ 7号	図64-7	単1			●																
	図64-8	単2														●					
高砂 AH-90号	図64-9	単1	●																		
	図64-10	単2									●										
高砂 BH-35号	図64-11	単1		●																	
	図64-12	複1											+		+						
旭町1 DP02号内ピット1	図64-13	単1	●																		
	図64-14	複1			+	+															
	図64-15	複2																			
K499 2号	図64-16	単1	●																		
	図64-17	複2									+				+						
須藤 9号	図65-1	単1	●																		
	図65-2	単2							●												
	図65-3	複2								+	+				+						
香川三線 CH-3号	図65-4	単2							●												
香川6 H-5号	図65-5	単2								●											
	図65-6	単2								●											
	図65-7	単2								●											
高砂 BH-21号	図65-8	単2									●										
	図65-9	単2									●										
	図65-10	単2										●									
香深井1 3号	図65-11	単2										●									
	図65-12	単2										●									
大川 SH48号	図65-13	単2										●									
	図65-14	単2								●											
落切川左岸 2号	図65-15	単2								●											
	図65-16	単2								●											
高砂 BH-38号	図65-17	単2								●											
	図65-18	単2								●											
高砂 BH-46号	図66-1	単2								●											
	図66-2	単2								●											
高砂 BH-72号	図66-3	単2								●											
	図66-4	単2								●											
常呂川河口 46号	図66-5	単2							●												
	図66-6	複2													+						
香川6 H-12号	図66-7	単2								●											
	図66-8	複2													+						
須藤 15号	図66-9	単2								●											
	図66-10	複2				+															
	図66-11	複2																			
須藤 6号	図66-12	単2														+	+				
	図66-13	単3																		●	
	図66-14	複2													+						

・●はモチーフが1個体につき1種類のものである。+はモチーフが1個体につき複数種類からなるものの一部である。
・「複」「単」は、それぞれ複文様列土器・単文様列土器を示す。

表16　一括資料を構成する甕のモチーフの内訳一覧表(2)

第Ⅱ部　擦文土器の編年と系統

遺跡・遺構名	図番号	類型	重ね描き針葉樹状文	重ね描き格子目文	重ね描き縦走沈線文1類	重ね描き鋸歯状文1類	重ね描き斜行沈線文	重ね描き縦走綾杉文	格子目文	縦走沈線文	横走綾杉文	縦走綾杉文	縦位分割文1類	鋸歯状文	斜行沈線文	重ね描き縦走沈線文2類	重ね描き鋸歯状文2類	縦位分割文2類	縦位分割文3類	斜格子文	地文縦走沈線文
須藤 25号	図66-15	単2												●							
	図66-16	複2										+		+							
	図66-17	複2										+		+							
	図66-18	複2												+							
幣舞2 23号	図66-19	単2												●							
	図66-20	複2												+							
香川6 H-22号	図67-1	単2							●												
	図67-2	複2												+	+						
須藤 27号	図67-3	単2							●												
	図67-4	複2												+		+					
常呂川河口 177号	図67-5	単2												●							
	図67-6	単2												●							
岐阜第三 17号	図67-7	単2												●							
	図67-8	単2												●							
楠 H-35号	図67-9	単2												●							
	図67-10	単2												●							
ワッカ 9号	図67-11	単2												●							
	図67-12	単2												●							
ワッカ 3号	図67-13	単2												●							
	図67-14	単2												●							
穂香竪穴群 H-13号	図67-15	単2												●							
	図67-16	単2												●							
穂香竪穴群 H-10号	図68-1	単2												●							
	図68-2	単2												●							
常呂川河口 160号	図68-3	複2									+	+									
	図68-4	複2										+				+					
岐阜第三 1号	図68-5	単2												●							
	図68-6	単2												●							
	図68-7	複2												+							
常呂川河口 168号	図68-8	複2									+	+				+					
	図68-9	複2												+							
幣舞2 26号	図68-10	複2								+				+							
	図68-11	複2												+							
常呂川河口 139号	図68-12	複2										+		+							
	図68-13	複2										+		+							
開生 11号	図68-14	複2										+		+							
	図68-15	複2										+		+							
須藤 29号	図68-16	複2										+		+		+					
	図68-17	複2										+		+							
須藤 26号	図69-1	複2									+	+		+							
	図69-2	複2										+		+							
	図69-3	複2												+		+					
嘉多山 3号	図69-4	複2											+			+					
	図69-5	複2												+		+					
	図69-6	複2												+							
岐阜第三 3号	図69-7	単2												●							
	図69-8	単3																		●	
岐阜第三 5号	図69-9	単2												●							
	図69-10	単3																		●	
穂香竪穴群 3号	図69-11	単2												●							
	図69-12	単2													●						

・●はモチーフが1個体につき1種類のものである。＋はモチーフが1個体につき複数種類からなるものの一部である。
・「複」「単」は、それぞれ複文様列土器・単文様列土器を示す。

表17　一括資料を構成するモチーフの内訳一覧表(3)

第4章　後半期擦文土器甕の編年と動態

遺跡・遺構名	図番号	類型	重ね描き針葉樹状文	重ね描き格子目文	重ね描き縦走沈線文1類	重ね描き縦走鋸歯状文1類	重ね描き斜行沈線文	重ね描き縦走綾杉文	格子目文	縦走沈線文	横走綾杉文	縦走綾杉文	縦位分割文1類	鋸歯状文	斜行沈線文	重ね描き縦走沈線文2類	重ね描き縦走鋸歯状文2類	縦位分割文2類	縦位分割文3類	斜格子文	地文縦走沈線文
朝日トコロ貝塚 Fトレンチ内竪穴	図69-13	単2												●							
	図69-14	単3																		●	
	図69-15	単3																		●	
穂香竪穴群 H-25号	図70-1	単2												●							
	図70-2	単3																	●		
西月ヶ丘1号	図70-3	単2												●							
	図70-4	単2												●							
	図70-5	単3																	●		
常呂川河口 167号	図70-6	単3																	●		
	図70-7	複2			+	+															
下田ノ沢 2号	図70-8	単2												●							
	図70-9	単3																	●		
	図70-10	複2					+														
岐阜第二 10イ号	図70-11	単2												●							
	図70-12	単2												●							
	図70-13	複2			+																
	図70-14	複3													+					+	
	図70-15	複3															+			+	
須藤 19号	図70-16	単2						●													
	図70-17	単3																			●
	須藤19号 図70-18	複2				+	+									+					
	図70-19	複2					+														
広瀬 3号	図71-1	単3																		●	
	図71-2	複2			+										+						
ウエンナイ2 8号	図71-3	単3																		●	
	図71-4	複2			+										+						
ST09 1号	図71-5	単2						●													
	図71-6	複2			+	+									+	+					
	図71-7	複3																		+	
ST09 3号	図71-8	単3																		+	
	図71-9	複2			+										+						
	図71-10	複3																		+	
ホロナイポ 第3地区4号	図71-11	単2												●							
	図71-12	単2												●							
	図71-13	単2												●							
	図71-14	単3																		●	
	図71-15	複2													+						
岐阜第二 2号	図72-1	単2										●									
	図72-2	単3																●			
	図72-3	単3																		●	
	図72-4	複2													+						
楠 H-37号	図72-5	単2												●							
	図72-6	複2													+						
	図72-7	複3			+										+					+	+
栄浦第二 1号	図72-8	単2							●												
	図72-9	単2												●							
	図72-10	複2													+						
	図72-11	複3													+					+	
	図72-12	複3																		+	
	図72-13	複3																		+	
	図72-14	複3																		+	
	図72-15	複3																		+	+

・●はモチーフが1個体につき1種類のものである。＋はモチーフが1個体につき複数種類からなるものの一部である。
・「複」「単」は、それぞれ複文様列土器・単文様列土器を示す。

表18　一括資料を構成する甕のモチーフの内訳(4)

第Ⅱ部　擦文土器の編年と系統

遺跡・遺構名	図番号	類型	重ね描き針葉樹状文	重ね描き格子目文	重ね描き縦走沈線文1類	重ね描き鋸歯状文1類	重ね描き斜行沈線文	重ね描き縦走綾杉文	格子目文	縦走沈線文	横走綾杉文	縦走綾杉文	縦位分割文1類	鋸歯状文	斜行沈線文	重ね描き縦走沈線文2類	重ね描き鋸歯状文2類	縦位分割文2類	縦位分割文3類	斜格子文	地文縦走沈線文
下仁々志別竪穴群 B群4号	図72-16	単2												●							
	図72-17	単2												●							
	図72-18	複2												+							
	図72-19	複3																		+	
ライトコロ川口 4号	図73-1	単2							●												
	図73-2	単2												●							
	図73-3	複2												+							
	図73-4	複3																	+	+	
	図73-5	複3																			
十勝太若月 16号	図73-6	単2												●							
	図73-7	単2												●							
	図73-8	単3																●			
	図73-9	単3																●			
	図73-10	単3																	●		
	図73-11	単3																	●		
	図73-12	複3												+			+				
	図73-13	複3												+					+		
	図73-14	複3										+							+		
岐阜第二 14号	図74-1	単2							●												
	図74-2	単2												●							
	図74-3	複3												+				+			
西月ヶ丘 7号	図74-4	複3												+	+						
	図74-5	単2												●							
	図74-6	複3																			●
常呂川河口 122号	図74-7	単2												●							
	図74-8	単2																	●		
	図74-9	複3												+							
北斗 20号	図74-10	単2												●							
	図74-11	単2												●							
	図74-12	単3															●		+		
	図74-13	複3												+							
岐阜第二 11号上層	図74-14	単2												●							
	図74-15	複3																	+		
	図74-16	複3														+					
	図74-17	複3																+			
ライトコロ右岸 10号	図75-1	単2												●							
	図75-2	複2												+		+					
	図75-3	複3																	+		
楠 ピット2	図75-4	単2												●							
	図75-5	複3												+					+		
常呂川河口 8号	図75-6	単2												●							
	図75-7	複3																	+		
ワッカ 4号	図75-8	単2												●							
	図75-9	単2												●							
	図75-10	複3																			
岐阜第二 W8号	図75-11	単2												●							
	図75-12	単3																		●	
	図75-13	複3																			
栄浦第二 2号	図75-14	複2											+	+							
	図75-15	複3												+	+						
	図75-16	複3																	+		
常呂川河口 84号	図75-17	複2												+							
	図75-18	複3										+							+		

・●はモチーフが1個体につき1種類のものである。＋はモチーフが1個体につき複数種類からなるものの一部である。
・「複」「単」は、それぞれ複文様列土器・単文様列土器を示す。

表19　一括資料を構成する甕のモチーフの内訳(5)

第4章　後半期擦文土器甕の編年と動態

遺跡・遺構名	図番号	類型	重ね描き針葉樹目状文	重ね描き格子目文	重ね描き縦走鋸歯沈線文1類	重ね描き斜行沈線文	重ね描き縦走綾杉文	格子目文	縦走沈線文	横走綾杉文	縦走綾杉文	縦位分割文1類	鋸歯状文	斜行沈線文	重ね描き縦走鋸歯沈線文2類	重ね描き縦走鋸歯沈線文2類	縦位分割文2類	縦位分割文3類	斜格子文	地文縦走沈線文
ライトコロ右岸 4号	図76-1	複2												＋					＋	
	図76-2	複3											＋						＋	
常呂川河口 7号	図76-3	単3																	●	
	図76-4	複3											＋						＋	
美岬4 2号	図76-5	複3										＋	＋						＋	
	図76-6	複3										＋							＋	
常呂川河口 9号	図76-7	単3																	●	
	図76-8	複3											＋						＋	＋
北斗 33号	図76-9	単3																●		
	図76-10	単3																●		
	図76-11	複3										＋					＋		●	
ライトコロ右岸 11号	図76-12	単3																	●	
	図76-13	単3																		●
	図76-14	複3													＋					●
嘉多山 2号	図76-15	単3																	●	
	図76-16	複3										＋							＋	
	図76-17	複3																	＋	
	図76-18	複3													＋				＋	
	図76-19	複3														＋		＋		
寒河江 5号	図77-1	単3																		●
	図77-2	複3																	＋	
ライトコロ右岸 12号	図77-3	単3																	●	
	図77-4	単3																		●
北斗 21号	図77-5	単3																●		
	図77-6	単3																●		
	図77-7	単3																		●
	図77-8	単3																		●
浜佐呂間Ⅰ 3号	図77-9	単3																		●
	図77-10									特　殊										

・●はモチーフが1個体につき1種類のものである。＋はモチーフが1個体につき複数種類からなるものの一部である。
・「複」「単」は、それぞれ複文様列土器・単文様列土器を示す。

表20　一括資料を構成する甕のモチーフの内訳(6)

共存パターンB…モチーフ1類と2a類。

共存パターンC…モチーフ1類と2c類。

共存パターンD…モチーフ2a類のみ。

共存パターンE…モチーフ2a類と2c類。

共存パターンF…モチーフ2b類と2c類。

共存パターンG…モチーフ2c類のみ。

共存パターンH…モチーフ2a類と3類。

共存パターンI…モチーフ2c類と3類。

共存パターンJ…モチーフ2a類・2c類・3類。

共存パターンK…モチーフ3類のみ。

　まず、1類と3類が同一個体内で共存せず、2a・2c類は1類と3類それぞれに共存する、というこ

第Ⅱ部 擦文土器の編年と系統

遺跡・遺構名	図番号	共存パターン	モチーフの組みあわせ	1類 重ね描き針葉樹状文	重ね描き格子目文	重ね描き縦走沈線文1類	重ね描き鋸歯状文1類	重ね描き斜行沈線文	重ね描き縦走綾杉文	格子目文	2a類 縦走沈線文	横走綾杉文	2b類 縦走綾杉文	2c類 縦位分割文1類	鋸歯状文	斜行沈線文	3類 重ね描き縦走沈線文2類	重ね描き鋸歯状文2類	縦位分割文2類	縦位分割文3類	斜格子文	地文縦走沈線文
オサツ2 SH7号	図62-8	A	1			+																
岐阜第二 8号	図62-10	B	1+2a		+									+								
	図62-11	C	1+2c	+											+							
K39第6次調査地点 17号	図62-13	C	1+2c		+										+							
H317 1号	図62-17	C	1+2c			+									+	+						
高砂 BH-73号	図63-3	C	1+2c	+												+						
高砂 AH-79号	図63-6	C	1+2c	+											+							
高砂 BH-35号	図64-12	E	2a+2c												+	+						
旭町1 DP02号内ピット1	図64-14	A	1			+	+															
	図64-15	E	2a+2c												+	+						
K499 2号	図64-17	E	2a+2c							+					+							
須藤 9号	図65-3	E	2a+2c								+	+			+							
常呂川河口 46号	図66-6	E	2a+2c												+							
香川6 H-12号	図66-7	E	2a+2c												+							
須藤 15号	図66-10	E	2a+2c							+					+							
	図66-11	E	2a+2c												+							
須藤 6号	図66-12	G	2c												+							
	図66-14	G	2c											+								
須藤 25号	図66-16	E	2a+2c												+							
	図66-17	E	2a+2c												+							
	図66-18	G	2c												+							
幣舞2 23号	図66-23	G	2c												+							
香川6 H-22号	図67-2	G	2c											+	+	+						
須藤 27号	図67-4	G	2c												+	+						
常呂川河口 160号	図68-3	D	2a								+	+										
	図68-4	E	2a+2c								+				+							
岐阜第三 1号	図68-7	G	2c												+							
常呂川河口 168号	図68-8	D	2a								+	+										
	図68-9	G	2c												+							
幣舞2 26号	図68-10	E	2a+2c							+					+							
	図68-11	E	2c												+							
常呂川河口 139号	図68-12	E	2a+2c									+			+							
	図68-13	E	2a+2c									+			+							
開生 11号	図68-14	E	2a+2c									+			+							
	図68-15	E	2a+2c									+			+							
須藤 29号	図68-16	E	2a+2c									+			+	+						
	図68-17	E	2a+2c									+			+							
須藤 26号	図69-1	E	2a+2c								+				+							
	図69-2	E	2a+2c								+				+							
	図69-3	G	2c												+	+						
嘉多山 3号	図69-4	F	2b+2c										+		+							
	図69-5	G	2c												+							
	図69-6	G	2c												+							
常呂川河口 167号	図70-7	D	2a								+	+										
下田ノ沢 2号	図70-10	E	2a+2c									+			+							
	図70-13	D	2a							+												
岐阜第二 10イ号	図70-14	I	2c+3												+						+	
	図70-15	K	3																+			
須藤 19号	図70-18	E	2a+2c								+				+	+						
	図70-19	E	2a+2c												+							
広瀬 3号	図71-2	E	2a+2c							+					+							
ウエンナイ2 8号	図71-4	E	2a+2c							+					+							
ST09 1号	図71-6	E	2a+2c							+					+	+						
	図71-7	I	2c+3												+						+	
ST09 3号	図71-9	E	2a+2c							+					+							
	図71-10	K	3																		+	
ホロナイポ 第3地区4号	図71-15	G	2c												+							
岐阜第二 2号	図72-4	G	2c												+							
楠 H-37号	図72-6	G	2c												+							
	図72-7	J	2a+2c+3							+					+						+	+

表21 複文様列土器のモチーフ共存状況(1)

第4章　後半期擦文土器甕の編年と動態

遺跡・遺構名	図番号	共存パターン	モチーフの組み合わせ	1類 重ね描き針葉樹状文	1類 重ね描き格子目文	1類 重ね描き縦走沈線文1類	1類 重ね描き鋸歯状文1類	1類 重ね描き斜行沈線文	1類 重ね描き縦走綾杉文	2a類 格子目文	2a類 縦走沈線文	2a類 横走綾杉文	2b類 縦走綾杉文	2c類 縦位分割文1類	2c類 鋸歯状文	2c類 斜行沈線文	2c類 縦走沈線文	3類 重ね描き縦走沈線文2類	3類 重ね描き鋸歯状文2類	3類 縦位分割文2類	3類 縦位分割文3類	3類 斜格子文	3類 地文縦走沈線文
栄浦第二 1号	図72-10	G	2c												+								
	図72-11	I	2c+3												+							+	
	図72-12	K	3																			+	
	図72-13	K	3																			+	
	図72-14	K	3																			+	
	図72-15	K	3																			+	
下仁々志別竪穴群 B群4号	図72-18	G	2c												+								
	図72-19	K	3																			+	
ライトコロ川口 4号	図73-3	G	2c												+								
	図73-4	K	3																+			+	
	図73-5	K	3																			+	
十勝太若月 16号	図73-12	I	2c+3												+							+	
	図73-13	I	2c+3												+						+	+	
	図73-14	I	2c+3											+							+		
岐阜第二 14号	図74-3	I	2c+3												+							+	
西月ヶ丘 7号	図74-4	I	2c+3												+				+				
常呂川河口 122号	図74-9	I	2c+3												+							+	
北斗 20号	図74-13	I	2c+3												+							+	
岐阜第二 11号上層	図74-15	K	3																			+	
	図74-16	K	3																			+	
	図74-17	K	3																	+			
ライトコロ右岸 10号	図75-2	I	2c+3												+				+				
	図75-3	K	3																			+	
楠 ピット2	図75-5	K	3																+				
常呂川河口 8号	図75-7	K	3																			+	
ワッカ 4号	図75-10	K	3																			+	
岐阜第二 W8号	図75-13	K	3																			+	
栄浦第二 2号	図75-14	E	2a+2c								+				+								
	図75-15	G	2c												+								
	図75-16	K	3																			+	
常呂川河口 84号	図75-17	G	2c												+								
	図75-18	I	2a+3								+											+	
ライトコロ右岸 4号	図76-1	G	2c												+								
	図76-2	I	2c+3												+							+	
常呂川河口 7号	図76-4	I	2c+3												+							+	
美岬4 2号	図76-5	I	2c+3											+	+							+	
	図76-6	I	2c+3											+								+	
常呂川河口 9号	図76-8	K	3																			+	+
北斗 33号	図76-11	I	2c+3												+				+				
ライトコロ右岸 11号	図76-14	I	2c+3												+							+	
嘉多山 2号	図76-16	I	2c+3												+							+	
	図76-17	K	3																			+	
	図76-18	K	3															+			+		
	図76-19	K	3																+		+		
寒河江 5号	図77-2	K	3																			+	

表22　複文様列土器のモチーフ共存状況(2)

とに注目したい。これは、モチーフが1類から2a・2c類を介して3類に推移したことの傍証となり、先の変遷順序が妥当であることを示す。2b類と1・3類の共存例はないが、共存パターンE・Fより2b類は2a・2c類とほぼ同時期だと判断されるので、先の変遷順序との矛盾はない。このように、複文様列土器におけるモチーフの共存状況が一括資料の様相と整合的であることは、一括資料中に混入資料が含まれる可能性が低いことを逆説的にものがたっているとも考えられる。

		モチーフ各類				
		1	2a	2b	2c	3
モチーフ各類	1	A	B		C	
	2a		D		E(J)	H(J)
	2b				F	
	2c				G	I(J)
	3					K

・共存パターンJは、2a類・2c類・3類が共存する。

表23　複文様列土器のモチーフ共存パターン

第Ⅱ部　擦文土器の編年と系統

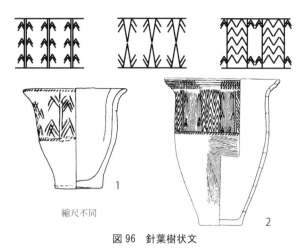
図96　針葉樹状文

次に、1つの類型のモチーフのみが共存するパターン（A・D・G・K）と、複数の類型のモチーフが共存するパターン（B・C・E・F・H～J）があることにも注目したい（表23）。後者の共存パターンの存在は、各モチーフが強い連続性をもって漸移的に推移したことをものがたり、モチーフの変遷のあり方を考えるうえで留意すべき点となる。

以上、一括資料の検討から仮定されたモチーフの変遷順序の妥当性が、個体資料からも支持された。

なお、後半期擦文土器甕のモチーフには非重ね描きの針葉樹状文がある（図96）。今日得られている一括資料に認められないため分析の俎上にのせられなかったが、その出現時期については次のように考えておく。重ね描き針葉樹状文を含むモチーフ1類は、すべてモチーフ2類になって地文横走沈線が消失し非重ね描きのモチーフとなる。このことから、非重ね描きの針葉樹状文もモチーフ2類に位置づけられる蓋然性が高い。この解釈は、次節でみる層位事例からも支持される。

図97は、モチーフ各類を変遷順序にしたがって配列したものである。

第4節　後半期擦文土器甕の編年

1　複文様列土器の分類

複文様列土器は、モチーフの分類（図97）と共存パターン（表23）を参考に、次のように分ける。

複文様列土器1類（該当する土器の図は表15・16参照）…モチーフ1類が含まれるものである（共存パターンA・B・C）。モチーフ2類と共存する例もある一方、3類とは共存しない。

複文様列土器2類（該当する土器の図は表16～20参照）…モチーフ2a・2b・2c類が含まれるものである（共存パターンD・E・F・G）。モチーフ1・3類とは共存しない。

複文様列土器3類（該当する土器の図は表18～20参照）…モチーフ3類が含まれるものである（共存パターンH・I・J・K）。モチーフ2類と共存する例もある一方、1類とは共存しない。

表24に、複文様列土器各類の遺構における共伴状況を示した。それは、次のようにまとめられる。

様相Ⅰ…複文様列土器1類が単独出土。
様相Ⅱ…複文様列土器1・2類が共伴。
様相Ⅲ…複文様列土器2類が単独出土。
様相Ⅳ…複文様列土器2・3類が共伴。
様相Ⅴ…複文様列土器3類が単独出土。

モチーフ1類

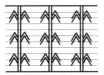
重ね描き針葉樹状文

重ね描き格子目文

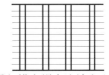
重ね描き縦走沈線文1類

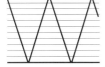
重ね描き鋸歯状文1類

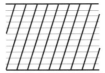
重ね描き斜行沈線文

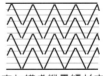
重ね描き縦走綾杉文

モチーフ2a・2b・2c類

針葉樹状文

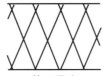
格子目文

縦走沈線文

横走綾杉文

縦走綾杉文

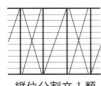
縦位分割文1類

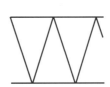
鋸歯状文

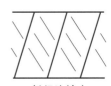
斜行沈線文

モチーフ3類

縦位分割文2類

縦位分割文3類

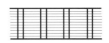
重ね描き縦走沈線文2類

重ね描き鋸歯状文2類

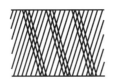
斜格子文

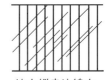
地文縦走沈線文

図97 モチーフの分類

第Ⅱ部　擦文土器の編年と系統

	遺跡・遺構名	複文様列土器各類とタイプの内訳										
		1類			2類				3類			
		A	B	C	D	E	F	G	H	I	J	K
様相Ⅰ	岐阜第二　8号		+	+								
様相Ⅱ	旭町1　DP02号内ピット1	+				+						
様相Ⅲ	常呂川河口　160号				+	+						
	常呂川河口　168号				+			+				
	須藤　15号					○						
	幣舞2　26号					○						
	常呂川河口　139号					○						
	開生　11号					○						
	須藤　29号					○						
	須藤　19号					○						
	須藤　25号					○				+		
	須藤　26号					○				+		
	須藤　6号					+				+		
	嘉多山　3号						+	○				
様相Ⅳ	岐阜第二　10イ号					+				+		+
	栄浦第二　2号						+	+		+		
	ST09　1号						+					+
	ST09　3号						+					+
	常呂川河口　84号						+			+		
	ライトコロ右岸　4号						+			+		
	栄浦第二　1号						+			+		●
	楠　H-37号						+				+	
	ライトコロ川口　4号						+					○
	下仁々志別竪穴群　B群4号						+					+
様相Ⅴ	十勝太若月　16号									●		
	美岬4　2号									○		
	嘉多山　2号									+		●
	ライトコロ右岸　10号									+		+
	岐阜第二　11号上層											●

＋…1点、○…2点、●…3点以上

表24　複文様列土器各類の共伴状況

これらの様相は、複文様列土器1類→2類→3類と連続的に変化したことを反映している。

2　単文様列土器の分類

単文様列土器も、モチーフの分類（図97）を参考に次のように分ける。

単文様列土器1類（該当する土器の図は表15・16参照）…モチーフ1類をもつもの。

単文様列土器2類（該当する土器の図は表16～20参照）…モチーフ2a・2b・2c類をもつもの。

単文様列土器3類（該当する土器の図は表18～20参照）…モチーフ3類をもつもの。

表25に、単文様列土器各類の遺構における共伴状況を示した。先の様相⑤の例をのぞくと、次のようにまとめられる。

様相Ⅰ…単文様列土器1類が単独出土。

様相Ⅱ…単文様列土器1・2類が共伴。

様相Ⅲ…単文様列土器2類が単独出土。

様相Ⅳ…単文様列土器2・3類が共伴。

様相Ⅴ…単文様列土器3類が単独出土。

これらの様相は、単文様列土器1類→2類→3類と連続的に変化したことを反映している。なお、単文様列土器が複文様列土器の様相とほとんど大差ない状況で示されていることは、複文様列土器と単文様列土器が長期的に併存していたという考え（第1節2参照）が妥当であることを傍証する。

3　後半期擦文土器甕の編年

単文様列土器・複文様列土器各類の様相を総合し、後半期擦文土器甕の編年を次のように設定する。

甕系第3段階前半＝単文様列土器1類が単独で出土する時期（図61-6～14、図62-1～5、図63-7・8）。
先の後半期初頭に相当する。

甕系第3段階後半＝単文様列土器1類と複文様列土器1類が共存する時期（図62-6～17、図63-1～6）。

甕系第4段階前半＝単文様列土器2類と複文様列土器2類が共存する時期（図65-4～18、図66-1～11・15～20、図67・68、図69-1～6・11・12）。

第4章 後半期擦文土器甕の編年と動態

甕系第4段階後半＝単文様列土器3類と複文様列土器3類が共存する時期（図76-3〜19、図77）。

表26に、単文様列土器・複文様列土器各類の共伴状況を示した。段階①が第3段階後半、段階③が第4段階前半、段階⑤が第4段階後半に相当する。段階②・④は、各時期の移行的な状況を示す。[8]

4 層位事例からの検証

千歳市オサツ2遺跡（鈴木他編1995）では、堅穴構築時の掘りあげ土と堅穴覆土との層位関係より、次のような新旧関係がとらえられた。

- SH15（第1段階後半）・SH13（第2段階）→ SH7（第3段階前半）
- SH12（第2段階）→ SH6（第3段階前半）
- SH1・SH5（第2段階）→ SH3（第4段階前半）

いずれも前半期と後半期の甕の時期差を示す事例である。

札幌市K39遺跡第6次調査地点（藤井編2001）では、下位の6a層から上位の5c層に向かって隣りあう時期の土器同士が漸移的に変替している（表27）。おおむね6a層が第2段階から第3段階後半、5g〜5c層が第4段階前半から同後半に相当する。この層位関係より、第3段階後半以前と第4段階前半以後に時期差があると判断できる。なお、前節5でみた非重ね描きの針葉樹状文（図96）をもつ甕が5g層から出土しており（75頁第3-35図-11）、第4段階前半に位置づけることの妥当性が示されている。また、5c層より上位に堆積する5a層を掘りこんで構築された2軒の堅穴住居址から、甕が出土した（32頁第2-18図-1、36頁第2-20図-1）。いずれも縦位分割文3類をもつ単文様列土器3類であり、第4段

	遺跡・遺構名	単文様列土器各類		
		1類	2類	3類
様相⑤	大川 SH38号	●		
様相Ⅰ	大川 SH26号	●		
	香川三線 CH-53号	○		
	香川三線 CH-43号	○		
	高砂 AH-2号	○		
	香川三線 CH-8号	○		
	高砂 AH-74号	●		
	H317 1号	●		
	高砂 BH-73号	○		
	高砂 AH-79号	○		
	大川 SH41号	○		
	オサツ2 SH7号	○		
様相Ⅱ	オサツ2 SH6号	●	+	
	N30 8号	●	+	
	香川6 H-13号	○	+	
	末広 ⅠH-94号	+	+	
	須藤 9号	+	+	
	高砂 AH-90号	+	+	
	ホロナイポ 7号	+	+	
様相Ⅲ	高砂 BH-21号		●	
	香川三線 CH-3号		○	
	香川6 H-5号		○	
	香深井1 3号		○	
	大川 SH48号		○	
	落切川左岸 2号		○	
	高砂 BH-38号		○	
	高砂 BH-46号		○	
	高砂 BH-72号		○	
	岐阜第二 10イ号		○	
	ライトコロ川口 4号		○	
	須藤 6号		○	
	岐阜第二 14号		○	
	栄浦第二 1号		○	
	下仁々志別堅穴群 B群4号		○	
	ワッカ 4号		○	
	岐阜第三 1号		○	
	常呂川河口 177号		○	
	岐阜第三 17号		○	
	楠 H-35号		○	
	ワッカ 9号		○	
	ワッカ 3号		○	
	穂香堅穴群 H-13号		○	
	穂香堅穴群 H-10号		○	
	穂香堅穴群 3号		○	
様相Ⅳ	ホロナイポ 第3地区4号		●	+
	北斗 20号		○	+
	西月ヶ丘 1号		○	+
	十勝太若月 16号		○	●
	岐阜第二 2号		+	○
	朝日トコロ貝塚 Fトレンチ内堅穴		+	○
	下田ノ沢 2号		+	+
	須藤 19号		+	+
	常呂川河口 122号		+	+
	穂香堅穴群 H-25号		+	+
	西月ヶ丘 7号		+	+
	岐阜第二 W8号		+	+
	岐阜第三 5号		+	+
	岐阜第三 3号		+	+
様相Ⅴ	北斗 21号			●
	北斗 33号			○
	ライトコロ右岸 11号			○
	ライトコロ右岸 12号			○

＋…1点、○…2点、●…3点以上

表25　単文様列土器各類の共伴状況

第Ⅱ部　擦文土器の編年と系統

時期	遺跡・遺構名	単文様列土器 1類	単文様列土器 2類	単文様列土器 3類	複文様列土器 1類	複文様列土器 2類	複文様列土器 3類
段階①	H317　1号	●				＋	
	高砂　BH-73号	○				＋	
	高砂　AH-79号	○				＋	
	オサツ2　SH7号	○				＋	
	岐阜第二　8号	＋				○	
	K39第6次調査地点　17号	＋				＋	
段階②	K499　2号	＋				＋	
	高砂　BH-35号	＋				＋	
	須藤　9号	＋	＋			＋	
	旭町1　DP02号内ピット1	＋			＋	＋	
段階③	岐阜第三　1号		○			＋	
	須藤　25号		＋			●	
	須藤　15号		＋			○	
	香川6　H-22号		＋			＋	
	常呂川河口　46号		＋			＋	
	香川6　H-12号		＋			＋	
	須藤　27号		＋			＋	
	幣舞2　23号		＋			＋	
段階④	ホロナイポ　第3地区4号	●	＋			＋	
	岐阜第二　2号	＋	○			＋	
	須藤　19号	＋	＋			○	
	下田ノ沢　2号	＋	＋			＋	
	岐阜第二　10イ号	○				＋	○
	ライトコロ川口　4号	○				＋	○
	栄浦第二　1号	○				＋	●
	下仁々志別竪穴群 B群4号	○				＋	＋
	ST09　1号	＋				＋	＋
	楠　H-37号	＋				＋	＋
	十勝太若月　16号		●				●
	北斗　20号	○	＋				＋
	常呂川河口　122号	＋	＋				＋
	西月ヶ丘　7号	＋	＋				＋
	岐阜第二　W8号	＋	＋				＋
	ST09　3号			＋		＋	＋
	岐阜第二　14号		○				＋
	ワッカ　4号		○				＋
	岐阜第二　11号上層		＋				●
	ライトコロ右岸　10号		＋				○
	楠　ピット2		＋				＋
	常呂川河口　8号		＋				＋
	須藤　6号			＋		○	
	常呂川河口　167号			＋		＋	
	ウエンナイ2　8号			＋		＋	
	広瀬　3号			＋		＋	
段階⑤	北斗　33号		○				＋
	ライトコロ右岸　11号		○				＋
	嘉多山　2号		＋				●
	常呂川河口　7号		＋				＋
	寒河江　5号		＋				＋
	常呂川河口　9号		＋				＋

＋…1点、○…2点、●…3点以上

表26　単文様列土器と複文様列土器の共伴状況

階後半に位置づけられる。5a層の出土土器点数は下位の層にくらべて少なく、混入の可能性の高い破片資料（61頁第2-30図-13）も多いが、編年と矛盾しない状況が示されていることに注目したい。

同市K39遺跡第7次調査地点（秋山編2001）では、下位の10b・c層と上位の7a層、計2枚の擦文文化期の遺物包含層が検出され、10b・c層より第2段階～第3段階後半、7a層より第4段階前半～後半の甕が出土した（表28）。個体数は少ないが、第6次調査地点の出土状況とおおむね一致する。

同市K518遺跡（柏木他編2009，小針編2011）では、第2次調査地点・第3次調査地点で検出された約4枚の擦文文化期の遺物包含層から、甕の完形・略完形個体が出土した。両地点は距離が離れているが、報文中の細分層位の対比（小針編前掲：20頁）を参考に、各層を下から上にむかって新しくなるように示したのが表29である。

層ごとで個体数にばらつきがあるが、おおむね第3段階前半～後半と第4段階前半～後半の時期差が示されている。

北見市（旧常呂町）岐阜第二遺跡（東京大学文学部考古学研究室編1972）では、竪穴同士の切りあい関係や、竪穴構築時の掘りあげ土と竪穴覆土との層位関係より、次のような新旧関係がとらえられた。

・11号下層（単文様列土器1類1点）→ 11号上層（単文様列土器2類1点・複文様列土器3類3点）
・10イ号（単文様列土器2類2点・複文様列土器2類1点・複文様列土器3類2点）→ 9号（単文様列土器2類1点）
・16号（複文様列土器3類1点）→ 13号（単文様列土器2類1点）

第4章　後半期擦文土器甕の編年と動態

一見すると本章の編年と整合しないように思えるが、いずれの層にも、新旧関係を検討できる資料が1点だけの例がある。したがって、9号や13号は、10イ号や16号と同様の組成の一部が欠落した例だと判断し、第4段階前半〜後半の時間幅のうちでおこった重複・切りあいの事例と考えておきたい。やや手前味噌な解釈である点に問題を残すが、組成の良好な事例の出現をまちたい。

雄武町雄武竪穴群遺跡(平川編1995)では、第3段階後半〜第4段階前半の土器を出土する1号住居址上層遺構が、第4段階後半の土器を出土する2号住居址に切られている。第4段階前半と同後半の時期差を示す

細分層位名	参考文献挿図番号	分類名	段階名				
			第2段階	第3段階前半	第3段階後半	第4段階前半	第4段階後半
5c層	第2-72図-4	複3類					
	第2-72図-5	単3類					
	第2-72図-3	単2類					
	第2-73図-6	単2類					
	第2-72図-2	単2類					
	第2-73図-7	単2類					
5g層	第3-34図-5	複3類					
	第3-33図-1	単2類					
	第3-33図-2	複2類					
	第3-33図-3	単2類					
	第3-33図-4	複2類					
	第3-35図-9	単2類					
	第3-35図-10	単2類					
	第3-34図-7	単2類					
	第3-34図-8	単2類					
	第3-35図-11	単2類					
	第3-34図-6	複1類					
6a層	第3-98図-3	単2類					
	第3-97図-6	複1類					
	第3-96図-1	単1類					
	第3-96図-2	単1類					
	第3-96図-4	単1類					
	第3-97図-5	単1類					
	第3-97図-7	単1類					
	第3-98図-8	単1類					
	第3-98図-9	単1類					
	第3-99図-12	北大3式2類					
	第3-99図-10	北大3式2類					
	第3-99図-11	北大3式2類					
	第3-99図-14	北大3式2類					
	第3-99図-15	北大3式2類					
	第3-100図-16	一帯2類					

・「複」「単」は、それぞれ複文様列土器・単文様列土器を示す。

表27　K39遺跡第6次調査地点における層位的出土状況

細分層位名	参考文献挿図番号	分類名	段階名				
			第2段階	第3段階前半	第3段階後半	第4段階前半	第4段階後半
7a層	第45図-1	複2類					
10b・c層	第76図-2	単1類					
	第76図-1	一帯1類					
	第76図-3	分帯4類					
	第76図-4	北大3式2類					
	第77図-5	分帯4類					

・「複」「単」は、それぞれ複文様列土器・単文様列土器を示す。

表28　K39遺跡第7次調査地点における層位的出土状況

層位事例である。ただし、2号住居址も1点の出土例であるため、詳細な検討はやはり今後の資料の増加をまたなければならない。

以上、編年の妥当性をいくつかの層位事例から傍証した。道北・東部の層位事例は特に不足しているが、現状では編年を支持するにあたり合理性のある解釈をみちびける点を重視したい。

5　将来的な細分の可能性について

ところで、第4段階前半〜後半の移行的な状況だとみなした段階④の一括資料は、多く確認される（表26）。段階④が一時期を画することの証左であるとも考えられるので、注意が必要だろう。段階④の内

第Ⅱ部 擦文土器の編年と系統

細分層位名	参考文献挿図番号	分類名	第2段階	第3段階前半	第3段階後半	第4段階前半	第4段階後半
第2次調査地点A地区3層	第20図-1	単3類					■
	第20図-2	単3類					■
	第20図-7	複3類					■
	第20図-8	複3類					■
	第20図-9	複3類					■
	第20図-3	複2類				■	
	第20図-4	複2類				■	
	第20図-5	単2類				■	
	第20図-6	単2類				■	
第3次調査地点3d層	第64図-2	複2類				■	
	第65図-3	複2類				■	
第2次調査地点A地区6層	第42図-1	複3類					■
	第42図-2	単3類					■
	第42図-5	単2類				■	
第3次調査地点	第68図-1	単1類		■			

・「複」「単」は、それぞれ複文様列土器・単文様列土器を示す。

表29 K518遺跡における層位的出土状況

遺構名	図番号	分類名	第3段階前半	第3段階後半	第4段階前半	第4段階後半
上幌内モイ ⅢPB52	図98-10	単1類	■			
	図98-11	単1類	■			
	図98-12	単1類	■			
上幌内モイ ⅢPB03	図98-7	複1類			■	■
	図98-9	単2類			■	■
	図98-8	複2類			■	■
有珠オヤコツ SH005貝塚	図98-1	単2類			■	■
穂別D H-1	図98-2	単2類			■	■
有珠善光寺2 9号貝塚	図98-3	複2類			■	■
カンカン2 X-1	図98-5	単2類			■	■
	図98-4	複2類			■	■
	図98-6	複2類			■	■
上幌内モイ 3号土壙墓	図98-13	複2類			■	■
	図98-14	単3類			■	■
	図98-15	単1類			■	■
有珠オヤコツ SH007貝塚		複3類			■	■

・「複」「単」は、それぞれ複文様列土器・単文様列土器を示す。

表30 胆振・日高地方の一括資料を構成する後半期擦文土器甕の内訳

容をよくみると、単文様列土器2・3類と複文様列土器2・3類が様々な比率で組成している。このような多様な組成が確認される原因として、単文様列土器2・3類と複文様列土器2・3類とで、出現と衰退のタイミングに微細なズレがある、ということが考えられる。これは、各類のさらなる細分の可能性を示している。しかし、資料の少ないなかでこれ以上の細分をおこなうのは時期尚早だと判断する。現状では、第4段階前半〜後半の変遷において、単文様列土器と複文様列土器のモチーフは交錯しつつもほぼ同じタイミングで変化したと考えておきたい。

なお、第1節でみたよう's に、口唇部の形態や文様も漸移的ながら時間的変遷をとげているので、それらを分類したものをモチーフ各類とクロス集計することで、さらに細分できる可能性がある。しかし、第7章・第8章でもみるが、現状ではこれらの属性について隣接諸型式からの型式論的影響の有無・程度を推しはかる術をもちあわせていない。このように、通時的変化と共時的変異の弁別が困難な属性を層位事例のかぎられた現状の資料で評価するのは、やはり時期尚早だと判断する。

6 胆振・日高地方の後半期擦文土器甕の編年対比

胆振・日高地方は、長らく集落の痕跡が明確にとらえられてこなかった。しかし、近年の厚真町や伊達市などでの発掘調査事例の増加と資料の蓄積によって、当地方の土器編年を検討し、全道的な広域編年上に位置づけることが可能になってきている。

ただし、当地方の遺物・遺構の種類や特徴が、全道的にみてやや異彩を放っていることには注意が必要である。たとえば、貝塚、環状盛土遺構、円形周溝遺構など、道内他地域に類例の少ない遺構が多く

第 4 章　後半期擦文土器甕の編年と動態

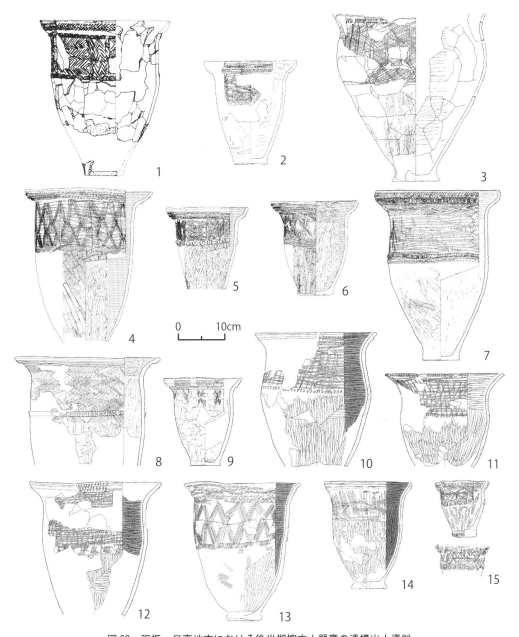

図 98　胆振・日高地方における後半期擦文土器甕の遺構出土資料
1. 有珠オヤコツ：2. 穂別 D：3. 有珠善光寺 2：4～6. カンカン 2：7～15. 上幌内モイ

存在する。また、厚真町上幌内モイ遺跡（乾他 2007）のように、調査区内で土器複数個体がブロック状にまとまって出土した例などは、一括性が高いとはいえ、竪穴住居址などの遺構一括資料と同等にあつかえるのか判断がむずかしい。前節までの分析でこの地域の土器をのぞいたのは、上記の特異性を考慮し、竪穴住居址等の遺構一括資料によって全道的な編年を設定したうえで、当地方の一括資料を集成し他地域との異同を把握するのが順当だと判断したためである。

ここでは、先の編年を基軸とし、当地方の擦文土器甕の編年対比をおこなう。図98に一括資料を、表30に各一括資料中の土器の類型と帰属時期を示した。[9] 2は、B-Tm降灰後の遺構出土土器である。3は、横走綾杉文を地文とし1列目に縦走沈線文を、2列目に鋸歯状文をほどこしている。いずれもモチーフ2類であり、複文様列土器2類とみていいだろう。[10] 横走綾杉文を地文とする甕は単文様列土器（図65-15〜18、図66-1・4）であることが多く、本例は特異な存在である。15は、刻線がかなり変則的に構成された縦位分割文3類をもつ単文様列土器3類である。このように、当地方の甕は、やや特異な個体資料もあるが、全体的に他地域の後半期擦文土器甕と同じ特徴をもつ。また、貝塚のように形成に一定の期間を有した可能性のある遺構であっても、1つの時期をまたぐような異時期の混在例がない。これらのことは、上記資料の一括性の高さが全道的な編年から支持されると同時に、先の編年が当地方の土器にも当てはまることを示す。したがって、以下に後半期擦文土器甕と呼ぶときには、当地方の資料も含めることにする。

第5節　先行研究との対比

これまで、後半期擦文土器の編年をあつかった研究は多数あるが、土器の変遷過程の認識は大枠で一致をみている。ただし、研究者によって分類の根拠や分析方法が異なるため、時期区分の仕方や結論には一致しない部分もある。ここでは、土器分類の着眼点が明確に示されており、かつ緻密な細分がなされている代表的なものとして、佐藤達夫、藤本強、塚本浩司の研究を取りあげ、本章の編年と対比させながら、後半期擦文土器甕をめぐる各着眼点・方法論の有効性と問題点を述べる。

1　佐藤達夫の編年

佐藤（1972）の編年は、甕を型式論的手法によって細分することで設定されたものであり、もっとも区分数の細かいものと評価できる（宇田川1980）。しかしながら、それは資料がかぎられていた当時にあって各地の断片的な資料が型式論的視点でつなぎあわされたものである。そのため、道内各地で資料の蓄積がすすみ、甕の地域性の存在も明らかになっている（天野1987、塚本2002、天野・小野2007）今日的視野にたてば、検討すべき点がめだつ。後半期擦文土器甕に関しては、文様の種類数や形態の変異幅の大きさゆえに型式論的変遷順序を無数に仮定できてしまう、という難点があり、遺構一括資料の単純な羅列だけで土器群の時期差と地域差を弁別できないのと同様に、型式論一辺倒の姿勢もまた編年に説得力をもたせることはできない。さらに、桑原滋郎（1976）が批判したように、層位事例による検証が一切なされていない点も問題である。

ただし、甕の型式論的変遷過程をもっとも詳しく述べた研究は佐藤の論考をおいてほかになく、着眼点そのものには傾聴すべきものが多い。たとえば、甕の文様帯の多帯化、無文帯の位置や有無、文様帯内に配される文様同士の置き換え、文様の位置関係の地域性などは（471-476頁）、今後の後半期擦文土器甕の変遷過程・系統・地域差の解明において意味をもつ可能性がある。次節で後半期擦文土器甕の成りたちと変遷について論じるが、そこでの分析視点の着想が佐藤の研究に負っていることをあらかじめ明記しておきたい。

2　藤本強の編年

　藤本（1972）の編年は、道東部の常呂川下流域での発掘調査で出土した遺構一括資料の分析によって設定されたものである。「鉢形土器」（本章で言う甕）を高さ20 cm以上の大型、20～10 cmの間の中型、10 cm以下の小型に分類し、このうち「大型鉢形土器はもっとも多様な変化をしており」、「時間的順序を考えるのに一番良い」と評価したうえで、細分の基軸にすえた。分析の手法は属性分析であり、特に大型土器の器形と文様に注目した。器形は、口縁部形態を10種に、高さと口径の比を3種に分類した。文様は、口縁部文様を5種に、胴部文様を17種に、胴下部文様を6種に分類した。そのうえで、これら各属性の組みあわせを個体ごとに確認し、aからlの12の分類群を設定して遺構一括資料に適用した。藤本の編年は、今日でも道東部の発掘調査報告書などで参照されることが多い。

　しかし、そこでは分類した土器群にaからlまでの記号が与えられているだけであり、「●●期」といった時期名称が与えられておらず、各類が時間的先後関係として区分されるのかどうか、実ははっきり述べられていない点に注意が必要である。後年、藤本はa～lに分類した土器群を自ら「a期」「b期」といった名称に置き換えて用いたが（藤本1977・1980・1982・1985）、「a期」「b期」といった時期同士が相互に重複関係にある可能性は完全に払拭されていない。したがって、それらは独立した時間軸としてではなく、「aがある時期」「bがある時期」といったニュアンスで用いるのが妥当である。[11]

　本章の分析は、藤本編年が抱えていた「各類が時間的先後関係にあるか重複関係にあるか」という問題の解消を、編年設定上の課題にしている。藤本の土器分類には口縁部の形態差なども加味されており、頸・胴部のモチーフのみに着目した筆者の土器分類や変遷観と齟齬をきたす部分がある。しかし、道東部の甕の口縁部形態や文様の「退化」をすべて時期差とみなすのは不可能であり（第1節2参照）、藤本編年h以降の口縁部形態の一系列の変遷案には検討の余地がある。また、c～eまでの共伴例やh・i・kの共伴例など、藤本の分類を時期差とみなすと説明できなくなる遺構一括資料が全道的に確認されており、編年に再考を要していたことは否定できない。

　ただし、藤本の研究は、「微細に細分することによって、集落の同時性の証明に一歩でも近づこうとする」（407頁）意図のもと、甕のもつ情報を多く抽出し、細かい観察と分析によって分類をおこなった点、擦文土器に地域差があることを把握したうえで常呂川下流域という1つのまとまった地域の土器変遷を跡づけた点などを高く評価できる。成形や整形、施文手法などの時期差を指摘するなど、甕を観察する際の多くの着眼点が示されたのは藤本の研究成果である。そして、数多くの着眼点が示されたがゆえに土器1点の時期比定に対する発言力が備わり、擦文文化の土器研究と集落研究を架橋する分析視点が切りひらかれたという意味でも、画期的な内容を有していたと言える。

3　塚本浩司の編年

　塚本（2002）の編年は、道内各地の土器群の細かな編年を組みあわせて設定されたものであり、地域差の具体的な指摘や地域間交渉の復元をおこなったという点で重要な意義をもつ。具体的に、調査例の多い場所で検出された一括資料を標式にみたて、それらの比較によって各地の土器の変化の流れをおさえ、地域間の対応関係を踏まえて編年を設定した。なかでも、「最も形態の変化の激しい器種」とみなした坏・高坏の分類を細分の基軸にすえた点に独自性があり、各地の土器群は11期に束ねられた。

第Ⅱ部　擦文土器の編年と系統

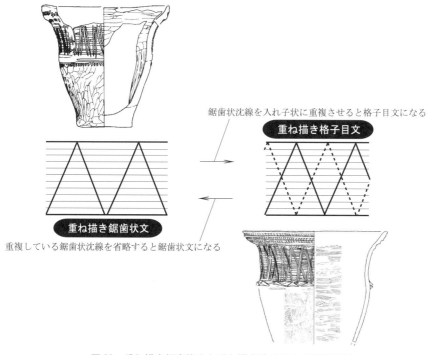

図99　重ね描き鋸歯状文と重ね描き格子目文の派生関係

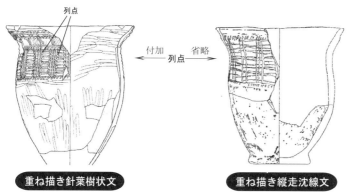

図100　重ね描き針葉樹状文と重ね描き縦走沈線文の派生関係

しかし、後半期の遺構では土器の出土点数が1、2点の例が非常に多く、「標式資料」をどの程度まで各地の一括資料に適用できるのかが問題となる（第1節1参照）。一括資料の様相が遺構・遺跡ごとに大きく異なる後半期において、特定の一括資料を標式にみたてる方法が有効だとは考えにくい。極端に言えば、標式のとり方の数だけ時期差や地域差が認定されるおそれもあるのではなかろうか。くりかえしになるが、資料を取りまく環境がこのようであるからこそ、1点の土器の時間的位置づけに説得力をもたせることが重要になる、というのが筆者の問題意識である。

　ただし、坏を編年の基軸にすえたことで東北地方の土師器編年と対比しやすくなり、東北地方と北海道島の土器同士の異同を格段にとらえやすくした点は、塚本編年の成果である。前章と本章の分析は塚本編年に対する問題提起ともなっており、それではとらえきれない擦文土器の一面に光を当てたものだと言える。本書も含めた各視点の有効性と限界性を認識しながら、擦文土器の検討を弁証法的にくりかえしてゆくことが重要だろう。

第6節　後半期擦文土器甕の変遷と展開

　後半期擦文土器甕の特徴は、1つの型式系統内で生じる属性同士の共時的変異の大きさにある。これは、複数の型式系統の接触・融合によって生じる北大式や前半期擦文土器甕の共時的変異とはまったく異なる。ここでは、モチーフの共時的な成りたちと変異の様相をおさえながら変遷の実態をとらえることで、後半期擦文土器甕の変遷と展開の特質を浮きぼりにしたい。

1　後半期擦文土器甕の変遷

1-1　甕系第3段階前半～後半におけるモチーフの共時的な成りたち

　第3段階前半は、モチーフ1類が単文様列土器のみにほどこされる。ここで注目したいのは、各モチーフの施文工程上の親和性である。たとえば、重ね描き格子目文には鋸歯状の刻線を入れ子状に引くことで格子目状の装飾効果をあげたものがある（図99）。この例は、「重ね描き鋸歯状文を重複させれば重ね描き格子目文になり、重ね描き格子目文の一部を省略させれば重ね描き鋸歯状文になる」という、施文工程の重複ないし省略にもとづく派生関係が両モチーフで成りたっていたことをものがたる。ほかに、重ね描き針葉樹状文と重ね描き縦走沈線文にも、縦走沈線への列点や刻線の付加ないし省略にもとづく施文工程上の親和性をみいだせる（図100）。重ね描き鋸歯状文の密度が増せば重ね描き縦走綾杉文になるし、重ね描き鋸歯状文や重ね描き格子目文の一方の斜行沈線を省略すれば重ね描き斜行沈線文になる。すなわち、この時期のモチーフ同士には、親和性のある施文工程からなる派生関係がある（図101上段）。

　第3段階後半になると、モチーフ1類が同一個体内に描きわけられるようになり、複文様列土器が成立する（図101下段）。これは、1個体ごとに描きわけられていたモチーフが、同一個体内でも描きわけられるようになる変化だとも言える。以後、この2タイプのモチーフの描きわけは第4段階後半までなされる（単文様列土器と複文様列土器の共存）。

1-2　甕系第4段階前半～後半におけるモチーフの変化と共時的な成りたち

　第4段階前半になると、モチーフ1類から2類に変わる。型式論的変化としては、モチーフ1類の地文の消失（針葉樹状文・格子目文・縦走沈線文・鋸歯状文・縦走綾杉文・斜行沈線文）、重ね描き縦走沈線文の分割線化（縦位分割文1類）などが考えられる。ただし、これらモチーフに親和性のある施文工程からなる派生関係があることもみのがせない。同様の派生関係は、施文方向の転換による縦走綾杉文と横走綾杉文にも指摘できる。すなわち、第4段階前半のモチーフは、前時期のモチーフ1類から型式論的に変化したものと、型式論的変化をとげた一部のモチーフ2類から派生的に出現したものからなる可能性がある（図102）。この時期のモチーフの共時的な成りたちは、前時期よりもタテ（型式論的変化）とヨコ（派生）の関係が複雑になっていることが明らかである。そしてなにより、これらモチーフの型式論的変化と派生が、前時期に成立した2タイプのモチーフの描きわけに包摂されながら起こっていることに注目したい。すなわち、タテとヨコの関係でむすばれたモチーフ2類が1個体ごとに描きわけられる場合（単文様列土器）もあれば、同一個体内で描きわけられる場合（複文様列土器）もあった、ということである。

第Ⅱ部　擦文土器の編年と系統

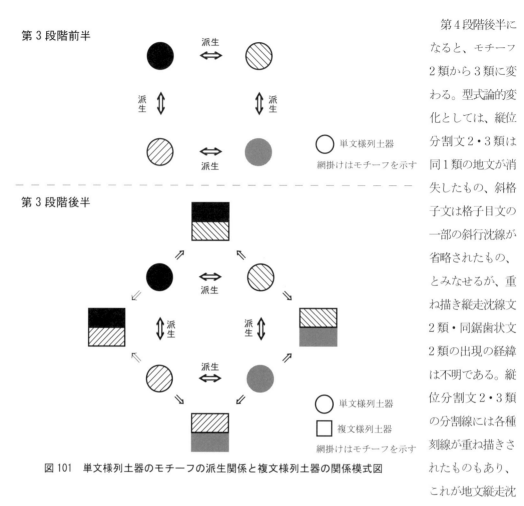

図101　単文様列土器のモチーフの派生関係と複文様列土器の関係模式図

第4段階後半になると、モチーフ2類から3類に変わる。型式論的変化としては、縦位分割文2・3類は同1類の地文が消失したもの、斜格子文は格子目文の一部の斜行沈線が省略されたもの、とみなせるが、重ね描き縦走沈線文2類・同鋸歯状文2類の出現の経緯は不明である。縦位分割文2・3類の分割線には各種刻線が重ね描きされたものもあり、これが地文縦走沈線文に派生した可能性がある。タテ（型式論的変化）とヨコ（派生関係）の関係でむすばれたモチーフ3類が、1個体ごとに描きわけられる場合（単文様列土器）と同一個体内で描きわけられる場合（複文様列土器）があったと理解できる。

2　後半期擦文土器甕の展開

　以上は、後半期擦文土器甕の変遷を全道的視点にたって概括的に述べたものである。しかし、これだけでは後半期擦文土器甕の展開を明らかにできない。なぜなら、後半期擦文土器甕のモチーフは、隣接地域同士で数珠つなぎに変異することがなく、100km以上も離れた遺跡の土器が類似する一方、隣接する遺跡・遺構の土器に違いがみられるため（図78）、特定の狭い地理的範囲内の土器の変遷については、なお細かい検討が必要になるからである。残念ながら、その検討は層位事例等のかぎられた今日の資料水準のもとではむずかしい。ここでは、後半期擦文土器甕の共時的変異を異なる視点からとらえなおすことで、一括資料の成りたちを評価し、土器の変遷を地域ごとに分析する際の留意点を指摘するとともに、その展開過程の特質をも浮きぼりにしてみたい。

2－1　後半期擦文土器甕の共時的変異を律する構造

　後半期擦文土器甕の各モチーフは型式論的に変化したり派生関係をむすびながら共時的変異の振幅を

第4章　後半期擦文土器甕の編年と動態

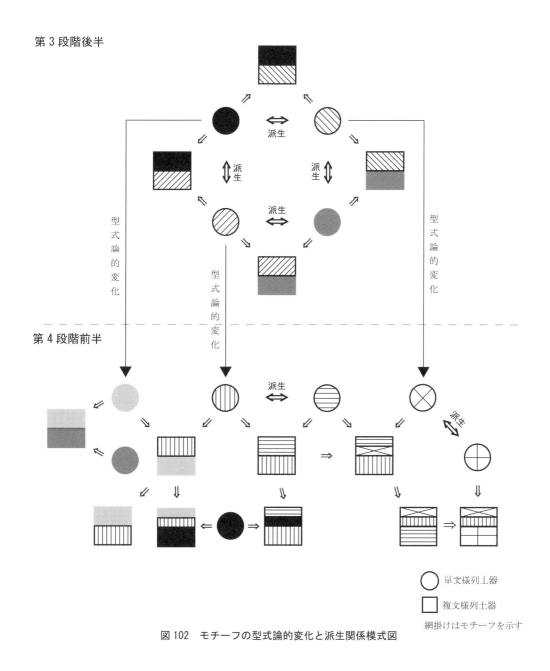

図102　モチーフの型式論的変化と派生関係模式図

広げつつ変遷してゆくが、それらの変異を律しているのは単文様列土器と複文様列土器での描きわけであった。このモチーフの描きわけについて、具体的に第4段階前半の土器群を例に、格子目文・縦走沈線文・横走綾杉文・鋸歯状文の4種にしぼって考える。

図66-5〜11・15〜20、図68-3〜17、図69-1〜3のように、4種のモチーフは、単文様列土器と複文様列土器それぞれに様々な形で備わっている。これは、同時期に存在する個々のモチーフが、単文様列土器と複文様列土器とで入れ替わり立ち代わりあらわれる現象だと認識できるものである。この現象を、「モチーフの相互変換」と呼ぶことにしたい。図103に、個々のモチーフと単文様列土器・複

第Ⅱ部　擦文土器の編年と系統

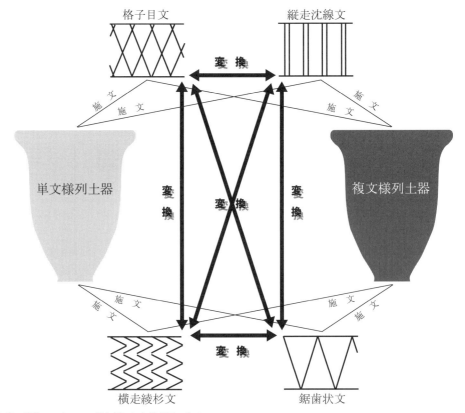

※ 第4段階のモチーフ4種を例にした模式図である。
　実際のモチーフ数は図97を参照。

図103　モチーフの相互変換からみた後半期擦文土器甕の共時的成りたち

文様列土器の関係を模式化して示した。このように、後半期擦文土器甕のモチーフの共時的な成りたちを構造論的に解釈すると、ある時期の単文様列土器の変異とは、相互変換関係にあるモチーフ同士の差異だとみなせる（たとえば図66-5と9の違いが当てはまる）。また、ある時期の複文様列土器の変異とは、相互変換関係にあるモチーフの備わり方の差異だとみなせる（たとえば図66-10と11、同図16と17と18の違いが当てはまる）。そして、ある時期の後半期擦文土器甕全体の変異とは、上記の関係で変異する単文様列土器と複文様列土器が共伴することで認識されるものだと理解できるだろう（たとえば図66-5・6、7・8、9〜11、15〜18、19・20を参照）。

2−2　後半期擦文土器甕の通時的変遷とその特質

　第3段階前半は単文様列土器のみであるため、モチーフが1個体ごとに排他的に備わるのが特徴である。モチーフ相互の派生（図99・100）がすすむことで、その相互変換関係はこの時期から徐々に萌芽した可能性が高い。図63-8は、器面の表裏で異なるモチーフが描きわけられた単文様列土器である。モチーフ相互の変換がなされつつあることに注目したい。

　このような異なるモチーフの描きわけは、続く第3段階後半にモチーフの複列化という形で定着する（図101）。単文様列土器の各モチーフは、あたかも複文様列土器を結節点とするかのように替わるがわ

第 4 章　後半期擦文土器甕の編年と動態

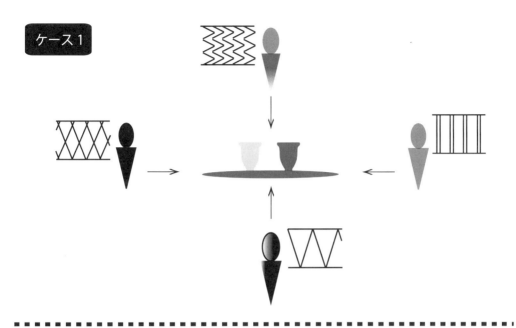

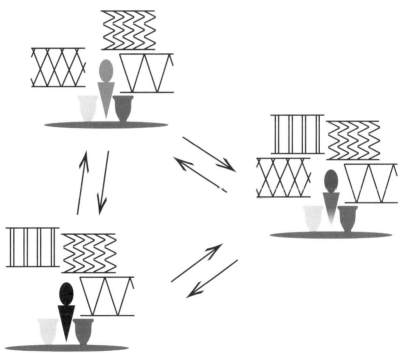

※ 第4段階のモチーフ4種を例にした模式図である。
　実際のモチーフ数は図97を参照。

図 104　後半期擦文土器甕製作に関わる情報のめぐり方

る描きわけられ、モチーフの相互変換関係が確立する。この関係は、第4段階後半まで維持される。[12]複文様列土器に異時期のモチーフの共存パターンがあることに示されるように（表23）、モチーフ群は、ある時期を境に一斉に変わるのではなく漸移的に交替してゆく（図102、および第4節5参照）。

2−3　後半期擦文土器甕のあり方にみる土器製作者の動態

　ある時期の後半期擦文土器甕製作時の実態を推定するならば、特定のモチーフを保持する個々の土器製作者が頻繁に接触することで情報を共有していた（ケース1）、個々の土器製作者が多種多様なモチーフを保持していた（ケース2）、というような状況を描きだせる（図104）。

　一括資料を詳しくみると、モチーフの様相は遺跡ごとで異なっている。たとえば第4段階前半〜後半（表26の段階③・④）を例にみると、ホロナイポ遺跡（図64-7・8、図71-11〜15）・岐阜第三遺跡（図67-7・8、図68-5〜7、図69-7〜10）・ワッカ遺跡（図67-11〜14、図75-8〜10）では全体的に単独の鋸歯状文が多いが、常呂川河口遺跡（図66-5・6、図67-5・6、図68-3・4・8・9・12・13、図70-6・7、図74-7〜9、図75-6・7・17・18、図76-3・4・7・8）・須藤遺跡（図66-9〜18、図67-3・4、図68-16・17、図69-1〜3、図70-16〜19）では鋸歯状文が多種多様なモチーフと共存ないし「共伴」している。この違いについては、前者の遺跡では土器製作者相互の接触頻度が低かった結果モチーフのレパートリーが少なくなり（ケース1よりもさらに接触度合いが弱い状況）、逆に後者の遺跡では接触頻度が高かった結果モチーフのレパートリーが多くなった（ケース2のような状況）、と解釈できそうである。

　なお、ケース2の状況はケース1のような接触が累積することで生まれると考えられるが、すべての遺跡でケース1からケース2に変わると考える必要はないだろう。なぜなら、通時的に土器製作者の接触頻度が低ければ、ケース1のような状況が継続することはあり得るし、それまで高かった接触頻度が何らかの事情で低くなれば、ケース2からケース1に逆戻りすることもあり得るからである。おそらく、上記遺跡の各一括資料も、第4段階前半〜後半の時間幅のなかで起きた多様な接触の累積結果を示しているのだと考えられる。[13]

　いずれにせよ、各地でなされた様々な頻度の共時的交渉の累積に規定されながら、同時多発的かつ連続的・漸移的に推移した多種多様なモチーフを備えた単文様列土器と複文様列土器が廃棄された姿こそが、図60〜77のような一括資料だと考えてまちがいないだろう。

2−4　後半期擦文土器甕の展開の特質

　後半期擦文土器甕は、時間とともに道央部から分布を広げることが明らかになっている（右代1999、塚本2003）。本章の編年に照らすと、第2段階から第3段階前半にかけて道央部や道北日本海沿岸部・上川地方に展開する。第3段階後半には道北宗谷海峡沿岸部・オホーツク海沿岸部、道東オホーツク海沿岸部・太平洋沿岸部まで分布が広がるが、道北・東部ではまだ散発的である。その後も分布範囲は変わらないが、第4段階前半以後になると道北・東部で分布量・密度が増加し、道央部のそれと逆転する。

　近年、このように広範な地域にあって、道北日本海沿岸部と上川地方の甕の口唇部形態・文様帯の類似、胆振・日高地方など太平洋側の甕での貼付囲繞帯（豊田1987）の多さなど、属性の地域的まとまりが注目されている（瀬川2005）。第1節2でみた器高の低い甕のみの組成も、このようなまとまりの1つだと言える（榊田2009b）。ただし、このように微細な変異がみられるなかで注目すべきは、道南部をのぞ

く分布域全体で単文様列土器と複文様列土器のモチーフの相互変換関係を確認できることである。分布域の拡大は、情報が土器製作者をめぐって錯綜（図104）するなかで徐々に進行しており、主要分布域が道央部から道北・東部に変わっても、なおモチーフの構造的成りたちは安定している。100 km以上も離れた遺跡同士でさえ、モチーフの相互変換関係は成りたっているようにみえる（図78）。

　おそらく、第3段階前半までに頻繁な接触と情報の交換をくりかえしていた土器製作者たちが、その活動域を広げても情報の共有に支障をきたさないような強固な社会的関係が構築されていたのだと推定される。別の見方をすれば、広大な地域に散らばる土器製作者たちの間を情報が速やかにかけめぐるようなネットワークが存在していたと推定できる。そのようなネットワークは、情報の〝ブレ〟が生じる間もない頻度をもつ伝達行為を媒介させることで維持されていた可能性が高い。このように考えると、当該期の土器様相の背後には、たとえば人や物資を載せた舟が頻繁に広域を往来するような社会像（瀬川2005、鈴木2007、澤井2008）が浮かびあがってくる。また、集落の密度を高め、集落成員同士の物理的・社会的距離を縮めることも、このようなネットワークが形成・維持される要因となるだろう。

　もちろん、このような問題を考えるためには、舟の出土例の蓄積や航行路と集落群の関係復元はもちろんのこと、舟以外の移動手段とのかかわり、集落人口と環境収容量・領域・生業様式の関係の問題など、多面的な研究による検証が不可欠となる。当然ながら、土器製作者のおかれた社会的地位や性差なども、ネットワークの広がり方を考えるうえで無視できない論点となろう。それらは、本書の目的から大きく逸脱するために取りあげることはできない。ここでは、土器の実態解明が集落論・生業論・交易論をはじめとする擦文文化社会の研究に1つの参照枠を提供できることを強調するにとどめておきたい。

小結

　本章では、まず、今日までに得られている一括資料を集成し、資料の実態とその成りたちを確認しながら先行研究の問題点を指摘した。次に、あらたな分析視点として複文様列土器と単文様列土器の特徴に着目した細分単位を抽出し、第3段階前半・後半、第4段階前半・後半の計4時期を設定した。層位事例からの検証に課題を残すが、一括資料の実態と整合的な編年を確立できたと考える。

　後半期擦文土器甕は、その特徴の多様性が災いしてか、これまで個体資料を単位とする編年の検討がほとんどなされなかった。しかし、多様性があるとはいえ、複文様列土器と単文様列土器のモチーフの類似や、土器製作時の同時性を物理的に保証する複文様列土器の同一個体内におけるモチーフの共存など、混入や地域性に左右されない通底する特徴が、後半期擦文土器甕にはある。これらに着目し、その多様性をときほぐしつつ提示したのが、本章の編年である。

　後半期擦文土器甕は、分布域が前半期にくらべ広範囲におよんでいる。また、擦文土器内部に地域差があらわれる時期でもある（塚本2002）。そのため、その編年の整備は、隣接地域との編年対比、地域性の把握、鉄鍋の流通にともなう土器廃用の問題など、多くの論点の解決に寄与できる可能性を秘めている。その意味で、擦文土器甕に示差的な属性であり、かつ視覚的に明瞭で第三者にも検証しやすいモチーフによって編年を設定したことの意義は、決して小さくないだろう。隣接する元地式やトビニタイ

式には自らの系統をひく文様(型押文・貼付文等)で擦文土器甕のモチーフを転写する資料がある(熊木1999、および本書第7章)。このような周辺諸型式との交渉関係を探るうえでも、モチーフに対する理解を深めることは重要である。

次に、後半期擦文土器甕を特徴づける型式論的特徴の多様性と広範な分布域での錯綜という2つの現象を解釈するために、モチーフが単文様列土器と複文様列土器をまたいで相互に変換される関係によって律せられている、という構造論的な解釈案を提示した。そして、この解釈によって、高い人口密度のなかで起こる土器製作情報の広域的錯綜や土器製作者相互の頻繁な接触といった、後半期擦文土器甕の製作の場の複雑な実態を、いくつかのケースに分けて考えてみた。構造論は、その性質上どうしても共時論的性格を帯びるため、この解釈の適用には土器群相互の共時性認定の精度を高めることが不可欠となる。しかしながら、土器編年に一定の時間幅が備わることは避けられないため、そもそも共時論を展開することが無謀であるという向きがあるかもしれないし、今後型式論などによる細分が進めばモチーフ相互の共時性にも再考が必要になることは避けられない。したがって、本章でみた後半期擦文土器甕の構造的成りたちも、現時点における1つの見方であり仮説にすぎないと言える。ただ、資料の増加に絶えず目を配り、その都度編年の妥当性と構造の存否や実態を検証することをこころがければ、その時々の編年に即した共時性に目をむけ、そこから構造論的な解釈をおこなうことは決して無意味ではないし、土器研究を社会の研究に接続させてゆくための足がかりにもなると考える。

註

1) ここで言う「後半期」とは、宇田川編年中期から晩期まで、おおむね白頭山-苫小牧火山灰(B-Tm)降灰期以後の時期を指す便宜的な呼称である。

2) 本書を執筆するにあたり、石川朗氏(釧路市埋蔵文化財調査センター)より、釧路市幣舞2遺跡(石川編2005、高橋編2009)の竪穴住居址床面出土土器について御教示を賜った。深く感謝申し上げたい。

3) 鉄鍋の流入と受容のあり方に時期差や地域差があると考えれば、各地で大型・小型の甕の組成に多様性が生じることを説明できるかもしれない。しかし、擦文土器甕に共伴した鉄鍋が1点もない現状では、この説明を編年の手がかりにすることはできない。鉄鍋受容の時空間的な差異は、土器編年を設定したのちに明らかにするのが順当だろう。

4) 図66-15・18、図66-19・20、図68-5〜7などは、類似するモチーフが、一括資料を構成する単文様列土器と複文様列土器の双方に備わる例である。このように、モチーフ同士の時間的関係を出土状況から検証できることも重要な点である。

5) 土器の製作と廃棄の間の時間の問題は、擦文文化の集落動態を読み解くうえで検討すべき土器編年上の問題になっていた(藤本1972:407頁)。その解決の糸口になるという意味でも、本章の分析視点は重要である。

6) 後志地方や道北日本海沿岸部に偏った分布を示しているようにみえるが、一括資料という条件をはずせば、同様の単文様列土器の遺構出土例は石狩低地帯にもある。

7) 重ね描き縦走沈線文2類・重ね描き鋸歯状文2類をもつ単文様列土器は、今日まで得られている一括資料に確認されない。

8) ちなみに、様相⑤は第2段階から第3段階前半への移行的な状況を示す一括資料である(図60)。

9) 上幌内モイ遺跡では、調査区の広範囲にわたって復元個体の一括出土例がみつかっており、いずれも土器集中(PB)とし

て報告されている。土器集中には、接合破片がまとまって出土したものとやや散らばった状態で出土したものがある。ここでは、一括性を重視する立場から、前者の土器集中を分析資料として抽出した（表30）。

10) モチーフは格子目文の可能性もある。いずれにせよ、モチーフ２類であることに変わりはない。

11) 藤本（1972）が編年を設定した目的の１つに「集落の同時性の証明」（407頁）という課題があった。しかし、各分類群相互の時間的先後関係が不明瞭であるため、集落論をすすめる際の編年上の問題は未解決だったと言える。

12) 図63-8のように異なるモチーフが描きわけられた単文様列土器は、第３段階後半以降にも散見される（枝幸町教育委員会編1980：91頁Fig.86-2)。そのため、異なるモチーフの描きわけによるモチーフの相互変換関係は、複文様列土器の製作以外の手段でもイレギュラーながら維持されたと考えられる。澤井玄（2007）は、このような単文様列土器に文様施文の手順の混乱や省略を読みとった。興味深い指摘であるが、図63-8のような早い時期の例の存在を考慮するならば、本章で提示したモチーフの描きわけをはじめとする文様施文のあり方の全体像とその時間的な変遷過程を地域ごとに復元する作業が優先されなければならないだろう。

13) 接触の累積過程を復元するためには、さらなる編年の細分と遺跡ごとの土器の詳細な比較が必要になる。ただし、このように共時的交渉の頻度が高く、属性の変化の方向性が遺跡ごとに異なることが予想される土器群においては、ある属性が一系列に変化しないばかりでなく容易に逆戻りの変化も起きると考えられるため、型式論的分析や属性分析の適用には相当な慎重さがもとめられよう。第１節２でみた口唇部形態・文様の漸移的変遷の背後には、このような共時的交渉にもとづく情報の錯綜があることも考えられる。

第5章　擦文土器坏・高坏の編年

はじめに

　擦文土器を構成する主要器種の1つである坏は、特徴が東北地方土師器坏と類似することから「対比が容易」(八木2010：228頁)だと評価される傾向にある。そのため、近年では、擦文土器坏は東北地方土師器坏の分析方法を援用して細分されることが多い(塚本2002、八木前掲)。たしかに、擦文土器の成立、とりわけ坏の定着が東北地方土師器の影響によることに疑う余地はない。しかし、北海道島で出土する坏には「本州島北部のものに基本的に共通するが、必ずしも同一ではない」(八木前掲：245頁)特徴があることも指摘されている。[1] したがって、いかに共通性が高いとはいえ、すべてにおいて東北地方土師器坏と同じ分析視点を適用できるのかを検討する余地がある。北海道島で出土する坏に関しては、それのみで特徴や変遷過程を把握し、そのうえで東北地方土師器坏との異同を評価するのが順当だろう。

　本章では、高坏の編年も検討する。坏は前半期に、高坏は後半期に盛行するが、両時期では資料を取りまく環境に違いがあるので(第4章第1節1参照)、別々に時期を区分する。坏は一括資料数や層位事例数の多い道央部・道北日本海沿岸部の資料をもとに時期を区分し、それをもとに道東部や胆振・日高地方に散見される一括資料を検討する。一方、高坏は全道的に分布するため、道南部をのぞく全地域の一括資料をもとに時期を区分する。そのうえで、坏と高坏の時期を統合して編年を設定する。最後に、東北地方土師器坏の動態との関係をさぐりながら坏・高坏の変遷過程を論じる。

第1節　擦文土器坏の時期区分

1　擦文土器坏の編年研究小史

　研究史上の第Ⅰ期(第1章参照)では、坏は本州島古墳時代以降の文化の土器として、甕は北海道島在地の続縄文土器の系統をひく土器として、それぞれ理解されていた(名取1939、河野1959)。この時期では続縄文土器と擦文土器のタテの区分に編年研究の力点がおかれ、両土器に共通の器種である甕が多く検討された。一方、坏は、甕の分析からみちびいた時期ごとに各様相が指摘されるにとどまった。

　こうしたなか、石附喜三男(1965)は、北海道島の遺跡で出土した東北地方の土師器(桜井第一型式)と類似する土器群の存在を重視したうえで、「甕、壺を擦文土器とし、坏、甑を土師器として、別個に分類するというようなものでは、決してない」とし、全器種を土師器の「型式に属する assemblage として一体に把握すべき」(48頁)だと説いた。これは、擦文土器編年研究を東北地方の土師器研究と連携させる視点を明確に打ちだしたものである。擦文土器の器種総体を分析する方法は石附の論考によって先鞭がつけられ、以後の各編年研究において、甕以外の器種についても積極的な言及がなされるようになった。こうした経緯を通じて、坏の記述内容は次第に詳細なものになってゆく。

　擦文土器全時期をとおして坏の変遷過程を詳細にたどったのは、菊池徹夫(1970)の論考が最初だと

第Ⅱ部　擦文土器の編年と系統

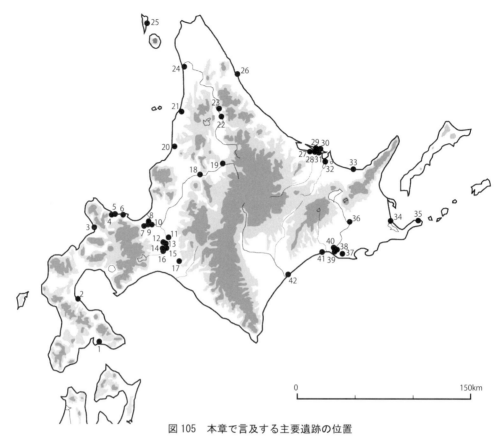

図 105　本章で言及する主要遺跡の位置

1. 汐泊・湯ノ川：2. オクツナイ 2：3. ヘロカルウス E 地点・東山：4. 沢町：5. 大川：6. チブタシナイ
7. C424・N156・N30：8. K441 北 33 条地点・K446・K528：9. K39・K36・K435・K518：10. H317・H519：11. 南島松 4
12. 柏木川 13：13. カリンバ 2：14. オサツ 2・ユカンボシ C15：15. 丸子山・キウス 5：16. 末広：17. 上幌内モイ
18. 東納内：19. 旭町 1：20. 高砂：21. 香川三線・香川 6：22. 智東 H：23. 楠：24. 天塩川口：25. 香深井 1
26. ホロナイポ・ウエンナイ 2：27. 浜佐呂間Ⅰ：28. ST09・岐阜第二・岐阜第三：29. 栄浦第一・栄浦第二
30. 常呂川河口：31. TK67：32. 嘉多山：33. 須藤：34. 浜別海：35. トーサムポロ L 地点：36. 二股第 3 地点
37. 別保川左岸：38. 貝塚町一丁目：39. 幣舞 2・材木町 5：40. 北斗：41. 和天別川河口：42. 十勝太若月

思われる。そこでは、初期の北海道島の坏では桜井第一型式とくらべ底部の平底化がすすんでいること、平底化にともない器高が増すこと、桜井第一型式にみられた体部の段状のくびれが沈線文に変わること、などが指摘された。古い時期の坏の底部形態については石附（1968）も注目しており、体部の段より底面にいたるカーブが、丸みをもつものから直線的なものに変わる、との見解が示されていた。ほかに菊池は、高台風の平底の坏が脚部の低い高坏と組成するとも述べ、坏の終末期的な様相を具体的に示した。坏の終末期的なものに脚部がつくという考えは、高坏の検討をおこなった藤本強（1972）や宇田川洋（1980）によっても追認された。この頃までに、坏の底部形態の変遷観について、丸みを帯びる底部が次第に平底化し脚部がつく、という共通認識が得られたようである。

　石附（1965）の論考以後、擦文土器の成立を土師器との関係からとらえようとする視点が有力視されたため（擦文土器「土師器母胎説」）、特に初期の坏の研究がすすんだ（斉藤 1967, 渡辺 1981, 横山 1984）。

そこでは、底部の平底化のほかに、体部内面の稜が消失に向かうこと、体部中位にあった段が次第に下降することなど、あらたな知見が提示された。同じ頃、東北地方で桜井第一型式土師器坏細分の可能性が示され坏の編年研究が進められたこと（桑原1976, 小井川・小川1982, 遠藤・相原1983）も、北海道側の坏研究を前進させる役割をになったと思われる。

このように、1980年代半ばまでには、坏を細分する際の知見が出そろったと言えよう。近年では、坏の細分が北海道と東北地方の双方でいっそうすすめられているが（塚本2002, 八木2007a・b）、それまでの変遷観をくつがえすような意見は出されていない。

ただし、後志地方の坏を詳細に検討した大島秀俊（1989）によって、個々の坏の形態や整形手法が多様であることが明らかにされ、それらを単独で細分の基準にする方法に警鐘が鳴らされたことには注意が必要である。大島の立論は、特定地域のまとまった資料の分析にもとづいているため説得力があり、指摘された坏の多様性を単なる「後志地方の地域差」として片づけることはできない。この問題を考えるため、次に北海道島の坏に影響を与えたとされる東北地方土師器坏の様相をみたい。

2　東北地方土師器坏編年研究の現状

東北地方の土師器坏研究の蓄積は厚く、その研究史を詳細にまとめた論考もある（仲田1989, 佐藤2006）。ここでは、先行研究を参照しながら、北海道島の坏を検討するうえで留意すべき点を論じる。

東北地方の土師器坏編年は、底部形態が丸底であるか否か、体部外面の段やそれに対応する内面の稜があるか否か、器高が高いか低いか、口縁部が外反するか内湾・外傾するか、口縁部と体部の器面調整はなにか、内面の黒色処理がなされているか否か、といった多様な着眼点を総合するなかで検討されてきた。近年、資料が増加し、東北地方各地の坏の細分と地域相互の比較がすすめられるなかで、上記諸特徴には時期差だけでなく地域差を示すものも含まれていることがわかってきた。その代表的なものを具体的にみていこう。

内面黒色処理については、栗囲式に定着するという点で共通理解が得られているが、宮城県では引田式に、岩手県では住社式に、それぞれ時期差をもってあらわれると指摘されている（伊藤1989）。内面黒色処理の盛行が須恵器生産の定着と関係するという考え（伊藤1990）が妥当であれば、その展開と終焉の過程が東北地方全体で一様ではなく、須恵器生産地との関係の強弱や須恵器普及の程度によって多様であった可能性も考えられる。したがって、内面黒色処理の有無を編年対比の根拠にするためには、北海道島の坏が東北地方のどの時期・地域の坏と接点をもったのかを厳密に特定することが優先されなければならない。

整形手法については、栗囲式から国分寺下層式にいたる過程の、段階ごとのさまざまな異同の様相が復元されている（仲田1989, 八木1998）。特に、宮城県では郡制施行地域と未施行地域とで整形手法に違いがあり、地域性の範囲がブロック状にまとまることが明らかになっている。

口縁部形態については、青森県馬淵川流域・奥入瀬川流域の坏を例にとると、内湾して開くもの、外反・外傾して開くもの、直立気味に立ちあがるもの、という3つの類型（図106）が一定期間共存することが明らかにされている（宇部2002・2007）。内湾形態はこの地域に分布する独自色の強いもので、外反・外傾形態は東北地方南部の有段丸底坏と同様の製作過程を経たものだという。この地域の口縁部形態は、

第Ⅱ部　擦文土器の編年と系統

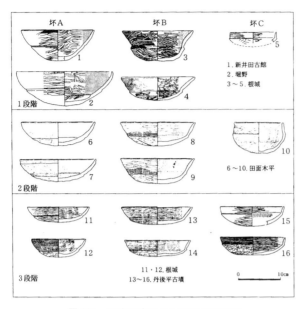

図106　馬淵川流域の土師器坏諸類型

在地系と外来系が混在すると理解されている（宇部2000）。

ほかに、東北地方北部に特徴的な坏が貫入的に入っている南部の地域がある場合とその逆の場合とがあり、北部と南部の境界域では同一遺跡内で双方の系統が混在する状況が確認されている（佐藤2003）。また、1つの旧郡単位の範囲内にあっても、関東地方と関係の強い遺跡とそうでない遺跡とで坏のあり方に違いがあらわれている（佐藤前掲）。坏の地域性は、広域的にとらえられるものから狭い範囲にまとまるものまで、実に多様だとわかる。

3　擦文土器坏細分の留意点

このように、東北地方土師器坏の地域性は属性ごとに多様であり、地域性のあらわれ方も地域によって千差万別である。北海道島の坏の出現と展開に東北地方土師器坏が関与したのは確かだとしても、東北地方側の複雑な地域性の存在によって北海道島の坏の編年が左右されるおそれがあることは、強く意識するべきだろう。たとえば、もしヘラミガキが主体の地域とヨコナデが主体の地域がともに同時期の北海道島の坏に影響を与えていた場合、北海道島の坏のヘラミガキとヨコナデは同時期の所産であることになり、整形手法の違いを時期差だとみなせなくなる。したがって、先の大島の問題提起は、今日でも通用すると考えなくてはならない。近年、北海道島の坏の編年はいっそう細分がすすめられているが、坏同士の時期差と地域差の弁別はほとんどなされていない。北海道島の坏の成立と展開に関与した東北地方の地域を厳密に特定できない現状では、細分において着目する属性を東北地方全域で連動的に変化するものにしぼり、北海道島での坏の変遷のアウトラインを把握することが先決だろう。

近年、土器様式論という共通の方法にもとづいて福島県から青森県までの土師器編年を設定し、全体的な変化の方向性と各地の地域差を体系的に整理した研究成果が、辻秀人らによって示された（辻編2007）。その編年は、各地の坏の地域差を最大公約数的に包括しており、東北地方全体で坏の大まかな変遷過程を把握できるものである。したがって、以下では、辻らの研究によって示された編年を相対編年の参考にする。[2]

4　擦文土器坏の分析

4-1　属性の抽出

抽出する属性は、次の4項目である。

器形にかかわる属性

・**器高指数**（図107）

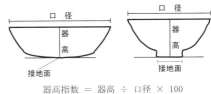

図107　着目する坏の属性①　器高指数

「器高÷口径×100」の式で得られた値の小数点第二位以下を切り捨ててもとめる。数値が小さいほど皿形のような低い器高を、大きいほど鉢・椀形のような高い器高を示す。図108は、分析する坏の器高指数のヒストグラムである。大部分が24.0～63.0の範囲におさまり、それ以外は少ない。図109に器高指数24.0未満の土器と63.0以上の土器を示した。一般的に、前者は皿形、後者は椀形ないし鉢形と呼ばれる。これらをのぞいた器高指数24.0～63.0の土器を、坏形とみなして分析する。

図108では、大まかに31.0前後・38.0前後・49.0前後・57.0前後・63.0前後の変化部を境とする五峰の分布を確認できる。これをもとに、器高指数を次のように分ける。

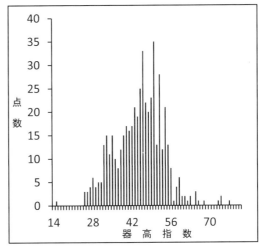

図108　器高指数の分布

器高指数1類…器高指数24.0以上31.0未満。
器高指数2類…器高指数31.0以上38.0未満。
器高指数3類…器高指数38.0以上49.0未満。
器高指数4類…器高指数49.0以上57.0未満。[3]
器高指数5類…器高指数57.0以上63.0未満。

・**底部形態**（図110）

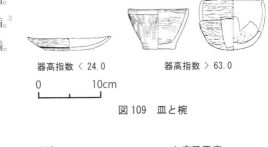

図109　皿と椀

丸底…底部接地面に平坦部がない形態。
丸底風平底…底部接地面に平坦部はあるが、底部から底面にかけて湾曲する形態。[4]
平底…底部接地面は平坦部のみで占められ、底部から底面が角ばり稜状になる形態。
台状・脚付…高台状の突出部や脚部をもつ形態。

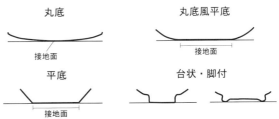

図110　着目する坏の属性②　底部形態

文様にかかわる属性

・**装飾**[5]（図111）

段・稜…口縁部と体部の境あるいは体部と底部の境に段状のくびれや稜があるもの。
横走沈線文…横走沈線文のみからなるもの。

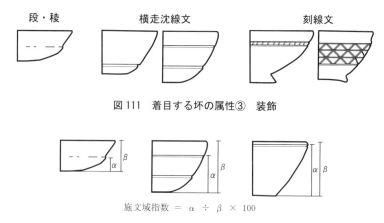

図111　着目する坏の属性③　装飾

図112　着目する坏の属性④　施文域指数

刻線文…綾杉文等の刻線文があるもの。横走沈線文と組みあわさる刻線文もこれに含める。

・施文域指数（図112）

「接地面から器面最上部の装飾までの長さ（α）÷器高（β）×100」の式で得られた値の小数点第二位以下を切り捨ててもとめる。[6] 器高に占める施文域は数値が小さいほど狭く、大きいほど広いことを示す。図113は、分析する坏の施文域指数のヒストグラムである。9.0～99.0までの広い範囲におさまっているが、部分的な断絶を確認できる。ここでは、次のように分ける。

施文域指数1類…施文域指数28.0未満。

施文域指数2類…施文域指数28.0以上48.0未満。

施文域指数3類…施文域指数48.0以上64.0未満。

施文域指数4類…施文域指数64.0以上。

4-2　器形と文様からみた坏の分類

表31に、器高指数と底部形態の相関状況を示した。器高指数1類から5類にかけて、組みあう底部形態が丸底→丸底風平底→平底→台状・脚付へと変わる様相を確認できる。1類は平底および台状・脚付と排他的関係にあり、5類は丸底と排他的関係にある。このことから、器形を次のように分ける。

器形1類…器高指数は1類、底部形態は丸底と丸底風平底。

器形2類…器高指数は2～5類、底部形態は丸底と丸底風平底。

器形3類…器高指数は2～5類、底部形態は平底と台状・脚付。

この相関状況は、器高が増すにつれ底部が平底化する、という傾向を示しており、先行研究の

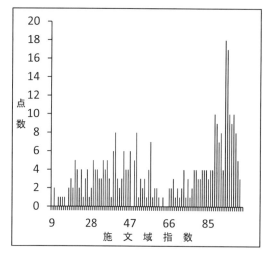

図113　施文域指数の分布

第5章 擦文土器坏・高坏の編年

理解（菊池1970）を追認できる。ただ
し、器高指数2類で平底、器高指数4
類で丸底・丸底風平底の坏など、器高
指数と底部形態の組みあわせが多様で
あることには注意したい。これは、「器
高が低ければ古い」「底部が丸底であ
れば古い」といった単純な見方では、
坏の実態に即した細分をおこなえない
ことを示す。

		底部形態			
		丸底	丸底風平底	平底	台状・脚付
器高指数	1類（24.0以上31.0未満）	12	18		
	2類（31.0以上38.0未満）	26	57	2	1
	3類（38.0以上49.0未満）	11	65	65	78
	4類（49.0以上57.0未満）	3	8	26	93
	5類（57.0以上63.0未満）		1	4	12

表31　坏の器高指数と底部形態の相関

表32に、施文域指数と装飾の相関状況を示
した。段・稜および横走沈線文は1〜4類す
べてと組みあう一方、刻線文は1類と排他的
関係にある。このことから、文様を次のように
分ける。

		装飾		
		段・稜	横走沈線文	刻線文
施文域指数	1類（28.0未満）	29	10	
	2類（28.0以上48.0未満）	31	47	1
	3類（48.0以上64.0未満）	12	26	2
	4類（64.0以上）	10	131	32

表32　坏の施文域指数と装飾の相関

文様1類…装飾は段・稜と横走沈線文、施文域
指数は1類。
文様2類…装飾は段・稜と横走沈線文、施文域指数は2〜4類。
文様3類…装飾は刻線文、施文域指数は2〜4類。

施文域指数との相関関係をみるかぎり、段・稜と横走沈線文は明瞭な排他性を示さない。先行研究に
は、段・稜と横走沈線文を時期差を示す属性として分ける考え（菊池1970）と、分けるのに慎重な考え
（大島1989）があるが、ここでは後者を追認したことになる。

表33に、器形・文様各類のクロス集計結果を示した。相関状況を細かく把握するために、器形と文
様の各属性項目も示してある。みると、器形1→2→3類という流れと文様1→2→3類という流れは、
おおよその対応関係を示している。特に、文様3類は器形3類とだけ組みあい、器形1・2類との排他
性が強い。後出する高坏には、ⅰ）台状・脚付の底部形態から発達した器形がある、ⅱ）刻線文主流の
文様が多い、といった特徴があることから、文様3類と器形3類は型式論的にみて新しいと考えられる。

問題は、それ以外の属性同士に多様な相関がみられ、時期差を示す組みあわせを抽出しにくいことに
ある。特に文様2類は、いずれの器形とも組みあっている。ただし、文様1類と器形3類はほとんど
相関しないことから、文様2類のなかでも、器形1・2類と組みあうものと器形3類と組みあうものと
の間に時期差を認めることは許されよう。以上から、坏を次のように分ける。

坏Ⅰ群…器形1類・2類、文様1類からなる（図114）。
坏Ⅱa群…器形1類・2類、文様2類からなる（図115）。
坏Ⅱb群…器形3類、文様2類からなる（図116）。
坏Ⅲ群…器形3類、文様3類からなる（図117）。

第Ⅱ部 擦文土器の編年と系統

			文様1類		文様2類						文様3類		
			施文域指数1類		施文域指数2類		施文域指数3類		施文域指数4類		施文域指数2類	施文域指数3類	施文域指数4類
				横走沈線文		横走沈線文		横走沈線文		横走沈線文	刻線文	刻線文	刻線文
			段・稜	横走沈線文	段・稜	横走沈線文	段・稜	横走沈線文	段・稜	横走沈線文			
器形1類	器高1類	丸底	5		2	1							
		平底風丸底	4	1	4	2	1						
	器高2類	丸底	5		8	1	1	2	2	1			
		平底風丸底	11	1	10	12	5	7	2	1			
	器高3類	丸底	1		1		2	2					
器形2類		平底風丸底	3	5	3	15	2	7	2	12			
	器高4類	丸底			1					1			
		平底風丸底				1				2			
	器高5類	丸底											
		平底風丸底				1							
器形3類	器高2類	平底			2								
		台状・脚付		2	2	8	2	2	5	22			
	器高3類	平底						1	1	36			
		台状・脚付				4		3		5		2	19
	器高4類	平底					1	2	2	51	1		
		台状・脚付				1				1			11
	器高5類	平底								3			3
		台状・脚付											

┊ ┊ … 坏Ⅰ群　▭ … 坏Ⅱa群　┆ ┆ … 坏Ⅱb群　┊ ┊ … 坏Ⅲ群

表33　坏の器形と文様の属性クロス集計表

第 5 章 擦文土器坏・高坏の編年

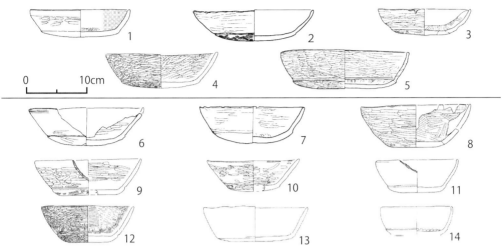

1〜5. 器形 1 類・文様 1 類：6〜14. 器形 2 類・文様 1 類

図 114　坏 I 群

1. 中島松 7：2. オサツ 2：3・8. C504：4・9〜12. 大川：5. ユカンボシ C15：6・7. K435C 地点：13・14. 沢町

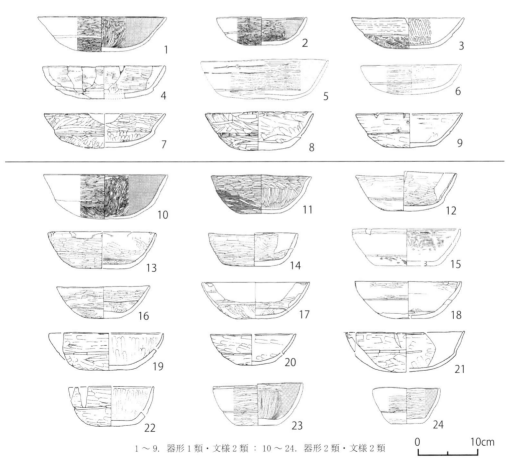

1〜9. 器形 1 類・文様 2 類：10〜24. 器形 2 類・文様 2 類

図 115　坏 II a 群

1・2・10. 丸子山：3. カリンバ 3：4. 中島松 6：5・6. 茂漁 7：7・8. ヘロカルウス E 地点：9・19〜22. 東山
11. 西島松 2：12〜14. C507：15. 大川：16〜18. K39 第 6 次調査地点：23・24. 柏木川 13

175

第Ⅱ部　擦文土器の編年と系統

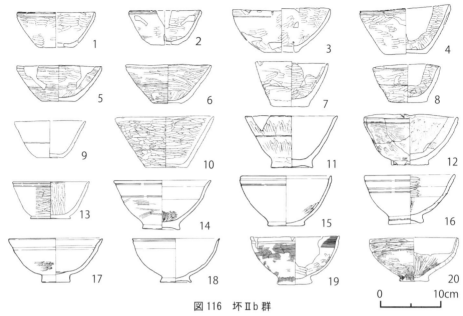

図116　坏Ⅱb群

1～4. K528：5・6. K39第6次調査地点：7・8. H519：9・10. 大川：11. オサツ2：12. 中島松6：13. 錦町5
14～18. 香川三線：19・20. K39長谷工地点

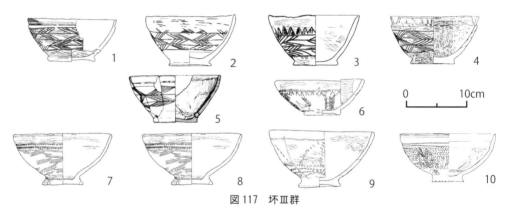

図117　坏Ⅲ群

1. K39長谷工地点：2. 茂漁8：3. オサツ2：4. チブタシナイ：5. K446：6. H519
7～9. K39第6次調査地点：10. 香川6

5　擦文土器坏の時期区分

5-1　一括資料の検討

　表34に、竪穴床面における各群の共伴状況を示した。参考までに、後出する高坏との共伴例も示してある。Ⅰ群とⅡb・Ⅲ群、Ⅱa群とⅢ群は、排他的関係にある。これは、Ⅰ群がⅡa群とⅡb群を介してⅢ群に変化したことを反映すると考えられ、各群の型式論的変化がゆるやかに進行する様相が示されている。さらに、ⅰ）Ⅰ群とⅡb・Ⅲ群が排他的な出土状況を示すこと、ⅱ）Ⅰ・Ⅱa群と高坏の共伴例がないこと、ⅲ）Ⅱb・Ⅲ群と高坏の共伴例が多いこと、ⅳ）道北部の諸遺跡（高砂・香川三線・香川6・天塩川口）の床面出土資料がⅡb・Ⅲ群のみであること、などの点を加味し、次のように時期を区

第 5 章 擦文土器坏・高坏の編年

分する。

坏 1 期＝Ⅰ群

坏 2 期＝Ⅱa群

坏 3 期＝Ⅱb群・Ⅲ群

　Ⅱb群とⅢ群の型式論的違いから 3 期をさらに分けられるかもしれないが、Ⅲ群には単独で高坏と共伴した例がなく、Ⅱb群とくらべた単独出土例数の少なさも気になる（表 34）。これらのことから、将来的な 3 期細分の可能性を認めつつも、現状では 1 つの時期にまとめるのが無難だと判断する。

　なお、一括資料は、道東部や胆振・日高地方でも散見される。道東部では、美幌町元町 2 遺跡（荒生・小林 1986）2 号竪穴住居址でⅢ群が 3 点出土した。胆振・日高地方では、伊達市有珠善光寺 2 遺跡（青野編 2005）9 号貝塚でⅡb群が 2 点、Ⅲ群が 1 点出土した。貝塚出土の一括資料を竪穴床面の一括資料と同等にはとらえられないが、先の時期区分と矛盾しない出土状況が示されていることには注目したい。

5－2　層位事例からの検証（表 35）

　札幌市 K39 遺跡第 6 次調査地点（藤井編 2001）では、Ⅱa群からⅢ群までの漸移的な交替状況を確認できる。また、Ⅰ群が 1 点も出土しておらず、1 期と 2 期の時期差が示されている。同市 K39 遺跡長谷工地点（藤井編 1997）でも、点数は少ないがⅡa群とⅡb・Ⅲ群との層位的出土状況を確認できる。ここでは、下位の 5g 層でⅢ群が、上位の 5e～5c 層でⅡb群が出土しており、Ⅱb群とⅢ群を 1 時期にまとめることの妥当性が示されている。同市 K435 遺跡各地点（上野・仙庭編 1993）では、1 期から 3 期までの層位的出土状況が示されている。そのほか、千歳市オサツ 2 遺跡（鈴木他編 1995）では、掘りあげ土の堆積順序から SH13 → SH7 という新旧関係がとらえられており、

遺構名	Ⅰ群	Ⅱa群	Ⅱb群	Ⅲ群	高坏
キウス5 UH-5	○				
大川 SH-9	●	＋			
沢町 SH-2	○	○			
大川 SH-49	○	＋			
K435C地点 12号	＋	＋			
N156 6号	＋	＋			
丸子山 IH-2		●			
K435D1地点 14号		○			
H317 7号		○			
H317 12号		○			
茂漁7 H-5		○			
茂漁4 1号		○			
南島松4C地点 5号		○			
ヘロカルウスE地点 3号		○			
東山 H-15		●			
柏木川13 SH-1		●	＋		
H519 2号		○	＋		
末広 IH-75		＋	＋		
ユカンボシC15 H-31		＋	＋		
K36タカノ地点 4号			●		
K528 4号掘立柱建物跡			●		
K39第6次調査地点 18号			○		
K435B1地点 1号			○		
C424A地点 4号			○		
末広 IH-24			○		
大川 SH-37			○		
高砂 BH-1			○		
高砂 BH-48			○		
香川三線 CH-43			●		★
香川6 H-14			●		★
高砂 AH-61			○		★
高砂 AH-119			○		★
香川三線 CH-12			○		★
香川6 H-3			○		★
K39第6次調査地点 29号			＋		★
K39長谷工地点 3号			＋		★
K39北11条地点 4号			＋		★
高砂 AH-93			＋		★
高砂 AH-130			＋		★
香川三線 CH-54			＋		★
香川6 H-6			＋		★
天塩川口 2号			＋		★
H519 4号			○	＋	
香川二線 CH 53			○	＋	★
K446 6号			＋	＋	
オサツ2 SH1			＋	＋	
高砂 BH-36			＋	＋	
高砂 BH-70			＋	＋	
香川三線 AH-7			＋	＋	
香川三線 CH-22			＋	＋	
高砂 AH-65			＋	＋	★
香川6 H-1			＋	＋	★
香川6 H-16			＋	＋	★
K39第6次調査地点 17号				○	

＋…1点、○…2点、●…3点以上

表34　遺構一括資料における坏各群の共伴状況

第Ⅱ部　擦文土器の編年と系統

層序	層名	Ⅰ群	Ⅱa群	Ⅱb群	Ⅲ群	高坏	共出する甕の時期
古↓新	K39第6次調査地点　7a層		●				第1段階後半
	K39第6次調査地点　6g層		●	●			第1段階後半～第2段階
	K39第6次調査地点　6a層			●			第2段階
	K39第6次調査地点　5g層			●	●		第2段階
	K39第6次調査地点　5c層				+	★	
古↓新	K39長谷工地点　6e層		+				第1段階後半
	K39長谷工地点　5g層				+		第2段階
	K39長谷工地点　5e～5g層			+			第2段階
	K39長谷工地点　5c層			+			
古↓新	K435C地点　5´層	●	●				第1段階前半
	K435D1地点　5a層		●				第1段階後半
	K435D1・D2・D3地点　3a～c層			●		★	第2段階

＋…1点、●…3点以上

表35　札幌市の遺跡における坏各群の層位的出土状況

前者からⅠ群、後者からⅡb群が出土した。1期と3期の時期差を示す事例である。以上から、坏の時期区分の妥当性は、層位事例からも支持される。

第2節　擦文土器高坏の時期区分

1　擦文土器高坏の編年研究小史

　高坏が坏に後続して増加する器種であることは、早くから指摘されていた（佐藤1964）。菊池（1970）は、高台風の平底の坏と脚部の低い高坏が組成する段階を設定した。その次の時期に装飾が増して脚部が高くなり、最終的に高坏が「あまり必要とされなくなる」という変遷観を示した。藤本（1972）は、器形について、坏から高坏にかけて坏部の深さが増す傾向にあることを具体的な数値によって示したほか、高坏の坏部形態が半球状のものから直線状のものに変わると述べた。また、文様について、坏は文様のないものが大部分であるのに対し、高坏にはほぼ全例に文様がほどこされる、という違いを指摘した。高坏がある時期を最後に消えていくという考えは、菊池とほぼ同じである。

　以後の研究でも高坏に言及したものは多いが、分類の着眼点は両氏の論考で出尽くしており、その変遷過程についておおむね共通認識が得られている。ただし、その出現過程に関する見解にはくいちがいがある。高坏出現期に近い時期の坏が高台を有する、という見解は一致しているが、坏に脚部が付けられて高坏が成立するという考え（藤本前掲）、台付の器形が高台の低い高坏に移行するという考え（宇田川1980）、高坏が坏とは別個の器種として形成されているという考え（菊池前掲）などがある。佐藤達夫（1972）は、高坏の系統が鉢にもとめられる可能性を想定しているほどである。

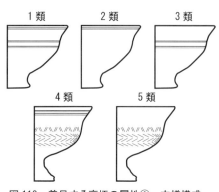

図118　着目する高坏の属性①　文様構成

　したがって、以下の検討では、高坏成立後の変遷観を

第 5 章　擦文土器坏・高坏の編年

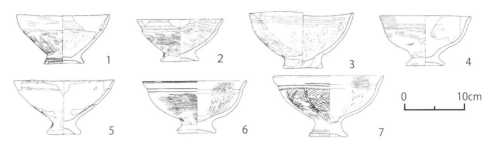

図119　身の深い高坏にみられる脚部高の多様性
1～5．K39第6次調査地点：6・7．香川6

今日の資料水準のもとで追認できるかということと、高坏成立過程の解明の2点を論点としたい。

2　擦文土器高坏の分析

2－1　文様構成の分類

まず、坏との型式論的つながりをたしかめながら変遷過程を考える。より新しい時期の坏であるⅡb群には、横走沈線文がある（図116）。高坏の横走沈線文の有無に着目す

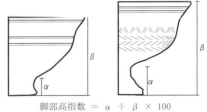

図120　着目する高坏の属性②　脚部高指数

ると、口縁部や体部に横走沈線文をもつもの、横走沈線文とそれ以外のモチーフが組みあうもの、横走沈線文以外の文様からなるもの、の3つに分けられる。これを参考に、文様構成を次のように分ける（図118）。

文様構成1類…口縁部と体部に横走沈線文をもつ。
文様構成2類…口縁部に横走沈線文をもち、体部は無文となる。
文様構成3類…口縁部は無文となり、体部に横走沈線文をもつ。
文様構成4類…口縁部に横走沈線文、体部に横走沈線文以外の文様をもつ。
文様構成5類…口縁部は無文となり、体部に横走沈線文以外の文様をもつ。

坏Ⅱb群の文様構成は、1類（図116-5・6・14～16・20）・2類（同1・2・4・13）・3類（同7～11・17）である。したがって、高坏の文様構成は、連続性という点から1～3類→4・5類という変遷順序を想定できる。

2－2　脚部高指数の分類

藤本（1972）は、時間とともに坏部の深さが増すと考えたが、実際には脚部の長短を問わず身の深い高坏がある（図119）ほか、坏にさえ身の深いものはある。したがって、高坏の成立期には複数種類の坏身形態があったと考えるべきである。坏身の深さは時期差を示す有効な指標にならないので、脚部の大型化に注目する。高坏のサイズにはばらつきがあるため、あらゆるサイズの脚部を比較するために器高に占める脚部高の割合（以下、「脚部高指数」と呼称）を算出する。脚部高指数は、図120の凡例にしたがい、「脚部高（α）÷器高（β）×100」の式で得られた値の小数点第二位を四捨五入してもとめる。

文様構成ごとに脚部高指数をまとめると（表36・37）、1類は14.3～37.7、2類は17.3～35.6、3

第Ⅱ部　擦文土器の編年と系統

表36　文様構成1〜4類をもつ高坏の脚部高指数一覧

遺跡・遺構名	参考文献	文様構成	脚部高指数	脚部高	器高
高砂 AH-54	峰山・仙庭編1993 P66-379		14.3	1	7
K435B2地点 3a〜c層	上野・仙庭編1993 第41図-15		15.4	1.2	9.2
上梅内モイ ⅢPB03	阪竹編2007 図Ⅲ-7-7		16.3	1.5	8.5
K39第6次調査地点 5c層	藤井編2001 第2-74図-16		16.5	1.4	8
香川三線 CH-54	宮前町教委1987 第215図-1		17.5	1.4	8
香川H6 H-14	宮前町教委1988 第47図-122		17.6	1.6	9
同上　第5図-3			18.4	1.7	8.8
K39北11条地点　第3文化層	加藤編1995 第21図-13		19.3	1.4	7.2
K435D1地点 3a〜c層	宮前町教委1988 第52図-140		19.4	1.4	7.2
深沢井1 4号	宮前・仙庭編1993 第127図-8		19.6	1.8	8
K441北33本地点	同上　第41図-13		20.0	1.6	8.8
K39第6次調査地点 3号	上野・大井編1993 第15図-1		20.0	1.8	8.8
藤井1 4号	大場・大井編1976 第89図-1		20.6	1.4	6.8
香川三線 CH-3	藤井編1997 第17図-3		22.4	1.5	6.7
K36タカノ地点 3号	藤井編2001 第58図-5		20.8	1.5	7.2
高砂 BH-7	宮塚1997 第16図-4		20.8	1.8	8.5
高砂 BH-13	宮塚1983 P111-586		21.2	1.8	8.5
高砂 AH-54	同上　P66-377		21.4	1.5	7
N30 3号	藤井編2001 第2-74図-17	1	22.1	1.5	6.8
K39長谷工地点 3号	同上　第16図-1		22.2	1.5	6.8
K39第6次調査地点 5c層	藤井編2001 第2-74図-21		22.4	1.5	6.7
香川H6 H-20	大場・大井1988 第67図-187		23.0	2	8.7
高砂 BH-57	宮塚1983 P157-835		23.3	1.4	6.8
K39第6次調査地点 5c層	藤井編2001 第2-74図-15		23.5	1.6	6.8
高砂 BH-7	宮塚1988 第13図-29		24.1	1.4	5.8
香川H6 H-3	宮塚1983 P114-601		24.3	1.8	7.4
K39第7次調査地点	宮塚1983 P18-948		24.7	1.8	7.3
香川 AH-109	宮塚1983 第2-57図-3		24.7	2	7.8
K39第6次調査地点 3号	峰山編2001 P115-605		25.6	2	7.8
高砂 BH-11	宮塚1983 第70図-1		26.3	2	7.6
K39第6次調査地点 5c層	宮前町教委1987 第70図-1		26.5	1.8	6.8
香川 CH-6	宮塚1983 P111-587		26.8	2.2	8.2
高砂 BH-7	宮前町教委1988 第57図-166		28.8	2.3	8
高砂 BH-69	宮塚1983 P41-1059		28.9	2	7.6
香川H6 AH-112	宮塚1983 第12図-5		29.9	2	6.7
香川H6 AH-91	峰山編1975 第28図-1	2	32.4	2.5	7.3
香川H6 H-13	宮塚1983 P95-528		34.2	2.5	7.3
香川H6 H-14	宮前町教委1988 第44図-115		34.5	3	8
K39第6次調査地点 29号	藤井編2001 第3-64図-2		35.9	2	5.8
天狗川口 2号	宮塚1983 P66-378		37.7	2.3	6.1
K39北11条地点　第3文化層	加藤編1995 第17図-2		17.3	1.3	7.5
高砂 AH-109	宮塚1983 P18-944		17.5	1.4	8
高砂 AH-93	宮前町教委1988 第52図-138		18.4	1.4	7.6
高砂 BH-38	宮塚1983 P140-724		20.5	1.4	7
香川H6 BH-46	同上　P147-760		20.5	1.5	7.3
香川H6 BH-16	宮塚1983 第52図-139		22.9	1.6	7
香川H6 BH-16	同上　P166-882		23.1	1.5	6.5
香川H6 AH-130	宮前町教委1988 第47図-127		25.6	2.2	8.6
香川H6 H-14	宮前町教委1988 第44図-115		27.3	2.4	8.8
東網代 37号	深沢編1997 第65図-1		29.3	2	6.8
K518第3次調査地点 3d層	小倉編2011 P11-4		31.8	2.5	6.6
旭町1 DP02P1	友田1996 第12図-2		35.6	3.2	9
香川H6 H-22	宮前町教委1988 第73図-199				

遺跡・遺構名	参考文献	文様構成	脚部高指数	脚部高	器高
香川H6 H-6	宮前町教委1988 第23図-78		14.6	1.2	8.2
香川三線 CH-12	宮前町教委1987 第90図-2		16.2	1.2	7.4
K435B2地点 3a〜c層	上野・仙庭編1993 第41図-12		16.3	1.4	8.6
高砂 AH-20	峰山・仙庭編2001 第2-30図-12		17.3	1.3	7.5
香川三線 CH-53	宮前町教委1987 第211図-5		18.2	1.6	8.8
香川三線 CH-10	同上　第84図-2		18.5	1	5.4
K39第6次調査地点 5c層	峰山・仙庭編2001 第2-74図-13		18.8	1.5	8
K39第6次調査地点 5c層	同上　第2-74図-19		19.2	1.5	7.8
高砂 AH-61	宮前町教委1988 第52図 P73-423		20.5	1.5	7.3
香川三線 CH-48	宮前町教委1987 第196図-2		20.7	1.2	5.8
香川三線 CH-48	同上　第196図-1		21.2	1.4	6.6
K39第6次調査地点 5c層	峰井編2001 第2-74図-14	3	22.0	1.1	5
香川三線 CH-48	宮前町教委1987 第84図-1		22.2	1.6	7.2
K39第6次調査地点 5a層	峰井編2001 第104図-3		22.8	2.1	9.2
高砂 BH-40	峰山・仙庭編1995 第13図-12		23.1	1.5	6.5
高砂 AH-119	宮塚1983 P109-583		23.1	1.8	7.8
香川三線 CH-16	宮塚1983 P7-894		23.1	1.8	7.8
高砂 AH-65	峰井編2001 第3-10図-6		25.0	2.3	9.2
香川三線 CH-16	峰山編2001 第104図-4		25.6	1.8	7
高砂 BH-40	峰山・宮塚1983 P77-443		27.4	2	7.3
高砂 AH-58	峰山編2001 第104図-3		30.3	3	9.9
チプタシナイ 2-7号	峰山・宮塚1983 P142-738		33.7	2	6.3
高砂 AH-59	小幡市教委1992a Fig. 25-1		33.5	2.3	8.3
K441北33本地点 3号	羽賀編1989 第15図-1		38.5	3	7.8
香川三線 CH-16	宮前町教委1987 第104図-5	4	17.1	1.4	8.2
香川H6 H-13	宮前町教委1988 第44図-112		20.0	1.4	7.2
香川三線 CH-3	宮塚1983 P57-333		22.2	1.6	7.2
岐阜第二 16号	峰山編1988 第58図-6		22.2	1.4	6.2
K39第6次調査地点 5c層	東大考古学研究室編1972 Fig. 119-4		23.3	2	8.6
カリンパ2 3号	峰山編1988 第2-74図-11		24.0	1.8	7.5
高砂 BH-35	宮塚1983 P137-709		27.4	2	7.3
須藤 1号	峰山・宮塚1983 Fig. 33-1		30.6	2.8	9.2
K36 2号	金盛編1981 第7図-1		30.6	3.3	10.8
K39ペンテン加速器南地点 1号	小杉編2003 図26-1		32.2	3.6	10.8
高砂 AH-45	羽賀編1987 第9図-3		33.3	2.5	7.5
岐阜第二-5号	峰山編1988 第13図-28		33.3	3	9
K39大木地点 7a〜c層	峰山編1988 第13図-28		35.7	3	8.4
浜佐呂間1　第1地点3号	米村1991 第21図-2		39.5	4.5	11.4
			47.1	4.8	10.2

180

第 5 章　擦文土器坏・高坏の編年

遺跡・遺構名	参考文献	文様構成	脚部高指数	脚部高	器高
香川6 H-6	苫前町教委1988 第23図-79		16.7	1.2	7.2
上幌内モイ ⅢPB03	乾他編2007 図Ⅲ-7-6		20.2	2.1	10.4
岐阜第三 27号	藤本編1977 Fig.80-2		20.8	2	9.6
常呂川河口 157号	武田編2006 第133図-1		22.1	2.1	9.5
K39バンデグラフ加速器室南地点 1号	小杉編2003 図26-2		22.4	1.7	7.6
須藤 17号	金盛他1981 第56図-1		23.8	2	8.4
岐阜第二 8号	東大考古学研究室編1972 Fig.61-10		25.0	2	8
常呂川河口 169号	武田編2007 第77図-1		25.0	2.4	9.6
岐阜第二 16号	東大考古学研究室編1972 Fig.119-6		26.7	2.4	9
須藤 15号	金盛他1981 第48図-6		28.0	2.8	10
十勝太若月 11号	石川他1974 Fig.36-7		28.3	3	10.6
香川三線 CH-43	苫前町教委1987 第179図-6		28.6	2.4	8.4
須藤 26号	金盛他1981 第85図-2		28.6	2.8	9.8
香川6 H-17	苫前町教委1988 第57図-163		29.2	2.8	9.6
幣舞2 3号	石川編2005 第17図-4		29.5	3.3	11.2
岐阜第二 8号	東大考古学研究室編1972 Fig.61-11		29.6	1.6	5.4
須藤 9号	金盛他1981 第29図-3		30.4	2.8	9.2
K39北11条地点 第2文化層	加藤編1995 第20図-6		30.9	3	9.7
楠 H-20	鬼柳1984 Ⅴ-7図-2		31.3	4	12.8
トーサムポロL地点 1号墓	八幡他編1966 第86図-1		31.6	3.6	11.4
ウエンナイ2 11号	枝幸町教委編1983 Fig.26-3		32.0	3.2	10
須藤 12号	金盛他1981 第40図		32.7	3.2	9.8
貝塚町一丁目 18号	西・沢編1974 第29図-1		33.3	3.6	10.8
トーサムポロL地点 1号墓	八幡他編1966 第86図-2		33.3	3.6	10.8
K435D3地点 3a～c層	上野・仙庭編1993 第135図-127		33.3	3.2	9.6
北斗 21号	石川・松田編1992 第62図-5		33.9	4	11.8
ホロナイポ 第3地区15号	枝幸町教委編1980 Fig.104		34.0	3.6	10.6
栄浦第二 1号	駒井編1963 Fig.10-10		34.0	3.6	10.6
岐阜第三 8号	東大考古学研究室編1972 Fig.61-8		34.1	2.8	8.2
別保川左岸 3号	山本編1981 第13図-1		34.5	3.8	11
ウエンナイ2 1号	枝幸町教委編1983 Fig.8		34.6	3.6	10.4
須藤 13号	金盛他1981 第44図-2		36.0	3.6	10
材木町5 19号	西他1989		36.2	4.6	12.7
須藤 21号	金盛他1981 第71図-2		36.8	2.8	7.6
須藤 26号	同上 第85図-1		37.0	4	10.8
常呂川河口 1号	武田編1996 第7図-1		37.1	3.9	10.5
ホロナイポ 第1地区9号	枝幸町教委編1980 Fig.26-4		37.3	3.8	10.2
ST09 1号	武田1993 Fig.3-1	5	37.5	3.6	9.6
須藤 29号	金盛他1981 第96図-3		37.7	4	10.6
岐阜第三 10号	藤本編1977 Fig.31-2		37.8	3.4	9
浜別海 15号	釧路開発建設部編1971 Fig.56-1		38.1	4	10.5
常呂川河口 162号	武田編2007 第28図-1		38.2	3.9	10.2
須藤 8号	金盛他1981 第25図-3		38.5	4	10.4
須藤 27号	同上 第90図-5		38.5	4	10.4
智東H 8号	名寄市教委編1979 第23図-2		38.5	3	7.8
栄浦第二 1号	駒井編1963 Fig.10-9		38.6	4.4	11.4
智東H 5号	名寄市教委編1979 第17図-1		38.7	2.9	7.5
栄浦第一 1号	駒井編1963 Fig.5-5		38.8	3.8	9.8
幣舞2 9号	同上 第38図-3		39.0	3.9	10
栄浦第二 6号	東大考古学研究室編1972 Fig.195-3		39.3	4.4	11.2
嘉多山 3号	和田・米村1986 図37-2		39.4	3.9	9.9
岐阜 2号	駒井編1963 Fig.22-14		39.6	3.8	9.6
常呂川河口 97号	武田編2004 第98図-1		39.8	3.9	9.8
浜佐呂間Ⅰ 第1地点3号	米村編1991 第21図-1		40.0	4	10
須藤 16号	金盛他1981 第53図-4		40.0	3.6	9
浜別海 3号	釧路開発建設部編1971 Fig.29-1		40.0	4.4	11
常呂川河口 156号	武田編2006 第126図-9		40.5	4.5	11.1
楠 H-15	鬼柳1984 Ⅳ-11図-1		40.6	5.2	12.8
TK67 1号	武田編1988 Fig.6-3		40.6	3.9	9.6
常呂川河口 162号	武田編2007 第28図-2		40.6	3.9	9.6
常呂川河口 90号	武田編2004 第60図-1		40.7	4.4	10.8
楠 H-22	鬼柳他1984 Ⅴ-12図		41.5	4.4	10.6
常呂川河口 43号	武田編1996 第236図-4		41.9	3.9	9.3
常呂川河口 63号	武田編2002 第104図-2		42.2	3.8	9
二股第3地点 1号	駒大考古学研究室編2009 第6図-1		42.3	4.1	9.7
常呂川河口 165号	武田編2007 第37図-6		42.4	3.9	9.2
常呂川河口 155号	武田編2006 第104図-2		43.1	4.4	10.2
須藤 29号	金盛他1981 第96図-2		43.1	4.4	10.2
和天別川河口 19号	富水1969 第4図-19-10		43.4	4.3	9.9
常呂川河口 40号	武田編1996 第219図-1		43.9	5.4	12.3
栄浦第一 2号	駒井編1963 Fig.5-6		44.0	4.4	10
須藤 25号	金盛他1981 第82図-5		44.4	3.2	7.2
楠 H-32	鬼柳他1984 Ⅵ-7図-1		44.8	5.2	11.6
楠 H-27	同上 Ⅴ-20図-1		45.8	4.4	9.6
楠 H-38	同上 Ⅵ-21図-1		45.8	4.4	9.6
智東H 1号	名寄市教委編1979 第10図-2		46.2	5.4	11.7
常呂川河口	武田編1996 第7図-2		47.1	4.8	10.2
ST09 5号	武田1993 Fig.23-1		49.6	5.6	11.3

表37　文様構成5類をもつ高坏の脚部高指数一覧

第Ⅱ部 擦文土器の編年と系統

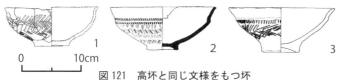

図121 高坏と同じ文様をもつ坏
1. ライトコロ川口 : 2. 栄浦第二 : 3. 楠

		脚部高指数	
		40未満	40以上
文様構成	1類	48	
	2類	12	
	3類	26	
	4類	15	1
	5類	54	25

表38 高坏の脚部高指数と文様構成のクロス集計表

類は14.6〜38.5、4類は17.1〜47.1、5類は16.7〜49.6となる。脚部高指数40以上は4・5類にのみ認められるため、時間とともに脚部が大型化する、という先行研究の考えを追認できる。しかし、脚部が低いものは各文様構成で数値がほぼ横ならびになっており、「脚部が低いものが古く高いものが新しい」という単純な理解は成りたたない。実際、高い脚部をもつ高坏と同じ文様をもつ坏もみられる(図121)。したがって、文様構成と脚部高を別々にあつかうのではなく、それらの相関関係によって高坏を分類するのが妥当だと理解できる。

2-3 文様構成と脚部高指数からみた高坏の分類

表38に、脚部高指数を40未満と40以上に分け、各文様構成とのクロス集計結果を示した。これを

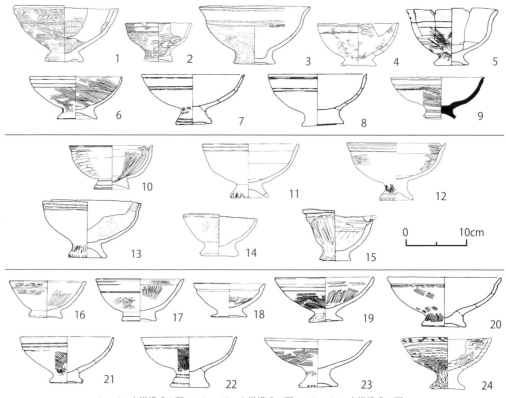

1〜9. 文様構成1類 : 10〜15. 文様構成2類 : 16〜24. 文様構成3類

図122 高坏Ⅰ群

1・2. K39北11条地点 : 3. N30 : 4. K39長谷工地点 : 5. 香深井1 : 6・16〜19. 香川三線 : 7・8・20〜23. 高砂
9. 天塩川口 : 10〜12. 香川6 : 13. 東納内 : 14. 旭町1 : 15. 須藤 : 24. チブタシナイ

もとに、高坏を次の3つに分ける。

高坏Ⅰ群…脚部高指数40未満、文様構成1～3類からなる（図122）。

高坏Ⅱ群…脚部高指数40未満、文様構成4・5類からなる。

高坏Ⅲ群…脚部高指数40以上、文様構成4・5類からなる。

先の文様構成と脚部高指数の変化から、高坏はⅠ群→Ⅱ群→Ⅲ群という順に変遷したと考えられる。

もう少し詳しくみると、横走沈線文以外にもいくつかの文様がある。高坏には横走綾杉文のほどこされる頻度が高いことが指摘されているが（藤本1972）、ほかにも鋸歯状文・斜行沈線文・縦位分割文・地文縦走沈線文など、基本的に後半期の甕と同じモチーフがある。これらモチーフの違いを時期差とみなす考えもある（松田2004）。前章で甕のモチーフに時期差を確認できたことからみて、高坏Ⅱ群とⅢ群には細分の余地がある。前章のモチーフの分類（図97）を適用してみよう。

表39に、高坏Ⅱ群とⅢ群の文様構成とモチーフのクロス集計結果を示した。[7] それらの相関関係に明瞭な排他性はみられないが、以下の点には注目できる。

		モチーフ		
		2類単独	2類+3類	3類単独
高坏Ⅱ群 （脚部高指数40未満）	文様構成4類	15		
	文様構成5類	46	4	4
高坏Ⅲ群 （脚部高指数40以上）	文様構成4類		1	
	文様構成5類	23	2	1

表39　高坏Ⅱ群・Ⅲ群の諸属性クロス集計表

・高坏Ⅱ群からⅢ群にかけて、文様構成4類の比率が減少する。

・文様構成4類をもつ高坏Ⅱ群には、モチーフ3類が備わらない。

・モチーフ3類は、高坏Ⅱ群とⅢ群のどちらにおいても文様構成5類と組みあう傾向にある。

これらは、先に想定した高坏Ⅱ群→Ⅲ群という変遷順序が、モチーフや文様構成の変遷順序と正の相関関係にあることを示す。特に、モチーフの変遷順序が、甕のそれと同じであることは注目される。以上から、高坏Ⅱ群とⅢ群を次のように細分する。[8]

高坏Ⅱa群…脚部高指数40未満、文様構成4類、モチーフ2類単独（図123）。

高坏Ⅱb群…脚部高指数40未満、文様構成5類、モチーフ2類単独（図124）。

高坏Ⅱc群…脚部高指数40未満、文様構成5類、モチーフ2類+3類および3類単独（図125）。

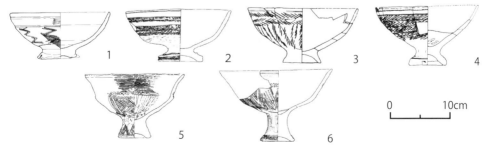

図123　高坏Ⅱa群

1. 香川三線：2. カリンバ2：3. 岐阜第二：4. 須藤：5. K39パンデグラフ加速器室南地点：6. K39大木地点

第Ⅱ部　擦文土器の編年と系統

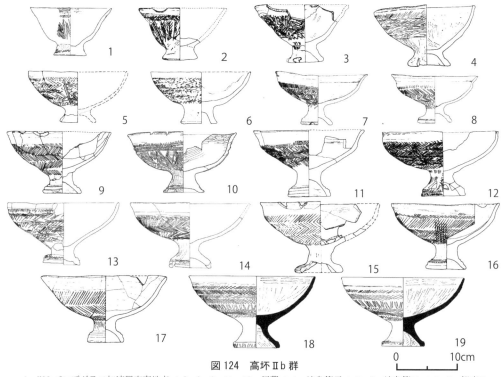

図124　高坏Ⅱb群

1. K39パンデグラフ加速器室南地点：2・3・9・11・12. 須藤：4. 岐阜第三：5・6. 岐阜第二：7・8. 智東H
10. K39北11条地点：13・14. 常呂川河口：15. 栄浦第二：16・17. ホロナイポ：18・19. トーサムポロL地点

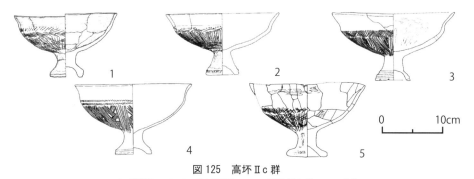

図125　高坏Ⅱc群

1. 幣舞2：2・3. 常呂川河口：4. 別保川左岸：5. 北斗

高坏Ⅲa群…脚部高指数40以上、文様構成5類、モチーフ2類単独（図126）。

高坏Ⅲb群…脚部高指数40以上、文様構成5類、モチーフ2類+3類および3類単独（図127）。

　先行研究では、横走綾杉文以外のモチーフが新しいという考えや、脚部が高ければ高いほど新しいという考えが、十分な検討を踏まえずに論じられてきた。しかし、先のクロス集計結果は、モチーフの種類や脚部高が個体ごとで多様に組みあうことを示している。したがって、各属性を別々に分析したり、微細な違いを時期差に還元したりすると、高坏の実態に即した細分をおこなえないことに注意したい。

3　擦文土器高坏の時期区分

　表40に、遺構床面における各群の共伴状況を示した。同じ分類群同士の共伴例はⅠ群とⅡb群だけ

第 5 章　擦文土器坏・高坏の編年

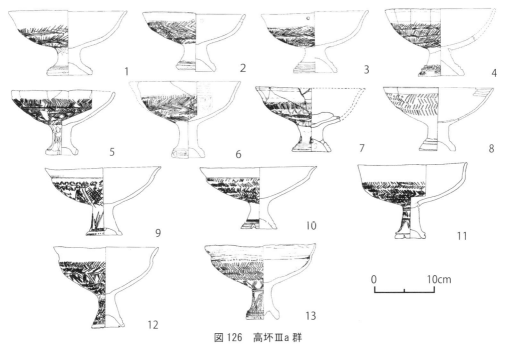

図 126　高坏Ⅲa 群
1～6. 常呂川河口：7. 須藤：8. 浜佐呂間Ⅰ：9～12. 楠：13. 智東 H

にみられること、Ⅰ・Ⅱa 群とⅡc・Ⅲa 群が排他的関係にあることなどの知見を得られる。ただし、各群が連続的な出土状況を示していることや、点数にばらつきがあること（表 39）などを考慮すると、この遺構一括資料の様相のみで時期区分に説得力をもたせることはできない。もう少し証拠を固めておこう。

札幌市 K39 遺跡北 11 条地点（加藤編 1995）では、第 3 文化層から高坏Ⅰ群が 2 点、それより上位に堆積する第 2 文化層から高坏Ⅱb 群が 1 点出土している。K39 遺跡第 6 次調査地

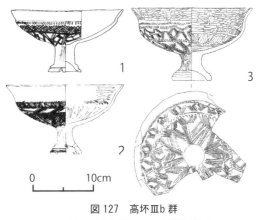

図 127　高坏Ⅲb 群
1. 楠：2. 浜別海：3. 二股第 3 地点

点では、高坏Ⅰ群とⅡa 群が出土し、Ⅱb～Ⅲb 群が出土しないという状況が示されている。これらの事例は、Ⅰ・Ⅱa 群とⅡb～Ⅲb 群の間に時期差があることを示す。

また、坏Ⅱb・Ⅲ群に共伴する高坏の多くはⅠ群であり、わずかにⅡa・Ⅱb 群がある（表 41）。Ⅱc～Ⅲb 群は共伴しない。これは、高坏Ⅱb 群とⅡc 群の間に時期差があることを示す。

以上から、次のように時期を区分する。

高坏 1 期＝高坏Ⅰ群・Ⅱa 群
高坏 2 期＝高坏Ⅱb 群

第Ⅱ部　擦文土器の編年と系統

遺構名	分類群					
	Ⅰ	Ⅱa	Ⅱb	Ⅱc	Ⅲa	Ⅲb
高砂 AH-54	●					
K435B2地点　3a～c層	●					
香川6 H-16	●					
高砂 BH-7	○					
香深井1 4号	○					
高砂 AH-109	○					
香川6 H-14	○					
香川三線 CH-10	○					
香川三線 CH-48	○					
K39北11条地点　第3文化層	○					
K39第6次調査地点　5c層	●	+				
香川三線 CH-16	○	+				
香川6 H-3	+	+				
香川6 H-13	+	+				
香川三線 CH-3	+	+				
K441北33条地点　3号	+	+				
香川6 H-6	+		+			
香川6 H-17	+		+			
上幌内モイ ⅢPB03	+		+			
K39バンデグラフ加速器室南地点　1号		+	+			
岐阜第二 16号		+	+			
岐阜第二 8号			●			
須藤 26号			○			
トーサムポロL地点 1号墓			○			
栄浦第二 1号			+	+		
常呂川河口 162号			+		+	
須藤 29号			+		+	
常呂川河口 1号					+	+

＋…1点、○…2点、●…3点以上

表40　高坏各群の遺構一括資料における共伴状況と層位的出土状況

高坏3期＝高坏Ⅱc群・Ⅲa群・Ⅲb群

あらためて表40をみると、上記の時期区分の妥当性がみとめられる。Ⅰ・Ⅱa群とⅡb群の共伴例は1期から2期にかけての、Ⅱb群とⅡc・Ⅲa群の共伴例は2期から3期にかけての移行的な状況を示す。

坏から高坏への変遷過程をみると、ⅰ）坏から高坏への型式論的変遷が器形・文様・文様構成など多くの属性においてスムーズに進行していること、ⅱ）坏Ⅱb群・Ⅲ群と高坏Ⅰ群の共伴例が多いこと、などの点から、坏が変化して高坏になるという考え

（藤本1972、宇田川1980）を支持できる。

第3節　擦文土器坏・高坏の編年

表34・40・41を参考に、坏系土器の編年を次のように設定する。[9]

坏系第1段階＝坏1期（坏Ⅰ群が単独出土）。
坏系第2段階＝坏2期（坏Ⅱa群が単独出土）。
坏系第3段階＝坏3期・高坏1期（坏Ⅱb群・Ⅲ群・高坏Ⅰ群・Ⅱa群が共伴するか単独出土）。
坏系第4段階＝高坏2期（高坏Ⅱb群が単独出土）。
坏系第5段階＝高坏3期（高坏Ⅱc群・Ⅲa群・Ⅲb群が単独出土）。

ここで第3段階の内容について確認しておこう。坏と高坏を同じ時間軸に含めることに異論があるかもしれないが、坏Ⅱb群・Ⅲ群が高坏Ⅰ群と共伴する例が多いことは前節でみた（表41）。また、坏Ⅱb群と高坏Ⅱb群の共伴例があることを考慮すると、坏Ⅱb群と高坏Ⅰ群・Ⅱa群の下限時期が近い可能性は排除できない。型式論的にみても、坏Ⅱb群と高坏Ⅰ群では文様構成の共通性が高く、高坏Ⅰ群には坏Ⅱb群の脚部がわずかに長くなっただけのものもある。出土状況と型式論的特徴を総合的に判断するかぎり、坏Ⅱb群・Ⅲ群と高坏Ⅰ群・Ⅱa群を異時期とみなす根拠は少ないと理解できる。

第5章 擦文土器坏・高坏の編年

	高坏分類						共伴する坏	
	I	IIa	IIb	IIc	IIIa	IIIb	IIb	III
K39第6次調査地点 29号	+						+	
K39長谷工地点 3号	+						+	
K39北11条地点 4号	+						+	
香川三線 CH-54	+						+	
天塩川口 2号	+						+	
高砂 AH-61	+						○	
高砂 AH-93	+						+	
香川6 H-14	○						●	
高砂 AH-119	+						○	
高砂 AH-130	+						+	
香川三線 CH-12	+						○	
K435B2地点 3a～c層	●						+	
K435D1地点 3a～c層	+							
香川6 H-1							+	+
香川6 H-16	●						+	
香川三線 CH-53	+						○	
高砂 AH-65	+						+	+
香川6 H-3	+	+					○	
K39第6次調査地点 5c層	●	+						+
香川6 H-6	+		+				+	
香川三線 CH-43			+				●	
K435D3地点 3a～c層			+				●	

+…1点、○…2点、●…3点以上

表41 遺構一括資料における高坏と坏の共伴状況

第4節 東北地方土師器坏との編年対比

1 坏系第1段階に先行する坏について

次章で詳細に論じるが、坏系第1段階は、甕系第1段階前半～第2段階に共伴する。しかし、北海道島では、型式論的に坏系第1段階に先行するとみられる坏が出土している（図128）。それは、丸底の底部形態、体部外面下半の段、外面の段に対応する部位内面の稜などの特徴をもち、「北海道最古の土師器」の組成をなすものと考えられてきた（石附1965・1968、斉藤1967）。筆者は、横走沈線文をもつ甕を土師器からのぞく立場をとるので（第3章参照）、坏系第1段階以降を擦文土器の範疇に含めるのが妥当だと考える。その意味で、これら第1段階以前の坏は、土師器の範疇に含める。

2 非ロクロ製土師器坏との編年対比

坏系第1段階の坏は、器高が低く、底部形態が丸底ないし丸底風平底で、段・稜や横走沈線文を体部下位にもつ。先行する土師器坏（図128）と比較すると、i）体部外面の段に代わって横走沈線文が備わる、ii）体部の装飾が下降する、iii）体部内面にあった稜が消失する、などの変化がみられる。各属性の一連の変化は、東北地方各地での栗囲式の古手から新手への変化と共通する（辻

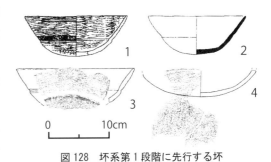

図128 坏系第1段階に先行する坏
1. 汐泊 ; 2. 湯ノ川 ; 3・4. オクツナイ2

第Ⅱ部　擦文土器の編年と系統

本章の編年	暦年代	青森 宇部(2007a)	青森 宇部(2010)	岩手 八木(2007c)	岩手 高橋(2007)	岩手・宮城・福島 仲田(1989)	岩手・宮城・福島 辻編(2007)
湯ノ川	6世紀末〜7世紀前葉	1段階		A段階	三段階		栗囲式前葉
湯ノ川	7世紀中葉	2段階		B段階	四段階		栗囲式中葉
坏系第1段階	7世紀後葉〜8世紀初頭	3段階		C1段階	五段階	栗囲式新段階	栗囲式後葉
坏系第1段階	8世紀前葉	3段階		C2段階	五段階	栗囲式新段階	国分寺下層式
坏系第1段階	8世紀中葉〜後葉	4段階	A段階	D段階	六段階	国分寺下層式古段階	国分寺下層式
坏系第2段階	8世紀中葉〜後葉	4段階	A段階	D段階	七段階	国分寺下層式古段階	国分寺下層式
坏系第3段階	8世紀末〜9世紀初頭		B・C段階		八段階	国分寺下層式新段階	
坏系第3段階	9世紀初頭〜前葉		B・C段階		八段階	国分寺下層式新段階	
坏系第3段階	9世紀前葉〜中葉		D段階		八段階	国分寺下層式新段階	

・暦年代は、辻編（2007）等を参照した。

表42　擦文土器坏と東北地方の非ロクロ製土師器坏の編年対比表

編 2007）。栗囲式の古手のものに体部内外の段・稜をもつ坏がみられること（伊藤1989）とiiiの特徴から、坏系第1段階と栗囲式の古手には時期差があると考えられる。坏系第1段階以降の変化は、もともと少なかった体部内面の段・稜が完全に消えていく形で進行するが、それは栗囲式の新手から国分寺下層式への坏の変化と同調していることに注目したい。

　岩手県南部の土師器編年をおこなった高橋千晶（2007）は、氏の言う五段階（栗囲式後葉）に体部内面の段が不明瞭になり、六段階（国分寺下層式）に平底の器形のものが加わると述べた。また、七段階（国分寺下層式）になると、ⅰ）体部外面の段が沈線状のものになり対応する内面の変換点がみられなくなること、ⅱ）体部中央の段の位置が中央より低い位置に下がること、などを指摘した。高橋編年五〜七段階併行期の岩手県中北部・青森県南部の坏にも、同様の変化がみられる（八木2007c，宇部2007a）。

　以上から、坏系第1段階は、岩手県南部五〜七段階、岩手県中部C1・C2〜D段階、岩手県北部〜青森県南部3〜4段階、すなわち栗囲式後葉〜国分寺下層式併行期に相当すると考えられる。その前段階の坏にある体部中ほどの段や丸底の底部形態は栗囲式前葉〜中葉の特徴であり、前後関係も矛盾しない。

　坏系第3段階になると、底部が平底に統一される。仲田茂司（1989）は、国分寺下層式の新段階に福島県・宮城県・岩手県南部の坏が無段平底の形態に統一されると述べた。仲田の言う国分寺下層式新段階は、岩手県南部八段階（高橋2007）、岩手県中部D段階以後（八木2007）、岩手県北部〜青森県南部4段階以後（宇部2007a）、八戸〜津軽南部地方B〜D段階（宇部2010）に併行すると思われる。坏系第3段階は、これらの時期に併行すると考えられる。大島（1989）は、北海道島の口唇部下に横走沈線文や段をもつ平底坏（図116-1〜6）や、体部に横走沈線文をもつ器高の高い平底坏（図116-7・10）を、仲田の国分寺下層式新段階に比定した。それは、今日の資料水準のもとでも追認できる考えである。

　坏系第1段階と第3段階の編年対比を以上のように考えると、第2段階は国分寺下層式期におさまる相対的に短い時期だということになる。すなわち、仲田編年の国分寺下層式古段階の一部、高橋の岩手県南部編年七段階の一部、八木の岩手県中部編年D段階の一部、宇部の岩手県北部〜青森県南部編年4段階の一部に併行する。なお、これまで丸底と平底の底部形態の違いは時期差を示すものと考えられ

る傾向にあったが、すでに大島（1989）によってその妥当性が問われており、近年では両特徴が併存していたとみる考えが北海道側で提示されている（鈴木他2007）ほか、東北地方でも丸底風の底と平底の非ロクロ土師器坏を同じ段階に括る編年が設定されている（八木2006、宇部2010）。

坏系第3段階では、台状・脚付の底部をもつ坏や高坏も出現し、続く第4段階以後は高坏が盛行するなど、東北地方の非ロクロ製土師器坏との比較がむずかしくなる。これらの編年対比については、甕系土器の編年も含めて総合的におこなうのが妥当であり、第9章で詳しく論じる。

以上の考察をまとめた編年表を、表42に示す。

第5節　擦文土器坏・高坏の変遷と展開

1　坏系土器の変遷と東北地方土師器坏

東北地方土師器坏の様相を加味しながら、坏系土器の変遷と展開を跡づける（図129）。

北海道島に定着した坏（図128）は、坏系第1段階まで東北地方土師器坏と形態・装飾の共通性が高く、両者は連動するように変遷する。

坏系第2段階になると、器形は依然として丸底・丸底風平底の底部をもつが、体部下位にあった装飾は上昇する。なかには、段・稜や横走沈線文の位置が極端に上昇し体部上半部にほどこされるものもある（図115-15）。このような装飾のあり方は、続く第3段階以降にも引き継がれる。依然として東北地方土師器坏との共通性は高いが、異なる変化の方向性をたどる起点がこの時期に萌芽している。

坏系第3段階になると、北海道島と東北地方とで共通点以上に相違点が際だってくる（大島1989）。底部の平底化がすすむ点は両地域で共通するが、脚部や高台をもつ底部が出現するなど、器形の違いは大きくなる。前時期にみられた装飾位置の上昇はいっそう顕著になり、体部上半から口縁部におよぶ。同時に体部下半は無文化がすすみ、そこに刻線文がほどこされる。この時期の北海道島の坏では装飾の発達が顕著であり、それが衰退する東北地方土師器坏と対照的である。北海道島の坏の独自性の形成は、第1段階から第3段階にかけて文様→器形の順に段階をおって進行しており、ある時期を境に様相が一変するような突発的な変化をみせない。この時期に坏の脚部が発達し、同じ装飾や文様構成をもつ高坏が出現することも、東北地方との大きな違いである。成立当初の高坏が坏と多くの共通点をもつことを踏まえると、第2段階から第3段階の坏の独自性形成の延長に高坏の出現を位置づけられる。

坏系第4段階になると、高坏の器高に占める脚部高が増す、口縁部の横走沈線文が消失する、甕系土器とモチーフが共有される、などの変化がみられる。東北地方土師器坏がこの時期以降の高坏の変遷に関与した痕跡は、まったく認められない。

坏系第5段階になると、前時期より脚部高が増すものが出現する。前時期からのモチーフの変遷は、甕系土器のそれと連動している。ただし、一部の脚部高には連続する部分もある。

2　ロクロ製土師器坏の影響について

第3段階の変化と関連して、ロクロ製土師器坏の普及が注目される。宇部則保（2010）は、青森県へのロクロ製土師器坏の普及開始期をB・C段階とし、平底風（本章で言う丸底風平底）や平底の底部形態

第Ⅱ部 擦文土器の編年と系統

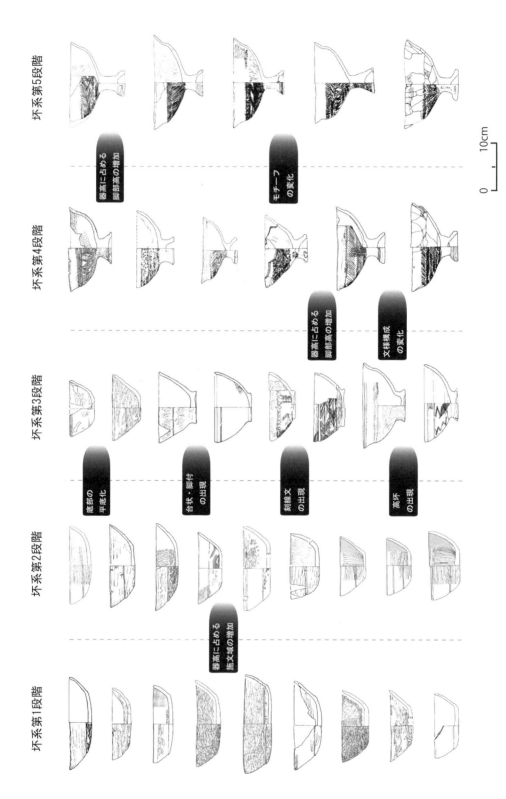

図129 坏系土器の変遷過程

の坏がともなうと述べた。このような底部形態の様相は、坏系第2段階と第3段階双方の特徴を備えたものである。したがって、北海道島では第2段階〜第3段階の移行的な時期にロクロ製土師器坏が出現し、第3段階になって普及すると考えられる。この頃には青森県でもロクロ技術が導入され、北海道島出土のロクロ製土師器坏が青森県域で製作された可能性を示す胎土分析結果（松本2006）や、その法量平均値が東北地方北部でも青森県のロクロ製土師器坏に類似するという分析結果（齋藤2011）がだされている。[10]

ロクロ製土師器坏の影響によって擦文土器坏の底部が平底化した、という考えがある（横山1984）。これは、擦文土器坏とロクロ製土師器坏それぞれの製作者の交流や情報の共有を想起させる。第3段階に平底の底部に統一されることを考えれば、このような相互交流は、第2段階〜第3段階のロクロ製土師器坏普及期に活発化した可能性がある。岩井浩人（2008）は、青森県津軽地方のロクロ製土師器坏の法量分布を検討し、B-Tm降灰以前では器高指数35以上の「坏形」と27以下の「皿形」に法量が二極化し、27〜35の範囲におさまる法量の分布が薄いことを明らかにした。次章の甕系土器との編年対比結果を先どりすることになるが、B-Tm降灰以前の甕系土器に共伴する坏系土器は、坏Ⅰ群・Ⅱa群・Ⅱb群・Ⅲ群である。これらの器高指数は、24〜63未満まで広範囲に認められ（第1節4参照）、27〜35の範囲におさまるものも多く（図108）、津軽地方のロクロ製土師器坏とは明らかに異なる。このような法量の一定しない状況は、擦文土器坏がロクロ製土師器坏のように特定の生産場所で集中的に製作されたのではなく、各地で自家生産的に製作されたことを反映していると考えられる。注目すべきは、ロクロ製土師器坏の普及以前の坏（Ⅰ群）と以後の坏（Ⅱa群）とで、器高指数に大きな違いがないことである。これは、普及以前と以後で土器製作者に大きな交替がなかったこと、すなわち、ロクロ製土師器坏が普及しても、在地の土器製作者が擦文土器坏の生産に携わっていたことを示している。となると、底部の平底化の背景に擦文土器坏とロクロ製土師器坏それぞれの製作者の交流があったとしても、それは生産単位を異にする土器製作者同士の情報の共有にもとづくものだったと理解できる。

3　坏系土器の変遷の画期

坏系土器の変遷は、第3段階に大きな画期がある。東北地方では、この時期にロクロ製土師器坏の普及がすすみ、やがて五所川原窯産須恵器の生産がはじまるなど、坏を含めた土器群の様相が一変する。一方、北海道島では高坏が出現し組成の主体になってくる。このように、両地域では坏（坏系土器）をめぐる様相の変化がほぼ同じタイミングで起きており、それが単なる偶然だとは考えにくい。ここでその背景を論じる余裕はないが、坏系土器の成立・展開と変遷のあり方が、総じて東北地方土師器坏の動態を契機にしていることは認められてよいだろう。それは、続縄文文化以来の在地土器の系統が根強い甕系土器との大きな違いである。擦文土器では、甕系土器と坏系土器で製作者を取りまく情報のめぐり方や共有のされ方に違いがあったと考えられるのである。

小結

本章では、擦文土器坏・高坏の編年を設定した。先行研究では、各属性を個別に分析することで細分

がなされる傾向にあったが、それらをクロス集計したところ、属性の相関が個体ごとに多様であることが明らかになった。一見細かく分類できそうな坏・高坏であっても、属性のまとまり方を意識しなければ有意な編年を設定できないことを明らかにした点が、本章の成果の1つである。また、坏の器形と文様で変化のタイミングが異なることや、ロクロ製土師器坏の影響のおよび方など、あらたな知見を提示できた。こうした知見をいっそう深く評価するためには、資料の増加をまって、坏や高坏の属性のまとまり方に配慮したさらなる細分をおこなう必要がある。

　本章では、編年の設定に主眼をおいたために、地域性についてほとんど触れられなかった。坏系土器の地域性が甕系土器の地域性と同じ形であらわれるという保証がない以上、坏系土器の地域性は坏系土器の分析をおこなうことでのみ把握できるし、そうした研究の実践によってのみ、各器種の地域性が織りなす構造的な地域性の把握をめざすことができる。どの地域の坏のいかなる属性が北海道島の坏に影響をもたらしていたのかを論じるためには、東北地方各地の坏にみられる微細な地域差とそのまとまり方を精確に把握するのはもちろんのこと、地域同士の関係のあり方を明らかにし、影響の与え手と受け手のつながりを丹念に読み解いてゆくことが不可欠となる。本章であつかわなかった整形手法や口縁部形態などは地域性をとらえるうえで重要な属性であり（宇部2002）、東北地方における影響の発信地域を特定するうえで有力な着眼点になると考えられる。

註

1) 具体的なものとして、石附喜三男（1965・1968）は、東北地方の坏にくらべ底部の平底化がすすんでいる点を挙げた。八木光則（2010）は、それに加えて東北地方北部に多い底部ヘラケズリ調整の少なさを指摘した。

2) 擦文土器を東北地方の土師器研究と同じ方法で分析すれば、属性の比較や編年対比は容易になるだろう。しかし、土器様式論のような形式分類とその組成の変化を基軸とする分析視点は、東北地方以南のように一括資料数や一括資料中の土器点数が多いからこそ有効なのであり、現状で同じ方法を擦文土器に適用しても同様の精度は期待できない。北海道島と東北地方で甕や坏の様相に違いがあることが土器様式論という共通の分析視点で明らかにされたことは辻らの研究成果であるが、今後はこのような違いが生じる背景について、土器様式論とは別の方法から評価する作業が必要になるだろう。本書は、そうした試みの1つに位置づけられるものである。

3) 49.0から57.0までの間は1.0メモリごとに山部と谷部があり、変化が激しいようにもみえるが、49.0を起点にゆるやかな減少傾向を示していることから、1つに括ることにする。

4) 「丸底風平底」という底部形態の分類概念は、北海道や東北地方の坏研究でも頻繁に用いられるものである。しかし、どの程度であれば「平底」や「丸底」と識別されるのか、統一的かつ単純明快な指標は示されていない。ここで用いる「丸底風平底」とは、〝底部接地面に平坦部があること〟を「丸底」との区別に、〝底部から底面にかけて湾曲すること〟を「平底」との区別に用いた、オリジナルの分類概念である。

5) ここでは、段や稜など、成形・整形時に由来する装飾的特徴も含めるため、「文様」ではなく「装飾」とした。

6) 「接地面から器面最上部の装飾までの長さ」については、装飾が段・稜の場合はその最突出部までの長さを、横走沈線文の場合はその上端までの長さを計測した。

7) ここで集計した資料は、遺構床面出土資料および良好な堆積をなす遺物包含層出土資料にかぎっている。分析資料の絶

対数が少なく、今後の資料の増加次第でその比率が変わる可能性はあるが、高坏は遺構床面出土資料同士の比較以外に変遷順序の妥当性を検証する方法がないため、現状ではこの表から得られる知見を積極的に評価する。

8) 文様構成4類とモチーフ3類が組みあわさる土器は、現状で1例のみであるため例外としてあつかう。

9) 坏と高坏をまとめる呼称として「坏系土器」という言葉を用いる。

10) ただし、北海道島と青森県のロクロ製土師器坏の法量平均の類似とは、秋田県のものとくらべた場合の相対的なものであり、両地域では少なからぬ違いがあることも指摘されている。

第6章　擦文土器の編年設定と成立過程の復元

はじめに

　本章では、甕系土器や坏系土器など個別器種レベルの編年を総合して器種組成レベルの編年を設定する。これにより、個別器種の消長を総合的に把握することで明らかになる問題を提起し、今後の擦文土器編年研究の指針を示す。[1]

第1節　擦文土器の編年と変遷の実態

1　擦文土器の編年

　いま一度、前章までに設定した擦文土器各器種の編年をまとめておこう。

甕系…第1段階前半・後半、第2段階、第3段階前半・後半、第4段階前半・後半

坏系…第1段階、第2段階、第3段階、第4段階、第5段階

　表43・44に、一括資料における甕系と坏系の共伴状況を示した。これをもとに、器種組成レベルの編年を次のように設定する。

擦文第1期前半＝甕系第1段階前半／坏系第1段階・第2段階（図130）

擦文第1期後半＝甕系第1段階後半／坏系第1段階・第2段階（図131）

擦文第2期前半＝甕系第2段階／坏系第1段階・第2段階（図132）

擦文第2期後半＝甕系第2段階／坏系第3段階（図133）

擦文第3期前半＝甕系第3段階前半／坏系第3段階（図134）

擦文第3期後半＝甕系第3段階後半／坏系第3段階（図135）

擦文第4期前半＝甕系第4段階前半／坏系第3段階・第4段階（図136）

擦文第4期後半＝甕系第4段階前半・後半／坏系第4段階・第5段階（図137）

擦文第5期　　＝甕系第4段階後半／坏系第5段階（図138）

2　擦文土器の変遷の実態

　擦文土器の変遷においてもっとも注目すべきは、甕系と坏系で変遷速度や変化のタイミングが異なる、ということである（表43・44）。その理由としては、製作ー使用ー廃棄という一連のライフサイクルが甕系と坏系で異なっていたことが考えられる。また、甕系の一部は道内在地型式である北大式の系統を、坏系は東北地方土師器の系統をそれぞれひくことからみて、両者で土器製作者間の情報のめぐり方に違いがあったことも考えられる。これらの原因が複雑に絡みあった結果が甕系と坏系の変遷の様相に反映されていると思われ、そこに土器の製作者と使用者をめぐる複雑な実態を読みとれる。八木光則（2010）は、坏の細分をもとに擦文土器編年研究を展開するなかで「坏は、現在の食器のように文化伝播として

第Ⅱ部 擦文土器の編年と系統

遺構名	時期名	甕系 1前	1後	2	3前	3後	4前	4後	坏系 1	2	3	4	5
キウス5 UH-4	擦文第1期前半	(+)	(+)	(+)					+				
K435D1地点 14号		(●)	(●)	(●)						○			
丸子山 IH-2		(+)	(+)	(+)						●			
N426 3号		(+)	(+)	(+)						+			
ヘロカルウスE地点 3号		●								○			
カリンバ3 SH-1		●								+			
大川 SH-49	擦文第1期後半			●					○	+			
K39附属図書館本館再生整備地点 HP01				●						●			
末広 IH-53				●						+			
キウス5 UH-8				○						+			
中島松6 1号				○						+			
祝梅三角山D 2号				+						+			
ユカンボシC15 P-29				+						+			
南島松2 3号	擦文第2期前半			+					+				
オサツ2 SH13				○					+				
大川 SH-35				○									
大川 SH-9				+					●	+			
沢町 SH-2				+					○	○			
東山 H-15				●						●			
H317 12号				●						○			
茂漁4 1号				●						○			
K39共用実験研究棟地点 HP01				●						+			
沢町 SH-1				+						+			
茂漁7 H-3				+						+			
H519 2号				●						○	+		
柏木川13 SH-1				+						●	+		
K39恵迪寮地点 5号	擦文第2期後半	(○)	(○)	(○)						+			
K113北35条地点 3号		(+)	(+)	(+)						+			
K528 4号掘立柱建物跡				●						●			
大川 SH-37				●						+			
K523 8a層土器集中範囲				●						+			
K39第6次調査地点 54号				○						+			
H519 13号				+						+			
K446 6号				○						+			
オサツ2 SH1				+						○			
末広 IH-83				●						+			
大川 SH-38				○	●					+			
C424A地点 4号				●	+					○			
K446 1号				+	+					+			
H519 14号				○	+					+			
H519 12号				○	+					+			
大川 SH-41	擦文第3期前半				○					+			
香川三線 CH-8					○					+			
大川 SH-55					+					+			
香川三線 CH-53					○					●			
高砂 AH-74					(●)	(●)				+			
K39第6次調査地点 18号					(+)	(+)				○			
高砂 AH-64					(+)	(+)				+			
K39長谷工地点 1号					(+)	(+)				+			
高砂 AH-1					(+)	(+)				+			
香川三線 CH-9					(+)	(+)				+			
香川三線 CH-23					(+)	(+)				+			
香川三線 CH-22					(+)	(+)				○			
K460 4号					(+)	(+)				+			
高砂第2地点 8号					(+)	(+)				+			
K39第6次調査地点 31号					(+)	(+)				+			
香川6 H-14					(+)	(+)					●		
高砂 AH-119					(+)	(+)					●		
高砂 AH-93					(+)	(+)					○		
香川6 H-3					(+)	(+)					●		

+…1点、○…2点、●…3点以上
()は推定時期。

表43 甕系土器と坏系土器の共伴状況（1）

第6章　擦文土器の編年設定と成立過程の復元

遺構名	時期名	甕系 1前	1後	2	3前	3後	4前	4後	坏系 1	2	3	4	5
オサツ2 SH6	擦文第3期後半					●					+		
オサツ2 SH7						●					+		
大川 SH-66						+					+		
高砂 AH-79						●					+		
K36タカノ地点 4号						+					●		
高砂 BH-70						+					○		
K39第6次調査地点 17号						○					○		
香川三線 CH-52						+					+		
香川6 H-16						+					●		
香川三線 CH-16						+					+		
香川6 H-6					(+)	(+)					○	+	
岐阜第二 8号						●						●	
香川6 H-13						○	+				○		
上幌内モイ ⅢPB03						+	○					+	
須藤 9号						+	○					+	
高砂 AH-69	擦文第4期前半						+				+		
香川三線 AH-6							+				+		
香川三線 AH-7							+				○		
高砂 AH-65							+				●		
香川三線 CH-12							+				●		
高砂 AH-130							+				○		
香川三線 CH-3							○				○		
須藤 26号							●					○	
嘉多山 3号							●					+	
須藤 15号							●					+	
須藤 27号							○					+	
岐阜第三 27号							+					+	
須藤 8号							+					+	
岐阜第二 16号								+			+	+	
須藤 29号	擦文第4期後半						○						+
幣舞2 9号							+						+
須藤 25号							●						+
栄浦第一 2号							+						+
常呂川河口 165号							+						+
TK67 1号							+						+
二股第3地点 1号							+						+
ST09 1号							○	+				+	
ウエンナイ2 11号								+				+	
須藤 13号								+				+	
栄浦第二 1号							●	+				+	
北斗 21号	擦文第5期						●						+
常呂川河口 43号								+					+
浜佐呂間第Ⅰ地点 3号								+					○

＋…1点，○…2点，●…3点以上
（）は推定時期。

表11　甕系土器と坏系土器の共伴状況（2）

甕より早く伝わる性格をもち、甕は煮炊具として保守的である」（245頁）と述べた。しかし、上記の分析結果は、甕の細分を基軸にすえればまったく逆の結論が得られることを示しており、擦文土器において甕と坏のどちらが「保守的」なのか一概には評価できないとわかる。

ところで、甕系と坏系で変化に違いがあるということは、擦文土器編年研究に2つの問題を提起する。1つめは、甕系と坏系で変遷速度と変化のタイミングが異なるためにそれぞれの細分数が一対一対応するとはかぎらず、どちらの器種に軸足をおくかで編年の細分結果が変わってくる、という問題である。もちろん、両器種の変化のタイミングがそろう部分に画期を設けることはできるが、その分時間軸の目盛は最大公約数的に大きくなるので、器種ごとの細かな変遷の実態が捨象されてしまう。そうなると、より細かな時間軸がもとめられている今日の研究の要請にこたえることがむずかしくなるだろう。

2つめは、一方の器種に軸足をおいた編年をもとに他方の器種の地域性を評価することには検討の余

第Ⅱ部　擦文土器の編年と系統

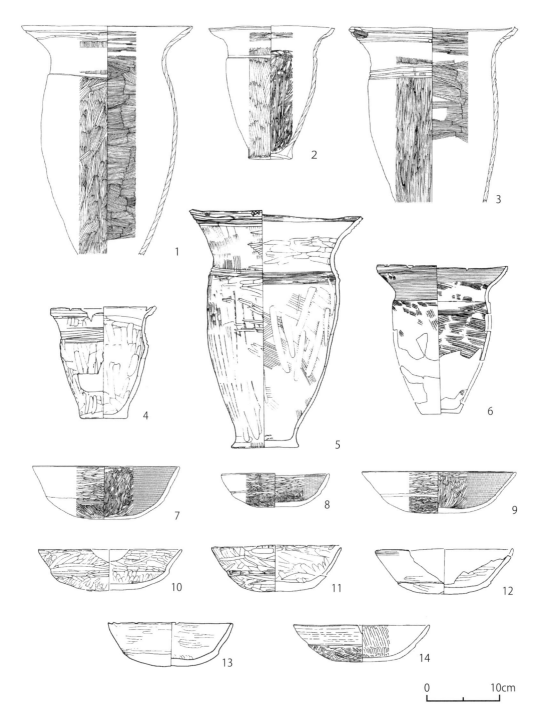

1〜6. 甕系第１段階前半：12・13. 坏系第１段階：7〜11・14. 坏系第２段階

図 130　擦文第１期前半

1〜3・7〜9. 丸子山：4・5・10・11. ヘロカルウスＥ地点：6・12・13. K435C地点：14. カリンバ３

第 6 章　擦文土器の編年設定と成立過程の復元

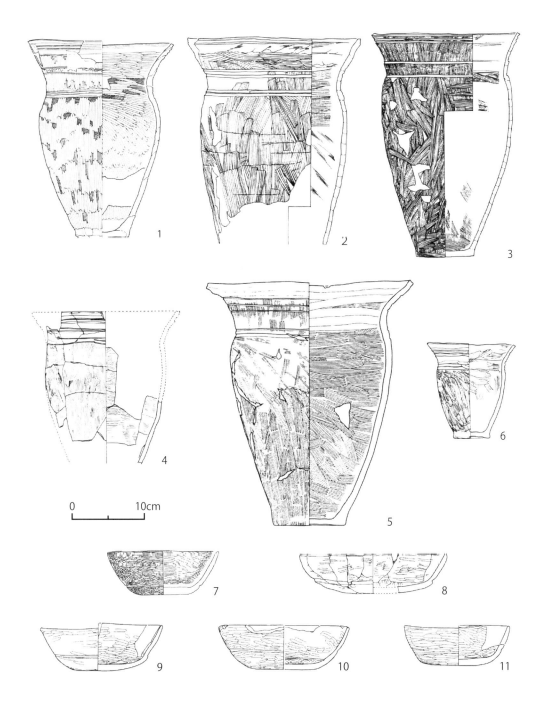

1～6. 甕系第 1 段階後半 : 7. 坏系第 1 段階 : 8～11. 坏系第 2 段階

図 131　擦文第 1 期後半

1. キウス 9 : 2・3. ユカンボシ C9 : 4・8. 中島松 6 : 5. 柏木川 4 : 6. ユカンボシ C15 : 7. 大川 : 9～11. C507

第Ⅱ部　擦文土器の編年と系統

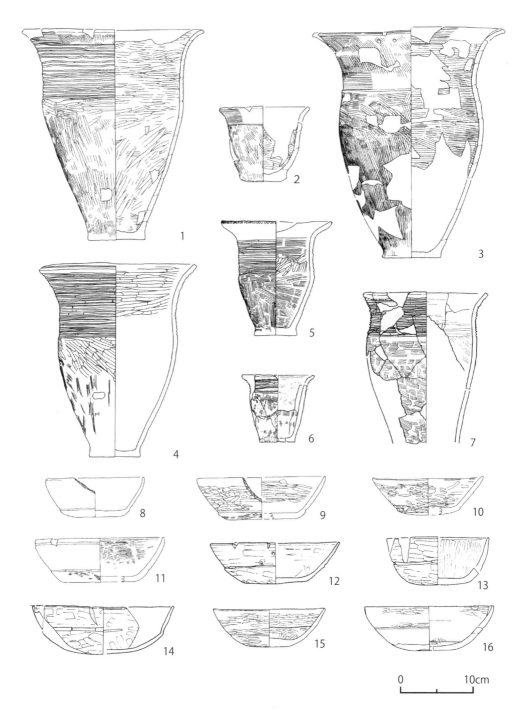

1～7．甕系第2段階：8～10．坏系第1段階：11～16．坏系第2段階

図 132　擦文第 2 期前半

1～3．H317：4・5・8～11．大川：6・7．茂漁4：12～14．東山1：15・16．K39第6次調査地点

第6章 擦文土器の編年設定と成立過程の復元

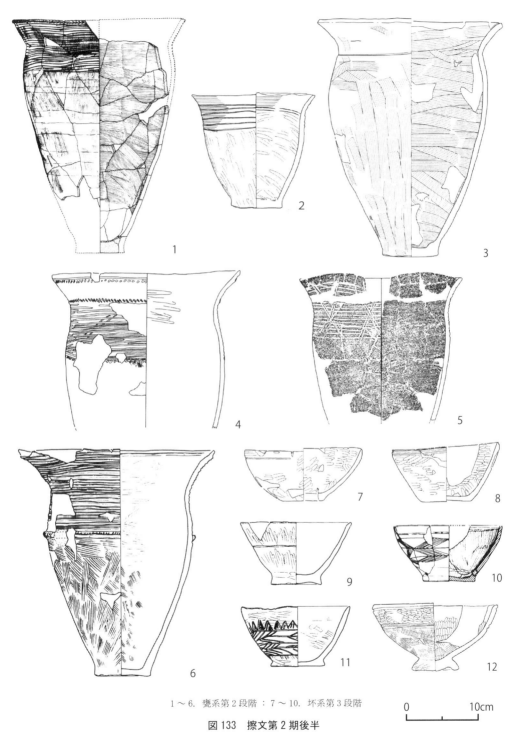

1〜6. 甕系第2段階 : 7〜10. 坏系第3段階

図133 擦文第2期後半

1・5・10. K446 : 2. C424A地点 : 3. K523 : 4. 大川 : 6・9・11. オサツ2 : 7・8. K528 : 12. K39北11条地点

第Ⅱ部　擦文土器の編年と系統

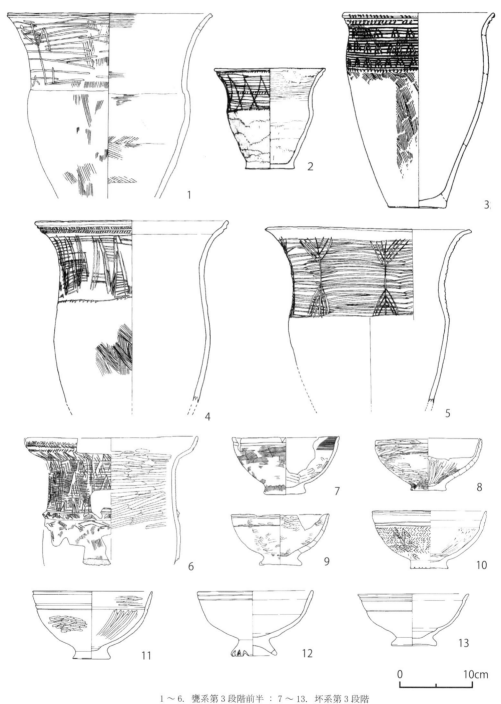

1〜6. 甕系第3段階前半 : 7〜13. 坏系第3段階

図134　擦文第3期前半

1. 高砂第2地点 : 2. K460 : 3. 高砂 : 4・5. 香川三線 : 6. 大川 : 7〜9. K39長谷工地点 : 10〜13. 香川6

第 6 章　擦文土器の編年設定と成立過程の復元

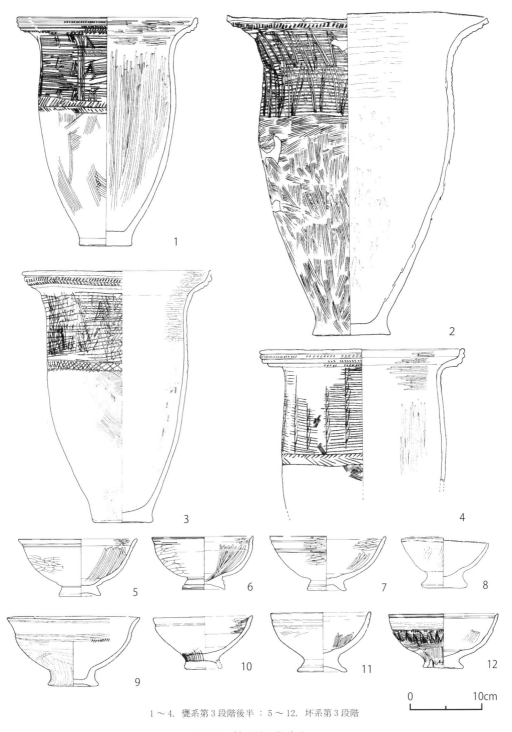

1〜4. 甕系第 3 段階後半：5〜12. 坏系第 3 段階

図 135　擦文第 3 期後半

1・4・10〜12. 香川三線：2. オサツ 2：3・5〜7. 香川 6：8. 旭町 1：9. N30

203

第Ⅱ部　擦文土器の編年と系統

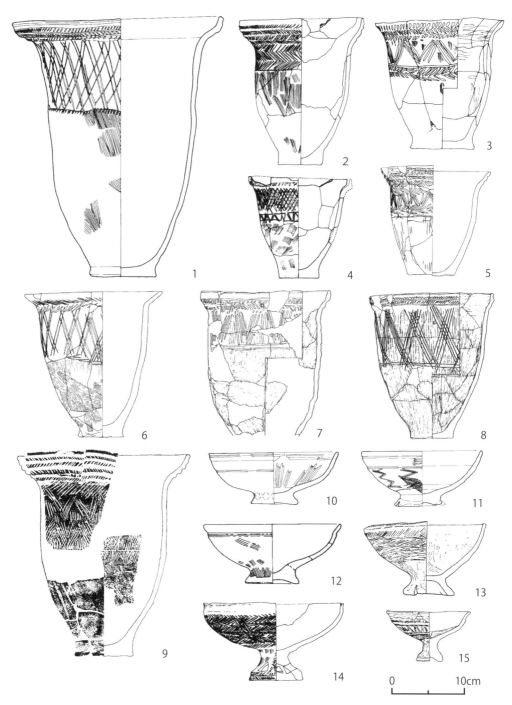

1〜9. 甕系第4段階前半 : 10〜12. 坏系第3段階 : 13〜15. 坏系第4段階

図136　擦文第4期前半

1・10・11. 香川三線 : 2〜4・14. 須藤 : 5・6. 常呂川河口 : 7・8・15. 幣舞2 : 9・13. 岐阜第三 : 12. 高砂

第 6 章　擦文土器の編年設定と成立過程の復元

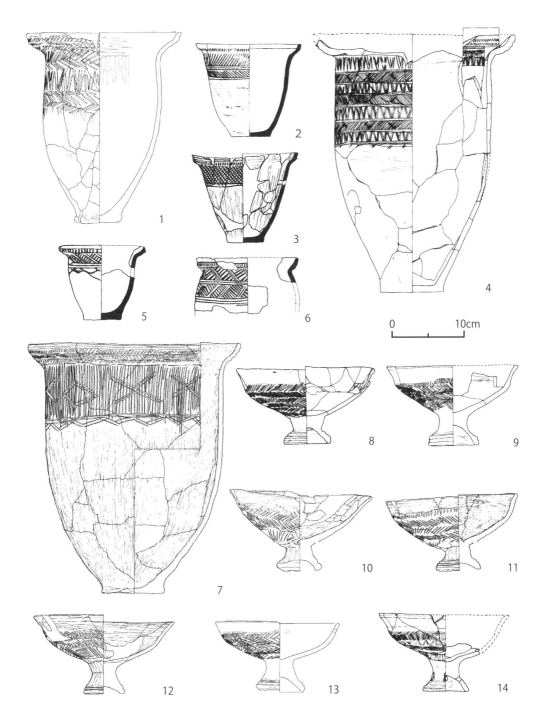

1〜3. 甕系第 4 段階前半：4〜7. 甕系第 4 段階後半：8〜11. 坏系第 4 段階：12〜14. 坏系第 5 段階

図 137　擦文第 4 期後半

1・13. 常呂川河口：2・3・5・6. 栄浦第二：4・8・9・14. 須藤：7・10〜12. 幣舞 2

第Ⅱ部　擦文土器の編年と系統

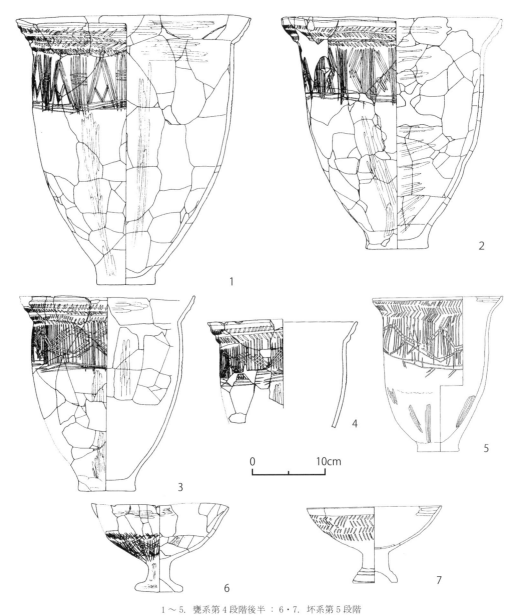

1〜5. 甕系第4段階後半：6・7. 坏系第5段階

図138　擦文第5期

1〜4・6. 北斗：5・7. 浜佐呂間Ⅰ

地がある、という問題である。たとえば、塚本浩司（2002）は、坏系に軸足をおいた編年をもとに甕系の地域差を読みとっている。しかし、両器種で変遷速度と変化のタイミングが異なるということは、ある坏系に共伴する甕系が、その坏系の一時期におさまる場合も複数時期にまたがる場合もあることを意味する。すなわち、甕系の地域差と評価された違いが実は時期差によるものである可能性と、時期差と評価された違いが実は地域差によるものである可能性が、明確に区別できないことがあり得るのである。このような問題を避けるためには、甕の地域差は甕の編年から、坏の地域差は坏の編年から、それぞれ

評価するのが無難である。

　これらの問題は、今後の資料の増加によって各器種の細分の妥当性がみなおされることで解消される可能性はある。しかし、少なくとも今日の資料水準のもとでは、擦文土器の一括資料をあつかう際に留意すべき点となろう。誤解のないよう述べると、筆者は、甕系と坏系のどちらに軸足をおくのが正しいのかを問いたいのではない。本書では、甕系に、広域に分布すること、地域性を捉えやすいこと、隣接諸型式との交渉の問題にアプローチできること、など多くの利点があることを重視し、その細分に軸足をおいた編年を提示したが、その内容を坏系の細分に軸足をおく形で整理することは十分可能であるし、それがまちがいだとも思っていない。試みに坏系に軸足をおく形で編年を整理すると、「坏系第1段階／甕系第1段階前半～第2段階」の時期→「坏系第2段階／甕系第1段階前半～第2段階」の時期→「坏系第3段階／甕系第2段階～第4段階前半」の時期→「坏系第4段階／甕系第4段階前半～後半」の時期→「坏系第5段階／甕系第4段階前半～後半」の時期、となる。甕系と坏系それぞれの変遷過程や地域性の成りたちが異なるという実態を直視し、眼前の課題や研究目的に応じて適材適所に編年を整理し使いわけてゆくことが肝要なのである（使いわける際に編年の整理の仕方を示す必要はあるが）。

3　先行研究との編年対比

　次に、先行研究との編年対比をおこなう。対比においては、擦文土器全時期の相対編年であること、編年区分の論拠が示されていること、各時期の土器が図示されていること、などを条件に、菊池徹夫（1970）、佐藤達夫（1972）、藤本強（1972）、宇田川洋（1980）、石附喜三男（1984）、横山英介（1990）、中田裕香他（1999）、塚本浩司（2002）、澤井玄（2007）の編年を選定する。

　表45に編年対比表を示した。唯一、藤本編年のみ本書の編年と時間的先後関係に齟齬がみられる。藤本の分類は時間的先後関係に関する検討がなされておらず、そのまま時間軸としてあつかうべきものではない（第4章第5節2参照）。したがって、今日の資料の状況をもとに藤本の分類を検討しなおした結果が表45の内容である。

　そのほかの編年とは、時間的先後関係はよく整合しているが、編年の区分数と区分箇所に違いがある。これは、擦文土器のいかなる特徴に注目し、いかに細分し、いかに変遷の画期を評価するか、という編

本書の編年	宇田川(1980)	石附(1984)	菊池(1970)	藤本(1972)	佐藤(1972)	横山(1990)	中田他(1999)	塚本(2002)	澤井(2007)
擦文第1期前半	前期		0		a	Ⅱ1	前期Ⅰ～Ⅲ	前期	2・3期	前期
擦文第1期後半	前期				a	Ⅱ1	前期Ⅰ～Ⅲ	前期	2・3期	前期
擦文第2期前半	前期		Ⅰ	A		Ⅱ2～4	中期Ⅰ	前期	4・5期	前期
擦文第2期後半	前期		Ⅱ	A	b	Ⅱ2～4	中期Ⅰ	前期	4・5期	中期前半
擦文第3期前半	中期		Ⅲ	B	c・d	Ⅲ1～6	中期Ⅱ・Ⅲ	中期	6・7期	中期後半
擦文第3期後半	中期		Ⅳ	C	e	Ⅲ1～6	中期Ⅱ・Ⅲ	中期後期	6・7期	中期後半
擦文第4期前半	後期		Ⅴ	D	g	Ⅳ1	後期Ⅰ	後期	8・9期	後期前半 後期後半
擦文第4期後半	後期 晩期		Ⅵ	E	f・h～l	Ⅳ2～10	後期Ⅱ	後期	8・9期	後期前半 後期後半
擦文第5期	後期 晩期		Ⅵ	E	f・h～l	Ⅳ2～10	後期Ⅲ・Ⅳ	後期	10・11期	後期前半 後期後半

表45　先行研究との編年対比表

年の組みたて方の違いによるものなので、一概に正否を問うことはむずかしい。ただし、出土状況からの検証が十分であるか、時期差と地域差の弁別が十分に検討されているか、といった編年研究の根幹にかかわる問題を評価基準とすれば、各編年の妥当性を比較することはできる。たとえば、佐藤編年は、出土状況による検証を踏まえず過度に細分されているため、通時的変化と共時的変異が混同されているほか、編年が「推定」(山内1935)にとどまっている (第1章第2節3、第4章第5節1参照)。

第2節　擦文土器の一括資料の成りたち

1　擦文土器編年研究における特定の一括資料を標式にみたてる方法の展開

　研究史上の第Ⅱ期 (第1章第1節2参照) 以降、特に1980年代以降の擦文土器編年研究では、特定の一括資料を標式にみたてて編年を設定する方法が主流である (横山1984, 仲田1997, 塚本2002, 八木2007b・2008)。これについては、ⅰ) 擦文文化の遺跡では、札幌市などのかぎられた地域をのぞき良好な堆積をなす遺物包含層が検出された事例がなく、大半の土器の時期差を知るには遺構一括資料同士の比較にたよらざるを得ないこと、ⅱ) 東北地方の土師器編年が一括資料相互の比較による様式編年として設定されており、擦文土器の器形、器種分化、器種組成などが東北地方土師器と密接な関係をもって成立すると考えられていた状況では、東北地方土師器の編年方法が擦文土器編年研究に援用されるのは自然のなりゆきだったこと、という2つの理由が重なったために、擦文土器編年研究がおのずと東北地方土師器編年研究と同様の歩みをたどるようになった結果だと考えられる。

2　一括資料を標式にみたてる編年から個別器種の地域性を読みとる方法の問題点

　擦文土器の器種のなかでも甕系に地域差があることは早くから知られており (名取1939, 佐藤1972)、それは資料の増加にともない我々の目にいっそう鮮明に映ることになった。このような甕系の地域差は研究史上の第Ⅱ期の後半になって体系的に検討されるようになり (鈴木1977, 久保1984, 天野1987)、続く第Ⅲ期には資料や層位的出土例の増加など研究環境が向上したことを受け、より細かい地域性をとらえようとする方向に研究が進んだ (瀬川1996, 中田1996, 塚本2002, 天野・小野2007)。こうした研究は、道内諸地域の地域的まとまりを抽出し、それらの関係を読みとるなかで集団間の交流の様相を明らかにしようとする射程をもっており、土器研究を擦文文化社会の研究に接続する重要なものである。

　しかし、多くの場合では編年設定後に判明した各地の土器同士の違いを記述するにとどまっており、地域性がいかなるプロセスを経て形成されるのか、という動態的側面に注目した研究は少ない。[2] その背景には、遺構一括資料を標式にみたてる編年方法が影を落としていると考えられる。

　擦文土器編年研究に様式編年的視点をはじめて導入した石附 (1965) は、「各器種の土師器は、1つの遺跡あるいは遺構から、必ずしも全部がともに出土しないにしても、あくまでも全器種をこの型式に属するassemblageとして一体に把握すべきもの」だと主張した。そこには、ⅰ) 組成の良好な一括資料を編年の標式にみたてること、ⅱ) 良好な組成に恵まれないときは各地の断片的な資料をつないで組成を想定すること、などの特徴がある。このような視点は、近年の東北地方土師器編年方法を援用す

る擦文土器編年研究に受け継がれている。特に擦文土器の場合、各器種の出そろった遺構一括資料が多くないためか、ⅱの方法で標式資料が想定されることが多いようである（横山 1984，塚本 2002，八木 2008）。

ところで、ⅱの方法では各地の土器が標式資料として１つにまとめられるため、そこに地域性が反映されていたとしてもみおとされることになる。もちろん、編年を設定したのち、標式資料が実は地域性のある土器からなっていたと事後的に指摘することはできる。しかし、標式資料を構成する個別器種の地域性を事後的に認めた時点で、〝ある時期の一定範囲に広がった共通性の高い土器群〟という編年における標式資料としての価値が損なわれ、その標式資料が編年の標式たり得るのかあらたに検討の余地が生まれる、ということに注意しなければならない。たとえば、第３章第４節 1-1 で、桜井第一型式の標式資料とされた一括資料（図 49）が、実は北海道系の土器（同図左上）、すなわち地域性のある土器を含んでおり、この時期の東北地方北部の一括資料全体に適用できる標式たり得ないことを指摘した。これは、まさしく上記問題を反映する検討結果である。要するに、遺構一括資料を標式にみたてる編年では、一括資料同士の異同を比較することはできても、一括資料を構成する個別器種の地域性をただちに比較することはできないのである。ここに、これまで擦文土器の地域性をあつかった研究が標式資料同士の違いを記述するに終始していたことの本質的な原因があると筆者はみている。[3] 擦文土器研究では甕系など個別器種レベルの地域性が重視されてきたのであり（天野 1987）、それをあつかううえで、遺構一括資料を標式にみたてる編年方法には限界があることを認識しなくてはならない。[4]

3　個別器種の編年と器種組成の編年を階層的に構成する方法の意義

このような方法に対し、本書では第一に個別器種レベルの編年を設定し、それらを総合させて器種組成レベルの編年を設定する、という階層的な方法をとった。その結果、甕系と坏系では変遷速度や変化のタイミング、系統、地域性のあらわれ方など多くの時空間的位相が異なることが明らかになった。このことから、擦文土器の一括資料とは、個別器種レベルで地域性・多様性があり、それらが組成することで器種組成レベルの地域性・多様性が浮き彫りになったものだと理解できる（図 139）。

このような状況では、数例の一括資料を標式にみたてることに意味をみいだせないのは明らかである。仮にある特定の一括資料を編年の標式にみたてたとしても、それは一部の一括資料にしか適用できない可能性がある。[5] たとえ遺存状態が良好で出土個体数も豊富な一括資料であっても、それは多様な一括資料群全体の一位相にすぎないということを常に意識しなければならない。そして、特定の一括資料が編年の標式たり得るか否かという認識は、個別器種ごとに地域性を分析・解明して各地の一括資料の成りたちをときほぐし、その成果をもとに器種組成ごとの地域性を分析・解明する、という階層的な分析をすすめる過程で形成され説得力をもつようになると考えるべきだろう。

この分析視点は、組成の良好な一括資料が少ない擦文土器をあつかう際に有効であることと、個別器種の地域性の抽出（天野 1987）にもアプローチできることに意義がある。[6]

第Ⅱ部　擦文土器の編年と系統

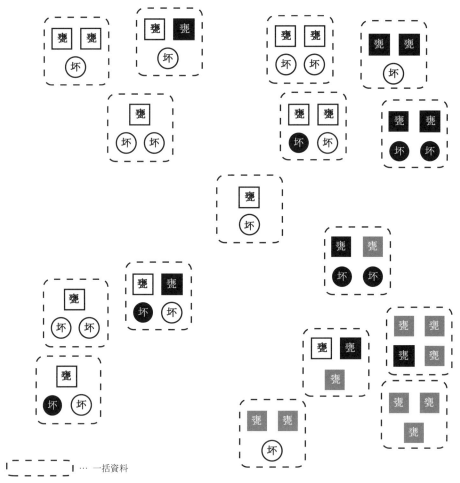

図 139　一時期における擦文土器一括資料と地域性の成りたち概念図

第3節　擦文土器の成立過程をめぐる問題の検討

　擦文土器の成立過程をめぐっては、「続縄文土器母胎説」と「土師器母胎説」が並立していた（第1章第1節2-2参照）。ここでは、前章までの検討結果をもとに両説を評価し、筆者の考えを示す。

　甕系は、後北 C_2-D 式Ⅲ期以後、オホーツク土器や東北地方土師器甕の型式論的影響を受けながらも、北大1式古段階→同新段階→2式→3式1類→擦文第1期前半へと、器形、文様帯、文様が強い連続性をもちながらスムーズに変遷した（図36・55）。したがって、甕系にかぎって言えば、続縄文土器を「母胎」にして擦文土器が成立したことはまちがいない。

　一方、坏系は北大3式1類期に道内で出土例が散見されるようになり、擦文第1期前半に定着する。それは明らかに東北地方土師器の系統をひくものであり、安定して甕にともなう状況も東北地方土師器と共通する。したがって、器種組成にかぎって言えば、擦文土器は土師器を「母胎」にしていることはまちがいない。この意味において、擦文土器を土師器が「地方化」したものだとする「土師器母胎説」

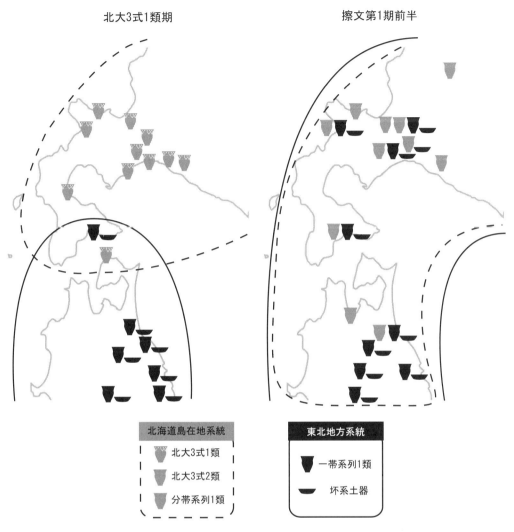

図140　系統組成からみた擦文土器成立過程の模式図

支持者の考えにも説得力はある。

　このように、共通の土器群に対し何を基準として括るかによって両説の違いがもたらされているのは明らかであり、この基準の設定の仕方が斉藤傑（1983）の言う〝力点のおき場所〟に相当する。したがって、両説は対立させて考えるようなものではなく、各説の長所を研究目的に応じて活かし適材適所に使い分けることこそが肝要である。

　筆者は、「土師器母胎説」の考えにある〝土師器の「地方化」〟という部分に「続縄文土器母胎説」の考えを活かす余地があると考える。擦文第1期前半の北海道島と東北地方北部では、系統を異にする甕と坏が組成比を違える形で分布した（図140）。この分布状況は、三浦圭介（1994）の言う「古代前期東北北部型土師器」、辻秀人（2007b）の言う「北海道型栗囲土器様式圏」「北部型栗囲土器様式圏」という括りにおおむね相当すると考えられる。これらの考えは、東北地方北部と北海道島の土器群が東北

第Ⅱ部　擦文土器の編年と系統

地方南部の系譜をひきつつそれぞれ独自の地域差をもつとみる点で一致するが、実はそれは擦文土器「土師器母胎説」の考えと同じものである。そして、このような独自の地域差を生じさせた原因が在地の北大式系統の甕の存在にあることは明らかだろう（第3章参照）。すなわち、甕系は北海道島在地の系統と東北地方の系統が交錯するという空間的位相を示し、それに東北地方系統の坏も加わることでみかけ上東北地方土師器に類似する器種組成が示されたのが擦文土器成立過程の実態であり、これこそ土師器の「地方化」の一側面だと評価するわけである。

　このように、本書の視点をとれば、擦文土器の成立過程を「続縄文土器母胎説」的にも「土師器母胎説」的にも同時にとらえられる。くりかえしになるが、本書では、個別器種レベルの編年と器種組成レベルの編年を階層的に分けて設定した。それゆえに、個別器種（甕系）の異同を問題にする「続縄文土器母胎説」の視点と器種組成の異同を問題にする「土師器母胎説」の視点を統合できたのである。逆に、先行研究でこれら2説が別々に評価され、ときには対立的にとらえられるような状況が創出されてきた原因は、個別器種の時空間的位相と器種組成の時空間的位相を明確に区別せずに分析が進められたために「続縄文土器母胎説」と「土師器母胎説」それぞれの方法論上の違いが意識されず、各説の長所を使い分けようとする視点が確立されなかったことにあると考えられる。

小結

　前章までの分析の総括として、本章では擦文土器編年を確立し、それをもとに先行編年との対比、先行研究の問題点の検討や論点の解釈をおこなった。擦文土器編年を設定したことはむろん成果の1つだが、先行編年では明らかにされてこなかった甕系と坏系の時空間的位相の違い、個別器種と器種組成の時空間的位相の違いを前章までの分析結果からみちびきだし、今後の編年研究において留意すべき点として提示できたことも大きな成果である。資料の増加次第で編年内容に修正をせまられる可能性があるとしても、現時点での擦文土器編年を提示し、今後の指針を打ちたてることができただけでも十分意義があると考えたい。

註

1) 以下、甕系土器と坏系土器をそれぞれ「甕系」「坏系」と略してよぶ。
2) 天野哲也・小野裕子（2007）の論考は、甕の地域性形成プロセスの解明に取りくんだ数少ない研究として重要である。
3) 筆者が東北地方の土師器編年研究で使われている土器様式論を擦文土器に適用するのに賛同できない理由の1つがここにもある（第5章註2も参照）。
4) 一括資料と個別器種を用いる編年研究上の留意点は、大村直（1983）が述べている。
5) これが後半期擦文土器甕に特に顕著な傾向であることは、第4章で論じたとおりである。
6) この分析視点が北大式の検討にも有効であることは、第2章第1節4で論じたとおりである。

第Ⅲ部

古代日本列島北辺地域における土器型式群の動態と擦文土器

第7章　トビニタイ式土器の編年と系統

はじめに

　トビニタイ式土器は、道東オホーツク海沿岸部に展開したオホーツク土器が、擦文土器の影響を受けて変容し成立した土器群である。[1] 本章の目的は、トビニタイ式の編年を整備しその変遷過程を復元するとともに、擦文土器との型式交渉関係を明らかにすることにある。

　筆者は以前、文様構成を基軸にすえたトビニタイ式の細分編年案を示した（榊田2006：以下「旧稿」とする）。本章では、あらたに分析する属性を増やし、あらためて検討をおこなう。その理由の1つに、旧稿発表後に各地でトビニタイ式の出土があいついだことがある。旧稿では、完形・略完形個体数のかぎられた状況下で細分をめざしたために、着目した属性3種のうち2種を確認できる個体も分析することで資料全体の少なさをカバーする、という手法をとった。しかし、トビニタイ式の型式論的特徴はきわめて明確であり、たとえ少ない資料数であっても、着目する属性すべての相関関係を把握できる形で分析結果を提示する方が変遷過程をみとおしやすくなる、と考えるようになった。

　2つめの理由は、旧稿ではトビニタイ式の古手の部分の検討を重視したために、新手の部分との型式論的つながりについて説明が不十分であったことにある。トビニタイ式の新手の部分については続く論文（榊田2007）で筆者の理解を示したが、そこでは擦文土器との関係を論じることに紙数を費やしたため、結果的にトビニタイ式全体をとおしてみた変遷過程がわかりづらくなったと反省している。そのため、本章では古手・新手双方を共通の視点で分析することで、トビニタイ式の編年と系統、成立・展開・終焉にいたる変遷過程について体系的な説明をほどこす。

第1節　トビニタイ式土器編年の研究史と問題の所在

1　トビニタイ式土器の編年研究小史

　トビニタイ式の類例の存在は戦前から知られていたようだが、大空町（旧女満別町）元町遺跡（大場・奥田1960）や羅臼町トビニタイ遺跡（駒井編1964）での発見時に、これがオホーツク土器の特徴と擦文土器の特徴の併存する一群として認識され、両土器の融合・接触したものと評価されたことが、学会で注目される端緒になった。その編年的位置づけについては、駒井和愛（1964）、藤本強（1965）、石附喜三男（1969）、大井晴男（1970）らによって、オホーツク土器・擦文土器研究をつうじて述べられていたが、はじめてトビニタイ式を体系的に分類しその時期差を検討したのは菊池徹夫（1972b）である（図142）。菊池は、この土器群を「トビニタイ土器群」と呼んで文様等の違いからⅠ・Ⅱに区別し、ⅠとⅡの中間的な要素がみられる土器群を含めて3つに分類し、[2] 「トビニタイⅠ群」→「同Ⅱ群」という変遷案を示した。ただし、当時は層位的な根拠にとぼしく確定的な結論とはならなかった。

第Ⅲ部　古代日本列島北辺地域における土器型式群の動態と擦文土器

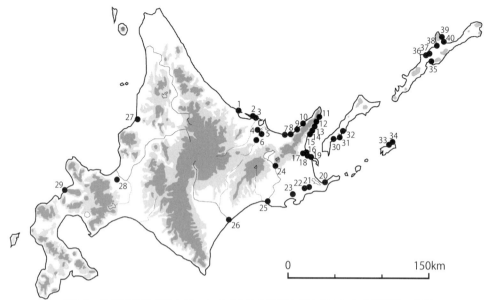

図141　本章で言及するトビニタイ式土器と関連土器を出土した主要遺跡の位置

1．湧別川西：2．栄浦第二：3．常呂川河口・トコロチャシ南尾根・TK67：4．嘉多山3：5．元町：6．鳥里・元町2：7．ピラガ丘第Ⅰ地点・ピラガ丘第Ⅲ地点・須藤：8．以久科北海岸：9．オタモイ1：10．チャシコツ岬下B・ウトロ・ウトロチャシコツ下・ウトロ滝ノ上：11．ルサ：12．サシルイ北岸：13．トビニタイ：14．隆道丘陵地・船見町高台：15．オタフク岩第Ⅰ・オタフク岩洞窟・松法川北岸：16．伊茶仁カリカリウス：17．伊茶仁孵化場第1・伊茶仁B地点：18．標津川河岸1：19．当幌川左岸竪穴群：20．オンネトー・トボケナイ：21．姉別川流域竪穴遺跡群・姉別川17：22．梅原：23．下田ノ沢：24．下鐺別B地点：25．幣舞2：26．十勝太古川・十勝太若月：27．留萌市高台市街地：28．K518：29．尻別川河口東岸砂丘：30．東沸（Серноводск）：31．ポンキナシリ：32．フルカマップ（Южно-Курильск）：33．アナマ（Крабозаводское）：34．斜古丹（Малокурильское）：35．ブラゴダートノエⅠ（ВлагодатноеⅠ）：36．タンコヴォエ（Танковое）：37．留別（Куйбышево）：38．シャナ（Курильск）：39．別飛（РейдовоⅠ）：40．オーリャⅠ（ОляⅠ）

　これに対して金盛典夫は、斜里町ピラガ丘遺跡（米村1970・1972, 米村・金盛1976）の発掘調査にもとづき、「トビニタイⅡ群」→「同Ⅰ群」という変遷案を示した（米村・金盛前掲）。さらに後年、同町須藤遺跡の発掘調査で「トビニタイⅠ群」を出土する竪穴がすべてカムイヌプリ5a火山灰（Km-5a）を切って構築されているという知見が得られたことを受け、自説を補強した（金盛他1981）。以後、トビニタイ式は金盛の変遷案が支持され、これをもとにした遺構論や文化論が展開されることになる。

　その後、トビニタイ式編年研究の転機になったのは、標津町伊茶仁カリカリウス遺跡（椙田1982）の発掘調査である。この遺跡から出土した土器（図143-1～8・15：以下「カリカリウス土器群」と呼称）は、藤本（1965）のオホーツク土器編年でいうe群（図144：以下「藤本e群」と呼称）とは器形等に違いがあるとされ、報告者の椙田光明によって「須藤遺跡出土オホーツク系土器（トビニタイⅠ群・Ⅲ群：筆者加筆）より古く、オホーツクe群より新しい」（103頁）と想定された。それまで、器形に型式論的ギャップのあった藤本e群と「トビニタイⅡ群」の間に「カリカリウス土器群」をおくことで、オホーツク貼付文土器からトビニタイ式への変遷過程をスムーズに想定できるようになった。ただし、そこでは「カリカリウス土器群」が藤本e群や「トビニタイⅡ群」と時間的先後関係にあるのか併行関係にある

第 7 章　トビニタイ式土器の編年と系統

のか、という点が述べられておらず、この問題の解明は以後の研究にゆだねられることになった。

その後、トビニタイ式編年案が数名の研究者によって提示された（山浦 1983、金盛・椙田 1984、右代 1991、澤井 1992）。各氏の編年案を対比させたのが表 46 である。各論では様々な分類名称が使われているが、内容は「カリカリウス土器群」「トビニタイⅠ群」「同Ⅱ群」「同Ⅲ群」を踏襲しており、それらの時間的序列を摩周 b5 火山灰層（Ma-b5）や Km-5a を用いたテフロクロノロジーの所見や共伴する擦文土器編年によって検討する、という点が共通している。これらの分類自体は、今日の資料水準のも

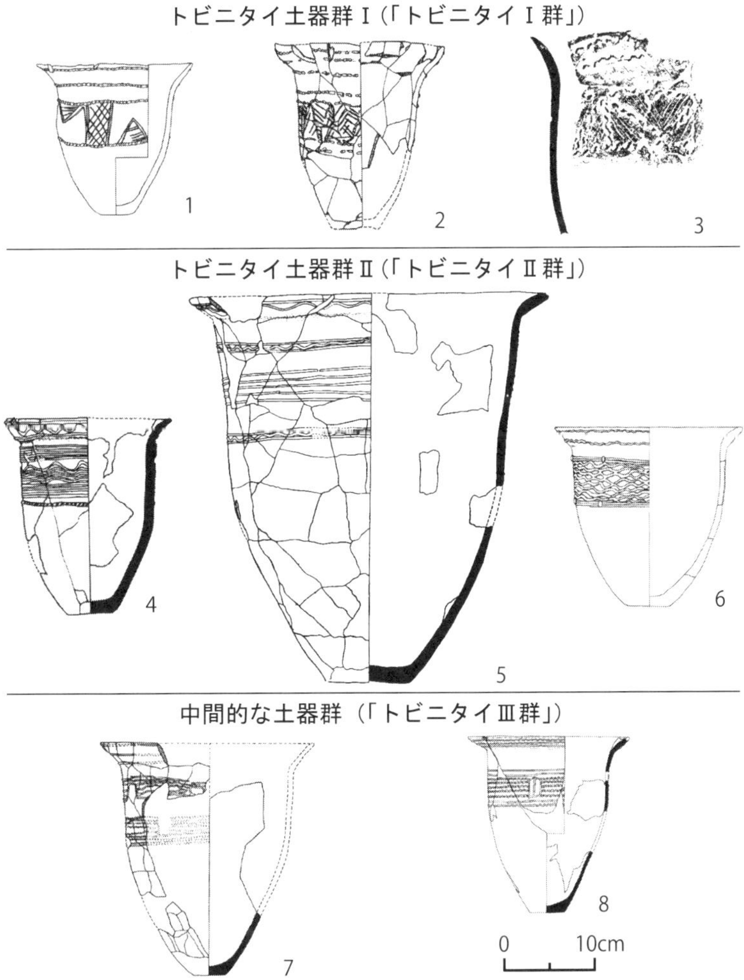

図 142　菊池徹夫による「トビニタイ土器群」の分類
1. 以久科北海岸：2. 須藤：3. 計根別：4・5. トビニタイ：6. オタフク岩第Ⅰ地点
7・8. ピラガ丘第Ⅰ地点

とでもなお有効であり、大枠の編年としてあつかうかぎりでは十分機能するものである。

2　トビニタイ式土器編年研究の問題点

しかし、トビニタイ式の時期認定をテフロクロノロジーと擦文土器編年にゆだねるという方法では、多くの問題も生じている。それは、たとえば「カリカリウス土器群」の編年的位置づけをめぐる理解の齟齬にあらわれている。テフロクロノロジーの所見や共伴する擦文土器編年に目がむくあまり、藤本 e 群、「カリカリウス土器群」、「トビニタイⅡ群」の分析にもとづく相対編年が確立されていないため、各群の時間的関係をめぐる評価が今日でも定まっていないのである（表 46）。そもそも、藤本 e 群、「カリカリウス土器群」、「トビニタイⅡ群」の大半は上記テフラより下層から出土するため、テフロクロノロジーを用いた問題の解決はみこめない。また、藤本 e 群と「カリカリウス土器群」に共伴する擦文土器は宇田川編年前期、「トビニタイⅡ群」に共伴する擦文土器は中期であることがわかっているが、

第Ⅲ部　古代日本列島北辺地域における土器型式群の動態と擦文土器

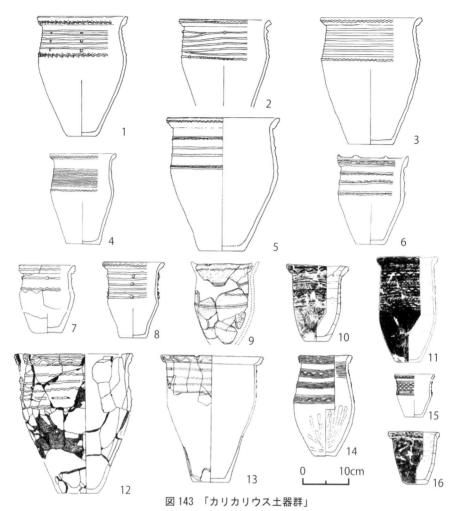

図143　「カリカリウス土器群」

1〜8・15. 伊茶仁カリカリウス：9. ウトロ：10・16. 隧道丘陵地：11. オタフク岩第Ⅰ地点：12. 元町2
13. 十勝太古川：14. チャシコツ岬下B

　これだけでは藤本e群と「カリカリウス土器群」の時間的関係はわからないし、擦文土器とトビニタイ式の編年区分が一対一対応するという保証はないので、「カリカリウス土器群」と「トビニタイⅡ群」が併行関係にある可能性は依然として残る。擦文土器編年を参照する方法については、擦文土器の細分がすすめば事たりるようにも思えるが、実際にはトビニタイ式と擦文土器の共伴例は少なく、編年研究に適用できる資料はかぎられる。特に、近年出土資料の報告（五十嵐1989, 高橋・熊木編2010, プロコフィエフ他2012）があいついだ南千島にいたっては、擦文土器との共伴例も、テフロクロノロジーを適用できる調査データもない、という根本的な問題がある。
　さらに、「カリカリウス土器群」の分布をめぐる認識にも検討の余地がある。「カリカリウス土器群」は、これまで狭い範囲にまとまる地域的な土器群だと考えられてきた（椙田1982, 大西1996a）。しかし、その後に資料が増加し、南千島や道東部の広い範囲で出土することがわかってきた（図143-9〜14・16）。このような状況を踏まえれば、「カリカリウス土器群」は、ほかの「トビニタイ土器群」と同様の

218

第7章 トビニタイ式土器の編年と系統

分布範囲に展開する土器群だと認識しなくてはならない。

これらの問題を解決するためには、藤本e群、「カリカリウス土器群」、「トビニタイⅡ群」、「トビニタイⅢ群」、「トビニタイⅠ群」の新旧関係を体系的に説明し得る分析視点を確立することが肝要となる。要するに、トビニタイ式の編年はトビニタイ式そのものの分析に即して設定するべきだ、というのが筆者の主張である。テフロクロノロジーによる検証や擦文土器との編年対比はその後におこなうべきであり、トビニタイ式の成立・展開過程や地域性の有無といった細かな問題の解明は、相対編年を整備したうえで取りくむのが順当である。

結論を先どりすると、「カリカリウス土器群」「トビニタイⅡ群」「トビニタイⅢ群」は、ある1つの属性を分析の基軸にすえることで、その変遷の流れをまず体系的に理解でき

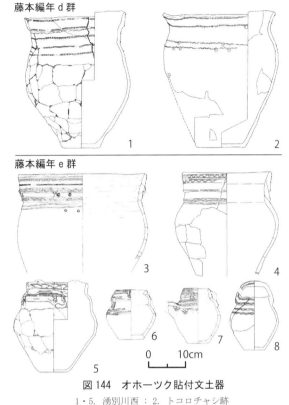

図144 オホーツク貼付文土器
1・5. 湧別川西 : 2. トコロチャシ跡
3・6・7. 松法川北岸 : 4・8. 弁天島

る。そして、オホーツク貼付文土器との時間的・系統的関係や擦文土器からの影響の浸透度などもまとめて把握できる。本章では、これらの問題について順をおって検討し、最後に「トビニタイⅠ群」の型式論的理解について従来とは異なる視点から評価し、擦文土器との型式交渉の実態を明らかにする。

擦文土器編年	山浦1983	金盛・椙田1984	右代1991	澤井1992
宇田川編年前期	藤本e群	藤本e群	藤本e群 カリカリウス土器群	藤本e群 カリカリウス土器群
宇田川編年中期	トビニタイⅡ群	カリカリウス土器群	カリカリウス土器群	トビニタイⅡ群 トビニタイⅢ群
		トビニタイⅡ群	トビニタイⅡ群	
宇田川編年後期	トビニタイⅢ群 トビニタイⅠ群	トビニタイⅢ群 トビニタイⅠ群	トビニタイⅢ群	トビニタイⅢ群 トビニタイⅠ群
宇田川編年晩期			トビニタイⅠ群	

・参照された擦文土器編年は各氏によって異なるが、ここでは宇田川編年にまとめて示す。
・右代編年では、藤本e群が「Ⅱ-c」、カリカリウス土器群が「T-a」、トビニタイⅡ群が「T-b」、トビニタイⅢ群が「T-c」、トビニタイⅠ群が「T-d」に比定される。
・澤井編年では、カリカリウス土器群が「カリカリウスタイプ」、トビニタイⅡ群とⅢ群の一部が「ピラガ丘タイプ」、トビニタイⅢ群の一部とトビニタイⅠ群が「須藤タイプ」に比定される。

表46 先行研究における藤本e群と「トビニタイ土器群」の編年対比表

第Ⅲ部　古代日本列島北辺地域における土器型式群の動態と擦文土器

第2節　トビニタイ式土器の分析視点

　「カリカリウス土器群」「トビニタイⅡ群」「トビニタイⅢ群」には、オホーツク貼付文土器にも擦文土器にもない独自の特徴がある。それは、〝器面を一周する単位貼付文[3]が器面上のある個所を軸として上下に線対称形に配される〟という文様構成である。以下、図145をみながら詳しく説明する。

　1と3は、直線1本1単位の貼付文と波線1本1単位の貼付文をもつ。直線の貼付文（a）を軸部とし、波線の貼付文（b）が上下に線対称形に配される。両土器では軸部の貼付文の本数が異なるが、aとbの関係は同じである。2は、直線＋直線の2本1単位の貼付文（a）、波線1本1単位の貼付文（b）、直線＋直線＋直線の3本1単位の貼付文（c）をもつ。aを軸部とし、上下にb→c→bの順に線対称形となるように各単位貼付文が配される。4は、直線＋波線＋直線の3本1単位の貼付文（a）と波線1本1単位の貼付文（b）が口縁部から頸・胴部までつけられる。aを軸部とし、b→aの順に線対称形となるように各単位貼付文が配される。5は、直線＋波線＋波線＋波線＋直線の5本1単位の貼付文（a）と波線1本1単位の貼付文（b）をもつ。aを軸部とし、bが上下に線対称形に配される。1〜5は、個々の単位貼付文の種類や本数、器形などは異なるが、ⅰ）aを軸部としてb（・c）が上下に線対称形に配される文様構成をもつこと、ⅱ）この文様構成の範囲が口縁部から胴部までおよぶこと、などが共通する。

　6〜12は、aとbの関係は1〜5と同じだが、それがみられる範囲が胴部にかぎられ、口縁部文様がaとbの関係でむすばれずに独立している、という違いがある。6・7の胴部の単位貼付文にも、aを軸部とするbの線対称形の配置という関係をみいだせる。8は、直線＋直線の2本1単位の貼付文（b）が、その間の無文部（a）を軸部として上下に線対称形に配されたものとみなせる。9は、胴部には直線＋直線＋直線の3本1単位の貼付文（a）のみしかないが、aを軸部とする上下の線対称形の配置という関係は保たれている。10〜12の胴部では、直線や波線の貼付文が束になって1単位の貼付文をなしているが、図に示したようにaを軸部とするbの上下の線対称形の配置という関係をみいだせる。

　この文様構成には若干のヴァリエーションも認められる（図146）。たとえば、1は粘土粒の付加によって、aとbの関係＋αの文様構成となっている。2〜6は、胴部文様帯下端に1単位の貼付文が付加されることで、やはりaとbの関係＋αの文様構成となっている。これらは、aとbの関係でむすばれる単位貼付文とはまったく異質の単位貼付文が付加されたものである。7〜9は、aとbの関係でむすばれる単位貼付文そのものに変異が生じている。7は、波線の貼付文の間の無文部（a）を軸部とし、その上下に直線＋直線＋波線＋波線の4本1単位の貼付文（b）が展開すればaとbの関係をもつ文様構成になるのだが、実際は軸部下の単位貼付文が波線＋波線＋直線＋直線＋直線の5本1単位となっており、軸部上の単位貼付文と微妙に異なる。8・9は、軸部（a）下の貼付文の一部が省略されており、単位貼付文（b）同士に変異がみられる。厳密に言えば、図146のような土器の文様構成には軸部を境とする上下の線対称形の配置という関係をみいだせないのだが、図145のような文様構成上の微細な変異だとみなすことはできる。

　これまで、単位貼付文の種類・本数や器形などに違いがあるとされてきた「カリカリウス土器群」「トビニタイⅡ群」「トビニタイⅢ群」であるが、この文様構成だけはほぼすべての個体に確認できる。ト

第7章　トビニタイ式土器の編年と系統

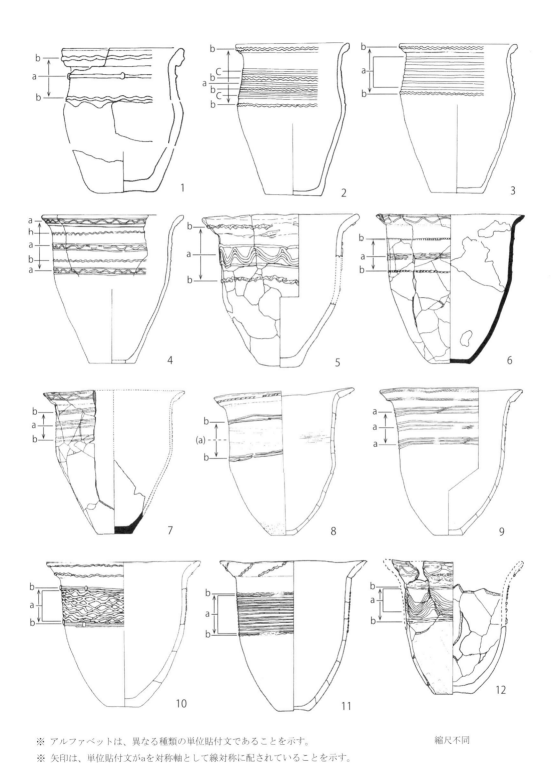

※ アルファベットは、異なる種類の単位貼付文であることを示す。
※ 矢印は、単位貼付文がaを対称軸として線対称に配されていることを示す。

縮尺不同

図145　トビニタイ式土器の文様構成

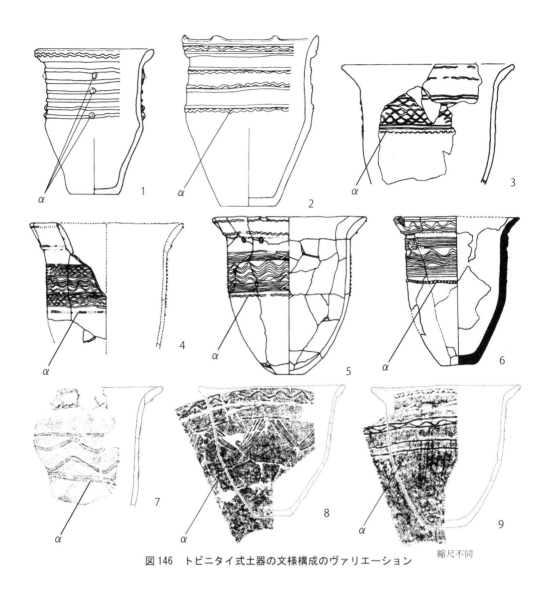

図146 トビニタイ式土器の文様構成のヴァリエーション　縮尺不同

　トビニタイ式の文様構成とは、粘土紐の形状、太さ、本数などにみられる単位貼付文の変異を律する構造的な性質をもつ属性なのであり、文様構成を基軸にすえることで、「カリカリウス土器群」「トビニタイⅡ群」「トビニタイⅢ群」を１つの分析視点のもとで体系的にとらえられるようになる。以下、この文様構成を「トビニタイ型文様構成」と呼ぶ。

第3節　トビニタイ式土器の編年

1　トビニタイ式土器の属性の抽出と分類

　属性は、文様構成、器形、口縁部単位文様列数、口縁部肥厚[4]の４種を抽出する（図147）。なお、次節で藤本e群を分析する都合上、一部のオホーツク貼付文土器の属性もここで示す。

第 7 章　トビニタイ式土器の編年と系統

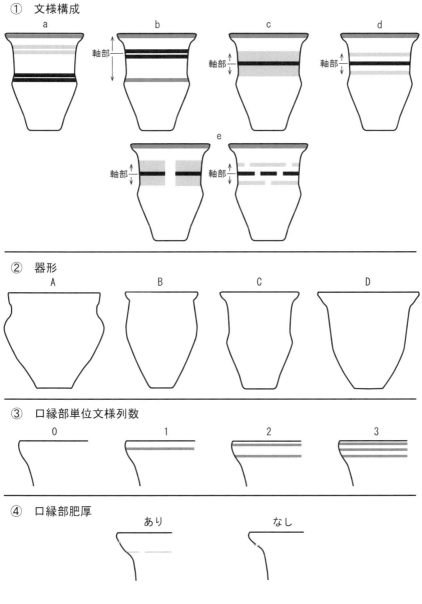

図147　着目する属性①

属性①　文様構成

トビニタイ型文様構成に注目し、単位貼付文の文様構成を次の5つに分ける。

- **a**…単位貼付文にトビニタイ型文様構成が認められないもの。藤本e群（図144-3～8）に特有の文様構成である。
- **b**…口縁部から頸・胴部まで展開する単位貼付文にトビニタイ型文様構成が認められるもの。
- **c**…胴部に展開する幅広な1単位の単位貼付文にトビニタイ型文様構成が認められるもの。口縁部文様は独立する。

d…胴部に展開する複数の単位貼付文にトビニタイ型文様構成が認められるもの。口縁部文様は独立
　　　する。[5]
　　e…胴部に展開する幅広な1単位の単位貼付文や複数の単位貼付文にトビニタイ型文様構成が認めら
　　　れ、さらに単位貼付文が縦位・斜位の無文部や貼付文によって分断されるもの。

属性②　器形

　器形は、最大径をもつ部位や胴部の形状などから次の5つに分ける。

　　A…最大径を胴部にもち、胴部は大きく張りだす。頸部は短く、強く屈曲・外反する。オホーツク貼
　　　付文土器に特有の器形である（図144-1～4）。
　　B…最大径は口縁部と胴部で等しくなるか、わずかに胴部径が口縁部径を上まわる。頸部の屈曲は弱
　　　く、口縁部直下から胴部最大径部分まで直線的なプロポーションとなる。
　　C…最大径を口縁部にもつ。胴部はゆるく膨らむか、下半が稜をなすようにわずかに張りだす。
　　D…最大径を口縁部にもつ。胴部は口縁部直下から直立するか、底部に向かってすぼまるプロポーシ
　　　ョンとなる。
　　異形…器形Aに注口部や吊耳状の突手・突起がつけられたものである（図144-5～8）。オホーツク貼
　　　　付文土器に特有の器形である。

属性③　口縁部単位文様列数

　口縁部につけられる単位貼付文の列数を次の4つに分ける。

　　0…無文のもの。
　　1…単位貼付文が1列のもの。
　　2…単位貼付文が2列のもの。
　　3以上…単位貼付文が3列以上のもの。

属性④　口縁部肥厚

　口縁部の肥厚の状態によって次の2つに分ける。

　　あり…口縁部肥厚帯をもつか、口縁部の器厚が頸部の器厚より膨らんでいるもの。
　　なし…口縁部と頸部の器厚がほぼ同じもの。

2　トビニタイ式土器の属性分析

　表47に、各属性のクロス集計結果を示した。

　まず、器形と文様構成の相関状況をみる（クロス集計表①）。注目すべきは、器形Dに組みあう文様構成aが1点もない、ということである。これはすなわち、「トビニタイ土器群」に特徴的な口径＞胴径となる器形には、例外なくトビニタイ型文様構成が認められることを示している。[6] このことから、器形DはB・Cとくらべ相対的に新しい、という知見が得られる。なお、器形Dと組みあう文様構成をみると、トビニタイⅢ群に特徴的な文様構成eの占める比率が器形B・Cのそれにくらべ高まっており、やはり器形Dの相対的な新しさを傍証する。ただし、これまで「カリカリウス土器群」に特徴的だと考えられてきた器形Bに、「トビニタイⅡ群」や「同Ⅲ群」にみられる文様構成（d・e）と組みあう例があることには注意したい。これは、いかにオホーツク貼付文土器に類似する胴張りの器形であっても、

第7章　トビニタイ式土器の編年と系統

クロス集計表①
器形と文様構成

		文様構成				
		a	b	c	d	e
器形	B	4	2		6	2
	C	2	6	14	5	2
	D		4	37	23	33

クロス集計表②
器形と口縁部単位文様列数

		口縁部単位文様列数			
		0	1	2	3以上
器形	B		15	3	
	C	1	14	10	
	D	4	51	26	17

クロス集計表③
器形と口縁部肥厚

		口縁部肥厚	
		あり	なし
器形	B	16	2
	C	23	2
	D	72	25

クロス集計表④
文様構成と口縁部単位文様列数

		口縁部単位文様列数			
		0	1	2	3以上
文様構成	a		4	2	
	b		12		
	c	3	29	19	
	d	1	24	7	2
	e	1	11	11	15

クロス集計表⑤
文様構成と口縁部肥厚

		口縁部肥厚	
		あり	なし
文様構成	a	5	1
	b	12	
	c	47	4
	d	32	2
	e	15	22

クロス集計表⑥
口縁部単位文様列数と口縁部肥厚

		口縁部肥厚	
		あり	なし
口縁部単位文様列数	0	4	6
	1	74	6
	2	31	8
	3以上	3	14

・伊茶仁ふ化場第1遺跡H-16号出土土器の口縁部単位文様列数は、「1」「3以上」が同一個体内で組みあう特異な例である。このため、口縁部単位文様列数に関わる母数は実際の土器個体数より1多く集計されている。

表47　トビニタイ式土器の属性クロス集計表

それをもってただちに古いとみなせるわけではないことを示している。

　器形と口縁部単位文様列数の相関状況をみると（クロス集計表②）、口縁部単位文様列数3以上がみられるか否か、という点に器形B・CとDの違いがある。先の器形B・CよりDが新しいという知見を参考にすると、口縁部単位文様列数3以上が0～2より相対的に新しい、という知見が得られる。

　器形と口縁部肥厚の相関状況をみると（クロス集計表③）、比率の変化は小さいが、器形Dには口縁部肥厚なしが多い、という傾向をみいだせる。器形B・Cと器形Dとの違いを確認できると同時に、口縁部肥厚の有無に時期差が示されている、という可能性をみちびきだせる。

　口縁部単位文様列数が0～2と3以上とに分けられる可能性は、文様構成や口縁部肥厚との相関状況からも支持される。クロス集計表④をみると、口縁部単位文様列数3以上と組みあう文様構成にはd・eしかない。クロス集計表⑥をみると、口縁部単位文様列数0～2と3以上とで、口縁部肥厚があるものとないものそれぞれの母数に占める割合の高低が逆転している。クロス集計表⑤をみると、文様構成dについてははっきりしないが、eでは口縁部肥厚なしが優勢となり、母数に占める割合の高低もほかの文様構成と逆転している。

　以上の検討の結果、ある違いによって分けられた属性が別の属性にみいだされる違いの妥当性を裏づけるような形で相関していることが明らかになった。文様構成についてまとめると、eがa～dより新しいことはまちがいない。また、次節でみるが、aは藤本e群、bは藤本e群と「トビニタイ土器群」

第Ⅲ部　古代日本列島北辺地域における土器型式群の動態と擦文土器

遺跡・遺構名	参考文献	分類名	器形 B・C	器形 D	文様構成 a	文様構成 b	文様構成 c・d	文様構成 e	口縁部単位文様列数 0~2	口縁部単位文様列数 3以上	口縁部肥厚 あり	口縁部肥厚 なし
十勝太若月 第8-3区	吉野1974 Fig.1-2	1群	●		●				●		●	
伊茶仁カリカリウス 7号	椙田1982 第53図-1	1群	●		●				●		●	
伊茶仁カリカリウス 4号	同上 第53図-3	1群	●		●				●		●	
伊茶仁カリカリウス 住居跡外	同上 第96図-2	1群	●		●				●		●	
ウトロ 遺構外	松田他2011a 第315図-16	1群	●		●				●		●	
伊茶仁カリカリウス 2号	椙田1982 第15図-1	1群			●				●			●
伊茶仁カリカリウス 2号	同上 第15図-2	2群	●			●			●		●	
伊茶仁カリカリウス 7号	同上 第53図-2	2群	●			●			●		●	
伊茶仁カリカリウス 4号	同上 第30図-1	2群	●			●			●		●	
十勝太古川 8号周辺部	吉野1974 Fig.1-1	2群	●			●			●		●	
伊茶仁カリカリウス 9号	椙田1982 第68図-1	2群	●			●			●		●	
伊茶仁カリカリウス 住居跡外	同上 第96図-1	2群	●			●			●		●	
伊茶仁ふ化場第1 H-17号	千葉大考古学研究室編2009 図6-2	2群	●			●			●		●	
伊茶仁ふ化場第1 H-22号	同上 図16-1	2群	●			●			●		●	
常呂川河口137号	武田2005 第125図-2	3群		●		●			●		●	
ウトロ滝ノ上 2号	駒井編1964 Fig.94-3	3群		●		●			●		●	
伊茶仁カリカリウス 11号	椙田1982 第79図-1	3群		●		●			●		●	
サシルイ北岸 1号	宇田川1975 第29図-2	3群		●		●			●		●	
サシルイ北岸 1号	同上 第29図-1	4群	●				●		●		●	
オタフク岩第Ⅰ地点 4号	沢他1971 Fig.7-4	4群	●				●		●		●	
オタフク岩第Ⅰ地点 4号	同上 Fig.7-6	4群	●				●		●		●	
オタフク岩第Ⅰ地点 6号	涌坂他1991 第13図-9	4群	●				●		●		●	
オタフク岩第Ⅰ地点 6号	同上 第13図-10	4群	●				●		●		●	
チャシコツ岬下B ヒグマ祭祀遺構	加藤2006 図4	4群	●				●		●		●	
トビニタイ 2号	駒井編1964 Fig.102-1	4群	●				●		●		●	
トビニタイ 2号	駒井編1964 Fig.102-5	4群	●				●		●		●	
松法川北岸 3号	涌坂他1984 第13図-4	4群	●				●		●		●	
元町2 H-40号	小林2004 図4-1	4群	●				●		●		●	
オタフク岩第Ⅰ地点 1号	涌坂他1991 第12図-1	4群	●				●		●		●	
伊茶仁カリカリウス 3号	椙田1982 第23図-2	4群	●				●		●		●	
伊茶仁カリカリウス 5号	同上 第38図-1	4群	●				●		●		●	
伊茶仁カリカリウス 8号	同上 第59図-1	4群	●				●		●		●	
伊茶仁カリカリウス 10号	同上 第74図-1	4群	●				●		●		●	
伊茶仁カリカリウス 13号	同上 第89図-1	4群	●				●		●		●	
オタフク岩第Ⅰ地点 1層下部	涌坂他1991 第15図-26・第16図-30	4群	●				●		●		●	
伊茶仁カリカリウス 8号	椙田1982 第61図-18	4群	●				●		●		●	
伊茶仁ふ化場第1 H-22号	千葉大考古学研究室編2008 図15-4	4群	●				●		●		●	
伊茶仁ふ化場第1 H-22号	同上2009 図15-1	4群	●				●		●		●	
伊茶仁ふ化場第1 H-22号	同上 図16-2	4群	●				●		●		●	
伊茶仁ふ化場第1 T.P.5	同上2011 図22-6	4群	●				●		●		●	
ウトロチャシコツ下 1号	宇田川編1984 第62図-6	4群	●				●		●		●	
オタフク岩第Ⅰ地点 7号	涌坂他1991 第13図-12	4群					●		●			●
オタフク岩第Ⅰ地点 9号	同上 第14図-19	4群					●		●			●
ウトロ滝ノ上 2号	駒井編1964 Fig.94-4	5群		●				●	●		●	
オタフク岩第Ⅰ地点 4号	沢他1971 Fig.7-1	5群		●				●	●		●	
オタフク岩第Ⅰ地点 4号	同上 Fig.7-2	5群		●				●	●		●	
オタフク岩第Ⅰ地点 4号	同上 Fig.7-3	5群		●				●	●		●	
オタフク岩第Ⅰ地点 4号	同上 Fig.7-5	5群		●				●	●		●	
トビニタイ 2号	駒井編1964 Fig.102-2	5群		●				●	●		●	
トビニタイ 2号	同上 Fig.102-3	5群		●				●	●		●	
トビニタイ 2号	同上 Fig.102-4	5群		●				●	●		●	
トビニタイ 2号	同上 Fig.102-6	5群		●				●	●		●	
トビニタイ 2号	同上 Fig.102-7	5群		●				●	●		●	
トビニタイ 2号	同上 Fig.103-1	5群		●				●	●		●	
トビニタイ 2号	同上 Fig.103-2	5群		●				●	●		●	
トビニタイ 2号	同上 Fig.103-4	5群		●				●	●		●	
トビニタイ 2号	同上 Fig.103-5	5群		●				●	●		●	
トビニタイ 2号	同上 Fig.103-7	5群		●				●	●		●	
伊茶仁ふ化場第1 1号	椙田1980 第7図-1	5群		●				●	●		●	
伊茶仁ふ化場第1 1号	同上 第7図-2	5群		●				●	●		●	
船見町高台 1号	本田他1980 第7図-96	5群		●				●	●		●	
船見町高台 1号	同上 第7図-97	5群		●				●	●		●	
船見町高台 1号	同上 第7図-98	5群		●				●	●		●	
船見町高台 1号	同上 第7図-99	5群		●				●	●		●	
隆道丘陵地 1号	涌坂編2002 第16図-2	5群		●				●	●		●	
オタフク岩第Ⅰ地点 2号	涌坂他1991 第12図-2	5群		●				●	●		●	
オタフク岩第Ⅰ地点 2号	同上 第12図-3	5群		●				●	●		●	
オタフク岩第Ⅰ地点 2号	同上 第12図-5	5群		●				●	●		●	
オタフク岩第Ⅰ地点 5号	同上 第12図-8	5群		●				●	●		●	
オタフク岩第Ⅰ地点 7号	同上 第13図-13	5群		●				●	●		●	
オタフク岩第Ⅰ地点 7号	同上 第14図-15	5群		●				●	●		●	
オタフク岩第Ⅰ地点 9号	同上 第14図-17	5群		●				●	●		●	
オタフク岩第Ⅰ地点 9号	同上 第14図-18	5群		●				●	●		●	
オタフク岩第Ⅰ地点 1号墓	同上 第15図-21	5群		●				●	●		●	

表48　トビニタイ式土器個体ごとの属性一覧表(1)

第7章　トビニタイ式土器の編年と系統

遺跡・遺構名	参考文献	分類名	器形 B・C	器形 D	文様構成 a	文様構成 b	文様構成 c・d	文様構成 e	口縁部単位文様列数 0～2	口縁部単位文様列数 3以上	口縁部肥厚 あり	口縁部肥厚 なし
下鎚別B地点　1号	沢編1971 第11図-1	5群		●			●		●		●	
ピラガ丘第Ⅲ地点 3号	米村・金盛1976 Fig.10-2			●			●		●		●	
ピラガ丘第Ⅲ地点 3号	同上 Fig.10-3			●			●		●		●	
伊茶仁ふ化場第1 1号	椙田1980 第7図-5			●			●		●		●	
ピラガ丘第Ⅲ地点 堅穴外Ⅴ層	米村・金盛1976 Fig.28-4			●			●		●		●	
ピラガ丘第Ⅲ地点 堅穴外Ⅴ層	同上 Fig.29-5			●			●		●		●	
ピラガ丘第Ⅲ地点 堅穴外Ⅴ層	同上 Fig.30-1			●			●		●		●	
ウトロ　遺構外	松田他編2011a 第318図-23			●			●		●		●	
チャシコツ岬下B 遺構外Ⅱ層	同上2011b 第32図-133			●			●		●		●	
オタフク岩第Ⅰ地点 3号	沢他1971 Fig.4-3			●			●		●		●	
オタフク岩第Ⅰ地点 4号	同上 Fig.8-1			●			●		●		●	
オタフク岩第Ⅰ地点 1層下部	涌坂他1991 第15図-22			●			●		●		●	
オタフク岩第Ⅰ地点 1層下部	同上 第15図-23			●			●		●		●	
オタフク岩第Ⅰ地点 1層下部	同上 第15図-24			●			●		●		●	
オタフク岩第Ⅰ地点 1層下部	同上 第15図-27			●			●		●		●	
オタフク岩第Ⅰ地点 1層下部	同上 第16図-29			●			●		●		●	
オタフク岩洞窟 4b層	同上 第99図-26・27			●			●		●		●	
オタフク岩洞窟 5c層	同上 第100図-34			●			●		●		●	
伊茶仁ふ化場第1 H-13号	千葉大考古学研究室編2007 図16-8			●			●		●		●	
伊茶仁ふ化場第1 H-17号	同上2009 図6-1			●			●		●		●	
国後島ポンキナシリ	五十嵐1989 第9図-94			●			●		●		●	
国後島ポンキナシリ	同上 第9図-95			●			●		●		●	
国後島ポンキナシリ	同上 第9図-96			●			●		●		●	
色丹島出土地不明	同上 第13図-131			●			●		●		●	
湧別川西	笹田他2009 図2-2			●			●		●		●	
オタフク岩第Ⅰ地点 5号	涌坂他1991 第12図-7			●			●		●			●
元町	大場・奥田1960 第44図-4			●	●				●			●
オタフク岩第Ⅰ地点 2号	涌坂他1991 第12図-4	6群		●				●	●		●	
ピラガ丘第Ⅰ地点 5号	米村1970 第11図			●				●	●		●	
オタフク岩第Ⅰ地点 3号	沢他1971 Fig.4-2			●				●	●		●	
元町2	荒生・小林1986 第36図-10			●				●	●		●	
鳥里	小林2004 図3-1			●				●	●		●	
オタフク岩第Ⅰ地点 1層下部	涌坂他1991 第15図-28			●				●	●		●	
トコロチャシ南尾根	藤本編1976 Fig.64-1			●					●		●	
伊茶仁ふ化場第1 遺構外	千葉大考古学研究室編2005 図11-1／同上2006 図10-1			●				●	●		●	
伊茶仁ふ化場第1 H-16号	同上2011 図10-1			●				●	●		●	
伊茶仁B地点 9号	石附編1973 第27図-1			●			●			●	●	
梅原	豊原・福士1980 PL.1-2			●						●	●	
ピラガ丘第Ⅰ地点 3号	米村1970 第7図-③			●						●	●	
下田ノ沢 1号	沢編1972 第14図-9			●						●	●	
伊茶仁ふ化場第1 H-17号	千葉大考古学研究室編2008 図10-1		●				●		●		●	
伊茶仁ふ化場第1 H-22号	同上2009 図15-5		●				●		●		●	
伊茶仁ふ化場第1 H-16号	同上2011 図9-1		●				●		●		●	
伊茶仁ふ化場第1 H-16号	同上 図16-1		●				●		●			●
常呂川河口 51号	武田編2002 第28図-1		●						●			●
伊茶仁B地点 9号	石附編1973 第29図-2	7群		●								●
姉別川流域堅穴遺跡群	豊原・福士1980 PL.1-1			●								●
嘉多山3 3号	米村1993 図30-2			●								●
須藤 8号	金盛他1981 第25図-1			●								●
須藤 27号	同上 第90図-6			●								●
須藤 26号	同上 第85図-7			●								●
常呂川河口 168号	武田編2007 第72図-2			●								●
嘉多山3 5号	米村1993 図52-1			●								●
オタモイ1	松田他1993 第19図-2			●								●
ルサ 2号	駒井編1964 Fig.112-1	8群		●						●		●
常呂川河口 168号	武田編2007 第72図-1			●						●		●
常呂川河口 168号	同上 第73図-1			●						●		●
須藤 13号	金盛他1981 第44図-4			●						●		●
須藤 16号	同上 第53図-1			●						●		●
須藤 25号	同上 第82図-7			●						●		●
須藤 29号	同上 第96図-6			●						●		●
幣舞2 55号	高橋編2009 第36図-5			●						●		●
幣舞2 55号	同上 第36図-6			●						●		●
須藤 24号	金盛他1981 第80図-5			●						●		●
栄浦第二	東大考古学研究室編1972 Fig.8-4			●						●		●
TK67	武田編1988 Fig.68-9			●						●		●

表49　トビニタイ式土器個体ごとの属性一覧表(2)

第Ⅲ部　古代日本列島北辺地域における土器型式群の動態と擦文土器

でそれぞれ主体となる文様構成であり、「トビニタイ土器群」のみにみられるc・dより古いことは確実である。cとdは、「器形Bと組みあうか否か」（クロス集計表①）、「口縁部単位文様列数3以上と組みあうか否か」（クロス集計表④）、などの違いがわずかな個体で確認されるにすぎない。そのため、現状では時期差とみなさないのが無難である。

　以上、各属性の出現順序をまとめると次のようになる。

文様構成…a→b→c・d→e

器形…B・C→D

口縁部単位文様列数…0～2→3以上

口縁部肥厚…あり→なし

3　トビニタイ式土器の分類

　表48・49に、個体資料の属性の内訳を示した。[7] 各属性は、左から右にむかって新しくなるように配した。仮定した属性の出現順序より、各土器は表の上から下にむかって推移したと考えられる。[8]

　これらは、属性のまとまりから8つの土器群に分けられる（図148～155）。そのうち、4つの属性すべてが排他的な備わり方を示すのは、1群と8群、および2群と8群である。1群の文様構成はオホーツク貼付文土器で主体になるので、「トビニタイ土器群」のなかで明確に細分できるのは2群と8群だけであり、それ以外の分類群同士には同じ属性が1つ以上備わっていることになる。このことは、着目する属性次第で何パターンにも細分できてしまう難点があることを意味する。そこで、個体資料の具体的な特徴や出土状況なども加味して考える。

4　個体資料の検討

　標津町伊茶仁ふ化場第1遺跡では、文様構成eをもつ、口径と胴径が近似しかつ胴部が張りだす器形Bの土器（千葉大学考古学研究室編2010：18頁図11-1）や胴部下半が張りだす器形Cの土器（同2009：23頁図15-5、同2011：14頁図9-1）が出土している。いずれも4群と6群で属性が共有されることと、胴張りの器形（B・C）が長期にわたって残存したことを示す例である。したがって、器形の違いによって分けられる2群と3群、および4群と5群は（表48・49）、時間的先後関係ではなく共時的な変異関係にあるとみなすのが妥当である。

　図153-1・2は、5群の口縁部単位文様列数が3以上になり、口縁部肥厚がなくなったものである。また、8・9は、5群の文様構成がeとなったものである。いずれも5群と7・8群で共通する属性があることを示す例である。表49で6群としたなかの網掛けしていない資料（図153-3～5・8・9）は、ここでみた特徴を併せもつ例である。このように、6群の属性のまとまり方は、ほかとくらべ錯綜しているが、5群と7・8群の間に6群をおくことで変遷の流れをみとおせるようになる。図156は、6群と7・8群の中間的な様相を示す例である。

　7群と8群の違いは、口縁部単位文様列数に示される。これらの時間的関係を考えるうえで示唆的な土器が、伊茶仁ふ化場第1遺跡で出土している（千葉大学考古学研究室編2011：19頁図16-1）。この土器では、器面のある個所を境に1列と3列の口縁部単位文様が分けられてほどこされており、7群と8群が共時的な変異関係にあることを示す。また、この土器の口縁部は肥厚しており、図156例と同じく6

第7章　トビニタイ式土器の編年と系統

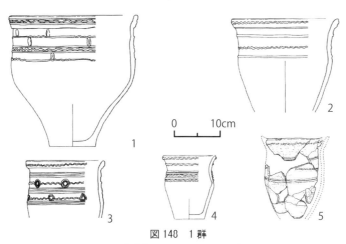

図140　1群
1〜4. 伊茶仁カリカリウス：5. ウトロ

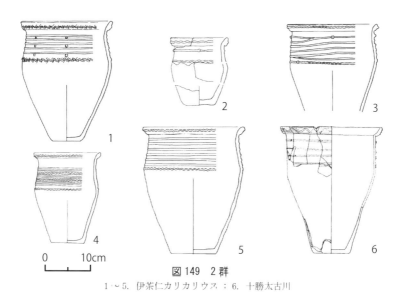

図149　2群
1〜5. 伊茶仁カリカリウス：6. 十勝太古川

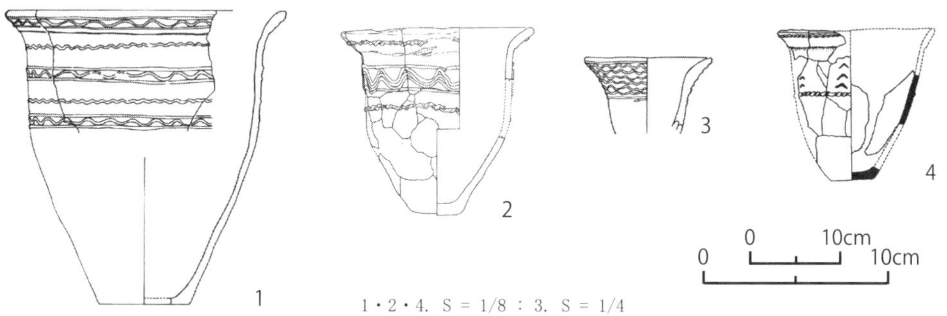

1・2・4. S=1/8：3. S=1/4
図150　3群
1. 伊茶仁カリカリウス：2. 常呂川河口：3. サシルイ北岸：4. ウトロ滝ノ上

第Ⅲ部　古代日本列島北辺地域における土器型式群の動態と擦文土器

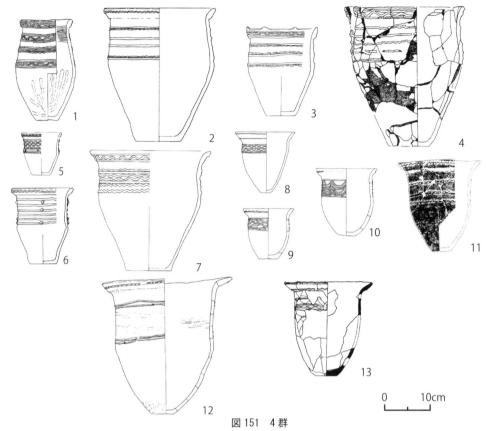

図151　4群

1．チャシコツ岬下B：2・3・5〜7．伊茶仁カリカリウス：4．元町2：8．サシルイ北岸
9〜11．オタフク岩第Ⅰ地点：12．松法川北岸：13．トビニタイ

群と7・8群の中間的な様相を示す。

　以上、個体資料の分析から、1群→2・3群→4・5群→6群→7・8群という変遷過程が想定された。

5　出土状況からの検証

　表50に、遺構床面における各群の共伴状況を示した。2群は、単独出土例こそないが、1群以外との共伴例がない。そのため、先にみた属性のまとまりも加味し、単独に存在した時期を想定してよいだろう。5群は、単独出土例の多さが注目される。そもそも、5群は個体数が多く（表48・49）、遺構一括資料とあわせて、単独に存在した時期を想定できる証拠は多い。この5群と排他的な出土状況を示しているのは、1・2群をのぞけば7・8群である。したがって、7・8群が単独で存在した時期を想定することにも問題はなかろう。

　この表の事例のほか、以下に記す出土状況も参考になる。

　伊茶仁カリカリウス遺跡では、竪穴構築時の掘りあげ土と床面との層位関係より、4号→2・7号→5・8号→9号という新旧関係がとらえられた。表51に、竪穴床面での各類の出土状況を示した。4群よりも2群を出土した竪穴が新しい。1点の出土例が多いことに検討の余地を残すが、2群と4群が

第7章　トビニタイ式土器の編年と系統

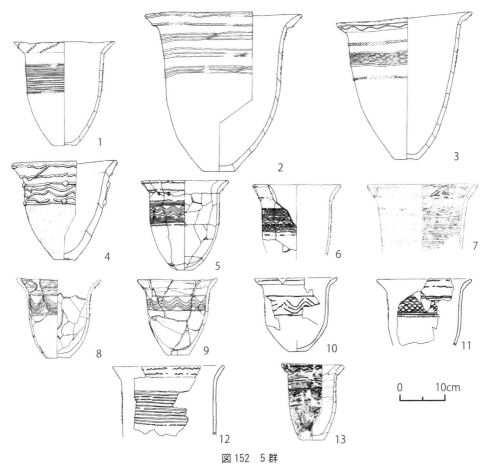

図152　5群

1～4. 船見町高台：5・6. ピラガ丘第Ⅲ地点：7. 下鱒別B地点：8. ウトロ：9. チャシコツ岬下B
10～12. 伊茶仁ふ化場第1：13. 隧道丘陵地

共伴する遺構が将来みつかる可能性を示している。したがって、間にくる3群についても同様の評価をくだせる。この出土状況は、2群と3群が同時期であることを傍証する。

羅臼町オタフク岩遺跡第Ⅰ地点（涌坂他1991）でも、やはり竪穴構築時の掘りあげ土と床面との層位関係より、9号→4号→7号→6号→2号→1号という新旧関係がとらえられた。表52に、竪穴床面での各類の出土状況を示した。6群よりも4群を出土した竪穴が新しい。本遺跡にも1点の出土例があるが、4群と6群が共伴する可能性は否定できないだろう。この出土状況は、4群と5群が同時期であることと、6群が4・5群より後出することを傍証する。この遺跡と同様の事例は、同町トビニタイ遺跡2号竪穴（駒井編1964）の一括資料にも認められる。先の分析では、4つの属性を検討できる個体をあつかったが、実はこの遺構からは、文様構成eの土器、すなわち6～8群のいずれかに属する口縁部を欠損した復元個体が1点出土している（図157）。この個体が混入品でないとすれば、ここまでの検討より6群である可能性が高い。となると、この遺構は4・5・6群の一括出土例だということになり、オタフク岩遺跡第Ⅰ地点1号竪穴（表52）の時期に6群が存在した可能性にも説得力が生まれる。

第Ⅲ部　古代日本列島北辺地域における土器型式群の動態と擦文土器

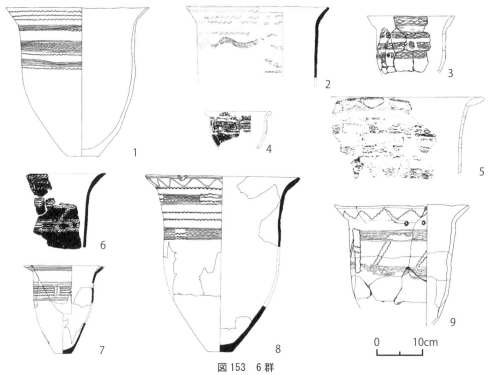

図153　6群

1. 梅原：2. 伊茶仁B地点：3. 元町2：4・5. オタフク岩第Ⅰ地点：6. 下田ノ沢
7・8. ピラガ丘第Ⅰ地点：9. 鳥里

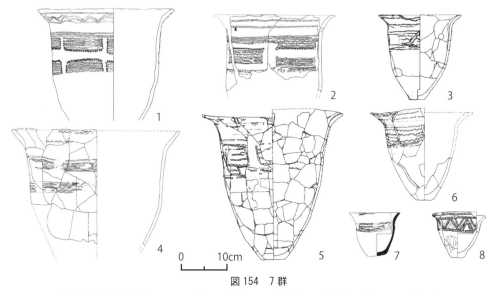

図154　7群

1. 姉別川流域竪穴遺跡群：2・4. 嘉多山3：3・5・6. 須藤：7. 伊茶仁B地点：8. 常呂川河口

6　トビニタイ式土器の編年

　以上の検討から、先に想定した各群の時間的先後関係は、出土状況と矛盾しないことがわかった。したがって、トビニタイ式の細分型式を次のように設定する。

第7章　トビニタイ式土器の編年と系統

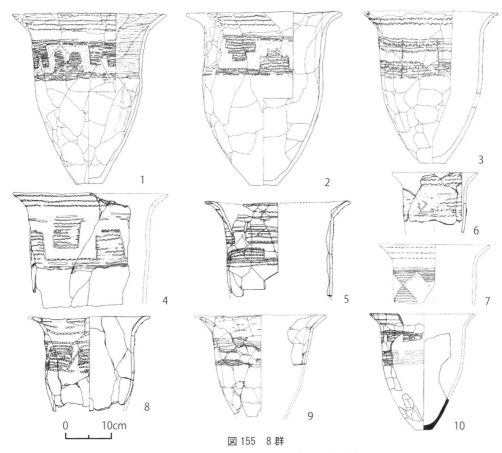

図155　8群

1・2. 幣舞2：3. 常呂川河口：4～6・8・9. 須藤：7. 栄浦第二：10. ルサ

トビニタイ1式＝2群・3群（図149・150）
トビニタイ2式＝4群・5群（図151・152）
トビニタイ3式＝6群（図153）
トビニタイ4式＝7群・8群（図154・155）

　1群（図148）は、オホーツク貼付文土器とトビニタイ1式の中間的な様相を示す土器群だと考えられる。これについては次節で詳しく検討する。1群と2群の共伴した伊茶仁カリカリウス2・4・7号例は、オホーツク貼付文期からトビニタイ1式への移行期、すなわちトビニタイ式成立期の一括資料だと評価できる。サシルイ北岸1号例とウトロ滝ノ上2号例は1式から2式への、オタフク岩第Ⅰ地点2号・1号例やトビニタイ2号例は2式から3式への移行期の一括資料だと評価できる。

　図158に、上記の編年を旧稿の編年や先行研究の分類群（表46）と対比したものを示した。旧稿では、器形・文様構成・口縁部単位文様列数の3属性によって、「カリカリウス土器群」と「トビニタイⅡ群」を1つの細分型式に括り「トビニタイ古式」とした。さらに、「トビニタ

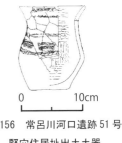

図156　常呂川河口遺跡51号竪穴住居址出土土器

第Ⅲ部　古代日本列島北辺地域における土器型式群の動態と擦文土器

遺構名	トビニタイ式土器各群							
	1群	2群	3群	4群	5群	6群	7群	8群
伊茶仁カリカリウス　4号	＋	＋						
伊茶仁カリカリウス　7号	＋	＋						
サシルイ北岸　1号			＋	＋				
ウトロ滝ノ上　2号				＋	＋			
オタフク岩第Ⅰ地点　6号				○				
オタフク岩第Ⅰ地点　4号				○	●			
トビニタイ　2号				○	●			
オタフク岩第Ⅰ地点　9号					○			
オタフク岩第Ⅰ地点　7号					○			
伊茶仁孵化場第一　1号					○			
船見町高台　1号					●			
オタフク岩第Ⅰ地点　2号					●	＋		
常呂川河口　168号							＋	○
幣舞2　55号								○

＋…1点、○…2点、●…3点以上

表50　遺構一括資料におけるトビニタイ式土器各群の出土状況

遺構名	トビニタイ式土器各群			
	1群	2群	3群	4群
4号	＋	＋		
7号	＋	＋		
2号		＋		
5号				＋
8号				＋
9号		＋		

＋…1点

表51　伊茶仁カリカリウス遺跡竪穴住居址における
　　　トビニタイ式土器各群の共伴状況

遺構名	トビニタイ式土器各群		
	4群	5群	6群
9号		○	
4号	○	●	
7号		○	
6号	○		
2号		●	＋
1号		＋	

＋…1点、○…2点、●…3点以上

表52　オタフク岩遺跡第Ⅰ地点竪穴住居址における
　　　トビニタイ式土器各群の出土状況

イ古式」は1類→2類→3類の順に出現するという時間的先後関係をみちびきだした。そして、これに後続する土器群を「トビニタイ新式」とした。しかし、本章の検討より旧稿の編年をいくつか修正する必要がでてきた。旧稿では、文様構成のヴァリエーション（「補助文」と呼称した）にもとづき、「トビニタイ古式」を2類と3類に分けたが、本章では、それらの違いが時期差を示さないとの結論にいたったため、トビニタイ2式として一括りにしている。ただし、旧稿で「トビニタイ古式3類」に位置づけた浜中町梅原遺跡出土土器（図153-1）は、後続型式の属性（口縁部単位文様列数3以上・口縁部肥厚なし）を備えることからトビニタイ3式に含めている。旧稿では「トビニタイ新式」の細分を試みなかったが、本章の分析では、「トビニタイ古式」とした土器群との属性の共有状況から、2段階に細分で

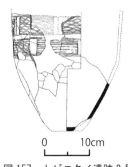

図157　トビニタイ遺跡2号
　　　竪穴住居址出土土器

きるというみとおしを得た。胴張りの器形が長期にわたって存在することについて、旧稿では「トビニタイ古式3類」まで存続すると考えた。しかし、その後に増加した資料を考慮することで、トビニタイ3式まで存在する可能性が高まった（図156）。

ところで、大西秀之（1996a・b）は、先行研究で示された分類群の変遷そのものが地域差をもって進行した、という独自の変遷観にもとづく編年を示している。しかし、擦文土器編年を参照して各群の新旧関係を認定するにもかかわらず、〝擦文土器の時間的変遷そのものの地域差〟がまったく検証されていないため、トビニタイ式と編年を対比させると

第7章　トビニタイ式土器の編年と系統

きに方法論上の矛盾が生じている。トビニタイ式の時間的変遷に地域差を想定できるのであれば、擦文土器の

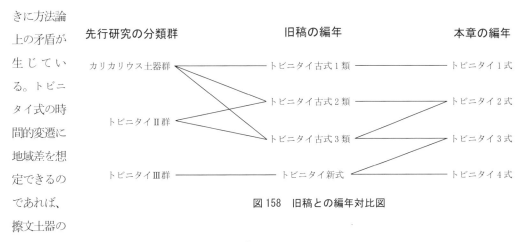

図158　旧稿との編年対比図

時間的変遷に地域差を想定できない道理はない。[9]

7　トビニタイ式土器の型式論的特徴

　以上、「カリカリウス土器群」「トビニタイⅡ群」「トビニタイⅢ群」について、文様構成を基軸とし、それに器形・口縁部単位文様列数・口縁部肥厚などとの相関状況を加味して4つの細分型式を設定した。各細分型式は、器形や単位貼付文の違いにかかわらず例外なくトビニタイ型文様構成を備えており、その存在がとりもなおさずトビニタイ式の型式論的外延をさだめるものとなっている。[10]

　ところで、出土状況をみれば明らかなように、トビニタイ式では遺構一括資料をなす個体資料の単位貼付文が斉一的なまとまりを示さず、「多相組成」（林1990）となるのが常態である。筆者が単位貼付文の変異を構造的に律するトビニタイ型文様構成に主眼をおいた属性分析を重視するのは、〝「多相組成」を示す一括資料からいかに細分編年を設定し、その妥当性を検証する可能性をいかに第三者に確保できるか〟、という問題を考えるからである。このような資料の実態を直視するならば、遺構一括資料の単純な羅列や単位貼付文に対する型式論一辺倒の分析では、トビニタイ式の時間的まとまりを把握することも変遷の実態を読みとることもできないのは明らかである。単位貼付文の型式論的分析によって小破片同士の比較や同遺構出土土器の多細分をおこなう柳澤清一（2007）の「小細別」なる営為には、上記の問題に対する意識が欠落しており、論証が不十分である（榊田2006：68頁）。

第4節　オホーツク貼付文土器からトビニタイ式土器への変遷過程

1　研究の現状

　トビニタイ式は、擦文土器の型式論的影響によってオホーツク貼付文土器が変化して成立すると理解されている。しかし、「カリカリウス土器群」がオホーツク貼付文土器と併行関係にあるのか否かという問題が未解決であるため、オホーツク貼付文土器の属性がどのように変化したのか、という細かい検討は依然として未着手であり、トビニタイ式の成立過程には未だ不明瞭な部分が多い。

　こうした現状において、オホーツク貼付文土器編年の整備がすすめられたことは、注目すべき動向である。これまでトビニタイ式との時間的関係は、藤本（1965）のオホーツク土器編年（d群・e群）か、

第Ⅲ部　古代日本列島北辺地域における土器型式群の動態と擦文土器

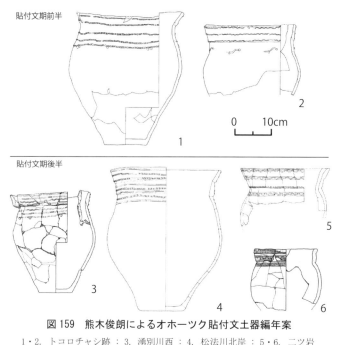

図159　熊木俊朗によるオホーツク貼付文土器編年案
1・2. トコロチャシ跡：3. 湧別川西：4. 松法川北岸：5・6. 二ツ岩

それとほぼ同じ内容の時期区分（右代1991）を使って考えられてきた。しかし、その後、藤本d群とe群の混在する遺構一括資料があることからその妥当性を疑問視する意見がだされたため（大井2004b）、オホーツク貼付文土器編年の整備がトビニタイ式の成立を考える際の検討課題となった。こうしたなか、道東部のオホーツク刻文土器・沈線文土器・貼付文土器を体系的に分類し、遺構一括資料との整合性を重視した編年が、熊木俊朗（2009・2010a）によって提示された（図159）。熊木は、網走市モヨロ貝塚9号竪穴住居址（米村編2009）、北見市（旧常呂町）栄浦第二遺跡9号竪穴下層遺構（東京大学考古学研究室編1972）、同市トコロチャシ跡遺跡7号外側住居址屋内骨塚（宇田川・熊木編2003）から出土した各一括資料を編年区分の定点とし、刻文期前半・後半、沈線文期前半・後半、貼付文期前半・後半の6期に分けた。このうち、貼付文期前半が藤本d群に、同後半が藤本d群・e群に相当する。熊木の編年は、藤本の示した土器変遷観をおおむね追認すると同時に、藤本編年では説明できなかった出土状況の問題を解消するものであり、現状でもっとも資料の実態と整合のとれたものだと言える。

ところで、熊木の編年では貼付文期前半に定点となる標式資料がおかれているため（熊木2009）、貼付文期後半のさらなる細分可能性の追究や、貼付文期後半とトビニタイ式の型式論的つながりの解明といった問題は解決されていない。しかし、近年、根室市トーサムポロ遺跡R-1地点の発掘調査報告書（前田・山浦編2004）が刊行されたことにより、この問題を解明するうえで重要な資料が提供されることになった。この遺跡のある根室地方には、ほかにもオホーツク貼付文土器を一括出土した竪穴住居址を有するオンネモト遺跡（増田他編1974）や弁天島遺跡（北構・前田編2009）などがあり、根室海峡を挟んで対岸にある知床半島の羅臼町には、やはり同

図160　本節で言及する土器を出土した主要遺跡の位置

1. 湧別川西：2. 常呂川河口：3. 二ツ岩
4. チャシコツ岬下B・ウトロ・ウトロ滝ノ上
5. 相泊・サシルイ北岸：6. 松法川北岸
7. 伊茶仁カリカリウス：8. 弁天島
9. トーサムポロR-1地点：10. オンネモト

第7章　トビニタイ式土器の編年と系統

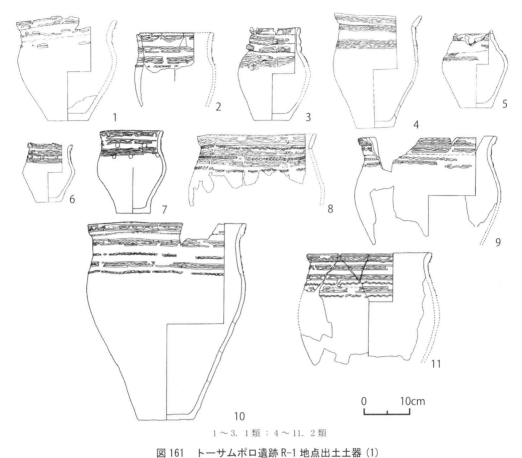

1～3. 1類：4～11. 2類
図 161　トーサムポロ遺跡 R-1 地点出土土器（1）
1・2・4～6・9・11. 1号竪穴住居址 ： 7・10. 6号竪穴住居址 ： 3・8. 7号竪穴住居址

様の竪穴住居址を有する松法川北岸遺跡（涌坂他1984）や相泊遺跡（涌坂編1996）がある。さらに、根室市と羅臼町の間にある標津町には、トビニタイ1式・2式を出土した伊茶仁カリカリウス遺跡がある。根室海峡周辺部（図160）には、オホーツク貼付文土器とトビニタイ式の型式論的比較をおこなううえで理想的な資料のまとまりがあるのである。

　本節では、まずトーサムポロ遺跡 R-1 地点出土土器（図161・162）を検討し、根室海峡周辺部における熊木編年貼付文期後半オホーツク土器の時期を区分する。次に、同様の時期区分を隣接地域にあてはめたのち、トビニタイ式の成立過程を広域的に把握する。

2　トーサムポロ遺跡 R-1 地点から出土したオホーツク貼付文土器の特徴

　トーサムポロ遺跡 R-1 地点出土土器にもっとも特徴的なのは、器面上において単位貼付文同士が軸部を境として上下に線対称形に配される文様構成をもつことである（図162）。これはトビニタイ型文様構成に相当し、その範囲が口縁部から胴部までおよぶ点でトビニタイ1式（図149・150）の文様構成に近い。器形には、屈曲の強い頸部や張りだしの強い胴部（図161-8・9・11、図162-4・8・10）、2段以上の口縁部肥厚帯（図161-1・3、図162-7）など、オホーツク貼付文土器（図144）の特徴がある一方で、

237

第Ⅲ部　古代日本列島北辺地域における土器型式群の動態と擦文土器

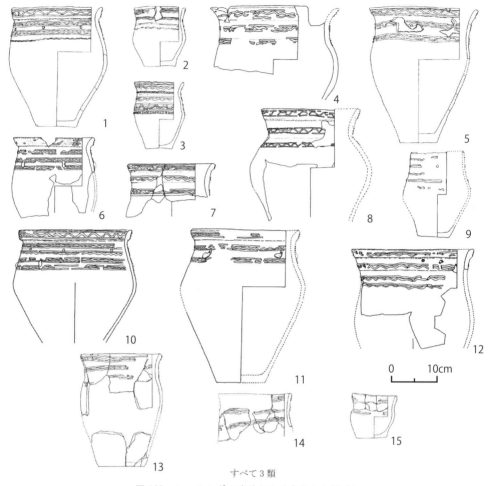

すべて 3 類

図 162　トーサムポロ遺跡 R-1 地点出土土器 (2)

1～8. 1号竪穴住居址：9. 7号竪穴住居址：10～12. 6号竪穴住居址：13～15. 2号竪穴住居址

　口縁部下端から直線的に張りだす胴部（図162-1～3）や、張りだしの弱い胴部（図161-4、図162-5）もある。口縁部肥厚帯は、1段が圧倒的に多い。肥厚帯の幅は小さく、そのためか口縁部単位文様列数は1列のものが多い。これは、肥厚帯の幅が大きく、1段の肥厚帯に単位貼付文が2列以上備わることの多いほかのオホーツク貼付文土器（図144-3・4）との大きな違いである。

　このように、この遺跡から出土した土器群は、貼付文期後半オホーツク土器とトビニタイ1式の特徴を併せもつことが注目される。以下、図161・162の土器群を「トーサムポロ R-1 群」とよぶ。

3　トーサムポロ R-1 群の属性の抽出と分類

　器形、文様構成、口縁部単位文様列数（図147）に、口縁部肥厚帯の段数（図163）を加えた4属性[11]を、貼付文期後半オホーツク土器やトビニタイ1式に備わるか否かという観点から、3つに振りわける。

属性①　貼付文期後半オホーツク土器と共通し、トビニタイ1式に認められないもの

　器形 A、2段以上の口縁部肥厚帯、口縁部単位文様列数 0・2・3以上、が該当する。また、貼付文期

第7章　トビニタイ式土器の編年と系統

後半には、まれに注口や釣手のつくもの、胴部から口縁部にむかってすぼまるダルマ形のものなど、異形の器形がみられる（図144-5～8）。こうした器形は、トビニタイ1式にほとんど認められない。これらは、トーサムポロR-1群のなかでも古い属性である。

属性②　貼付文期後半オホーツク土器ともトビニタイ1式とも共通するもの

1段の肥厚帯、口縁部単位文様列数1、が該当する。ただし、先述のとおり貼付文期後半には1段の肥厚帯に2列以上の単位貼付文がほどこされるもの（図144-3・4）も多いのに対して、トビニタイ1式には例外なく1段の肥厚帯に1列の単位貼付文がほどこされる、という違いがある（図149・150）。

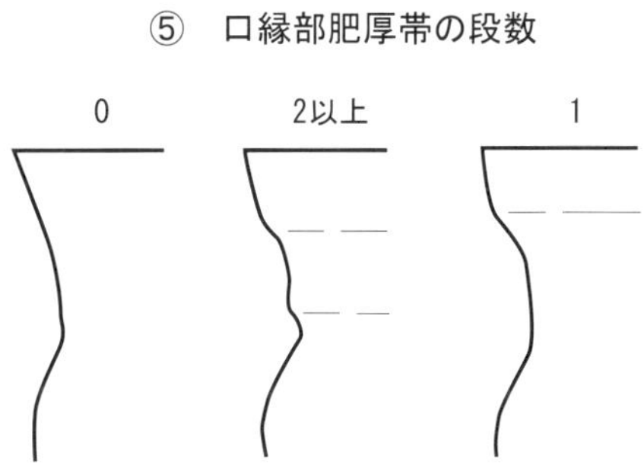

⑤　口縁部肥厚帯の段数

0　　　2以上　　　1

図163　着目する属性②

	貼付文期後半 属性①	属性②	トビニタイ1式 属性③
器形	A・異形		B・C
文様構成	a		b・c・d
口縁部単位文様列数	0・2・3以上	1	
口縁部肥厚帯の段数	0・2以上	1	

表53　トーサムポロR-1群に備わる属性の内訳

属性③　トビニタイ1式と共通し、貼付文期後半オホーツク土器に認められないもの

文様構成bと器形B・Cが該当する。これらは、トーサムポロR-1群のなかでも新しい属性である。[12]

表53に、以上の内訳をまとめた。これをもとに、トーサムポロR-1群を次のように分ける。

トーサムポロR-1群1類…器形・文様構成・口縁部単位文様列数・口縁部肥厚帯の段数がすべて属性①になるもの（図161-1～3）。

トーサムポロR-1群2類…器形・文様構成が属性①になり、口縁部単位文様列数と口縁部肥厚帯の段数のいずれか一方か両方が属性②になるもの（図161-4～11）。

トーサムポロR-1群3類…器形・文様構成のいずれか一方が属性③になり、口縁部単位文様列数・口縁部肥厚帯の段数のいずれか一方か両方が属性②になるもの（図162）。

トビニタイ1式は、器形・文様構成がともに属性③、口縁部単位文様列数・口縁部肥厚帯の段数がともに属性②になる。したがって、トーサムポロR-1群は1類→2類→3類の順に出現したと想定できる。

4　根室海峡周辺部のオホーツク貼付文土器一括資料の段階設定

表54に、竪穴床面における各類の共伴状況を示した。[13] それは、次のようにまとめられる。

様相①…トーサムポロR-1群1類・2類が共伴。
様相②…トーサムポロR-1群1類・2類・3類が共伴。
様相③…トーサムポロR-1群3類が単独出土。
様相④…トーサムポロR-1群3類とトビニタイ1式が共伴。
様相⑤…トビニタイ1式が単独出土、ないしトビニタイ1式と2式が共伴。

各類は、様相①から⑤にかけてスムーズに変遷している。貼付文期後半の一括資料は、トビニタイ1式にいたるまでに数段階分の様相差を内包するとわかる。これをもとに、根室海峡周辺部の貼付文期後

段階名	遺構名	トーサムポロR-1群 1類	トーサムポロR-1群 2類	トーサムポロR-1群 3類	トビニタイ 1式
様相①	オンネモト Ⅱ号下層		＋		
	オンネモト Ⅱ号上層	●	＋		
	相泊 1号		＋		
様相②	弁天島 14号	＋	＋	＋	
	トーサムポロR-1地点 7号	＋	＋	＋	
	松法川北岸 13号	＋	●	●	
	トーサムポロR-1地点 1号		●	●	
	松法川北岸 12号	＋	＋	●	
	トーサムポロR-1地点 6号		＋	＋	
様相③	トーサムポロR-1地点 2号			＋	
様相④	伊茶仁カリカリウス 2号			＋	＋
	伊茶仁カリカリウス 7号			＋	＋
	伊茶仁カリカリウス 4号			＋	＋
様相⑤	伊茶仁カリカリウス 9号				＋
	常呂川河口 137号				＋
	ウトロ滝ノ上 2号				＋
	伊茶仁カリカリウス 11号				＋
	サシルイ北岸 1号				＋

＋…5点未満、●…5点以上

表54 遺構一括資料におけるトーサムポロR-1群各類の出土状況

半の一括資料を次のように段階区分する。

貼付文期後半1段階＝様相①・②（図164・165）

貼付文期後半2段階＝様相③（図162-13～15）

検討した土器の出土点数は遺構ごとでかなり異なり、貼付文期後半2段階にいたってはトーサムポロR-1地点2号例の3個体しか該当資料がない。そのため、この例をもって1つの段階を設定することには検討の余地もある。しかし、ここでは、ⅰ）トビニタイ1式に共伴するトーサムポロR-1群が3類のみであること、ⅱ）トビニタイ1式以降の一括資料中の個体数は、オホーツク貼付文期にくらべ極端に減少するため（表50）、トーサムポロR-1地点2号例の出土点数の少なさにも一定の信憑性があると判断されること、などを重視し、段階区分は可能だと考えておく。なお、前節6で述べたように、様相④はトビニタイ式成立期の一括資料である。[14]

5 知床半島以西のオホーツク貼付文土器の一括資料について

知床半島以西では、貼付文期後半1段階には北見市（旧常呂町）常呂川河口遺跡15号竪穴住居址（武田編1996）、湧別町川西遺跡2号・3号・8号竪穴住居址（青柳編1995）、網走市二ツ岩遺跡1号・2号・3号竪穴住居址（野村他1982）などの一括資料（図166）を、貼付文期後半2段階には斜里町チャシコツ岬下B遺跡PIT2（松田他2002）の一括資料（図167）をあてる。知床半島北西岸部の斜里町では、ウトロ遺跡でトーサムポロR-1群3類（図148-5）が、ウトロ滝ノ上遺跡でトビニタイ1式（図150-4）が出土しているので、将来的に貼付文期後半2段階相当の一括資料が増加する可能性は高い。それより西の地域では、貼付文期後半2段階相当の一括資料がなく、貼付文期後半からトビニタイ1式までに1段階分の間隙があることになる。この時間的間隙の存在は、地理的に近い距離から出土した二ツ岩遺跡のオホーツク貼付文土器（図166-9～14）と常呂川河口遺跡137号住居址のトビニタイ1式（図150-2）とで、器形や文様構成のギャップが大きいことからもうなずける。ただし、トーサムポロR-1群3類自体は出土しているので、将来的に貼付文期後半2段階の一括資料がみつかる可能性はある。

6 トビニタイ式土器の成立過程

トビニタイ式の成立については、藤本e群と「カリカリウス土器群」が時間的先後関係にあるか併行関係にあるかで意見が分かれていた（表46）。表54をみると、藤本e群と「カリカリウス土器群」が併行関係にあるとする考え（右代1991、澤井1992）は、様相④というかぎられた資料にしかあてはまらないとわかる。したがって、藤本e群と「カリカリウス土器群」の大部分には時期差があると考え

第7章 トビニタイ式土器の編年と系統

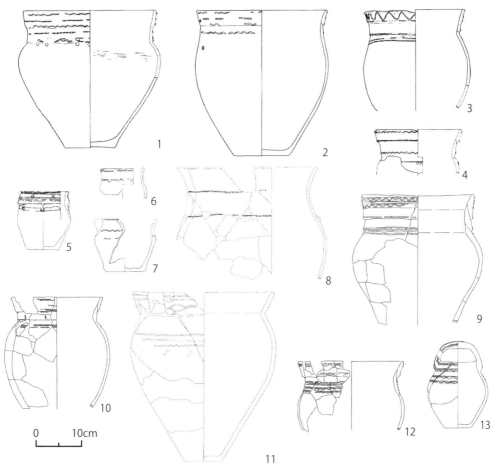

1・3〜9. トーサムポロR-1群1類：2・10・11. トーサムポロR-1群2類：12・13. トーサムポロR-1群3類

図164 根室海峡周辺地域における貼付文期後半1段階の一括資料（1）

1〜7. オンネモトⅡ号上層竪穴住居址：8〜13. 弁天島14号竪穴住居址

るのが妥当だろう（山浦1983, 金盛・楾田1984）。

　前節で、オホーツク貼付文土器とトビニタイ1式の中間的特徴をもつ1群を抽出した。その内容を詳しくみると、トーサムポロR-1群3類に相当するもの（図148-1〜3・5）と、トーサムポロR-1群3類とトビニタイ1式の特徴を併せもつもの（図148-4）からなる。前者はトビニタイ1式に先行するとみてよいが、後者の時間的位置づけは、遺構出土例がないため保留せざるを得ない。ただし、このような資料の存在より、トーサムポロR-1群3類がトビニタイ1式直前の土器群であることは裏づけられる。

第5節　擦文土器との編年対比

　表55に、擦文土器との共伴例を示した。トーサムポロR-1地点6号例や二ツ岩2号例は北大3式2類であり、その下限は擦文第2期後半（甕系第2段階）までくだる可能性がある。トビニタイ4式の多

第Ⅲ部　古代日本列島北辺地域における土器型式群の動態と擦文土器

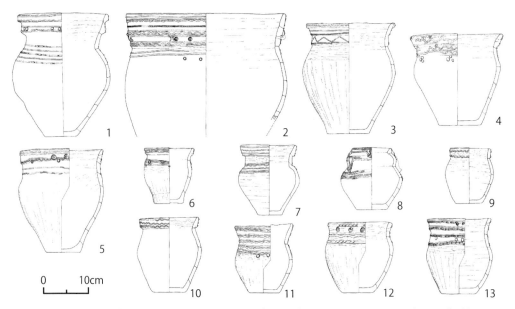

1～3. トーサムポロ R-1 群 1 類：4～8. トーサムポロ R-1 群 2 類：9～13. トーサムポロ R-1 群 3 類

図 165　根室海峡周辺地域における貼付文期後半 1 段階の一括資料 (2)

1～13. 松法川北岸 13 号竪穴住居址

くは甕系第 4 段階前半と共伴し、わずかに同後半と共伴する。このことから、トビニタイ 4 式は擦文第 4 期前半～後半に併行し、第 5 期まではくだらないと考えるのが無難だろう。[15]

そのほか、以下に記す層位事例がある。斜里町ピラガ丘遺跡第Ⅲ地点では、トビニタイ 2 式～3 式と甕系第 3 段階前半～第 4 段階前半を出土する遺構が、すべて Km-5a に覆われていた。一方、同町須藤遺跡では、甕系第 3 段階後半～第 4 段階後半を出土する遺構すべてが Km-5a を切って構築されており、トビニタイ 1 式～3 式が 1 点も出土していない。これらは、金盛（米村・金盛 1976）の考察以後今日まで注目されてきた層位事例であり、トビニタイ 2 式～3 式と甕系第 3 段階前半～第 4 段階前半の併行関係や、トビニタイ 4 式と甕系第 4 段階前半～後半の併行関係（表 55）を傍証する。

羅臼町オタフク岩洞窟遺跡（涌坂他 1991）では、5c 層からオホーツク貼付文期前半～トビニタイ 2 式が、それより上層の 4a 層から甕系第 4 段階前半・後半が出土した。両層の間に堆積する層からは、トビニタイ 2 式、3 式か 4 式の破片、甕系第 4 段階前半～後半が混在して出土しているが、トビニタイ 2 式の下限が甕系第 4 段階前半までくだらない事例として参考になるだろう。

弟子屈町下鐺別遺跡 B 地点（沢編 1971）では、トビニタイ 2 式を出土する 1 号住居址が北大 3 式 2 類を出土する 3 号住居址を切って構築されていた。北大 3 式 2 類の下限が甕系第 2 段階をくだらないため、トビニタイ 2 式と甕系第 3 段階前半の併行関係が示唆される。[16]

伊茶仁カリカリウス遺跡では、トビニタイ 1 式を出土した 2 号住居址の掘りあげ土の下層から北大 3 式 2 類が出土した（椙田 1982：80 頁第 96 図 -3）。この土器は、頸・胴部の横走沈線文の密度から甕系第 1 段階後半～第 2 段階に相当すると考えられる。この事例を積極的に評価すると、トビニタイ 1 式

第7章　トビニタイ式土器の編年と系統

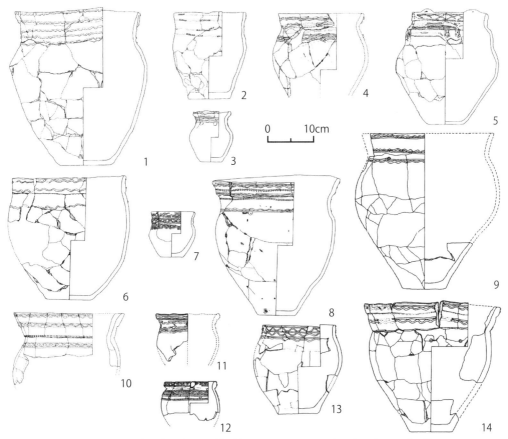

5・7・9〜11. トーサムポロR-1群1類：3・4・8・12・13. トーサムポロR-1群2類
14. トーサムポロR-1群3類：それ以外は貼付文期前半

図166　知床半島以西地域における貼付文期後半1段階の一括資料
1〜5. 湧別川西8号竪穴住居址：6〜8. 湧別川西3号竪穴住居址：9〜14. 二ツ岩1号竪穴住居址

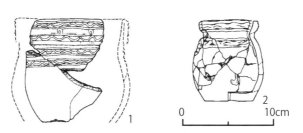

すべてトーサムポロR-1群3類

図167　知床半島以西地域における貼付文期後半2段階の一括資料
1・2. チャシコツ岬下B PIT2

は甕系第1段階後半〜第2段階以後ということになる。トビニタイ2式と甕系第3段階前半が併行するので、第2段階に併行すると考えるのが妥当である。

　以上から、次のように編年を対比する。[17]

243

第Ⅲ部　古代日本列島北辺地域における土器型式群の動態と擦文土器

遺跡・遺構名	オホーツク系統	擦文系統
トーサムポロR-1地点 6号	貼付文期後半1段階	北大3式2類（甕系第1段階前半～第2段階）
二ツ岩 2号	貼付文期後半1段階	北大3式2類（甕系第1段階前半～第2段階）
常呂川河口 168号	トビニタイ4式	甕系第4段階前半
須藤 25号	トビニタイ4式	甕系第4段階前半
須藤 26号	トビニタイ4式	甕系第4段階前半
須藤 27号	トビニタイ4式	甕系第4段階前半
須藤 29号	トビニタイ4式	甕系第4段階前半
幣舞2 55号	トビニタイ4式	甕系第4段階前半
須藤 13号	トビニタイ4式	甕系第4段階後半

表55　トビニタイ式土器と擦文土器甕の共伴状況

貼付文期後半1段階…甕系第2段階（擦文第2期前半～後半）

貼付文期後半2段階…甕系第2段階（擦文第2期後半）

トビニタイ1式…甕系第2段階（擦文第2期後半）

トビニタイ2式…甕系第3段階前半～後半（擦文第3期前半～後半）

トビニタイ3式…甕系第3段階後半～第4段階前半（擦文第3期後半～第4期前半）

トビニタイ4式…甕系第4段階前半～後半（擦文第4期前半～後半）

第6節　「トビニタイⅠ群」の再検討

1　「トビニタイⅠ群」の系統論的位置づけ

　ここまで、トビニタイ1式～4式を検討し、その型式論的輪郭を浮きぼりにした。それは、オホーツク貼付文期後半に出現したトビニタイ型文様構成の定型化の過程とみなせるものであり、きわめて強固な系統性をもつ。しかし、オホーツク貼付文土器以来の系統だけではとらえきれない土器群が存在する。それが、ここまでの検討からはずしていた「トビニタイⅠ群」である（図168）。

　「トビニタイⅠ群」は、菊池（1972）が最初に示した、貼付文と沈線文を同一個体内に併せもつ土器群の総称である。口縁部文様の主体は貼付文であり、沈線文がある場合は、それが貼付文に従属するように組みあう（図168-9・12）。口縁部文様が沈線文のみのもの（図168-5）は、きわめて少ない。逆に胴部文様の主体は沈線文であり、基本的に擦文土器甕と同じモチーフである。胴部に貼付文がある場合は、それがモチーフの構成を崩すことなく沈・刻線文に従属するように組みあう（図168-2～4・6・8～11）。ここで注目すべきは、胴部に貼付文がある例の文様構成は、トビニタイ1式～4式の文様構成を大きく逸脱しており、そこに少なからぬ型式論的ギャップがある、ということである。たとえば、貼付文は、図168-2～4・6・8～11ではモチーフを区画する横走沈線の代わりに、6では斜行沈線文の一部を構成する刻線の代わりに用いられている。このように、「トビニタイⅠ群」の文様構成には擦文土器のモチーフの系統が色濃いのであり、文様構成の構造的性質に強固な系統性をもつトビニタイ1式～4式との違いは明白である。

　ただ、その一方で、「トビニタイⅠ群」と擦文土器の間にも少なからぬ型式論的ギャップがある。その1つは、言うまでもなく貼付文の存在である。擦文土器にも貼付囲繞帯（豊田1987）などの貼付文は

第7章　トビニタイ式土器の編年と系統

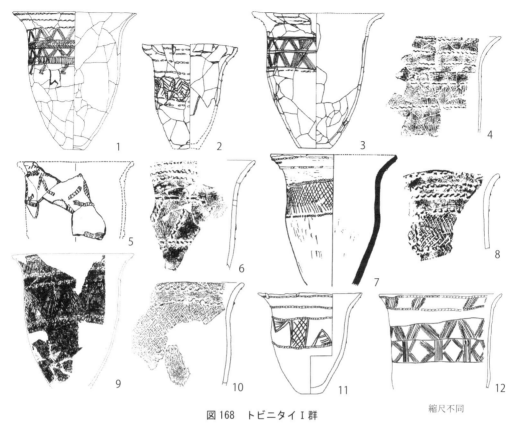

図 168　トビニタイⅠ群
縮尺不同

1〜6. 須藤：7. 伊茶仁B地点：8. オンネトー・トボケナイ：9. オタフク岩洞窟：10. 標津川河岸1
11. 以久科北海岸：12. 当幌川左岸竪穴群

あるが、その大きさや施文法は「トビニタイⅠ群」の貼付文と異なる。また、すぼまる底部や頸部無文帯はトビニタイ式と共通する属性であり、擦文土器にはほとんどみられない。

このように、「トビニタイⅠ群」とは、トビニタイ1式〜4式と擦文土器のいずれの型式的範疇にも括れない、双方の系統を同一個体内に共存させる折衷的な土器群だと理解できる（図169）。

2　「トビニタイⅠ群」の編年的位置づけ

「トビニタイⅠ群」の編年的位置づけについては、従来の分類で言う「トビニタイⅢ群」に併行させる案（山浦1983, 澤井1992）と後続させる案（右代1991, 熊木2011）がある。

現状で、「トビニタイⅠ群」とトビニタイ3式・4式の共伴例は確認されない。「トビニタイⅠ群」の胴部のモチーフに注目すると、甕系第3段階後半以前のモチーフはみられず、縦走沈線文・横走綾杉文・縦走綾杉文・格子目文・鋸歯状文・斜行沈線文など甕系第4段階前半のモチーフがふるう。縦位分割文3類など甕系第4段階後半のモチーフをもつ例（図168-11・12）もある。以上から、「トビニタイⅠ群」の上限は、トビニタイ4式以後、および甕系第4段階前半以後であることはまちがいない。[18] 下限は、甕系第4段階後半までくだると考えられる。したがって、甕系第4段階前半のモチーフをもつものを「トビニタイⅠ群」1類、同後半のモチーフをもつものを「トビニタイⅠ群」2類とする。

245

第Ⅲ部　古代日本列島北辺地域における土器型式群の動態と擦文土器

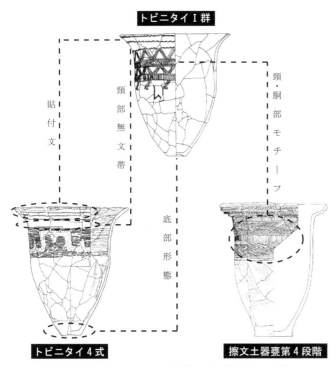

図169　トビニタイⅠ群を構成する諸属性の系統

標津町古道第6遺跡（椙田編2013a）では、「トビニタイⅠ群」1類（同上：64頁第66図-1）を出土した土壙がMa-b5を切って構築されていたほか、竪穴覆土中にプライマリーに堆積するMa-b5より上部から、「トビニタイⅠ群」2類（同上：57頁第58図-1）が出土した。前節でみた広域編年と矛盾しない貴重な参考例である。オタフク岩洞窟遺跡では、トビニタイ2式、3ないし4式、「トビニタイⅠ群」1類、甕系第4段階前半を出土する4b層～5a層より上層の4a層から甕系第4段階後半が出土した。後者は1点のみだが、「トビニタイⅠ群」1類と甕系第4段階後半の時期差を示す層位事例として注目したい。ほかに、須藤遺跡15号竪穴住居址では、「トビニタイⅠ群」1類と甕系第4段階前半が共伴した。

　以上の知見より、トビニタイ3式→トビニタイ4式・「トビニタイⅠ群」1類→トビニタイ4式・「トビニタイⅠ群」2類という編年案を考える。これは、「トビニタイⅠ群」を「トビニタイⅢ群」に併行させる案（山浦1983、澤井1992）を追認する。

　熊木（2011）は、ここで言うモチーフを細分の手掛かりとして、「トビニタイⅠ群」を古段階・新段階の2時期に分けた。筆者の「トビニタイⅠ群」細分案は熊木の考えにきわめて近いが、「トビニタイⅠ群」の評価の仕方に違いがある。熊木（2010）は、道北部のオホーツク土器と擦文土器の融合過程を示す元地式土器の分析をおこない、それが「道北部のオホーツク土器・サハリンのオホーツク土器・擦文土器の3者の要素を併せもつ一方で、どのグループからもスムーズな系統的変遷をたどることが困難な、いわば「どっちつかず」の土器型式」（303頁）であるとしたうえで、「あくまでもオホーツク土器の系統に連なって成立するトビニタイ土器とは性格を異にしている」（同上）と評価し、「トビニタイ土器群」全般をオホーツク土器の系統にのせる理解を示した。しかし、系統論的な見方にたつ筆者の考えでは、オホーツク土器の系統に連なると言いきれるのはトビニタイ1式～4式までであり、「トビニタイⅠ群」はオホーツク土器・擦文土器双方の系統を併せもつ折衷的な土器群だということになる。「トビニタイⅠ群」には、口縁部に貼付文をもたず、胴部の貼付文が異様に太く、頸部無文帯をもたない、擦文土器の系統が色濃い例がある（図168-5）。このような土器の存在は、従来「トビニタイ土器群」

と一括されていた土器すべてがオホーツク土器の系統に連なるわけではないことを示している。

　このように、「トビニタイⅠ群」の型式的性格は、厳密にみるとトビニタイ1式〜4式よりもむしろ元地式に近いと言える。ただし、「トビニタイⅠ群」が隣接諸型式からのスムーズな系統的変遷をたどれること（図169）は元地式との重要な違いであり、この点に両者の製作背景・コンテクストの違いを読みとること（熊木2010・2011）ができると思われる。[19]

第7節　トビニタイ式土器の成立・展開・変容・終焉と擦文土器

1　トビニタイ式土器の成立・展開・変容・終焉（図170）

　オホーツク貼付文土器からトビニタイ式への変化でなによりも注目すべきは、トビニタイ型文様構成の確立である。トビニタイ型文様構成は、多種多様な単位貼付文を律する構造レベルの安定した属性であり、オホーツク貼付文土器にみられる多様な文様構成との違いがきわだっている。トーサムポロR-1群3類の存在を踏まえると、文様構成の構造はオホーツク貼付文期後半1段階から2段階にかけて徐々に定着し、トビニタイ1式に確立すると考えられる。それは、文様施文時に単位貼付文を選択する幅が狭まる過程、あるいは単位貼付文の施文順序の規則が成立する過程とみなすこともできる。このような系統性の強い土器変遷の背景に、土器製作者を含めた住人の交代（大井1970）は想定しづらい。在地の人々が主体となって土器製作に関わる規則を成立させたと考えるべきである。ほかの変化に、頸部の屈曲や胴部の張りだしの弱まり、口縁部肥厚帯の段数の減少、口縁部肥厚帯幅の収縮にともなう口縁部単位文様列数の減少などがある。口縁部肥厚帯の段数の減少が口縁部単位文様列数の減少を招いているように、各属性は個別にではなく連鎖的に変化しているようである。

　トビニタイ2式では、口縁部の大きく開く擦文土器に類似した器形が主体になる。トビニタイ式の器形が擦文土器の影響を受けている、という考えは早くから示されており、今日でも妥当な評価だろう。胴張りの器形が長期的にみられることから、擦文土器の器形の影響はある時期を境に一斉におよんだのではなく、徐々に浸透したと判断できる。これを踏まえると、トビニタイ2式期においても、土器製作者を含めた住人の交代（大井前掲）は想定しづらい。前時期の在地住人主体の土器製作と地域間関係を継承して展開した、と考えるべきである。「擦文土器的」な器形は、このような動きのなかで土器製作者に柔軟に選択されながら、徐々に採り入れられたのだと考えられる。ただし、比較的「規則」のゆるい器形とくらべ、文様構成には構造レベルの共通性が維持されている。この文様構成の展開する範囲は頸・胴部にかぎられ、口縁部文様が下位の文様と相関せず独立するようになる。

　トビニタイ3式は、文様構成、口縁部単位文様列数、口縁部肥厚の有無といった属性が錯綜する。それは、併行する擦文第3期後半〜第4期前半に擦文土器の分布が道北・東部に拡大し、そこに高密度の分布域が形成されること（第4章参照）と無関係ではないだろう。たとえば、口縁部肥厚帯の消失は擦文土器の口唇（縁）部形態の型式論的影響によるとみられる。トビニタイ型文様構成をもつ単位貼付文を縦位の貼付文によって分断する手法（図153-7・9）には、擦文土器の甕系第4段階前半のモチーフである縦位分割文1類からの型式論的影響がうかがわれる。単位貼付文を斜位の貼付文によって分

第Ⅲ部　古代日本列島北辺地域における土器型式群の動態と擦文土器

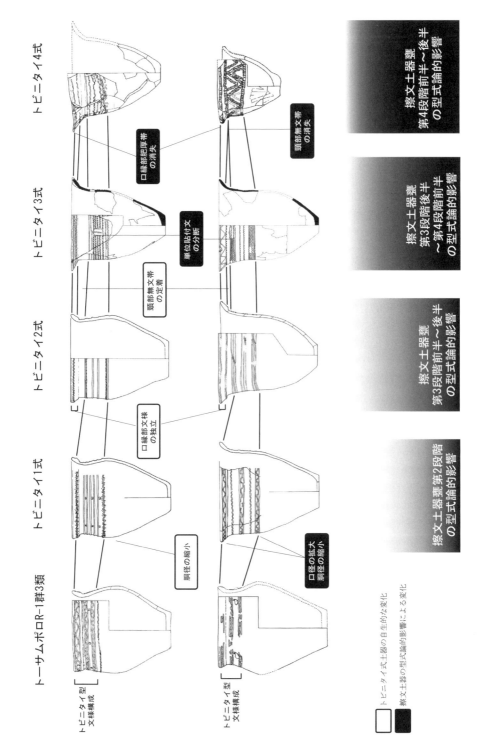

図170　トビニタイ式土器の変遷と系統

第 7 章　トビニタイ式土器の編年と系統

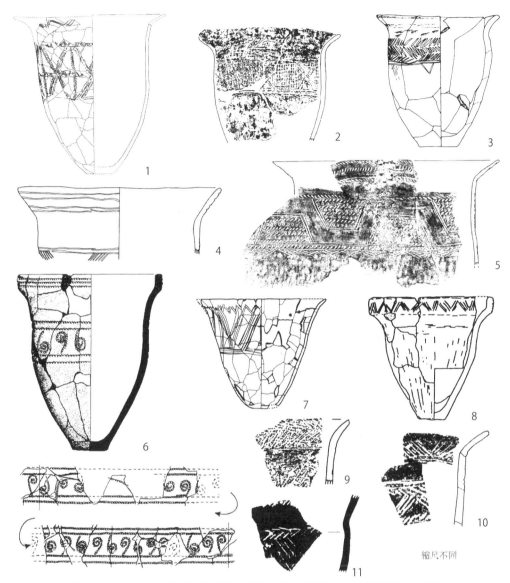

図 171　トビニタイ式土器の型式論的影響を受けて変容した道東部の擦文土器甕
1・2. 常呂川河口 ： 3. 須藤 ： 4. 姉別川 17 ： 5. 湧別川西 ： 6. オーリャ I（Оля I） ： 7. オタモイ 1
8. 留別（Куйбышево） ： 9. 以久科北海岸 ： 10. オタフク岩洞窟 ： 11. 下田ノ沢

断する手法や、異種の単位貼付文を交互に貼りつけることで同種のモチーフがジグザグに展開するような装飾効果を生みだす手法（図153-3・5・8）には、やはり甕系第4段階前半のモチーフである斜行沈線文や鋸歯状文からの型式論的影響がうかがわれる。このように、前時期まで比較的安定していた数々の属性が、擦文土器の型式論的影響の浸透によって徐々に変容をきたし、その影響度の強弱に規定されながら属性が錯綜するのがトビニタイ3式である。ただし、トビニタイ式の系統をひく属性は、擦文土器からの型式論的影響によって完全に崩れることはない。たとえば、縦位・斜位の貼付文による分断によってわかりづらくなっているが、単位貼付文はトビニタイ型文様構成に則ってつけられているし、

第Ⅲ部　古代日本列島北辺地域における土器型式群の動態と擦文土器

口縁部肥厚帯やすぼまる形態の底部など、器形はトビニタイ2式と同じものが主体である。

トビニタイ4式でも、3式に出現した施文手法はみられる（図154・155）。図154-7・8では、トビニタイ3式まで普遍的だった頸部無文帯が消失している。これは、頸部から胴部に広くモチーフを展開させる擦文土器からの型式論的影響によると考えられる。併行する擦文土器の甕系第4段階前半～後半の分布状況・密度は前時期と変わらず、擦文土器甕からトビニタイ4式への型式論的影響の浸透は続いていたと考えられる。頸部無文帯の消失に象徴されるように、影響の浸透度は前時期より強まっている。ただし、この時期でもトビニタイ型文様構成に則る単位貼付文やすぼまる底部などにトビニタイ式の系統が引き継がれている。したがって、擦文土器の影響が強まるとはいえ、それはやはりトビニタイ式の属性の備わり方を完全に崩すような急激なものではなく、徐々に浸透するものだったと判断できる。トビニタイ4式は擦文土器と共伴して出土するのが常態となり、一括資料中に占める点数は擦文土器よりも少なくなる（山浦1983, 澤井1992）。擦文土器が浸透するなかで次第に製作されなくなってゆく、というのがトビニタイ式終焉の実態のようである。

2　トビニタイ式土器から擦文土器におよんだ型式論的影響

ところで、型式論的影響は、擦文土器からトビニタイ式へ一方向的におよんだのではない。甕系第4段階前半～後半には、逆にトビニタイ式からの型式論的影響を受けて変容した例もみられる。図171に、該当例を示した。影響の痕跡としてわかりやすいのは、頸部無文帯（1～6・9～11）やすぼまる底部（1・3・7・8）である。これらは基本的にトビニタイ1式～4式に一貫してみられ（図149～155）、その系統として定着している属性である。頸部無文帯をもつ甕は札幌市K518遺跡（小針編2011）から出土しており（図172）、トビニタイ式の型式論的影響の浸透度を考えるうえで注目される。[20] 5・6では、トビニタイ式の貼付文が刻線文や刻文で転写されている。5のように方形状に区画した文様を斜方向に対向させて横還させる手法は、トビニタイ4式に認められる（図155-1・2・4・5）。6の蕨状の文様は、トビニタイ2式（加藤他2006：130頁）の貼付文に認められる。[21]

これらの変容した擦文土器にはトビニタイ式の系統をひく属性が備わっているが、個体によって備わり方に微妙な違いがある。頸部無文帯、すぼまる底部、異質なモチーフ等を複数備える個体（図171-1・6）もあれば、それらがいずれか1つしか備わらない個体（図171-7・8, 図172）もあり、多様なあり方を示す。このように、トビニタイ式の型式論的影響は、擦文土器甕の成りたちを完全に崩さないような形で浸透することに特徴がある。[22] 特に注目したいのは、口唇部形態の多様性である。トビニタイ式と同じく外反形態の口縁部が多くを占めるが、口唇部の疑似口縁化がみられるもの（図171-5・6, 図172）もある。この多様性については、前者がトビニタイ式からの型式論的影響がおよんだもので、後者は影響がおよばず擦文土器の系統をひく疑似口縁が備わったもの、と解釈できるだろう。このように、擦文

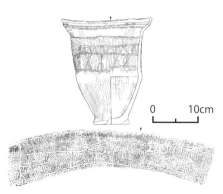

図172　K518遺跡出土の擦文土器甕

土器甕の口唇部形態が、トビニタイ式からの型式論的影響の程度差によって多様化していると考えると、「外反形態と内湾・内屈形態の併存」という実態（第4章第1節2参照）を合理的に説明できる。ただし、擦文土器の口唇部形態への型式論的影響の発信源は、トビニタイ式だけではない可能性が高い。これについては次章で述べる。

3　トビニタイ式土器と擦文土器の型式間交渉とその推移

　トビニタイ3式・4式と擦文土器の甕系第4段階前半～後半とでは、各々の属性の備わり方を維持しつつ、他方の系統の属性を部分的に組みこむような相互交渉がなされていた。このようにゆるやかな相互交渉の存在は、同時期の「トビニタイⅠ群」の存在によっても支持される。なぜなら、「トビニタイⅠ群」はトビニタイ4式と擦文土器甕双方の特徴を併せもつ折衷的な土器群であり、その存在自体が両者の双方向的な型式間交渉を端的に示すからである。ほかに、トビニタイ4式や「トビニタイⅠ群」にしばしばみられる竹管状工具による刺突文も注目すべき特徴である。このような文様は擦文土器甕としては異質なものであり、道央・北部ではわずかにみられるにすぎないが、道東部では、湧別町川西遺跡（図171-5）、斜里町以久科北海岸遺跡（図171-9）、須藤遺跡、ウトロ遺跡（松田他2011）、標津町伊茶仁ふ化場第一遺跡第2地点（椙田1981）、古道第6遺跡（椙田編2013a）、オタフク岩洞窟遺跡、北見市（旧常呂町）岐阜第二遺跡（宇田川・藤本1977）、根室市穂香竪穴群遺跡（越田他編2003）や幌茂尻（宇田川編1984）、などに類例がある。いずれもトビニタイ式の分布域、それも大半がトビニタイ式を出土した遺跡で確認されている。このような状況は、竹管状工具による刺突文が、道東部の擦文土器甕、トビニタイ4式、「トビニタイⅠ群」の3者で共有される文様として定着していたこと、そして、その共有が両型式の相互交渉によって達成されたことを反映している。

　一方、トビニタイ2式期までは、このような双方向的な型式間交渉を積極的に支持する資料がなく、器形に象徴されるように、擦文土器甕からの一方向的な型式論的影響の痕跡が確認されるのみである。したがって、トビニタイ1式・2式は、擦文土器甕からの一方向的な影響がもたらされつつ両型式は相互排他的に存在していたのに対し、トビニタイ3式・4式は、擦文土器甕との双方向的な型式間関係が取りむすばれ相互交渉的に存在するようになる、という型式間交渉の推移状況をみちびきだせる。

4　トビニタイ式土器の展開と擦文土器

　トビニタイ1式の分布（図173-上段）は、オホーツク貼付文期後半2段階よりも拡大し、北は常呂川下流域、西は十勝川下流域まで展開する。このように広範な地域で土器製作に関わる「規則」が共有されていることからみて、トビニタイ1式期には、すでに根室海峡周辺部や知床半島北西岸部の人々をめぐる安定した情報ネットワークが確立していたと考えられる。なお、トーサムポロR-1群3類やトビニタイ1式は、国後島のフルカマップやポンキナシリなどの遺跡でも出土しているようである（平光1929）。資料の実態がやや不明瞭だが、トビニタイ式成立期における人々や情報の動きは、国後島までおよんでいた可能性があり、その点で、当時の人々にとって根室海峡が地理的障壁になっていなかったと考えられる。トビニタイ1式を出土した遺跡は、オホーツク海や太平洋の海岸付近に存在している。こうした遺跡の立地傾向は、オホーツク貼付文期後半1・2段階の延長上に位置づけられると考えられ、海洋での活発な活動が想起される。そうした活動を支えるうえで、根室海峡のような陸地に挟まれた海

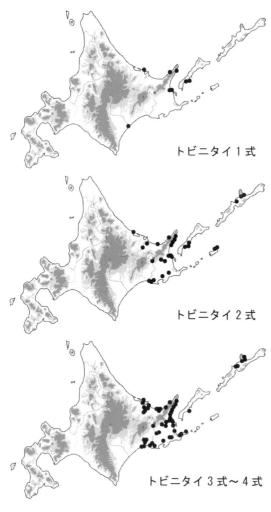

図173　トビニタイ式土器の分布の時間的変遷

域は、陸地同士をむすぶパイプのような役割を果たしたのかもしれない。

　トビニタイ2式の分布は（図173-中段）、前段階より北・東部に拡大するほか、内陸部など多様な環境に進出する。こうした遺跡の立地傾向は、続く3式・4式期まで認められる（図173-下段）。このように広範な地域、多様な環境に展開するなかで、文様構成の構造レベルの共通性が維持されていることは注目される。藤本（1979）は、当該期の遺跡立地の多様性を、「オホーツク文化の資源獲得のシステムがなんらかの要因で崩れ、それを受け一定のシステムを作るべく模索している様子」(32頁)だと評価した。資源獲得のシステムがどのようなものであったかをここで触れる余裕はないが、本章の土器分析結果にひきつけて評価するならば、資源獲得のシステムを模索している段階であっても、土器型式が安定して展開するだけの社会的関係が保たれていた、ということになるだろう。

　南千島出土のトビニタイ式(図174)をみると、トビニタイ型文様構成が認められ、器形なども北海道本島のトビニタイ式の特徴を逸脱しているものはない。したがって、トビニタイ式は、南千島でも北海道本島と同様の型式論的変遷をとげていたと考えてよいだろう。トビニタイ2式期に択捉島まで分布が広がるが、前時期の根室海峡周辺部にみられたヒトの動きの延長だと思われる。現時点での確実な分布の東端は、オーリャⅠ遺跡である（Березкин2002）。[23]

　トビニタイ3式・4式の分布は前時期と変わらないが、擦文土器との型式間関係が変化する。擦文土器の甕系第3段階後半〜第4段階前半は、モチーフの相互変換関係が確立し、それを維持しながら分布域が拡大する時期である（第4章第6節参照）。そこには、土器製作者同士をむすぶ緊密な情報ネットワーク（図104）の存在が考えられた。両型式の折衷土器である「トビニタイⅠ群」には、擦文土器甕と同じモチーフを備えつつ、貼付文を加えた例がある（図168-3・4・9）。このような土器の存在は、モチーフの相互変換関係によってむすばれる擦文土器甕の構造的関係に、トビニタイ式系統の属性がスムーズに付加されたことを示唆する。両系統の土器製作者の間に安定した社会的関係が確立されていたこと、トビニタイ式から擦文土器甕への型式論的影響もこのような関係を前提としてもたらされたこと、

第7章　トビニタイ式土器の編年と系統

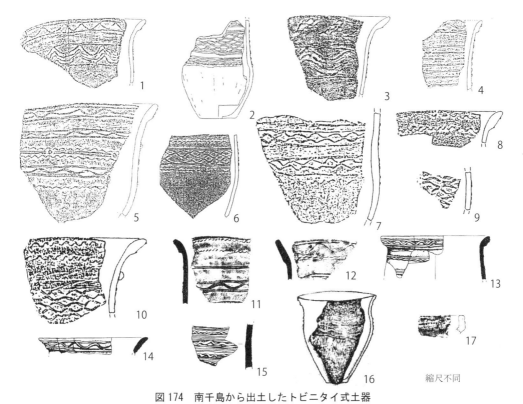

図174　南千島から出土したトビニタイ式土器

1～5・17. ポンキナシリ：6. フルカマップ（Южно-Курильск）：7. 東沸（Серноводск）：8・9. アナマ（Крабозаводское）：10. 斜古丹（Малокурильское）：11・12. シャナ（Курильск）：13～15. オーリャⅠ（Оля Ⅰ）：16・17. 留別（Куйбышево）

などが考えられる。

図175に、「トビニタイⅠ群」の分布を示した。知床半島と釧路川をむすぶようなラインを西限とし、東は択捉島まで広がっている。「トビニタイⅠ群」の分布は、以上のような異系統土器製作者同士の社会的関係が確立していた範囲を間接的にであれ示す、という点で重要である。擦文第4期前半～後半のこの地域には、道内他地域とはやや異質な社会が展開していた可能性が高い。

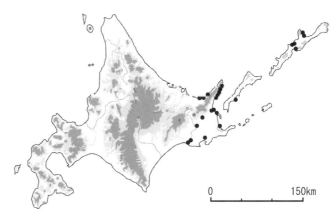

図175　トビニタイⅠ群の分布

第Ⅲ部　古代日本列島北辺地域における土器型式群の動態と擦文土器

小結

　トビニタイ式は、菊池（1972b）によって細分の可能性が示されたのち、長い間テフロクロノロジーや共伴する擦文土器編年に依存することで編年と時空間的展開が素描されてきた。いまだにオホーツク土器と擦文土器の接触様式として単純に一括りにされることが多く、トビニタイ式そのものの分析に立脚した編年や系統の理解が示されてこなかったために、編年上の齟齬が解消されない状況が続いていた。編年研究は、擦文土器にくらべかなり遅れていたことは否定できないだろう。

　このような現状を打開するために、本章では、トビニタイ型文様構成に着目したトビニタイ式の編年と系統に対する理解を示した。トビニタイ型文様構成に着目する意義は、大きく分けて2つある。トビニタイ式は（正確にはオホーツク貼付文土器も）、多様な単位貼付文をもつ土器群からなる「多相組成」を示すのが常態であり、この実態を説明し得る土器群の分類案を示すことが、編年研究上の課題となっていた。トビニタイ型文様構成は、単位貼付文の変異を律する構造的な属性であり、器形・口縁部単位文様列数・口縁部肥厚などの属性の違いともよく相関する。このように、トビニタイ式個体資料の変遷順序を1つの分析視点のもとで体系的に理解することを可能にする点に、1つめの意義がある。

　2つめの意義は、トビニタイ式の成立と変遷を、オホーツク土器の系統をひく属性と擦文土器の系統をひく属性の接触・融合の過程としてとらえることを可能にする点である。トビニタイ式をオホーツク土器と擦文土器の接触様式として一括りにするのではなく、そこに系統性を認めることで、異系統土器間の動態的な交渉の過程としてトビニタイ式の変遷を描出できる。このようにトビニタイ式を理解することで、「トビニタイⅠ群」の系統的な成りたち、擦文土器甕との型式間交渉の実態などを復元できた。

　トビニタイ式の変遷は、続縄文文化終末期から通時的に北海道島に存在した異系統土器であるオホーツク土器が、擦文土器との関係を徐々に強め土着化する過程である。それは、擦文第4期前半～後半の甕系にいくつかの痕跡を残し、道央・北部などとは異質な型式交渉圏を発現させたのである。

註

1)　この土器群はこれまで様々な名称で呼ばれてきたが、後述するように、その型式論的特徴が整然としており、型式としての外延をさだめられると考えるので、以下では「トビニタイ式土器」と呼ぶ。

2)　本章では、山浦清（1983）にならって、それぞれをトビニタイⅠ群・Ⅱ群・Ⅲ群と呼ぶ。

3)　貼付文の単位とは、「何本の貼付文が意匠として一つのまとまりと判断できるか」（熊木2009:305頁）ということを示す。

4)　口縁部肥厚は旧稿であつかっておらず、あらたに着目する属性である。

5)　旧稿では、図146のようなヴァリエーションの有無によって文様構成dを2つに分けたが、本章では一括する。

6)　このことは、「トビニタイ土器群」が、トビニタイ型文様構成という共通の特徴を指標にして型式としての外延をさだめられることを示唆する。

7)　近年、伊茶仁孵化場第1遺跡（千葉大学考古学研究室編2005・2006・2007・2008・2009・2010・2011）、鱒川第3遺跡（同編2012・2013）、当幌川遺跡（同編2013）などでトビニタイ式を出土する竪穴住居址が多数発掘されている。しかし、いずれも概要の報告にとどまっており、鍵層に使われた火山灰の同定分析が未報告であること、土層の写真が掲載されて

第7章　トビニタイ式土器の編年と系統

いないために鍵層となる火山灰の堆積状況を客観的に判別できないこと、基本層とされた火山灰の遺跡全体での平面分布が不明であること、遺構覆土の形成過程や掘りあげ土の堆積過程・弁別など遺跡形成論的な根拠がほとんど示されていないこと、続縄文文化以前も含めた全出土遺物の分布と帰属層位が不明であること、破片同士の接合関係が平面・垂直分布でおえないこと、などデータの提示が不十分である。したがって、上記の報文中で述べられた発掘調査にかかわる知見については、遺憾ながら触れられない。なお、近年、柳澤清一が上記報文中の知見をもとに編年案を提示し続けているが、それらも上記の諸点から論証不十分だと判断されるので、本書では触れられない。

8) 同じ属性を備える土器が1、2点しかない例は、現状で例外としてあつかうことにする。6群としたなかで網掛けした資料は、属性同士のまとまりを示さないことから括り方に疑問がだされるかもしれないが、これについては後述する。

9) なお、大西が用いた、「擦文土器高坏が共伴するか否か」という根拠によってトビニタイ式の新旧関係を判断する論理も破綻している。これについては、第9章第3節2で詳しく述べる。ほかにも、報文中に同定報告のない火山灰を用いたテフロクロノロジー、混入資料が含まれる可能性の高い土層を層位事例にみたてる分析など、ローデータのあつかいに問題が多い。これについては、具体例を示して批判したことがあるので（榊田2010）、詳細はそちらを参照されたい。

10) 柳澤清一（2007：477・481・483頁）は、トビニタイ型文様構成に着目することで「カリカリウス土器群」をめぐる編年上の問題を解消できる、という旧稿の要点に一切触れず、ただ「カリカリウス土器群」を抹消した学史的に不当な検討だとのみ評価している（481・483頁）。また、旧稿の編年案が氏の細分案のプライオリティーを侵したという旨の批判を展開している（481・483頁）が、やはり旧稿の論旨には触れられていない。柳澤の通説批判には、自説に都合のいいよう論旨を歪曲して引用することで展開された悪質なものが大変多く、この点については研究上の倫理が問われるべきだろう。また、そもそも論証されていない細分案によってプライオリティーを主張する姿勢にも、当惑を禁じ得ない。

11) 口縁部肥厚帯が2段以上備わる例（図161-1・3、図162-7）については、肥厚帯のある部位をすべて口縁部とみなして単位文様列を数えた。また、オホーツク土器にまれにみられる動物などをかたどった貼付文も、器面上に横環しているものは1列の文様列とみなした。

12) トーサムポロR-1群には、直線＋波線＋直線で1単位となる貼付文がトビニタイ型文様構成に則って割りつけられる、という特徴があるが（図161・162）、この特徴が地域差に由来する可能性もあるので、ここではあつかわない。

13) 分析対象としたのは、上記4属性をすべて確認できる完形・略完形土器である。オホーツク土器に一般的にみられるミニチュア土器は分析対象からはずしている。

14) 本章では、トビニタイ式の編年を個体資料の細分から設定したのに対し、オホーツク貼付文土器の段階区分は一括資料同士の様相差から設定している。オホーツク貼付文土器も個体資料の細分から編年を設定するのが理想だが、それは今後の課題としたい。ここでの段階区分は、あくまでトビニタイ式の成立過程を描出するためのものであることをご理解いただきたい。

15) 擦文第5期と確言できる一括資料には、トビニタイ4式の破片すら共伴した事例がない。

16) ただし、この北大3式2類は、破片資料である点に検討の余地がある。

17) 貼付文期後半1・2段階を甕系第2段階に対比する理由は、第9章で詳しく述べる。また、トビニタイ2式・3式の時期は、明確なデータがないので前後の時期から大まかに推定している。

18) 筆者は以前、羅臼町船見町高台遺跡1号竪穴住居址床面で「トビニタイⅠ群」とトビニタイ2式が共伴することを重視し、「トビニタイⅠ群」の成立を2式期（旧稿の「トビニタイ古式」期）と想定した（榊田2007）。しかし、この「トビニタイⅠ

255

第Ⅲ部　古代日本列島北辺地域における土器型式群の動態と擦文土器

　　　群」が破片資料であることから、現在は混入の可能性を視野に入れており、判断を保留する。
19）　ほかに、「トビニタイⅢ群」と「トビニタイⅠ群」の編年対比についても、筆者と熊木（2011）では考えが異なる。その原因は、擦文土器の編年観の違いにあると考えられる。
20）　この土器の詳しい特徴については、榊田（2012）を参照されたい。
21）　ただし、図171-6の時期は、トビニタイ2式に併行する擦文第3期前半〜後半より新しいと考えられる。擦文第4期前半〜後半の蕨状の刻線文をもつ甕はほかにみられないが、このモチーフがオホーツク貼付文土器やトビニタイ式の系統をひくことはまちがいないだろう。
22）　なお、坏系土器にはトビニタイ式の型式論的影響がみられない。ここにも、甕系と坏系で情報のめぐり方に違いがあったこと（第6章第1節2参照）を確認できる。
23）　中千島得撫島の南西部に所在するカマ1遺跡から、貼付文をもつ口縁部破片が出土している（Tezuka and Fitzhugh 2004）。貼付文は3列の擬縄貼付文であり、トビニタイ3式か4式の可能性がある資料である。2011年10月に、手塚薫氏（北海学園大学）の御厚意でこの土器のカラー写真を見物する機会を得た。深く感謝申しあげたい。

第8章　道南部擦文土器の編年と系統

はじめに

　道南部の擦文文化の甕については、江差町法華寺坂遺跡（大場他1955）、奥尻町青苗貝塚（桜井1958b, 千代1969）、上ノ国町竹内屋敷遺跡（大場他1961）などで出土した資料によって、早くから道央部以東の甕と異なる特徴をもつことが指摘されていた（佐藤1972）。その後、松前町札前遺跡（久保他1984, 松前町教育委員会編1989・1991）の発掘調査で膨大な数の資料が出土し、やや不明瞭だった当地方の擦文土器の様相が浮きぼりになり、以前より指摘されていた特異性がいっそう明確に認識されることになった（久保1984）。また、札前遺跡の遺構がいずれも白頭山－苫小牧火山灰（B-Tm）を切って構築されていたことも、遺構出土土器の時期認定や隣接地域との編年対比を可能にした。このような経緯から、札前遺跡出土土器群は、道南部擦文土器編年の基本資料になるとともに（瀬川1996, 塚本2002）、擦文土器の地域性をめぐる研究にも盛んに組みこまれることになった（天野1987, 塚本2002, 天野・小野2007）。

　しかし、資料が増えたとはいえ、道南部の遺構出土土器の大半は、依然として札前遺跡の資料にかぎられている。また、札前遺跡の遺構は切りあいが激しく、古い時期と新しい時期の資料が混入している危険性がきわめて高い。したがって、遺構出土土器を十分に検討することなく編年の標式にみたてることはできないし、その編年をただちに道南部全体に敷衍することにも問題がある。[1]

　以上の資料的環境を考慮し、まず遺構出土の有無を問わずに道南部全域で出土した甕を集成し、その変遷順序を共通の分析視点によって把握する。次に札前遺跡出土土器群を検討し、そこでの遺構出土資料の一括性を評価しつつ道南部全体の編年を設定する。道南部では、良好な一括資料や層位事例がかぎられているため、編年の妥当性は道央部以東の甕とのクロスデイティングによって検証する。道南部の甕は特異な様相を示すとはいえ、特定の口縁部・胴部文様には道央部以東の甕と共通するものもあり（瀬川1996）、クロスデイティングは十分可能である。甕の編年を設定したのち、坏・高坏を集成し、道央部以東との異同を確認しながら変遷のあり方を検討する。最後に、道南部擦文土器の変遷過程を復元し、その系統と道央部以東との型式交渉の実態を明らかにする。

　結論を先どりすると、本章で提示する編年は、

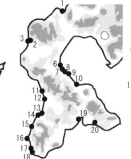

1. 朱太川右岸河口附近 ： 2. 南川2 ： 3. 利別川口
4. 青苗B ： 5. 青苗 ： 6. 浜松2・オクツナイ2
7. トコタン ： 8. 栄浜2 ： 9. 栄浜1 ： 10. 御幸町
11. 元和8 ： 12. 厚沢部川河口 ： 13. 法華寺坂
14. 竹内屋敷 ： 15. ワシリ ： 16. 原口A ： 17. 札前
18. 大尻内 ： 19. 矢不来3 ： 20. 鶴野2

図176　本章で言及する主要遺跡の位置

第Ⅲ部　古代日本列島北辺地域における土器型式群の動態と擦文土器

遺跡名	参考文献	器高	長胴・球胴指数	遺跡名	参考文献	器高	長胴・球胴指数
	久保他1984 8図-1	20.4	1.11	厚沢部川河口	大沼他1976 Fig.4-21	15.3	0.94
	同上 15図-1	22.1	0.92		同上 Fig.4-22	23.7	1.02
	同上 27図-1	15.3	0.89		同上 Fig.4-23	37.7	1.17
	同上 27図-3	28.5	1.02		同上 Fig.5-25	26.1	1.05
	同上 35図-1	30.6	1.07		同上 Fig.5-26	28.8	1.15
	同上 35図-2	28.8	0.98		同上 Fig.5-30	27.6	1.46
	同上 35図-6	19.5	0.91	南川2	瀬棚町教委編1985 24図-33	19.2	1.08
	同上 41図-5	22.5	0.89		同上 24図-34	31	0.97
	同上 47図-1	32.7	1.11		同上 24図-35	39.8	1.21
	同上 48図-17	11	1		同上 24図-37	23	1.22
	同上 51図-1	32.3	1.13		同上 26図-49	19	0.96
	同上 56図-1	29	1.2		同上 26図-50	17	0.97
	同上 56図-5	26.9	1.01		同上 28図-68	37.4	1.23
	同上 57図-17	15	0.88		同上 28図-71	29.2	1.06
	同上 58図-21	23.4	1.01		同上 29図-74	8.4	0.86
	同上 58図-22	26.1	1.01		同上 29図-77	21	0.89
	同上 62図-1	25.4	0.88		同上 30図-2	34.6	1.02
	同上 66図-1	27.8	0.97	鶴野2	梅原編1982 13-1	29.8	1.21
	同上 66図-2	25.4	0.88	矢不来3	森他1990 図6-2	9.2	0.76
	同上 74図-2	9.75	0.88		同上 図6-3	8.2	0.65
	同上 74図-5	11.4	0.78		同上 図9-14	14.4	0.95
	同上 75図-14	30.6	1.03		同上 図9-15	13.6	0.97
	同上 76図-18	9.6	0.73	トコタン	八木2007b 6図-1	22.8	1.15
	同上 90図-1	10.4	1.11		同上 6図-2	12	0.84
	同上 96図-3	13.2	0.84	オクツナイ2	三浦編2004a 16図-13	10.5	1.04
札前	同上 97図-20	20.7	0.85	栄浜1	熊谷他編2002 図Ⅳ-45-1	16.8	0.93
	同上 107図-24	15	1		柴田他2004 46図-1	30.5	1.4
	同上 107図-25	14.4	0.88		同上 50図-1	24	1.17
	同上 110図-36	25.5	1.02		同上 56図-2	29.6	1.35
	同上 110図-37	19.7	0.99	栄浜2	同上 56図-3	16.7	1.35
	同上 111図-40	10.1	0.73		同上 56図-5	25.7	0.92
	同上 111図-41	9	0.71		同上 57図-6	23.3	1.01
	同上 130図-2	13.4	0.79		同上 57図-8	30.5	1.77
	同上 133図-1	10.5	0.78		同上 57図-9	32.1	1.38
	同上 137図-1	24	0.98		大場他1963 14図-7-2	19.7	1.18
	同上 137図-2	21.5	1.18	朱太川右岸河口附近	同上 15図-7-1	17.3	1.24
	同上 137図-3	28.2	0.93		同上 15図-7-7	8.8	0.83
	同上 153図-1	17.1	1.34		同上 22図-9-35	19.5	1.38
	同上 153図-2	24.6	1.06		佐藤編1981 11図-1	28.4	1.03
	同上 153図-3	19.8	0.81		同上 11図-3	22.2	0.9
	同上 155図-9	21	0.96		同上 11図-4	21.6	1
	同上 157図-19	26.1	1.14		同上 11図-6	20.8	0.81
	同上 157図-20	23.7	0.95		同上 12図-8	18.8	0.86
	同上 157図-21	21	0.91		同上 12図-9	13.4	0.82
	同上 158図-26	13.2	0.81		同上 12図-10	11.2	0.7
	同上 158図-27	12.8	0.98		同上 12図-12	27.6	0.92
	同上 158図-30	11	0.84		同上 12図-13	31.6	1.76
	同上 158図-31	11.7	0.8	青苗	同上 12図-19	14.2	1.25
	松前町教委編1989 7図-2	22.2	1.02		同上 13図-22	28	0.86
	同上 7図-4	11	0.85		同上 13図-24	28.4	0.9
	同上 7図-5	31.4	1.06		佐藤1979 図1-1	29.2	0.78
大尽内	久保他1975 17図-1	23	0.97		同上 図1-2	26.4	0.86
	同上 17図-4	34.2	1.21		同上 図1-3	27.8	1.05
	同上 18図-2	13.8	0.84		同上 図1-8	33.9	1
ワシリ	斉藤・松田編2003 15図-16	9.3	0.84		桜井1958b 5図-1	9.15	0.84
	同上 15図-17	10.8	0.82		木村編1998 図Ⅲ-4-140	31.2	1.16
	同上 15図-21	29	0.97		木村編2003 図Ⅳ-1-24	27.6	0.94
	斉藤・加賀谷編2004 18図-51	27.2	1.13	青苗B	木村編1999 図Ⅳ-28-492	26	1.1
	同上 18図-52	26	0.76				

表56　本章で分析する甕の器形の属性一覧表

瀬川拓郎（1996）の編年と近い内容をもつことになる。本章の目的は、先行編年の大がかりな変更にあるのではなく、あらたな分析によって先行編年の内容をより豊かなものにすることと、道央部以東との

共時的交渉の実態を明らかにすることにある。

第1節　道南部擦文土器甕の変遷過程

表56に示した、器高と口径を計測できる完形・略完形土器117点を分析する。[2]

1　道南部擦文土器甕の器形の検討

久保泰（1984）は、札前遺跡出土土器群の検討をつうじて、ⅰ）中・小型の甕が主流となる、ⅱ）大型の甕の胴部が丸みをおびる、などの器形の変化を指摘した。瀬川（1996）もⅱに注目し、道南部の甕が時間とともに寸詰まりの器形になる、という型式論的変遷案を示した。これらの研究を参照しながら、器形を分類する。

1－1　サイズとプロポーションの分類

サイズ

図177と表56のデータをもとに器高のヒストグラムを示したのが図178である。16〜18cm付近、24〜26cm付近、34〜40cm付近に谷をもつ三峰の分布を確認できる。したがって、サイズを次の3つに分ける。

- **大型**…器高が26cm以上40cm未満。
- **中型**…器高が18cm以上26cm未満。
- **小型**…器高が8cm以上18cm未満。

プロポーション

プロポーションは、「器高÷口縁部径」の値によって長胴・球胴指数をもとめた（図177）。値が大きいほど長胴形、小さいほど寸胴形であることを示す。

表56のデータをもとに長胴・球胴指数のヒストグラムを示したのが図179である。0.8〜1をピークとする山状の分布を確認できる。したがって、プロポーションを次のように分ける。

- **長胴形**…長胴・球胴指数が1以上。
- **寸胴形**…長胴・球胴指数が0.8以上1未満。

1－2　サイズとプロポーションの相関

表57に、サイズとプロポーションの相関状況を示した。各サイズに長胴形と寸胴形があり、大型では長胴形が、小型では寸胴形が過半数を占めている。この比率の違いから、大型が減少し小型が増加する、

長胴・球胴指数 ＝ 器高 ÷ 口径

図177　器形計測方法凡例

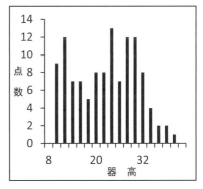

図178　器高の分布

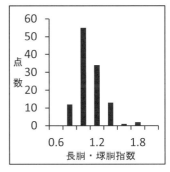

図179　長胴・球胴指数の分布

		プロポーション	
		長胴形	球胴形
サイズ	大型	31	12
	中型	15	19
	小型	8	32

表57　サイズとプロポーションの相関

第Ⅲ部　古代日本列島北辺地域における土器型式群の動態と擦文土器

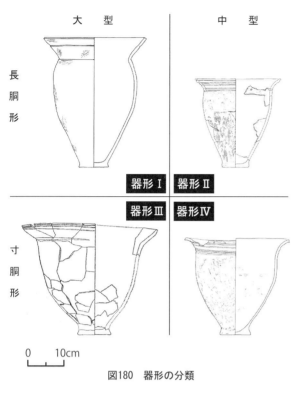

図180　器形の分類

という時間的変化を想定することで、長胴形から寸胴形への変化を説明することはできる。しかし、分析資料が多く得られている札前遺跡、青苗貝塚（桜井1958b、佐藤1979、佐藤編1981、木村編1998・2003）、上ノ国町ワシリ遺跡（斉藤・松田編2003、斉藤・加賀谷編2004）、八雲町栄浜2遺跡（柴田他2004）、せたな町（旧瀬棚町）南川2遺跡（瀬棚町教育委員会編1985）では、大型も小型も出土している（表56）。これらの例からは、大型が時間とともに使われなくなる、あるいは小型だけが組成する、といった状況を読みとれない。

小型には、器高と口径の値が拮抗する、鉢形とみなすべきものが多い。これは、小型のプロポーションが通時的に寸胴形になりやすかったことをものがたる。すなわち、プロポーションの変化は大型と中型にかぎられるもので、小型のプロポーションの変化は相対的に小さいとみなす余地がある。

以上を総合すれば、各サイズ・プロポーションとも通時的に存在し、小型のみ寸胴形のプロポーションが趨勢だと考えるのが、資料の実態をもっとも合理的に説明するだろう。したがって、以下では、大型と中型を編年の基本資料とする。

1-3　器形の分類と変遷順序

サイズとプロポーションの分類をもとに、器形を「大型長胴形」「中型長胴形」「大型寸胴形」「中型寸胴形」の4つに分ける（図180）。

道南部では、道央部以東の前半期擦文土器甕と同じ特徴をもつ甕が出土している。前半期はB-Tm降灰以前に相当するので、札前遺跡出土土器群の大半より古い可能性が高い。すなわち、これらの土器に備わる属性が、道南部の甕にある属性のなかでも古いとみなせる。

図181に該当する資料を、表58に備わる属性を示した。甕系第1段階前半に対比できる函館市鶴野2遺跡（梅原編1982）の甕を最古とし、甕系第2段階に対比できる資料まである。注目すべきは、確実に甕系第2段階と言える時期まで大型寸胴形がないことである。これは、大型の寸胴化が甕系第2段階併行期にはじまることを示しており、プロポーションの時期差（久保1984、瀬川1996）を広域編年上で追認できる。また、中型の寸胴化が甕系第2段階併行期より前にはじまった可能性があることにも注目したい。これについては、寸胴化が起こりやすい小型とサイズの近い中型では大型よりも早くに寸胴化がはじまった、と考えたい。甕系第1段階前半併行期の資料が少なく、中型の寸胴化のはじまり

第 8 章　道南部擦文土器の編年と系統

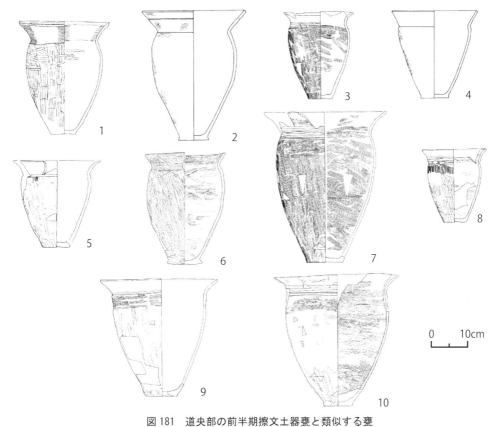

図 181　道央部の前半期擦文土器甕と類似する甕
1. 鶴野 2：2・4. 大尻内：3・5・7 ～ 10. 南川 2：6. 栄浜 2

遺跡名	参考文献	器形	口縁部文様 無文	口縁部文様 横走沈線文	胴部文様 段・稜 横走沈線文	道央部との分類対比	道央部との編年対比
鶴野 2	梅原編1982 13図-1	I		●	●	分帯1類	甕系第1段階前半
大尻内	久保他1975 17図-4	I	●		●	分帯3類	甕系第1段階後半
南川 2	瀬棚町教委編1985 24図-37	II	●		●	分帯3類	甕系第1段階後半
栄浜 2	柴田他2004 46図-1	I	●		●	一帯1類	甕系第1～第2段階
栄浜 2	同上 56図-2	I	●		●	一帯1類	甕系第1～第2段階
栄浜 2	同上 57図-9	I	●		●	一帯1類	甕系第1～第2段階
栄浜 2	同上 56図-5	IV	●		●	一帯1類	甕系第1～第2段階
南川 2	瀬棚町教委編1985 26図-49	IV	●		●	一帯1類	甕系第1～第2段階
大尻内	久保他1975 17図-1	IV	●		●	一帯1類	甕系第1～第2段階
南川 2	瀬棚町教委編1985 24図-35	I	●		●	分帯4類	甕系第2段階
南川 2	同上 28図-68	I	●		●	分帯4類	甕系第2段階
南川 2	同上 28図-71	I	●		●	分帯4類	甕系第2段階
南川 2	同上 30図-2	I	●		●	分帯4類	甕系第2段階
厚沢部川河口	大沼他1986 Fig.4-23	I		●	●	一帯2類	甕系第2段階
朱太川右岸河口附近	大場1963 14図-7-2	II		●	●	一帯2類	甕系第2段階
南川 2	瀬棚町教委編1985 24図-33	II	●		●	分帯4類	甕系第2段階
南川 2	同上 24図-34	III	●		●	分帯4類	甕系第2段階

表58　道央部の前半期擦文土器甕と類似する甕の属性一覧

がさらにさかのぼる可能性はあるが、寸胴化は「中型→大型」の順に段階をおって進行したと考えられる。

ただし、多くがB-Tm降灰以後の時期に相当するとされる札前遺跡出土土器にも大型長胴形があることは（表56）、混入資料が含まれる可能性が高いとはいえ留意すべきだろう。瀬川（1996）は、時期差

第Ⅲ部　古代日本列島北辺地域における土器型式群の動態と擦文土器

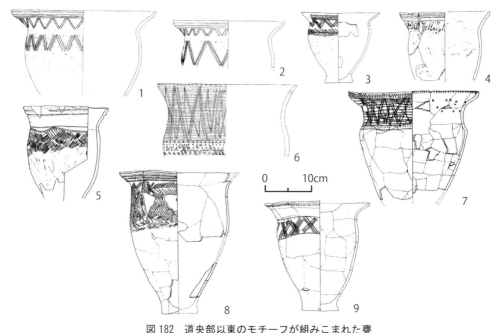

図182　道央部以東のモチーフが組みこまれた甕
1～3．札前：4．原口A：5．利別川口：6．御幸町：7～9．厚沢部川河口

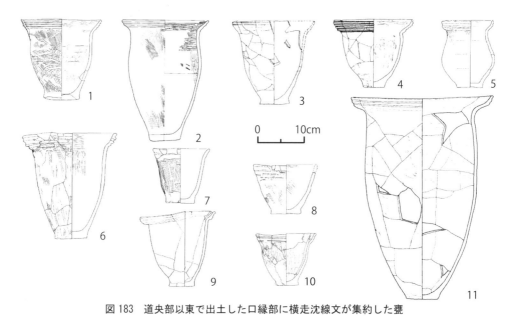

図183　道央部以東で出土した口縁部に横走沈線文が集約した甕
1．K499：2．香川三線：3・4．岐阜第二：5～8．常呂川河口：9．広瀬：10．材木町5：11．ホロナイポ

の指標として胴部の張りだしの度合いに注目した。ここでは、プロポーションはもともと長胴形1種類であり、時間とともに長胴形と寸胴形2種類の組成になる、というゆるやかな変遷過程を想定したい。

2　道南部擦文土器甕の文様の検討

　道南部の甕では、甕系第2段階併行期まで、頸部に段や横走沈線文があり、道央部以東との共通性

が高い（図181）。また、道央部以東の甕のモチーフを頸部にもつものもある（図182）。これらは、道央部以東とのクロスデイティングが容易である。

　一方、道央部以東のモチーフをもつ甕には、口縁部に集約する横走沈線文のように独自性の強い特徴もみられる（図182-1～5）。先行研究でも、道南部の甕では時間とともに横走沈線文が口縁部に集約していく、と指摘されている（瀬川1996, 塚本2002）。モチーフには鋸歯状文（1～5）や斜行沈線文（3）があり、その下限は甕系第4段階前半併行期までくだる。横走沈線文の口縁部への集約化は頸部の無文化とみなすこともでき、頸部無文部に道央部以東のモチーフが転写されたものと解釈できる。

　近年、口縁部に横走沈線文をもち頸部以下が無文になる甕が道北日本海沿岸部の遺跡で出土することが注目され、道南部から道北部への集団の動きを示す資料として評価されている（中田1996, 小野・天野2007, 鈴木（琢）2010）。ただし、このような甕は、道北・道東オホーツク海沿岸部・内陸部、道東太平洋沿岸部でもかなりの数が出土している（図183）。したがって、道北部との接点を示すだけにとどまらず、道南部の甕を全道的に編年対比できる重要な資料だと言える。

　表59に、このような甕の遺構内共伴例を示した。多くが、甕系第3段階前半～第4段階後半に共伴している。したがって、横走沈線文の口縁部への集約は、甕系第3段階前半併行期に起きると考えたい。

3　器形と文様の検討のまとめ

　ここまでの分析結果をまとめると、次のようになる。

器形
- 土器のサイズは大型・中型・小型の3つに、プロポーションは長胴形・寸胴形の2つに分けられる。
- 時間的変化を鋭敏に示すサイズは大型と中型であり、器形は大型長胴形・中型長胴形・大型寸胴形・中型寸胴形の4つに分けられる。
- 大型土器は、甕系第1段階後半併行期まで長胴形1種類であり、甕系第2段階併行期以降に長胴形と寸胴形2種類の組成になる。
- 中型土器は、甕系第1段階前半併行期まで長胴形1種類であり、甕系第1段階後半併行期以降に長胴形と寸胴形2種類の組成になる。

文様
- 段や横走沈線文は、甕系第2段階併行期まで道央部以東と同様の消長をとげる。
- 甕系第3段階前半併行期に横走沈線文が口縁部に集約し、以後、甕系第4段階後半までみられる。

第2節　道南部擦文土器甕の編年

1　札前遺跡出土土器群の分類と編年上の位置づけ

　札前遺跡出土土器群を、次の4つに分ける（図184・185）。

札前1類…口縁部は横走沈線文をもつか無文となり、頸部に段や横走沈線文をもつ（図184-1～5）。道央部以東の甕系第1段階後半～第2段階の特徴を備える。瀬川編年Ⅰ群に相当する。

札前2類…口縁部は横走沈線文をもつか無文となり、頸部に段や横走沈線文をもつ。頸部の段や横走沈

第Ⅲ部　古代日本列島北辺地域における土器型式群の動態と擦文土器

遺跡・遺構名	参考文献	共伴する擦文土器甕の時期				
		第2段階	第3段階前半	第3段階後半	第4段階前半	第4段階後半
末広　IH-36	千歳市教委編1981 Fig..33-5	●	●	●	●	
高砂第2地点　8号	福士1985 第22図-2		●	●		
H317　1号土坑	仙庭・上野編1995 第53図-1		●	●		
大川　SH-26	岡田・宮編2000 図176-3		●	●		
K113北35条地点　2号	加藤・秋山編1996 第12図-2		●	●		
	同上 第12図-5〜7		●	●		
香川6　H-14	苫前町教委1988 第47図-124		●	●		
香川三線　CH-26	苫前町教委1987 第131図-3		●	●		
香川三線　CH-43	同上 第179図-1		●	●		
香川三線　CH-53	同上 第211図-4		●	●		
高砂　AH-74	峰山・宮塚1983 p84-486		●	●		
高砂　BH-33	同上 p135-696		●	●		
香川三線　CH-16	苫前町教委1987 第104図-1		●	●	●	
香川三線　CH-33	同上 第151図-2		●	●	●	
高砂　AH-79	峰山・宮塚1983 p88-502			●	●	
岐阜第二8号	東大考古学研究室編1972 Fig.61-3			●	●	
K499　2号	羽賀編1999 第20図-2			●	●	
	同上 第20図-3			●	●	
香川6　H-13	苫前町教委1988 第44図-109				●	
香川6　H-6	同上 第23図-76				●	
香川6　H-12	同上 第41図-106				●	
高砂　BH-21	峰山・宮塚1983 p124-642				●	
高砂　BH-46	同上 p147-759				●	
高砂　BH-57	峰山・宮塚1983 p157-832				●	
	同上 p157-833				●	
高砂　BH-72	同上 p168-889				●	
楠　H-35	鬼柳他1984 Ⅵ-13図-2				●	
ホロナイポ　12号	枝幸町教委編1981 Fig.23-2				●	
開生　11号	山崎他1965 p27上段3				●	
岐阜第二　16号	東大考古学研究室編1972 Fig.119-1				●	
	同上 Fig.119-2				●	
ライトコロ川口　1号	藤本編1980 Fig.5-3				●	
ライトコロ川口　10号	同上 Fig.26				●	
ライトコロ川口　13号	同上 Fig.41-7				●	
常呂川河口　139号	武田編2005 第133図-6				●	
常呂川河口　163号	武田編2007 第32図-1				●	
常呂川河口　165号	同上 第37図-1				●	
	同上 第37図-2				●	
	同上 第37図-3				●	
	同上 第37図-4				●	
広瀬　2号	加藤他1982 9図-2				●	
須藤　26号	金盛他1981 第85図-10				●	
穂香竪穴群　3号	川上編1994 Fig.22-3				●	
材木町5　5号	西他1989 第19図-1				●	
幣舞2　17号	石川編2005 58図-1				●	
幣舞2　55号	高橋編2009 第35図-1				●	
栄浦第二　1号	駒井編1963 Fig.9-1				●	●
	同上 Fig.9-2				●	●
	同上 Fig.9-3				●	●
栄浦第二　2号	同上 Fig.13-1				●	●
岐阜第二2号	東大考古学研究室編1972 Fig.35-4				●	●
須藤　19号	金盛他1981 第63図-1				●	●
幣舞2　53号	高橋編2009 第30図-1				●	●
ホロナイポ　第2地区12号	枝幸町教委編1980 Fig.65-1					●
雄武竪穴群　2号	平川編1995 29図-175					●
岐阜第三　2号	藤本編1977 Fig.9-2					●
常呂川河口　43号	武田編1996 第236図-2					●
美岬4　1号	稲垣編1999 4図-5					●

表59　口縁部に横走沈線文が集約した甕の道央部以東における共伴状況

第 8 章　道南部擦文土器の編年と系統

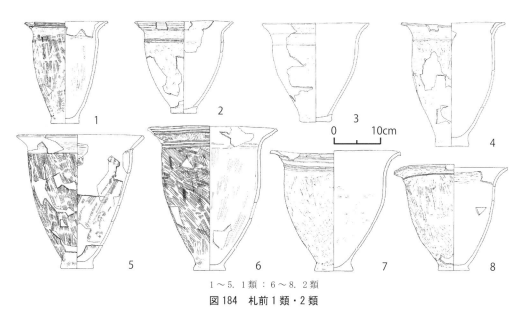

1～5. 1類：6～8. 2類
図 184　札前 1 類・2 類

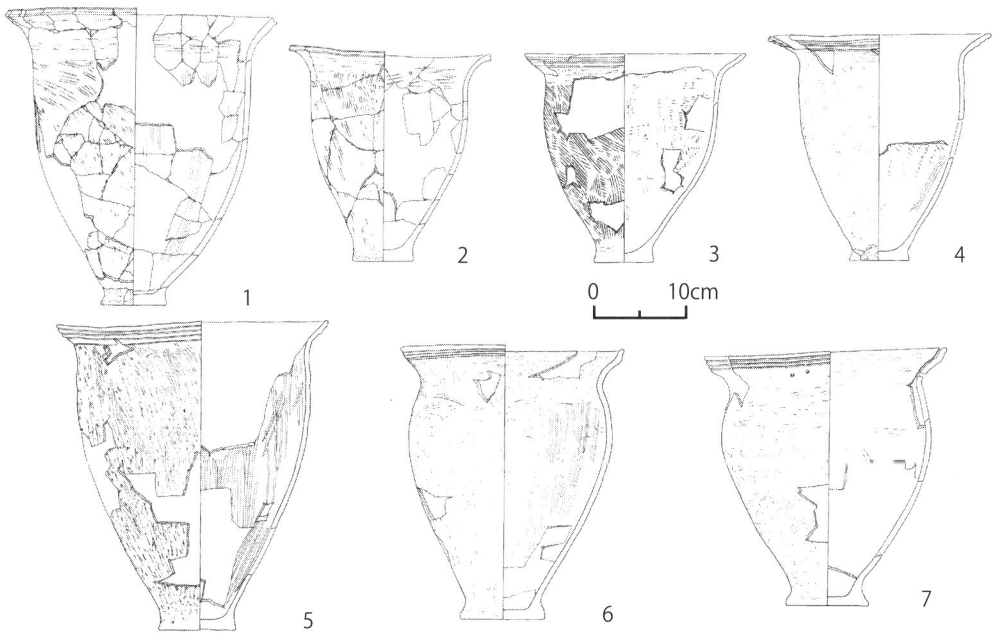

1・2. 3類：3～7. 4類
図 185　札前 3 類・4 類

線文は口縁部下端近くまで上昇している（図 184-6～8）。瀬川編年Ⅱ群に相当する。

札前 3 類…口唇部に凹線をもち、口・頸部は無文となる（図 185-1・2）。瀬川編年Ⅱ群に相当する。

札前 4 類…口縁部に横走沈線文をもち、頸部は無文となる（図 185-3～7）。瀬川編年Ⅲ群に相当する。

　口縁部への横走沈線文の集約化を踏まえると、1類→2類→4類という変遷順序を想定できる。2類は「横走沈線文の口縁部への集約化＝頸部の無文化」の過程を端的に示しており、1類と4類の間に2

第Ⅲ部　古代日本列島北辺地域における土器型式群の動態と擦文土器

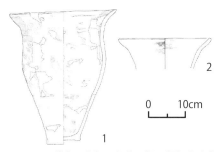

図186　道央・北部の札前3類に類似する甕
1．H519：2．高砂第2地点

類をおくことでスムーズな変遷を想定できる。天野哲也・小野裕子（2007）は、2類から4類への型式論的変化について「肩部の段がなくなって、外反する短い口縁部を持つ甕に変化する中で、屈曲部にあった沈線が上部と一体化する」（248頁）と述べた。筆者もこの考えに賛同する。道央部以東と対比すると、1類が甕系第1段階後半〜第2段階、4類が甕系第3段階前半以降に併行する。したがって、2類は甕系第2段階〜第3段階前半に併行すると考えられる。

　問題は、3類の位置づけである。このような特徴の甕は、札前遺跡で多く出土しているので例外とはみなせないが、横走沈線文の変化という視点でとらえられないために時間的位置づけがむずかしい。ただし、同様の特徴をもつ甕は道央・北部の遺構で出土しており（図186）、第2段階の甕や第2段階〜第3段階前半の移行的な時期[3]の甕が共伴する。したがって、3類は2類と同時期に位置づけられる。

　以上、札前遺跡出土土器群の時間的位置づけをまとめると、次のようになる。

札前1類…道央部以東の甕系第1段階後半〜第2段階併行。

札前2類・3類…道央部以東の甕系第2段階〜第3段階前半併行。

札前4類…道央部以東の甕系第3段階前半以降併行。

　これは、瀬川編年の一部を追認する。1類と2類の大型は長胴形で占められ、3類と4類の大型には長胴形と寸胴形があり、道南部全体の器形の変遷順序と整合的である。

　札前遺跡の遺構一括資料をみると、1類を出土した6号住居址はB-Tmを切って構築されているうえに4類がともなうなど、先の時間的位置づけと齟齬をきたしている。しかし、はじめに述べたように、札前遺跡の遺構は切りあいが激しく、遺構一括資料同士の単純な比較には危険がともなう。仮にこの共伴例が混在ではないとみた場合、道央部以東の広域編年との矛盾が生じるのはまぎれもない事実であり、札前遺跡でのみ土器が独自に変遷した、という特殊な状況を想定しないかぎり説明がむずかしくなる。現状では、多くの一括資料によって設定した道央部以東の編年を尊重し、札前遺跡の遺構一括資料には混入資料が多く含まれていると考えておきたい。

2　道南部擦文土器甕の編年と道央部以東との編年対比

　ここまでの検討を総合し、道南部擦文土器甕の編年を次のように設定する。

甕系第1段階前半併行期（図181-1）

　鶴野2遺跡出土土器が該当する。一帯系列1類には、この時期のものが含まれる可能性がある。

甕系第1段階後半併行期＝札前1類（図181-2）

　松前町大尺内遺跡（久保他1975）出土土器が該当するほか、札前遺跡、南川2遺跡でもこの時期の土器が出土している。八雲町浜松3遺跡にも破片資料がある（三浦編2004b：44頁第30図-149）。一帯系列1類には、この時期のものが含まれる可能性がある。中型土器の寸胴化は、この時期からはじまる。

第 8 章　道南部擦文土器の編年と系統

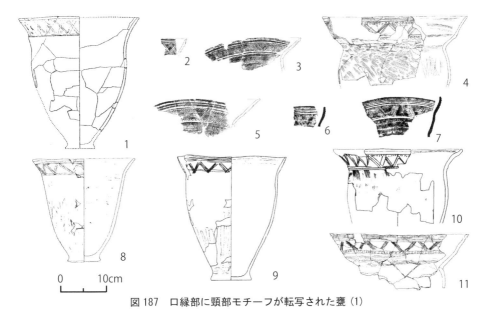

図 187　口縁部に頸部モチーフが転写された甕 (1)

1・11. 青苗：2～5・8. 原口 A：6・7. 竹内屋敷：9. 青苗 B：10. 利別川口

甕系第 2 段階併行期＝札前 1 類・2 類（図 181-3・7～10）

　南川 2 遺跡出土土器の大半が該当する。一帯系列 1 類には、この時期のものが含まれる可能性がある。

甕系第 2 段階～第 3 段階前半併行期＝札前 2 類・3 類（図 184-6～8、図 185-1・2）

　札前遺跡で多く出土している。ワシリ遺跡、青苗貝塚にも類例がある。一帯系列 1 類の下限は、この時期までくだる可能性がある。口唇部には平坦面や凹みが作出される。疑似口縁は発達せず、前段階と同様の外反形態が趨勢である。

甕系第 3 段階前半～第 4 段階併行期＝札前 4 類（図 182-1～5、図 185-3～7、図 187・図 188）

　札前遺跡で多く出土している。ワシリ遺跡、青苗貝塚、八雲町コタン温泉遺跡（柴田・三浦 1992）にも類例がある。

3　道南部擦文土器甕の系統と独自性

　札前 4 類では、道央部以東で頸・胴部の主要モチーフとなる格子目文や鋸歯状文が口縁部に転写されるなど独自の変化がみられる（図 182-1～3、図 187・188）。前段階に頸部横走沈線文が口縁部までせり上がることを考慮すれば、もともと頸部にあったモチーフが口縁部にほどこされることはあり得る。このような文様の独自化が起こる原因としては、胴部の張りだしにともない頸部がしぼりこまれる一方で口縁部から胴部上半が開いてゆく（瀬川 1996）、という頸部の退化とも言うべき器形の独自化と無関係ではないだろう。すなわち、道央部以東の系統をひく属性（モチーフ）が、道南部在地の系統的変遷の流れ（器形の独自化）のなかにスムーズにとりこまれている。道央部以東のモチーフを口縁部に転写すること自体が道南部の系統として根づいていることを、口縁部にほどこされるモチーフが示している。

　ところで、瀬川編年では、札前 4 類相当のⅢ群に後続するⅣ群が設定されている。その特徴には、胴部が強く張りだすために頸部がしぼりこまれるプロポーション、口縁部付近にほどこされる鋸歯状文な

第Ⅲ部　古代日本列島北辺地域における土器型式群の動態と擦文土器

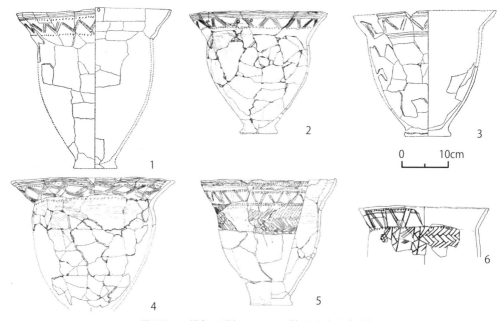

図188　口縁部に頸部モチーフが転写された甕（2）
1〜5. 青苗：6. 利別川口

どが挙げられた。鋸歯状文はⅢ群にもあるが、それが横走沈線文で区切られた範囲内にほどこされるのに対し、Ⅳ群では横走沈線文がほどこされないか刻点列に置きかえられるという違いが指摘された。Ⅲ群とⅣ群では器形にも違いがあり、氏の考えるとおり時期差が示されている可能性はある。しかし、道央部以東ではモチーフを区画する横走沈線文・刻点列の有無に時期差をみいだしがたい（図60〜77）。したがって、Ⅳ群に横走沈線文がほどこされないことや刻点列の存在が、Ⅲ群との共時的変異を示す可能性も否定できない。良好な一括資料での共伴状況を確認できない現状を考慮し、ここではⅢ群とⅣ群を無理に分けることはせず、札前4類として1つに括っておきたい。

4　「青苗文化土器」の評価

　瀬川（2005）は、道南部の擦文文化を「擦文文化と土師器文化の融合型式の文化」と認識し、「青苗文化」という枠組みを設定してその歴史的位置づけを評価した。また、道南部の擦文土器を「青苗文化土器」と呼び、「擦文土器とも土師器とも異なる固有性を強く示すもの」と評価した。「青苗文化」「青苗文化土器」という枠組みは、複数の考古学的要素や土器属性のポジティブな組みあわせというより、〝擦文文化・土師器文化にも擦文土器・土師器にも括れないもの〟というネガティブな性格が色濃く、その枠組みの外延が非常に漠然としている。そこにこそ「融合型式の文化」としての特質が示されていると評価することはできるが、同時に、擦文文化や土師器文化、擦文土器や土師器の定義によって枠組みが揺らぎやすい、という難点もある。

　擦文土器との関連でみると、道南部の土器が道央部の擦文土器とは一線を画すものだという評価（佐藤1972）が重視されている。たしかに、筆者も札前4類と道央部以東の甕との違いを認めるが、両者

は同一の系統から分岐して成立した可能性が高く、道南部の土器を「擦文土器の地域色」としてとらえる余地は十分残されている。このことは、同じく異系統土器の接触によって出現していながら、擦文土器ではなくオホーツク土器に系統が連なるトビニタイ式の存在を考えれば、いっそう明白である。すなわち、全道的な視野にたてば、「擦文系＝道央・道南部の擦文土器」「オホーツク系＝トビニタイ式土器」という二極的な土器系統の存在をみいだせるのである。その意味で、道南部の土器に別の名称を与えて擦文土器から切りはなすことには違和感を覚える。[4]

　仮に道南部の土器を擦文土器から切りはなすのであれば、それが土師器の系統に連なることが明確に論証されなくてはならない。これについて、天野・小野（2007）は、札前遺跡7号住居址で札前2類・3類と「高台鉢」が共伴することに注目し、口唇面の凹みなど古い時期の属性が道南部ではB-Tm降灰後まで存続すると考えた。さらに、東北地方北部で札前4類の母体となった札前2類・3類のような土器群が存続していたと想定した。しかし、この「高台鉢」とされた土器は坏Ⅱb群であり、道央部以東では、札前2類・3類併行期の甕系第2段階と共伴する（表43・図133）。したがって、仮に7号住居址の一括資料に混入品が含まれていないとしても、それは道央部以東の一括資料の標準的な様相だと評価できるのであり、東北地方北部に札前4類の母体をもとめる根拠とはならない。天野・小野の考えは、札前4類の成立を道南部在地土器（札前2類）が変化したものとみる点は筆者と同じだが、東北地方に進出した後北式土器の系統がそこで脈々と存在しつづけ、札前4類の母体となった土器に連なるとみる点が決定的に異なる。総論で述べるが、東北地方では北大2式期に後北式の系統の明らかな断絶があり、そこでの通時的・系的な変遷は想定しがたい。このように、東北地方の土器内部での系統的変遷を明確にたどれないなかで、札前4類形成の母体となった土器の存在を東北地方に措定し起源を論じる方法には、疑問を感じる。

　東北地方の北大式や横走沈線文をもつ甕、道南部の札前4類の口縁部モチーフなどの出現には、いずれも道央部以東からの影響を想定するのが、資料の実態を整合的に説明できる。したがって、道南部の土器を土師器に連なるものとして一系統的にとらえるのはむずかしく、この点からも「青苗文化土器」という枠組みを用いる積極的な意義をみいだせない。[5]

　もとより資料のかぎられた現状では、この問題にこれ以上深入りするのは適当ではない。ただ、この問題の解明は「青苗文化」の枠組みともかかわる点で重要であり、東北地方も含めたさらなる資料の増加をまって議論を深めてゆく必要があるだろう。

第3節　道南部擦文土器坏・高坏の変遷過程

　道南部の坏系土器（図189）の変遷過程を、道央部以東と比較しながら検討する。[6]

　坏は、器形・文様ともに道央部以東と高い共通性をもつ（表60）。一方、高坏は、ⅰ）脚部高指数40以上の器形がない、ⅱ）横走沈線文が多くそれ以外のモチーフが少ない、などの地域性が明瞭である（表61）。道南部では、坏から高坏に変化する過程で独自性が強まると考えられ、ある時期まで道央部以東と特徴を共有し次第に独自性を強める甕系の変遷と連動した変化である可能性が高い。

第Ⅲ部　古代日本列島北辺地域における土器型式群の動態と擦文土器

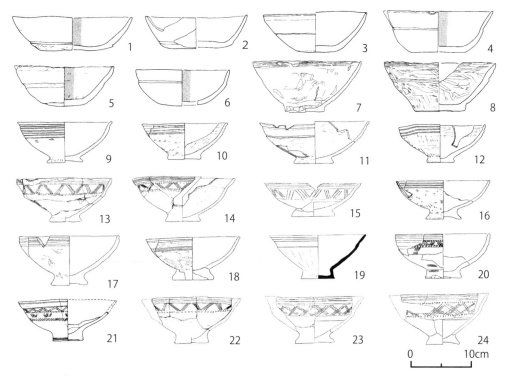

1・2. 坏Ⅰ群：3〜6. 坏Ⅱa群：7〜12. 坏Ⅱb群：13〜15. 坏Ⅲ群：16〜19. 高坏Ⅰ群：20〜24. 高坏Ⅱ群

図189　道南部の坏系土器

1〜6. 南川2：7. 浜松2：8. 栄浜2：9〜12・16〜18. 札前：13〜15・22〜24. 青苗：19. 法華寺坂
20. ワシリ：21. 元和8

　道南部の高坏の独自性を評価するうえで注目されるのは、文様構成（図118）である。文様構成の大半は1・2・4類であり（表61）、口縁部に横走沈線文をもつものが趨勢である。すなわち、道南部の高坏の文様構成には、口縁部に横走沈線文を保持する系統が根づいていたと考えられる。当地方の甕の口縁部に横走沈線文が卓越することとも関係すると思われ、この点からも甕系と坏系の連動的な変遷の存在が示唆される。

　ところで、道央部以東では、文様構成1〜4類が遺跡・遺構単位で混在し、道南部とは異なるあり方を示す。これは、道南部の口縁部横走沈線文を保持する文様構成の系統が道央部以東に浸透し、もともと3類があった道央部以東の文様構成が多様化し、道南部より錯綜しているように映ったものと解釈できる。もちろん、道央部以東と道南部にはともに坏Ⅱb群があるため、両地域で独自に高坏に変わったものも含まれているだろう。しかし、道南部の高坏が道央部以東にくらべ高い斉一性を示すこと、札前4類が全道に広がること、などの一連の現象を踏まえると、甕系と坏系でともに道南部の系統が道央部以東に拡散したと考えるのが妥当である。

第8章 道南部擦文土器の編年と系統

遺跡名	参考文献	分類名	器形				器高指数	文様			施文域指数
			底部形態					装飾			
			丸底	平底風丸底	平底	台状脚付		段・稜	沈線文	刻線文	
南川2	瀬棚町教委編1985 第25図-42	I群		●			29.4		●		20.0
	同上 第27図-63	I群		●			25.5		●		23.5
	同上 第22図-13	IIa群		●			36.5	●			54.5
	同上 第23図-18	IIa群		●			32.0	●			29.0
	同上 第23図-20	IIa群	●				37.6	●			48.4
	同上 第23図-21	IIa群	●				39.5		●		51.4
	同上 第23図-22	IIa群		●			39.7		●		55.1
	同上 第23図-23	IIa群				●	38.4		●		54.8
	同上 第23図-24	IIa群				●	38.7		●		59.5
	同上 第23図-25	IIa群		●		●	38.2		●		58.5
	同上 第25図-43	IIa群		●			34.5		●		45.6
	同上 第25図-44	IIa群		●			39.2	●			60.0
	同上 第27図-59	IIa群		●			37.2		●		46.9
矢不来3	森他1990 図9-12	IIa群					33.6		●		60.0
	同上 図12-24	IIa群					27.7		●		80.6
オクツナイ2	三浦編2004a 第20図-88	IIa群		●			30.9		●		33.3
厚沢部川河口	大沼他1976 Fig.4-16	IIa群	●				31.4		●		55.6
札前	久保他1984 第35図-5	IIb群				●	42.3		●		90.9
	同上 第68図-23	IIb群				●	47.2		●		91.5
	同上 第79図-72	IIb群				●	40.4		●		94.7
	同上 第79図-79	IIb群				●	42.6		●		98.3
	同上 第111図-46	IIb群				●	43.1		●		95.5
	同上 第14図-1	IIb群				●	36.7		●		94.4
	同上 第138図-29	IIb群				●	34.4		●		91.9
	同上 第159図-39	IIb群				●	40.4		●		84.1
浜松2	三浦他2005 第40図-6	IIb群				●	46.6		●		87.8
栄浜2	柴田他2004 第54図-7	IIb群				●	42.9		●		65.0
朱太川右岸河口附近	大場他1963 第18図-7-3	IIb群				●	55.6		●		40.0
元和8	大沼編1977 第39図-5	IIb群				●	31.1	●			71.4
ワシリ	斉藤・加賀谷編2004 第20図-54	IIb群				●	37.5		●		91.1
	斉藤・松日編2003 第14図-6	IIb群				●	35.4		●		82.4
青苗	桜井1958b 第5図-2	IIb群				●	56.3		●		94.4
	同上 第5図-3	IIb群				●	44.3		●		92.6
	千代1969 第二図-2	IIb群				●	54.7	●			73.7
	佐藤編1981 第14図-33	IIb群				●	41.7		●		97.7
	同上 第14図-39	III群				●	44.4		●	●	94.4
	同上 第14図-41	III群				●	42.2		●	●	98.6
	佐藤1979 図2-2	III群				●	34.0		●	●	98.1
	同上 図2-5	III群				●	41.9		●	●	98.5
	同上 図2-6	III群				●	40.0		●	●	97.0

表60 道南部の擦文土器坏の属性一覧表

第4節 道南部擦文土器と道央部以東擦文土器の交渉関係

1 道南部擦文土器の展開と道央部以東の擦文土器 (図190・191)

　甕系第1段階前半から第2段階まで、道南部と道央部以東の甕系・坏系は、器形と文様の共通性が高い。ただし、道南部では、甕系第2段階頃に長胴形と寸胴形の併存、頸部の段・横走沈線文の上昇など、甕系において徐々に地域化のきざしがみえだす。坏系で口縁部横走沈線文を保持する文様構成が系統として定着するのも、この頃である可能性がある。

　道南部では、甕系第3段階前半に札前2・3類から4類に変化し、道央部以東とは異なる系統的変遷をたどるようになる。ただし、森町御幸町遺跡（藤田編1985）、八雲町栄浜1遺跡（熊谷編2002）、乙部町元和8遺跡（大沼編1977）、江差町厚沢部河口遺跡（大沼他1976）、寿都町朱太川右岸河口遺跡（大場他1963）などで重ね描きモチーフをもつ甕が出土しており（図182-6・7）、独自の様相一色に染まるわ

第Ⅲ部　古代日本列島北辺地域における土器型式群の動態と擦文土器

遺跡名	参考文献	分類群	文様構成	脚部高指数	脚部高	器高	口縁部文様		体部文様		
							横走沈線文	なし	沈線文（＋列点文）	モチーフ2類	なし
札前	久保他1984　第29図-32	Ⅰ	2	20.4	1.1	5.4	●				●
	同上　第47図-2	Ⅰ	1	23.8	1.5	6.3	●		●		
	同上　第47図-3	Ⅰ	2	21.1	1.5	7.1	●				●
	同上　第123図-7	Ⅰ	2	19.0	1.5	7.9	●				●
	同上　第30図-59	Ⅰ	2	22.6	1.2	5.3	●				●
	同上　第79図-73	Ⅰ	2	25.0	1.5	6.0	●				●
	同上　第79図-78	Ⅰ	2	26.1	1.8	6.9	●				●
	同上　第79図-80	Ⅰ	2	32.1	1.8	5.6	●				●
	同上　第111図-44	Ⅰ	1	16.2	1.1	6.8	●		●		
	同上　第111図-48	Ⅰ	1	25.0	1.7	6.8	●		●		
	同上　第111図-50	Ⅰ	2	23.1	1.8	7.8	●				●
	同上　第111図-51	Ⅰ	2	20.3	1.4	6.9	●				●
	同上　第111図-52	Ⅰ	2	25.9	1.4	5.4	●				●
	同上　第138図-28	Ⅰ	1	30.8	2.0	6.5	●		●		
	同上　第159図-38	Ⅰ	1	33.3	2.0	6.0	●		●		
法華寺坂	大場他1955　第17図右下	Ⅰ	2	20.6	1.4	6.8	●				●
厚沢部川河口	大沼他1976　Fig.4-20	Ⅰ	2	17.6	1.2	6.8	●				●
南川2	瀬棚町教委編1985　第22図-17	Ⅰ	3	25.0	1.6	6.4		●	●		
ワシリ	斉藤・加賀谷編2004　第8図-12	Ⅱa	4	20.8	1.5	7.2	●			●	
	同上　第20図-59	Ⅰ	1	22.1	1.7	7.7	●		●		
	斉藤・松田編2003　第14図-8	Ⅰ	2	24.6	1.5	6.1	●				●
	同上　第14図-10	Ⅰ	2	25.4	1.5	5.9	●				●
	同上　第14図-12	Ⅰ	1	20.7	1.2	5.8	●		●		
青苗	佐藤編1981　第14図-31	Ⅰ	1	25.0	1.4	5.6	●		●		
	同上　第14図-32	Ⅰ	1	22.4	1.5	6.7	●		●		
	同上　第14図-34	Ⅱa	4	17.5	1.4	8.0	●			●	
	同上　第14図-35	Ⅱa	4	23.7	1.4	5.9	●			●	
	同上　第14図-36	Ⅱa	4	18.2	1.4	7.7	●			●	
	同上　第14図-37	Ⅱa	4	21.3	1.6	7.5	●			●	
	同上　第14図-40	Ⅱa	4	20.5	1.5	7.3	●			●	
	佐藤1979　図2-1	Ⅰ	1	20.3	1.2	5.9	●		●		
	同上　図2-3	Ⅱa	4	39.7	2.9	7.3	●			●	
	同上　図2-4	Ⅱa	4	15.2	1.2	7.9				●	
元和8	大沼編1977　第38図-1	Ⅱa	4	24.2	1.6	6.6	●			●	

表61　道南部の擦文土器高坏の属性一覧表

けではない。これらの土器が道央部以東から搬入されたものかは判断できないが、道央部以東との関係が途絶えていないことは、札前3類が道央・北部で出土すること（図186）からみてまちがいない。道南部独自の系統をもつ坏系が道央部以東の坏系に影響を与えるのは、この頃だと考えられる。

　甕系第3段階後半以降は、甕系の口縁部に横走沈線文が集約し、頸部が無文になる（札前4類）。無文となった頸部に鋸歯状文や横走綾杉文など道央部以東のモチーフが転写されるなど（図182-4・5、図188-5・6）、道南部の系統上に道央部以東の属性が組みこまれる。口唇部の平坦面や凹みはなくなり、丸みをもつようになる。その形態は、外反するもの（図185-3〜5、図187-1〜3・5・8・9、図188-2〜4・6）と内湾・内屈するもの（図185-6・7、図187-4・6・7・10・11、図188-1・5）がある。両形態の併存は、道央部以東で出土する札前4類にも確認できる（図183）。

　一方、前段階と同様に道央部以東と共通する特徴をもつ土器もみられる。元和8遺跡、厚沢部河口遺

第8章　道南部擦文土器の編年と系統

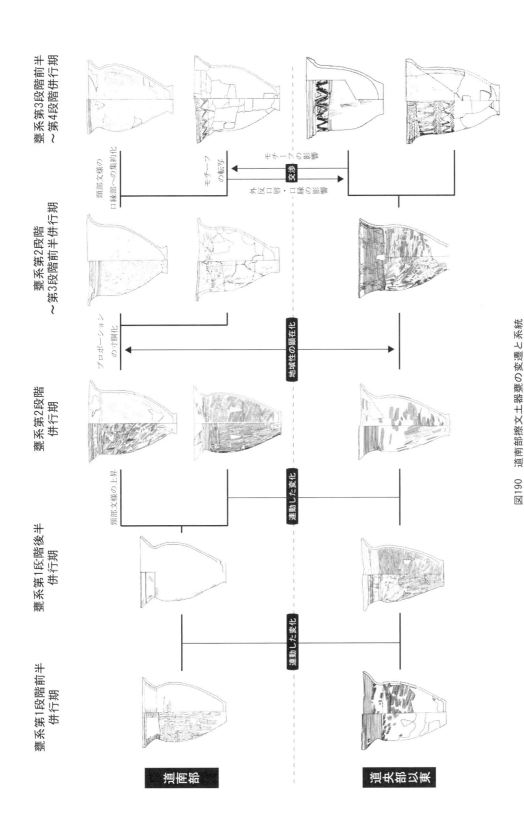

図190　道南部擦文土器甕の変遷と系統

第Ⅲ部　古代日本列島北辺地域における土器型式群の動態と擦文土器

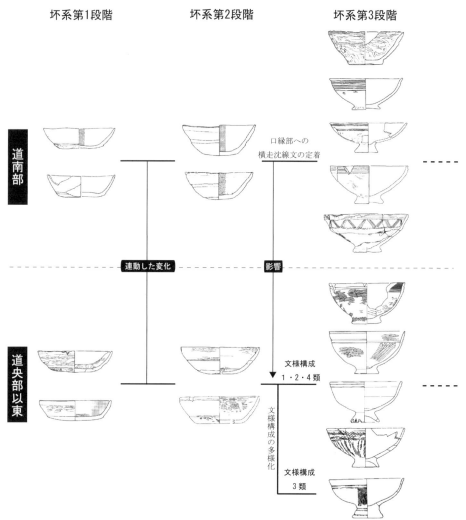

図191　道南部擦文土器坏・高坏の変遷と系統

跡、青苗遺跡、松前町原口館遺跡（久保1993）、ワシリ遺跡、せたな町（旧瀬棚町）利別川口遺跡（加藤1981）、では、格子目文・横走綾杉文・鋸歯状文などをもつ土器が出土している（図182-8・9）。この時期は、道南部在地の系統の土器（札前4類）、道南部在地の系統をベースに道央部以東の属性が組みこまれた土器（図187・188）、道央部以東の系統の土器（図182-8・9）の3者からなると理解できる。

　道南部の土器の終末期は、札前4類の下限がどこまでくだるかを考えなくてはならない。道南部の札前4類に転写されるモチーフはいずれも2類であり、3類はみられない。しかし、目を東北地方にむけると、青森県中泊町中里城で札前4類にモチーフ3類（縦位分割文3類）が転写されたような甕が出土している（齋藤2009）。この遺跡の地理的位置を考えるならば、道南部でも、将来的に甕系第4段階後半併行期までくだる土器が出土する可能性を念頭におくべきだろう。[7]

2　甕系土器の口唇部文様帯の多様性とのかかわり

　道南部の甕は、第2段階〜第3段階前半併行期に地域化がすすみ、道央部以東の属性を取りいれつ

つ独自の系統的変遷をとげる。頸部文様の口縁部への集約化、外反する口縁部形態など、特に口縁部にかかわる属性が、道南部の甕の系統として定着している。

道南部の系統をひく口縁部文様・形態が道央部以東に広く浸透した結果、甕の口唇部文様帯の多様性（第4章第1節2参照）が誘発されたと考えられる。これは、トビニタイ式の口縁部形態と後半期擦文土器甕の口唇部文様帯の関係（第7章第7節2参照）と同じ状況である。時系列に沿ってみると、甕系第2段階〜第3段階前半に道央・北部へ札前2類・3類の系統が浸透し、その影響を強く受けた甕にはそれまでの外反する口唇部が維持され（図60-1、図61-13・14、図62-1・7、図63-8）、影響の弱い甕では疑似口縁化がはじまる。それ以後も、札前4類の系統が継続的に浸透し、疑似口縁をもつ甕ともたない甕（図64-6・7）の併存は続く。甕系第3段階後半〜第4段階前半にはトビニタイ3式・4式の系統も浸透するようになり（図67-3）、この時期、口唇（縁）部の形態と文様帯は各地の系統が交錯する状況となる。道東部の浜中町姉別川17遺跡出土土器（図171-4）は、札前4類の系統をひく口縁部、トビニタイ4式の系統をひく頸部無文帯、甕系第4段階前半の系統をひくモチーフを同一個体内に併せもっている。各地の型式系統の交錯状況を端的に示す資料である。

3　道央部以東の甕系土器浸透時における道南部の様相

札前4類に併行する甕系第3段階後半は、モチーフの相互変換関係が確立する時期である（第4章第6節参照）。この時期の道東部では、トビニタイ式と擦文土器甕の型式間関係に変化が生じ、土器製作者をめぐる特異な情報ネットワークがトビニタイ式の製作者を巻きこんでいたと想定された（第7章第7節4参照）。道央部以東の甕系は道南部にも浸透しているが（図182-8）、点数は少なく、むしろ道央部以東で相互変換関係にあるモチーフが道南部独自の系統のなかに取りこまれて変容をきたしている（図182-1〜3、図187・188）。すなわち、道南部の甕は、全道的に張りめぐらされたモチーフの相互変換関係のネットワークとは一定の距離をおきながら、独自の系統を保持しているのである。このことから、道央・北部から甕系が浸透した時の対応が、道南部と道東部で異なっていたと理解できる。

小結

本章では、道南部擦文土器甕の編年を設定し、道央部以東と対比した。そのうえで、道南部で地域化が起きる時期やプロセスについて論じ、道央部以東との共時的交渉を復元した。また、坏系土器の変遷過程と道央部以東との関係について予察した。分析の結果、道南部の甕系土器は、道央部以東の甕系土器と同じ系統から出現し、関係をもちながらも徐々に系統を分岐させて地域化したこと、地域化した両地域の甕系土器は、それぞれ系統を保持しながら相互に影響をおよぼしあったこと、この相互交渉により、道南部でも道央部以東でも、多様な系統をひく属性を同一個体内に共存させた個体資料が出現したこと、などが明らかになった。

はじめに述べたように、道南部の土器総点数は全道的にみれば少なく、今後の資料の増加によっては細かな修正を余儀なくされることが予想される。しかし、現時点での編年を設定することは決して無意味ではないだろう。道南部は地理的に東北地方と道央部の間に位置するため、この地域の編年の設定は、

第Ⅲ部　古代日本列島北辺地域における土器型式群の動態と擦文土器

道央部以東と東北地方の編年対比や型式交渉を復元するうえでも重要な意味をもつ。

註

1)　札前遺跡の報文中でも、住居址出土土器は「確実にその遺構に伴うもの」「若干の時間差があると思われるもの」「関係が今一つ不明なもの」などに分けられている（久保他1984：239頁）。

2)　器高8cm未満の資料はのぞいている。

3)　第3章で様相⑤と呼んだ一括資料である（表12・13）。

4)　本章で「道南部擦文土器」という名称を用いるのは、このような理由からである。

5)　「擦文土器」や「土師器」の定義によって内容が左右されるという問題について、我々は北大式の編年が長い間見解の一致をみなかった研究史を思い起こす必要があろう（第2章第1節参照）。土器の変遷過程や系統の成りたちを詳細に復元せずに「青苗文化土器」という枠組みを用いつづければ、同じ轍を踏むことにもなりかねない。

6)　遺構一括資料に混入品が含まれる可能性が高い現状では、第6章でおこなったような甕系の編年との対比ができない。道南部擦文土器の器種組成レベルの編年設定は、今後の課題としたい。

7)　瀬川（1996）は、道北日本海沿岸部と道南部の底面刻印坏の関連性に注目し、札前遺跡から出土した氏のⅣ群が、道北日本海沿岸部の底面刻印坏が途絶する時期（本書の甕系第4段階前半）におさまる可能性を指摘した。坏系に着目した重要な指摘であるが、道央部以東で甕系と坏系の変化のタイミングが異なることが明らかになったため（第6章第1節2参照）、道南部の甕系と坏系にも同様の可能性を念頭におく必要があると判断し、ここでは甕系にかぎって検討している。

第9章　北大式土器と擦文土器の広域編年対比

はじめに

　本章では、ここまで検討した土器すべての編年を東北地方土師器やオホーツク土器も含めて対比し、広域的な相対編年を整備する。なお、本章の記述はかなり煩雑になるため、結論となる編年表（表63）を適宜参照されながら読み進めていただきたい。

第1節　広域編年対比

1　北大式土器の広域編年対比

　図192に、北大式と遺構内で共伴もしくは同じ遺物包含層中で共出した土師器・須恵器坏を示した。1は南小泉式、2・3は引田式に比定される。1には北大1式新段階の精製土器甕（図21-6）、3には1式古段階〜新段階の片口土器（図31-9）が共伴した。2を出土した竪穴住居址の柱穴内からは、1式新段階の精製土器甕が出土した。以上から、**北大1式新段階と南小泉式〜引田式の併行関係**をみちびきだせる。東北地方では、遺構出土例も含め北大1式古段階の単独出土遺跡が多く（第2章第7節3参照）、いずれにも塩釜式・南小泉式・引田式までが出土する一方で住社式が出土しない、という状況が示されている。したがって、**北大1式古段階の下限は住社式併行期までくだらない可能性が高い**。後北C_2-D式Ⅲ期と塩釜式の明確な共伴例が確認されていないため（木村1999）、北大1式古段階に併行する土師器の上限ははっきりしない。ここでは、**後北C_2-D式Ⅲ期と塩釜式、北大1式古段階と南小泉式が併行する**と考えておく。岩手県滝沢市（旧滝沢村）高柳遺跡（桐生編1987）では、北大2〜3式（粗製土器甕2d類）が単独で出土した（図35-17）。この遺跡では栗囲式が出土し、住社式以前の土師器は出土していない。このことから、**北大3式がおおむね栗囲式に併行する**と考えられ、消去法的に**北大2式が住社式に併行する**と推定される。東北地方北部では、住社式併行期のまとまった資料が少ないが、青森県八戸市田向冷水遺跡（小久保他編2006）や秋田県横手市田久保下遺跡（桜田・高橋編1992）で当該期の土師器が出土した。宇部則保（2007a）は、田向冷水例を標式資料とする前1段階を設定しており、これが北大2式に併行すると考えられる。

　突瘤文は、後北C_2-D式Ⅲ期でOI突瘤文が突発的に出現し、北大1式古段階以降につづく。[1] 一方、オホーツク土器では十和

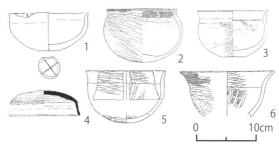

図192　北大式土器と共伴・共出した土師器・須恵器
1．大川；2．田向冷水；3・4．森ヶ沢；5・6．香深井1

式前半にIO突瘤文とOI突瘤文が併存し、同後半にOI突瘤文のみになることが明らかにされている（熊木2012）。このことから、**後北C₂-D式Ⅲ期・北大1式古段階と十和田式後半の併行関係をみちびきだせる。**[2]

熊木俊朗（2012）は、礼文町香深井1遺跡（大場・大井編1976・1981）の各魚骨層の時期について、魚骨層Ⅳを十和田式から刻文Ⅰ群、魚骨層Ⅲ・Ⅲ0を刻文Ⅰ群～Ⅱ群、魚骨層Ⅱを刻文Ⅱ群から沈線文群前半に比定した。魚骨層Ⅳからは、北大式の口縁部破片や土師器坏（図192-5・6）が出土した。北大式は1式新段階～2式に、土師器坏は引田式に相当する（宇部2009）。したがって、**十和田式～刻文Ⅰ群と北大1式新段階～2式と引田式の併行関係をみちびきだせる。**[3] 魚骨層Ⅱでは北大3式1類が出土しており、**刻文Ⅱ群～沈線文群前半と北大3式1類の併行関係をみちびきだせる。**札幌市C544遺跡（田中編2012）では、北大2式～3式1類を出土した層からオホーツク刻文・沈線文土器の破片が出土した。全体の器形や文様構成は不明だが、刻文系文様・沈線文系文様（熊木2012）がほどこされており、道北部の刻文Ⅰ群～沈線文群前半段階に相当する。これらの事例から、**北大2式～3式1類がオホーツク刻文期に併行する**と考えられる。魚骨層Ⅲでは土師器坏が出土しており、宇部（2014）編年3期（以下、参考文献省略）に比定される。したがって、「魚骨層Ⅲ＝栗囲式後葉」→「魚骨層Ⅱ＝北大3式1類」という変遷を層位的にたどれる。栗囲式後葉に一部併行するのは坏系第1段階であり、それが含まれる擦文第1期前半は北大3式1類に後続する（第3・5・6章参照）。ここでは、魚骨層Ⅱも栗囲式後葉併行期に相当し、**北大3式1類の下限と栗囲式後葉の上限が併行関係にある**と考えたい。小樽市蘭島遺跡D地点（小樽市教育委員会編1992b）の土坑墓で北大3式1類と宇部編年3期（栗囲式後葉併行）の土師器が共伴していることも、この考えを支持する。

以上の編年対比をまとめると、次のようになる。

北大1式古段階…十和田式後半段階…南小泉式

北大1式新段階…十和田式後半段階…引田式

北大2式…刻文期前半・後半…引田式～宇部編年1期

北大3式1類…刻文期後半～沈線文期後半…宇部編年1期～3期

2　擦文土器の広域編年対比

2−1　東北地方土師器との編年対比

東北地方土師器の時間軸は暦年代によって説明されることが多い。そのなかにあって、桜井第二型式以後の青森県の土師器相対編年をあつかった宇部（2010・2014）と岩井浩人（2008・2009）の研究は、擦文土器との編年対比をおこなえる数少ない論考として重要であり、本書で参照する。

擦文土器と関係する栗囲式後葉以後の土師器は、宇部編年3・4期である。宇部（2010）では、ロクロ製土師器・須恵器も含めた土器群がA～Dの4段階に区分されている。そのうち、A段階と宇部編年4期がほぼ同時期と考えられる。岩井（2008・2009）は、津軽地方のロクロ製土師器坏出現以前・以降の編年をおこなった。そこでは、ロクロ製土師器坏出現以降をⅠ～Ⅵ期とし、出現以前に前Ⅰ期と前Ⅱ期が設定された。前Ⅰ期は栗囲式併行期に、前Ⅱ期は国分寺下層式併行期に対比されており、前者が宇部編年3期に、後者が宇部編年4期・宇部（2010）編年A～C段階（以下、参考文献省略）に併行す

ると考えられる。また、Ⅰ期は宇部編年Ｄ段階に併行すると考えられる。

以上、両氏の編年をまとめたものが表62である。これをもとに、東北地方で出土する擦文土器を手がかりに編年を対比する。[4]

図193～195は、分帯系列１類や３類と宇部編年３期の甕の共伴例であり、**擦文第１期前半～後半と宇部編年３期の併行関係**をみちびきだせる。図196は、一帯系列２類と宇部編年４期の甕の共伴例であり、**擦文第２期前半・後半のいずれかが宇部編年４期に併行する**と考えられる。図197-3・4は、カマド芯材に使われた分帯系列４類と札前３類である。この遺構から出土した土師器は、宇部編年Ｄ段階の標式資料である。カマドが住居建築時に構築されたのち造りかえられることがなかったとすれば、擦文土器がＤ段階の甕より古い可能性が考えられる。[5] すなわち、この事例は**擦文第２期前半・後半のいずれかと札前３類が宇部編年Ｄ段階より古いか併行関係にある**ことを示す。[6] 青森市三内丸山遺跡第43号竪穴住居跡（青森市教育委員会編1994）では、甕系第３段階前半～後半が岩井編年Ⅲ期相当と思われるロクロ製土師器坏・甕と共伴しており、

暦年代	青森			岩手
	津軽	上北	八戸	北部
	岩井(2009)	宇部(2010)		宇部(2014)
7世紀後～8世紀前	前Ⅰ期			3期
8世紀中～後	前Ⅱ期	Ａ段階		4期
8世紀末～9世紀前		Ｂ段階		5期
		Ｃ段階		
9世紀前～中	Ⅰ期	Ｄ段階		6期
9世紀後	Ⅱ期			7期
9世紀末～10世紀初				8Ａ期
10世紀前	Ⅲ期			8Ｂ期
10世紀中	Ⅳ期			9期
10世紀後～11世紀前	Ⅴ期			10期
11世紀前～中	Ⅵ期			
11世紀後葉～末葉				11期

・暦年代は、各氏の論考を参照している。

表62　東北地方北部土師器の編年対比表

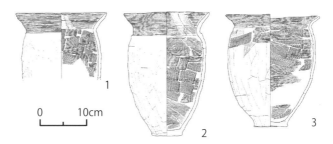

図193　盲堤沢（3）遺跡 SI1 竪穴住居跡出土土器

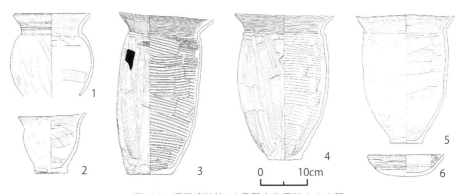

図194　潟野遺跡第14号竪穴住居跡出土土器

第Ⅲ部　古代日本列島北辺地域における土器型式群の動態と擦文土器

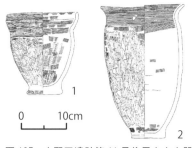

図195　中野平遺跡第11号住居出土土器

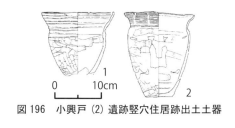

図196　小興戸(2)遺跡竪穴住居跡出土土器

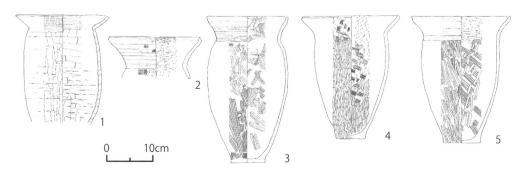

1・2. 床直出土 : 3～5. カマド袖出土

図197　李平下安原遺跡49号竪穴住居跡出土土器

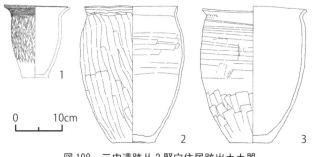

図198　三内遺跡H-2竪穴住居跡出土土器

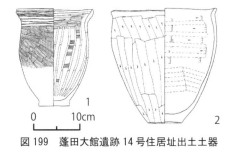

図199　蓬田大館遺跡14号住居址出土土器

擦文第3期前半と岩井編年Ⅲ期の併行関係をみちびきだせる。図198は、甕系第4段階前半と岩井編年Ⅳ期相当の甕の共伴例である。青森市新田(1)遺跡SI-05竪穴建物跡（木村編2007）では、甕系第4段階前半が岩井編年Ⅴ期相当のロクロ製土師器坏と共伴した。これらの事例より、**擦文第4期前半～後半と岩井編年Ⅳ～Ⅴ期の併行関係**をみちびきだせる。図199は札前4類と岩井編年Ⅳ期相当の甕の、[7] 図200は札前4類と岩井編年Ⅵ期の甕・皿の共伴例であり、**岩井編年Ⅳ～Ⅴ期が札前4類併行の擦文第3期前半～第4期後半のいずれかと併行関係にある**ことを示す。

以上、各データを検討したが、擦文第2期前半～後半および擦文第4期前半以後と東北地方土師器の編年対比には不確定な部分が多い。前者については、北海道島で擦文第2期後半にロクロ製土師器坏がともなう例が多いことに注目し、その普及期以前の**宇部編年4期・A段階が擦文第2期前半に、同5～7期・B段階および岩井編年Ⅱ期が擦文第2期後半**

に併行すると考えたい。札幌市 H519 遺跡 2 号
竪穴住居跡（石井編 2006）では、道内ではめず
らしい堝（図 201）が分帯系列 4 類・一帯系列
2 類・北大 3 式 2 類の甕や坏Ⅱb 群などに共伴
した。津軽地方の堝は岩井編年Ⅱ期に出現する
ようであり、**擦文第 2 期後半と岩井編年Ⅱ期
の併行関係**を傍証する。後者については、ⅰ）
東北地方北部の擦文土器甕にみられるモチーフ
は圧倒的に 2 類が多く、岩井編年Ⅵ期は擦文第
4 期後半に併行し第 5 期までくだらないと考え
られること、ⅱ）先述の三内丸山遺跡第 43 号竪穴住居跡で
擦文第 3 期前半と岩井編年Ⅲ期の併行関係が示されること、
の 2 点から、**岩井編年Ⅳ・Ⅴ期は擦文第 3 期後半〜第 4 期
前半に併行する**と考えたい。

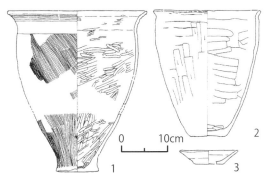

図 200　早稲田遺跡 4 号住居跡出土土器

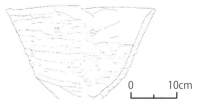

図 201　H519 遺跡 2 号竪穴住居跡出土土器

　東北地方北部では、岩井編年Ⅵ期に後続する土師器に、青
森県八戸市大仏遺跡（大野他編 2000, 大野編 2003）の坏ⅡB2 やⅢ、秋田県横手市大鳥井山遺跡（島田・
信太編 2009）のⅢ群土器があてられている（齋藤 2012）。前者は、宇部編年 11 期に相当する。これらの
土器群に擦文土器が共伴した例はなく（齋藤前掲）、モチーフ 3 類をもつ甕系第 4 段階後半が東北地方
全域でほとんどみられないことに関係すると思われる。このことから、**宇部編年 11 期や大鳥井山Ⅲ群
と擦文第 5 期が併行関係にある**と考えたい。ただし、それぞれの下限が同時であるかは不明である。
　以上から、東北地方土師器との編年対比を次のように考える。

擦文第 1 期前半〜後半…宇部編年 3 期・岩井編年前Ⅰ期

擦文第 2 期前半…宇部編年 4 期・A 段階・岩井編年前Ⅱ期

擦文第 2 期後半…宇部編年 5 期・D・C 段階・岩井編年前Ⅱ期〜宇部編年 8A 期・岩井編年Ⅱ期

擦文第 3 期前半…宇部編年 8B 期・岩井編年Ⅱ〜Ⅲ期

擦文第 3 期後半…宇部編年 9 期・岩井編年Ⅳ期

擦文第 4 期前半…宇部編年 10 期・岩井編年Ⅴ期

擦文第 4 期後半…岩井編年Ⅵ期

擦文第 5 期…宇部編年 11 期・大鳥井山Ⅲ群

2−2　元地式土器・江の浦式土器・南貝塚式土器との編年対比

　道北宗谷海峡周辺部には、道東部のトビニタイ式とは様相を異にするオホーツク土器と擦文土器の折
衷的な土器群が存在しており、研究の早い時期から注目されてきた（大場 1968, 大井 1972）。熊木（1999）
は、礼文町香深井 5 遺跡（内山編 1999）からまとまって出土したこれらの土器群を体系的に分析し、型
式論的特徴や帰属時期を検討したうえで元地式と呼ぶことを提唱した。同遺跡第 1 号住居跡では甕系第
3 段階後半が、第 2 号住居跡では甕系第 2 段階が、それぞれ元地式と共伴した（図 202-1 〜 5）。坏系土

第Ⅲ部　古代日本列島北辺地域における土器型式群の動態と擦文土器

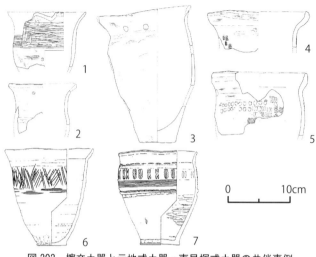

図202　擦文土器と元地式土器・南貝塚式土器の共伴事例
1～5. 香深井5：6・7. ウエンナイ川右岸

器は発掘区全体でみても出土点数が少ないが、確認できるのは無文の例をのぞけばすべて坏Ⅲ群である。また元地式では、擦文土器甕のモチーフが型押文、摩擦式浮文、櫛引文、沈線文等で借用されるという特徴が指摘されている（熊木前掲:161頁）。そのモチーフは、格子目文、縦走沈線文、鋸歯状文、横走綾杉文など、いずれもモチーフ2類であり、甕系第3段階後半～第4段階前半に盛行するものである。以上から、元地式が擦文第2期後半～第4期前半に併行するのは確実である。なお、熊木（2005・2007）は、サハリン島南部の江の浦式3類を元地式に対比させており、擦文土器とサハリン島南部のオホーツク土器の編年対比の参考になる。

　南貝塚式土器は、伊東信雄（1942）がサハリン島南部の南貝塚遺跡出土土器を標式資料として設定した土器型式であり、分布はサハリン島南部・中部を中心に一部北海道島および、サハリン島北部にも類似資料がある（平川1995）。このうち北海道島出土の南貝塚式については、氏江敏文（1995）による詳細な検討がある。それによると、南貝塚式との共伴関係を明確にとらえられる例は、戦前に後藤寿一によって発掘された枝幸町ウエンナイ川右岸遺跡1号竪穴（後藤1943）のものにかぎられる（図202-6・7）。この遺構は、南貝塚式と擦文土器の共伴例としてかねてより注目され、編年対比もなされている（佐藤1972, 熊木2007）。擦文土器[8]は、モチーフ2類の鋸歯状文をもつ。したがって、南貝塚式は甕系第4段階前半に併行すると考えられる。

　このように、元地式・江の浦式3類・南貝塚式はいずれも甕系第4段階前半に併行する。そのため、擦文土器を軸に編年対比をおこなうと、江の浦式3類と南貝塚式は同時期の所産だということになる。しかし、サハリン島南部では、両者の型式論的ギャップの大きさが指摘されており（熊木2007）、時間的先後関係にあるとする考えには説得力がある。したがって、ここでは「擦文第2期後半～第4期前半＝元地式＝江の浦式3類」「擦文第4期後半＝南貝塚式」という併行関係を考えたい。

　ほかに南貝塚式の復原個体を出土した遺跡として、名寄市智東H遺跡（名寄市教育委員会編1979）と北見市（旧端野町）広瀬遺跡（加藤他1982）が著名であるが、いずれも遺構外からの出土例である。熊木（2010b）は、稚内市シュプントー遺跡（旧声問大沼遺跡：大場・管1972）の竪穴住居址出土土器群に元地式的な土器、南貝塚式、オホーツク土器的な擦文土器、宇田川編年後期の「典型的」な擦文土器が含まれていることに注目し、各土器が同時期の所産だと考えた。しかし、「典型的」とされた擦文土器はいずれも破片資料であり、それらを共伴例とみるには疑問の余地がある。そのモチーフは斜格子文な

ど最終段階の甕に盛行するものであり、むしろ混入資料だと考えるのが妥当だろう。

このように、現状で擦文土器と南貝塚式の妥当な共伴例として確実視できるのは、ウエンナイ川右岸例ただ1つだと言わざるを得ない。南貝塚式の上限期と下限期については現状でも不明瞭な点が多く、上限期についてはサハリン南部で先行する江の浦式土器とのつながりの解明が、下限期についてはアムール河口部の各土器も含めた広域におよぶ資料の分析と検討が、それぞれ必要である（熊木2007）。擦文土器との併行関係も、さらなる資料の増加を待って検討しなくてはならない。

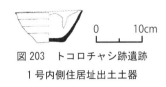

図203　トコロチャシ跡遺跡
1号内側住居址出土土器

2-3　オホーツク貼付文土器・トビニタイ式土器との編年対比

第7章第5節で擦文土器甕とトビニタイ式の併行関係を検討したが、いま一度ここに記す。

擦文第2期前半…貼付文期後半1段階

擦文第2期後半…貼付文期後半1段階〜トビニタイ1式

擦文第3期前半…トビニタイ2式

擦文第3期後半…トビニタイ2式〜3式

擦文第4期前半…トビニタイ3式〜4式・「トビニタイⅠ群」1類

擦文第4期後半…トビニタイ4式・「トビニタイⅠ群」2類

データの詳細は先の検討内容を参照されたいが、ここでは十分触れられなかった貼付文期後半1段階・2段階について検討しておく。北見市(旧常呂町)トコロチャシ跡遺跡1号内側住居址(駒井編1964)では、貼付文期後半1段階にロクロ製土師器坏（図203）が共伴した。東北地方北部では、ロクロ製土師器坏は宇部編年B段階以降・岩井編年Ⅰ期以降に出現する。このことから、**貼付文期後半1段階の上限は擦文第2期前半〜後半に併行する**と判断できる。トビニタイ1式は擦文第2期後半に併行するので、その直前の貼付文期後半2段階も擦文第2期後半に併行すると判断できる。

以上、本書で検討した土器の広域編年対比をおこなった。表63は、それをまとめた編年表である。時期によってデータの質・量に違いはあるが、続縄文文化終末期・擦文文化終末期までの土器相対編年を、東北地方土師器やオホーツク土器とからめて体系的に設定できたことは大きな成果だと考える。

第2節　暦年代の検討

擦文土器の暦年代をあつかった研究の蓄積は厚く、また、放射性炭素年代をはじめとするデータも継続的に蓄積されている。研究者によってあつかうデータや解釈は様々であり、特に擦文土器の終末年代については見解の齟齬が大きい。ここでは、筆者が重要だと考える各種データを集成し、そのうえで本書の編年を基軸に暦年代を推定する。

1　データの集成

1-1　擦文土器と共伴する土器の年代観

事例数が多く北海道島と東北地方各地で広域的に確認されるという点で、もっとも信頼度の高いデー

第Ⅲ部　古代日本列島北辺地域における土器型式群の動態と擦文土器

暦年代	東北北部（八戸）	東北北部（津軽）	道南部（渡島半島）	道央部（石狩・後志・胆振・日高）	道東部（太平洋側）	道東部（オホーツク海側）	道北部（留萌・宗谷）	サハリン南部
5世紀前～後	南小泉式／北大1式古段階	南小泉式／北大1式古段階		北大1式古段階			十和田式後半段階	
5世紀末～6世紀初	引田式／北大1式新段階	引田式		北大1式新段階				
6世紀前～後	宇部編年前1段階	引田式		北大2式		刻文期前半・刻文Ⅰ群・江の浦式1類	刻文期前半・刻文Ⅰ群・江の浦式1類	
6世紀末～7世紀前	宇部編年1期	宇部編年前Ⅰ期				刻文期後半	刻文Ⅱ群	江の浦式2類
7世紀中	宇部編年2期			北大3式1類		沈線文期前半	沈線文群前半段階	
7世紀後～8世紀前	宇部編年3期	岩井編年前Ⅰ期	（鶴野2）	擦文第1期前半		沈線文期後半	沈線文群後半段階	江の浦式3類
8世紀中～後	宇部編年4期・A段階	岩井編年前Ⅱ期	（大尽内）	擦文第1期後半	北大3式2類		貼付文期前半	
8世紀末～9世紀末	宇部編年5期・B・C段階		（南川2）	擦文第2期前半		貼付文期前半		
9世紀前～中	宇部編年6期・D段階	岩井編年Ⅰ期	札前2類・札前3類	擦文第2期後半	北大3式2類	貼付文期後半段階		
9世紀後	宇部編年7期	岩井編年Ⅱ期			トビニタイ1式	貼付文期後半段階	擦文第2期後半	
10世紀初	宇部編年8A期				トビニタイ2式		擦文第3期前半	
10世紀前	宇部編年8B期	岩井編年Ⅲ期	札前4類	擦文第3期前半				
10世紀中	宇部編年9期	岩井編年Ⅳ期		擦文第3期後半	トビニタイ3式		擦文第3期後半	
10世紀後	宇部編年10期	岩井編年Ⅴ期		擦文第4期前半	擦文第4期前半／トビニタイⅠ群1類／トビニタイ4式		擦文第4期前半	元地式
11世紀前								
11世紀中	+	岩井編年Ⅵ期		擦文第4期後半	擦文第4期後半／トビニタイⅠ群2類・トビニタイ4式		擦文第4期後半	南貝塚式
11世紀後～12世紀	宇部編年11期	+	+	擦文第5期	擦文第5期			+

・「東北北部八戸」の6世紀前半葉以降の編年は、宇部（2010・2014）を参照している。
・「東北北部津軽」の7世紀後葉以降の編年は、岩井（2009）を参照している。
・「道南部」「道東部」の十和田式、オホーツク刻文、沈線文擦文土器の編年は熊木（2009・2012）を、「サハリン南部」の江の浦式の編年は熊木（2007）を参照している。

表63　擦文土器の広域編年対比表

タである。資料としては、東北地方の各種土師器や須恵器が挙げられる。

北大式各時期の年代は、共伴する須恵器などから信頼度の高い年代が与えられている東北地方古墳時代土師器との併行関係が鍵になる。東北地方古墳時代中期の土師器編年は、研究者ごとで用いる型式名称や内容に違いがあるが、ここでは柳沼賢治（1999）

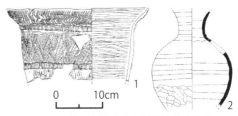
図204　蓬田大館遺跡5号土壙出土土器

による編年を参照する。それによれば、南小泉式古段階〜新段階は5世紀前半〜後半、引田式古段階〜新段階は5世紀後半〜6世紀初頭である。

森ヶ沢遺跡15号墓では、北大1式古段階〜新段階相当の片口土器がTK23〜47型式相当の坏蓋（図192-4）に共伴しており、5世紀後葉〜6世紀初頭の年代が与えられている（小林・中澤2010）。北大2式に併行する宇部（2007a）編年前1段階は、後続する1段階が6世紀末〜7世紀前半と考えられることから（表42）、6世紀前半〜後半の年代を与えられる。北大3式1類の下限は、宇部（2007a）編年3段階、すなわち7世紀後葉〜8世紀前葉にあると考えられる（表62）。

次に、擦文土器各時期の年代を検討する。擦文第1期前半〜後半併行の宇部編年3期は7世紀後葉〜8世紀前葉、擦文第2期前半併行の宇部編年4期・A段階は8世紀中葉〜後葉、擦文第2期後半併行の宇部編年B段階〜岩井編年Ⅱ期は8世紀末〜10世紀初頭の年代が与えられている（表62・63）。

齋藤淳（2012）は、秋田城跡出土土器や五所川原窯産須恵器の年代観を参照しつつ、東北地方北部の遺跡出土土器と札幌市K39遺跡第6次調査地点各層から出土した坏・埦のクロスデイティングをおこない、それらにともなった甕も含めて年代を推定した。それによると、7a層（擦文第1期後半〜擦文第2期前半）が8世紀末葉〜9世紀前葉、[9] 6g層（擦文第2期前半〜後半）が9世紀中葉〜後葉、6a層（擦文第2期後半〜第3期前半）が9世紀末葉〜10世紀前葉、5g層（擦文第3期後半〜第4期前半）が10世紀中葉〜後葉、5c層（擦文第4期前半〜後半）が11世紀前半〜中葉に比定されている。

北海道島の須恵器と擦文土器の共伴例を集成した鈴木琢也（2006）は、擦文第1期前半〜第2期後半に共伴する須恵器の年代を8世紀後半〜9世紀に比定した。宇部（2011）は、擦文第1期前半〜第2期後半に共伴する須恵器の年代を8世紀中葉〜9世紀前半に比定した。五所川原窯産須恵器は擦文第2期後半〜第4期前半に共伴しており（鈴木前掲）、鈴木や宇部はその下限を10世紀後半とした。青森県蓬田村蓬田大館遺跡5号土壙（桜井・菊池編1987）では、甕系第4段階前半と五所川原窯産須恵器長頸壺が坑底面直上に堆積する層から出土した（図204）。擦文第4期前半が10世紀後半にかかることを傍証する。

擦文第5期に併行する大仏遺跡の坏ⅡB2や大鳥井山Ⅲ群の年代は、平泉町中尊寺金剛院や柳之御所遺跡などの資料との対比から11世紀後半に比定されている（大野編2003、島田・信太編2009）。したがって、擦文第5期は11世紀後半にかかる可能性が考えられる。

1−2　土器とともに副葬された各種鉄器の年代観

当該期の墓などから、土器とともに各種鉄器が出土している。ここでは、本州島の資料から年代が与

第Ⅲ部　古代日本列島北辺地域における土器型式群の動態と擦文土器

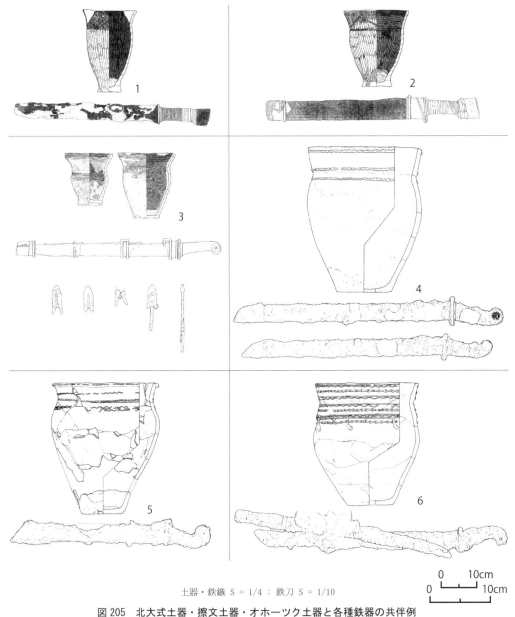

土器・鉄鏃 S = 1/4：鉄刀 S = 1/10

図 205　北大式土器・擦文土器・オホーツク土器と各種鉄器の共伴例
1. 西島松 5 P11 ： 2. 西島松 5 P30 ： 3. 西島松 5 P101 ： 4. 目梨泊　第 34 号土壙墓
5. 目梨泊　範囲確認調査第 1 号土壙墓 ： 6. 目梨泊　第 30 号土壙墓

えられている鉄刀や鉄鏃などの共伴例に注目する。

　図 205-1・2 は、北大 3 式 1 類と横刀の共伴例である。横刀は刀姿が太く短い、「北の方頭」とも称される鉄製目釘式方形方頭大刀であり、蕨手刀出現以前の 7 世紀代の北海道島〜東北地方に限定的に分布するとされる（八木 2007a・2010）。3 は、分帯系列 1 類と蕨手刀・鉄鏃の共伴例である。蕨手刀は鉄製台状双脚足金具をもち、柄頭は八木（2010）分類の 1 に相当すると思われる。このことから、八木編

年二期～三期（8世紀前葉～後葉）の所産と考えられる。また、長頸鏃（棘関長頸腸抉鉄鏃）は、内山敏行（2005）によって氏の3群（7世紀後葉～8世紀）に比定されている。枝幸町目梨泊遺跡（佐藤編1994）では、複数の墓壙でオホーツク土器と各種鉄器が副葬されていた。これら鉄器の年代について、高畠孝宗（2011）による網羅的な検討を参照すると、八木編年二期（8世紀前葉）の蕨手刀が第34号土壙墓で貼付文期前半と、範囲確認調査第1号土壙墓で貼付文期後半1段階と共伴した（4・5）。第30号土壙墓では、貼付文期後半1段階と八木編年三期～四期（8世紀中葉～9世紀）の蕨手刀が共伴した（6）。

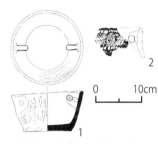

図206　擦文文化期の内耳土器
1．西月ヶ丘：2．利別川口

1-3　札幌市K39遺跡第6次調査地点における白頭山‐苫小牧火山灰（B-Tm）との層位関係

ここからは、個別の遺跡・遺構から得られたデータのうち重要だと判断するものを集成する。

K39遺跡第6次調査地点（藤井2001）では、6g層（擦文第2期前半～後半）と6a層（同第2期後半～第3期前半）の間でB-Tmテフラの堆積が確認された。近年、B-Tmの噴出年代は、文献史料、年輪年代、放射性炭素年代などによってかなり絞りこまれており、諸説をまとめた小口雅史（2003）の研究を参照すると920～940年代に比定される。ここでは、大まかに10世紀前葉頃ととらえ、6a層の年代を10世紀前葉以降と考えたい。先にみた齋藤（2012）による東北地方土師器との対比結果も加味するならば、擦文第3期前半は10世紀前葉をさかのぼらないと考えられる。

1-4　根室市西月ヶ丘遺跡7号竪穴住居址における擦文土器と内耳土器の共伴例

根室市西月ヶ丘遺跡（八幡他編1966）7号竪穴住居址では、擦文土器（図74-4～6）と内耳土器（図206-1）が共伴した。この一括資料は、擦文第4期後半に位置づけられる。青森県には内耳土器が内耳鉄鍋とともに10世紀後葉以降の集落から出土する事例があり（齋藤2012）、擦文第4期後半はさかのぼっても10世紀後葉以降と考えられる。これは、先にみた土器の年代観とも矛盾しない。

北海道島では、口縁部に鋸歯状文がほどこされた内耳土器として、せたな町（旧瀬棚町）利別川口遺跡（石附1976、加藤1981）出土品（図206-2）と市立函館博物館所蔵の出土地不明品（菊池1970・206頁）の2点が確認されている。その文様は、擦文第4期前半～後半に盛行する鋸歯状文と類似する（菊池前掲，石附前掲）。それが口縁部にほどこされるという点にかぎれば、札前4類にもっとも近い。もちろん、形態がまったく異なる擦文土器甕と内耳土器で文様を単純に比較することには問題がある。しかし、そもそも内耳土器は古代から近世まで無文となるのが通例であり文様がほどこされること自体が特異であることを考えると、その特異な特徴の内耳土器の出土場所が北海道島であることや擦文土器甕と同じモチーフをもつことが、まったくの偶然であるとは考えにくい。札前4類の年代観が西月ヶ丘7号例の年代観と整合的であることも注目される。

1-5　青森市新田（1）遺跡SD01・08出土木材の年輪年代

先述のとおり、青森市新田（1）遺跡SI-05竪穴建物跡では、甕系第4段階前半が岩井編年V期相当のロクロ製土師器坏と共伴した。この遺跡では、集落を囲繞する溝跡SD01・08から出土した木材の年輪年代が分析され、SD01下層出土木製品の伐採年代が1037年と1038年、同中層出土木製品の伐採年

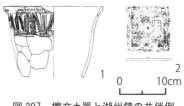

図207 擦文土器と湖州鏡の共伴例

代が1048年、SD08出土木製品の伐採年代が1040年であることが明らかにされた（光谷2007）。これらの木材は溝に投棄されたものであるため、年輪年代に厳密な溝の構築年代が示されているわけではないが、11世紀中葉に溝が埋められ集落の機能が喪失したとみる考え（齋藤2012）もある。この見解を是認すると、11世紀初頭～中葉の年代観は岩井編年Ⅴ～Ⅵ期に近いものであり、併行する擦文第4期前半～後半もこの頃に相当する可能性が考えられることになる。

1－6　サハリン州セディフ1遺跡における青銅製飾金具と南貝塚式土器の層位的出土状況

サハリン州コルサコフ地区セディフ1遺跡では竪穴住居址や火葬墓が検出された（ワシレフスキー2006）。ワシレフスキーによると、南貝塚式期の竪穴構築時の排土中から、墓の副葬品だったとみられる青銅製帯飾板や装飾板が出土したという。この青銅製帯飾板は方形透彫帯金具であり、臼杵勲（2004）の編年によるⅤ期～Ⅵ期に比定された（熊木他2007）。Ⅵ期は、臼杵によって10世紀代～11世紀初頭の年代が与えられている。すなわち、この年代は南貝塚式の上限年代を考えるうえで参考になる。南貝塚式は擦文第4期後半に併行すると考えられ、その上限年代はさかのぼっても10世紀代～11世紀初頭である可能性が高い。この年代観は、先にみた擦文第4期後半の年代観とも整合的である。

ただし、この青銅製品は明確に墓から出土したものではないため、層位事例としてはやや確実性が劣る。したがって、現状ではあくまで年代比定の参考程度にとどめるのが無難であり、今後のサハリン島での調査の進展とデータの蓄積を待つ必要があることを強調しておく。

1－7　釧路市材木町5遺跡15号竪穴住居址における擦文土器と湖州鏡の共伴例

釧路市材木町5遺跡15号竪穴住居址（西他1989）では、擦文土器甕と宋代の湖州鏡が共伴した（図207）。湖州鏡の年代は、本州島出土例との対比から12世紀代とされた（西1988、関根2008）。甕のモチーフは、鋸歯状文のようにもみえるが、斜行沈線文を分割するように垂下する刻線文が複数個所にあり、かつその一部には横位の短刻線が重ね描きされていることから、縦位分割文3類と判断できる。したがって、これは甕系第4段階後半であり、擦文第4期後半～第5期のいずれかが12世紀代に位置づけられると考えられる。

2　各時期の暦年代の推定

以上の諸データをまとめ、各時期の暦年代を次のように考える。

北大1式古段階…5世紀前葉～後葉

北大1式新段階…5世紀末葉～6世紀初頭

北大2式…6世紀前葉～後葉

北大3式1類…6世紀末～7世紀後葉

擦文第1期前半～後半…7世紀後葉～8世紀前葉

擦文第2期前半…8世紀中葉～後葉

擦文第2期後半…8世紀末～10世紀初頭

擦文第3期前半～後半…10世紀前葉～中葉

擦文第4期前半…10世紀後葉〜11世紀前葉

擦文第4期後半…11世紀中葉

擦文第5期…11世紀後葉〜12世紀代

　これらの年代は、性質の異なる諸データを総合してみちびきだしたものであるため、やや不確実な部分もある。現状ではあくまでも参考程度にとどめておき、さらなる確度の向上を今後の課題としたい。

第3節　擦文土器の終焉をめぐる問題の検討

　これまで、擦文土器の終末年代については、内耳土器・内耳鉄鍋をはじめとする外来系遺物の年代観の検討、アイヌ民族誌やアイヌ文化期の遺物の検討など、多方面から論じられてきた。これらの問題は隣接諸科学の成果もからむものであり、すべてを筆者一人であつかえるほど単純ではない。ただし、いかなるアプローチをとる研究であっても、終末期の擦文土器をいかに認定するか、という編年認識が強固な参照枠となることはまちがいないだろう。ここでは擦文土器編年研究の立場から、先行研究の終末期擦文土器の認定方法にみられる問題点や留意点を指摘し、今後の研究の方向性を展望する。

1　擦文第5期の下限年代について

　前節で擦文第5期が12世紀代にかかる可能性が高いことを確認したが、現状でその下限年代を推定する有効なデータは得られていない。そのため、今後の資料の増加次第ではさらにくだる可能性もある。

　これまで、内耳鉄鍋の流入にともなって甕が製作されなくなる、という考えが主流であった。しかし、東北地方北部では10世紀代から内耳鉄鍋の出土が確認されることから、その出現は擦文土器の終末時期を認定する決め手にならない（齋藤2011）。北海道島でも、鉄鍋の流入と甕の衰退をむすびつけられるような一括資料は確認されない（第4章第1節2参照）。上ノ国町上ノ国竹内屋敷遺跡（大場他1961）では、吉岡康暢（1989）の珠洲系陶器編年Ⅰ期後半にあたる壺破片が出土した。年代は12世紀末葉〜13世紀初頭とされるが、擦文第5期の下限年代を積極的に示すデータが得られていないため、時間的先後関係にあるのか併行関係にあるのか判断できない。

2　高坏消滅説の再検討

　近年、擦文土器甕の終末段階に高坏が消滅する、という考えが一般的になっており、なかには「高坏が共伴すれば古く共伴しなければ新しい」という論理で甕の時期差を読みとる論考もある（大西1996a・b・2009, 小野2008）。しかし、そもそも「高坏の消滅」という記述には、「高坏がある時期からない時期に変わる」とも言い換えられるように、もともと時間的な幅を有する変化が含意されている。したがって、「高坏の消滅」という現象のみを根拠として時期を区分することは、土器編年にトートロジーをもちこむことになってしまう。擦文土器編年研究においてこのような論理的錯誤が生じた背景には、どのような理由があるだろうか。

　高坏の有無によって擦文土器を時期区分する考えを提示したのは、藤本強（1972）である。そこでの分析は、①甕の細分編年を確立する、②甕の最終段階に高坏が共伴しないことを確認する、③編年を高坏がある時期とない時期に分ける、という順序でなされている(424-431頁)。この分析で注意すべきは、

以下の2点である。

1つめは、「高坏の消滅」が甕の細分編年の直接的根拠にされていないどころか、むしろ甕の細分編年によって解釈された事象だということである。すなわち、「高坏の消滅」とは、資料の増加にともなって甕の細分編年がみなおされるたびに検討すべき仮説だと考えなくてはならないのである。[10] ところが、研究史上の第Ⅲ期になると、東北地方土師器研究が進展し、坏の細分に重点がおかれるなどして擦文土器編年をめぐる研究環境が変化した結果、第Ⅱ期の甕の細分編年の妥当性は十分検証されないままとなった（第1章第1節3-2参照）。おそらく、こうしたなかで擦文土器甕の終末段階には高坏がないという考えのみが既成事実であるように認識され、今日にいたっているのだと思われる。[11]

2つめは、藤本は明言していないが、③が直接示すのは、甕の違いではなく器種組成の違いだということである。すなわち、藤本がおこなった①～③の分析は、実は甕に軸足をおいた編年によって器種組成の時期差を読みとるという、編年を階層的に構成した作業なのである。したがって、「高坏の消滅」と甕の時期区分を両立させる考えは、個別器種レベルの編年と器種組成レベルの編年を混同したものにほかならない。このような混同は、第6章第2節2で論じた問題をもたらす以外に、上記のような論理的錯誤が生じる温床となることにも注意を喚起したい。

それでは、今日の資料水準のもとでみたとき、終末期の擦文土器に共伴する高坏はないのだろうか。筆者は、擦文第5期の一括資料として釧路市北斗遺跡21号竪穴住居址出土土器（石川・松田編1992）を考えているが（図138-1～4・6）、そこでは高坏が1点共伴している。これに先立つ第4期後半でも、同遺跡20号竪穴住居址や北見市（旧常呂町）栄浦第二遺跡1号竪穴住居址（駒井編1963）などで高坏の共伴を確認できる。したがって、現状では高坏が通時的に存在しつづけたと考えるのが妥当である。

たしかに、擦文第4期後半～第5期では、甕と高坏の共伴例が少ないことはまちがいないようなので（中田他1999, 塚本2002）、高坏が時間とともに少なくなってゆくと考えることにやぶさかではない。しかし、高坏が「少ない」のか「ない」のかは一見些少な違いであるようにも思えるが、擦文土器の終末時期をめぐる研究とも密接にかかわる問題である。擦文第5期の下限年代を示す明瞭なデータがない現状では、土器編年研究において結論を急がず、先行研究や方法論に対する徹底した検討を先決させ、きたるべき新データの出現に備えておくのが順当だろう。

3　鉄鍋の受容から甕の終焉をよみとる方法の再検討

擦文文化からアイヌ文化への変化を示す資料としてかねてより注目されてきたものに、内耳鉄鍋がある。考古学では、主要な煮沸具が甕から鍋に変わることをもってアイヌ文化のはじまりとみる理解（宇田川2001）が趨勢である。この理解は、擦文土器甕の終焉と表裏の関係にある問題であり、筆者も異論はない。しかし、甕が出土しないことをもってただちに鉄鍋が受容されているかのように論じられる近年の研究の傾向には、少なからぬ疑問を抱いている。

擦文土器甕と鉄鍋の共伴例は1つもないので、現状では擦文土器甕の終焉と鉄鍋の受容とをむすびつけるためには、両者を取りまくコンテクスト同士を比較する以外に方法はない。しかし、「甕が使われない」という事象を生みだすコンテクストと「鉄鍋が使われる」という事象を生みだすコンテクストとが、一対一対応するという保証はない。たとえば、同じ煮沸具であっても土器と鉄鍋では、製作－使用－廃

棄という一連のライフサイクルがまったく異なる。また、〝ヒトが居住しない〟ということも甕が出土しなくなる重要なコンテクストの1つであろう。したがって、今後この方面の研究をおこなう際には、甕と鉄鍋で製作時・使用時・廃棄時の各コンテクストを復元し比較するのはもちろんのこと、甕が出土しない状況を生みだす様々なコンテクストを検討し、そのなかで鉄鍋が甕の代替品として使われる状況を生みだすコンテクストがもっとも妥当であることを論証する作業が不可欠となる。このような入念な検討を踏まえなければ、甕から鉄鍋への交替状況の解明に説得力をもたせることはまず不可能だろう。

このように、鉄鍋の受容から擦文土器甕の終焉を読み説く作業は容易ではない。しかし、甕にみられる成形・整形技法の簡略化を検討し「鉄鍋の受容によって土器製作伝統が次第に失われていく」という甕製作時のコンテクスト復元を試みた澤井玄（2010）の研究や、道内における鉄鍋の製作・使用・廃棄の実態からその受容形態を評価した小野哲也（2009）の研究など、堅実な基礎研究もみられる。このような基礎研究を1つ1つ積み重ねることによってのみ、鉄鍋の受容から擦文土器甕の終焉を論じる考えに説得力が備わるだろう。

小結

本章では、擦文土器と隣接諸型式の広域編年対比と暦年代の推定をおこなった。現在、擦文文化の考古学研究の成果を北方史に位置づける際に、東北地方の考古学研究・古代史研究との連携が不可欠となっている。こうした状況のなか、近年では、古代史研究との整合を図りやすい暦年代を使って擦文土器が叙述されることが大変多くなっている。しかし、序章で詳細に論じたように、擦文土器の時間軸は第一に相対編年として確立されるべきである。そして、相対編年に検討すべき問題が山積みしているのであれば、安易に暦年代をもちだすべきではない。擦文土器の終焉をめぐる問題についても、いま一度基礎資料や方法論をみなおすなかで再検討する必要があるだろう。

資料の増加にともなう土器相対編年の検討・修正・改善は考古学研究の宿命ともいうべき作業であり、擦文土器の相対編年も不断の検討によって妥当性が保たれている。したがって、暦年代の比定結果も不変のものではなく、土器相対編年の検討結果によって変化する流動的な性格のものであることを、あらためて意識しなくてはならないだろう。

註

1) 札幌市N533遺跡（野月・秋山編2010）では、「後北C_2-D式」と報告されたIO突瘤文をもつが破片が出土した（38頁：第22図-42・43）が、2013年5月にあらためてこの土器を実見した結果、続縄文文化前半の宇津内Ⅱa式であることを確認した。型式比定については、熊木俊朗氏よりご教示を得た。

2) 北見市（旧常呂町）常呂川河口遺跡57号竪穴では、床面から後北C_2-D式Ⅲ期が、床面よりやや浮いて鈴谷式Ⅲ期前半と北大1式新段階が、それぞれ出土した（武田編2002）。ただし、報文中でも述べられているように（同：78頁）これらは厳密な共伴例とは言いがたい。実際、同竪穴覆土からは宇津内式をはじめとする続縄文文化の土器（同：84頁第62図2～10）や札前4類（同：83頁第61図-1）も出土しており、各土器について混入か共伴か区別するのはむずかしい。熊木

第Ⅲ部　古代日本列島北辺地域における土器型式群の動態と擦文土器

　　俊朗（2004a）も、この事例を編年対比の根拠にすることに慎重な姿勢を示している。
3）　魚骨層Ⅳからは、道外産と考えられる陶質土器短頸壺が出土した。この土器の生産地をめぐっては大陸か本州島かで意見が分かれており（小嶋1996、臼杵2005）、胎土分析によっても比定可能な窯跡の所在が明らかにならず（三辻他2008）、その年代観は依然として不明である。そのため、この資料はデータとしてはあつかわない。
4）　なお、東北地方北部では段状沈線をもつ甕も出土するが、これは北大3式1類～2類にかけて長期的に存在する可能性があり、現時点で細かな編年対比をおこなえる考えをもちあわせていない。そのため、ここでは検討対象からはずす。
5）　報文中には、カマドの造りかえに関する記載はない。
6）　宇部編年D段階の標式資料である青森市江渡遺跡（木村他編2004）SI-02では、分帯系列4類の甕が出土した。ここからは分帯系列1類も出土しているが、北海道島の遺構出土状況（表12・13）と盲堤沢（3）遺跡や李平下安原遺跡の共伴状況を重視するならば、混入の可能性も考えられる。
7）　この住居址は建てかえられているほか、カマド以外にも2基の炉址が検出され、そこから土師器甕、把手付土器、ロクロ製土師器坏が出土した。ここでは一括性の認定に慎重を期す立場から、共伴例をカマド出土土器にかぎっている。
8）　これは元々「オホーツク式」と報告された資料であり（後藤前掲）、成形・胎土・焼成等がオホーツク土器の質感に似るとされる（氏江前掲）が、器形や文様が擦文土器の特色を示していることはまちがいない（熊木1999）。
9）　擦文第1期後半～第2期前半は宇部編年3～4期に併行するので、ここで想定されている暦年代のみ齟齬が生じている。これについては、今後の検討課題としたい。
10）　ある器種の消長が土器編年の前提にならないことは、大村直（1983）が指摘している。
11）　大西秀之（1996a）は、高坏の有無によって甕を時期比定する方法を藤本（1972）からの引用としているが、藤本編年の論理と内容が十分咀嚼されていないと言わざるを得ない。

総論

擦文土器の歴史的位置づけ

はじめに

　本書では、①土器編年の整備、②地域間交流論や集落論を射程に入れた土器編年の構築、という2つの目的を掲げて擦文土器編年研究を実践してきた。ここでは、まず各章の結論の要点を整理し、本書の成果をまとめる。次に、表63の編年表をもとに、北海道島諸地域における土器型式群の共時的関係とその通時的変動の様相を浮きぼりにし、先行研究で明らかにされた諸事項との関連性をさぐる。各型式の動態についてはすでに個別に触れたものもあるが、擦文土器の動態をより広域的な視野のもとで体系的に理解することを目的とするため、くりかえしをおそれずに論じたい。そこでは、擦文土器と隣接諸型式の共時的交渉から読みとれるさまざまな「動き」を、先行研究で注目されてきたトピックや提示された仮説などとつきあわせ、当該期の北方史研究のなかに位置づけることをめざす。最後に、本書の成果によって上記①・②の目的をいかに発展させ得るのかを展望し、今後の課題について論じたい。

第1節　各章の総括

1　擦文土器編年の設定と成立過程の復元

　第2章では、北大式土器の編年を設定した。器形、文様帯、文様の3属性を柱として分析することで、北大1式古段階、同新段階、同2式、同3式の3型式4時期に細分した。この編年にもとづくと、北大式は、個々の属性が備わり方に変異をもちつつ前後する時期で強い連続性をもって変遷していること、当初オホーツク土器からの型式論的影響を強く受けていたが、時間とともに東北地方土師器からの型式論的影響が強まること、などの変遷の実態が明らかになった。それは、後北C_2-D式の系統をひく属性がオホーツク土器や東北地方土師器と接点をもちながら交錯と変容をくりかえす過程でもある。このように、前半期擦文土器成立前夜には、北海道島と南北に隣接する地域とで諸型式の頻繁な交渉があった。

　第3章では、前半期擦文土器甕の編年を設定した。文様施文域に着目して分析することで、第1段階前半、同後半、第2段階の3時期に細分した。また、北大3式を前半期擦文土器甕に先行する1類と併行する2類に細分した。前半期擦文土器甕の文様施文域は、北大3式1類の系統をひく分帯配置と東北地方土師器甕の系統をひく一帯配置の2系列からなっている。すなわち、前半期擦文土器甕の変遷とは、北海道島在地土器系統の分帯配置と東北地方土師器系統の一帯配置との接触・融合の過程だと理解できる。さらに、この前半期擦文土器甕に北大3式2類が接触・融合することで、後半期擦文土器甕が成立することが明らかになった。

　第4章では、後半期擦文土器甕の編年を設定した。後半期擦文土器甕は、何種類ものモチーフの存在、頸・胴部文様が複列化しているもの（複文様列土器）としていないもの（単文様列土器）の併存、装飾的な口唇部をもつものともたないものの併存など、その型式論的特徴の多様性に特徴がある。さらに、同じ遺構出土土器でこのような変異が確認される一方で、100km以上離れた遺跡で同じ特徴をもつ土器が出土するなど、型式論的特徴が地理的距離と相関せずに錯綜する状況を示す。したがって、オーソドックスな型式論（佐藤1972）や数例の一括資料を標式にみたてる方法（塚本2002）では、後半期擦文土

器甕の編年に説得力をもたせることはできないと考えられた。そこで、道南部をのぞく各地の後半期擦文土器甕に通底する原則として、①複文様列土器と単文様列土器にほどこされるモチーフが類似する、②複文様列土器にほどこされる個々のモチーフには製作時の同時性が示される、という2点に着目し、モチーフを類型化しその変遷順序を把握することで編年を設定する方法を用いた。分析の結果、モチーフは1類（6種）、2類（8種）、3類（6種）に分けられ、1類→2類→3類の順に変遷することがたしかめられた。この知見にもとづき、後半期擦文土器甕の編年を、モチーフ1類が単文様列土器のみにほどこされる第3段階前半、モチーフ1類が単文様列土器と複文様列土器にほどこされる第3段階後半、モチーフ2類のみが単文様列土器と複文様列土器にほどこされる第4段階前半、モチーフ3類が単文様列土器と複文様列土器にほどこされる第4段階後半、の4時期に細分した。

　第5章では、擦文土器坏・高坏の編年を設定した。坏を器形と文様の属性分析によって4群に、高坏を文様構成、器高に占める脚部高の比率、モチーフの属性分析によって6群に細分し、これらを遺構内共伴例と層位的出土例から1～5段階の5時期にまとめた。その変遷過程を東北地方土師器坏と対比させた結果、第1段階は両地域で共通性が高く、第2段階から第3段階にかけて文様→器形の順に北海道島で独自性が増し、第3段階になって完全に東北地方と分離すること、高坏はこの独自性形成の延長で成立すること、などが明らかになった。擦文土器坏は、東北地方土師器坏のあり方と連動するように変化しており、北海道島在地土器の系統が根強い擦文土器甕とでは、土器製作者を取りまく情報のめぐり方に違いがあると考えられた。

　第6章では、擦文土器甕（甕系土器）と擦文土器坏・高坏（坏系土器）の編年を総合し、器種組成レベルの編年を設定した。近年の擦文土器編年には、特定の一括資料が十分検証されずに標式にみたてられるために、個別器種レベルの時期差・地域差と器種組成レベルの時期差・地域差を弁別できない、という問題があった。それは、個別器種の広域分布（齋藤2009）や地域間交渉（中田1996, 瀬川1996, 天野・小野2007）など、地域間交流論とかかわる研究課題に土器研究を接続させてゆくうえで障害となる問題でもあった。このような問題を回避するために、本書では個別器種レベルの編年を設定したのち器種組成レベルの編年を設定することで、擦文土器編年を階層的に構成した。この方法により、まず個別器種レベルの時期差と地域差のあり方がおさえられ、器種ごとに時間的変化のタイミングや変遷速度、地域性の成りたちが異なることが明らかになった。そして、時空間的位相の異なる個別器種がさまざまな形で共伴することで、器種組成の時空間的位相に違いがあらわれる、という擦文土器の一括資料の実態が明らかになった。この結論は、編年の際に着目する器種の違いによって時期区分数が変わってくること、ある器種の時期差と地域差はその器種の分析によって解明するべきであること、特定の一括資料を編年の標式にみたててもその適用範囲はかぎられるおそれがあることなど、今後の擦文土器編年研究において留意すべき多くの問題を提起するものである。また、これまでの研究では、個別器種の時空間的位相と器種組成の時空間的位相を明確に区別せずに分析が進められたために、擦文土器成立過程の復元において、個別器種（甕系）の異同を問題にする「続縄文土器母胎説」と器種組成の異同を問題にする「土師器母胎説」が対立していた。本書では、甕系は北海道島在地の系統と東北地方の系統が交錯するという空間的位相を示し、それに東北地方系統の坏も加わることで、みかけ上東北地方土師器に類似する器

種組成が示されたのが擦文土器成立過程の実態だと評価した。このように、擦文土器編年を個別器種レベルの編年と器種組成レベルの編年に分けて階層的に構成することは、「続縄文土器母胎説」と「土師器母胎説」の対立を止揚するために有効であることがたしかめられた。

2 時空間的に隣接する土器編年の設定と擦文土器の広域編年上の位置づけ

　第7章では、擦文土器に併行する道東部の土器型式であるトビニタイ式土器の編年整備と型式論的変遷の復元をおこなった。トビニタイ式には多種多様な貼付文を構造的に律する文様構成が認められ、これをトビニタイ型文様構成と呼んだ。トビニタイ型文様構成を柱とする諸属性の相関に着目し、属性の共時的変異や多相組成を示す遺構一括資料の評価に配慮しながら、1式、2式、3式、4式の4細分編年を設定した。トビニタイ型文様構成に着目することで、オホーツク貼付文土器からトビニタイ式への変遷過程や擦文土器との型式交渉関係が明らかになり、これまで「オホーツク土器と擦文土器が融合した土器群」として一括りにされてきたトビニタイ式の変遷を、オホーツク土器の系統をひく属性が擦文土器と接点をもちながら緩やかに変容してゆく過程としてとらえることができた。さらに、このような系統論的視点によって、「トビニタイⅠ群」がトビニタイ式と擦文土器の属性を併せもつ折衷的な性格の土器群であることを明らかにし、その分布域での土器製作者を取りまく情報のめぐり方が道央・北部などと異なっていた可能性を論じた。

　第8章では、道南部擦文土器甕の編年を設定した。まず、器形と文様の全体的な変化の流れをおさえた。次に、松前町札前遺跡出土土器群を1類、2類、3類、4類に分類し、1類→2・3類→4類の順に変遷することを、道央部以東の土器編年とのクロスデイティングによって明らかにした。この編年にもとづくと、道南部の甕系土器は、札前2・3類の時期に頸部横走沈線文が上昇することで道央部以東との地域差が顕在化し、横走沈線文の口縁部への集約という系統的変遷によって札前4類が成立すると考えられた。道南部では、頸部文様を口縁部に集約させる系統が定着し、これに即して道央部以東からの影響でもたらされたモチーフが口縁部に転写されるなど独自の様相が確認された。また、道南部の坏系土器の変遷についても予察した。道南部には口縁部に横走沈線文を保持する系統が存在し、それが道央部以東に拡散することで、道央部以東の坏系土器の文様構成が多様化すると考えられた。

　第9章では、東北地方土師器編年やオホーツク土器編年と対比させて本書の土器編年を広域編年上に位置づけ、暦年代を推定した。また、擦文土器の終焉をめぐる研究について、坏系土器が甕系土器より早く消失するわけではないことなど、土器編年研究の立場からいくつかの問題提起をおこなった。

第2節　擦文土器の成立・展開・変容・終焉とその歴史的位置づけ

1　擦文土器成立前期―北大1式古段階～北大3式1類―

1－1　北大1式古段階～北大1式新段階の土器型式群の動態　(図208)

　後北C_2-D式Ⅲ期は、道央部石狩低地帯を核とする集中が確認され（小野2011）、道東部なども含めた広い分布が確認されている。続く北大1式古段階～新段階は、後北C_2-D式Ⅲ期より分布域が縮小するが（小野1998a）、継続的な分布傾向を示す。一方、十和田式前半～後半はサハリン島南部から道北宗谷

総論　擦文土器の歴史的位置づけ

海峡周辺部に分布の主体があり、日本海側・オホーツク海側の島嶼や知床半島・根室半島などにも飛び地的に分布する。大局的にみると、後北C_2-D式Ⅲ期が広域に展開しているなかに、サハリン南部〜道北系統の土器型式が宗谷海峡周辺部から日本海・オホーツク海沿岸部に分布を重ねるように展開する様相を確認できる。この様相は、枝幸町音標ゴメ島遺跡（川名・高畠 2010）や斜里町ウトロ遺跡（松田他 2011）での、北大1式古段階・新段階と十和田式後半の共出状況に端的に示されている。この時期は、道央部から道南部までと、道北宗谷・枝幸地方から道東オホーツク海沿岸部までの2つの地域が広域的な土器型式圏を形成し、一部の地域で共存しつつ相互に交渉しあうことに特徴がある。

この時期、東北地方土師器が本州島から散発的に流入しているが、それから北大式にもたらされた型式論的影響は、頸部の発達など器形の一部の変化にとどまっている。

1-2　北大1式古段階〜北大1式新段階の歴史的位置づけ

後北C_2-D式期から北大1式古段階にかけて土器型式圏が縮小し（小野 1998a）、北大1式新段階になると東北地方南部での出土例はほぼなくなる。ここで注目されるのは、このような北大式型式圏の縮小と連動するかのように十和田式後半の南下（天野 2003・2010）が活発になることである。奥尻町青苗砂丘遺跡（皆川編 2002, 越田編 2003）や根室市弁天島西貝塚（北地文化研究会 1968）など、それまで北大式の分布が希薄だった地域で、十和田式後半の竪穴住居址が検出されている。後北C_2-D式Ⅲ期〜北大1式新段階を製作・使用する集団が希薄になったかもともといなかった地域に、あらたにオホーツク土器を製作・使用する集団が定着しはじめたと解釈できる。[1] ウトロ遺跡では、併行関係にある北大1式古段階〜2式と十和田式後半・オホーツク刻文土器が出土しているが、1式古段階〜2式にかけて点数が減るのと反比例するように十和田式後半〜刻文期にかけて点数が増えており、以後の沈線文期・貼付文期まで連綿とオホーツク土器が出土する状況が確認される。同様の北大式とオホーツク土器の交替状況は、北見市（旧常呂町）常呂川河口遺跡（武田編 1996・2000・2002・2004〜2008）でもみられる。このように、オホーツク海沿岸部では、オホーツク土器が北大式分布圏を徐々に席巻する様相が顕著に示されている。日本列島の先史時代では、人口が希薄化するとその土器型式圏に異なる土器型式が進入し、土器型式全体の様相が錯綜する現象が確認されている（今村 2010）。北大式と十和田式の型式間関係のあり方は、これと似た事象だと評価できそうである（今村 2011）。

ところで、音標ゴメ島遺跡やウトロ遺跡での異系統土器が数時期にわたって共存する現象は、道北・東部で北大式とオホーツク土器の接触が長期的に安定して存続していたことを示唆するが、道央部以南ではこのような共存がみられない。たしかに、北大1式新段階まで十和田式後半との密接な型式間関係があったことはまちがいないが（図36）、十和田式後半そのものは、浜益村岡島洞窟遺跡（大場・石川 1961）や青苗砂丘遺跡など、北大式の主要分布圏からやや離れた地域で出土しており、道北・東部ほどの密接さはうかがえない。したがって、北大式と十和田式の接触のあり方は、オホーツク海側と日本海側で異なっていたと考えるべきだろう。

この時期の北海道島には、土師器坏、須恵器、鉄器、馬具、玉類、石製模造品、鹿角製刀装具などの古墳文化系文物が流入している（千代 1982, 野村 1993, 日高 2001, 八木 2010）。東北地方北部では、宮城県湯の倉産黒曜石の流通が活発化し（佐藤 1998）、青森県八戸市田向冷水遺跡（小保内他編 2006）や岩

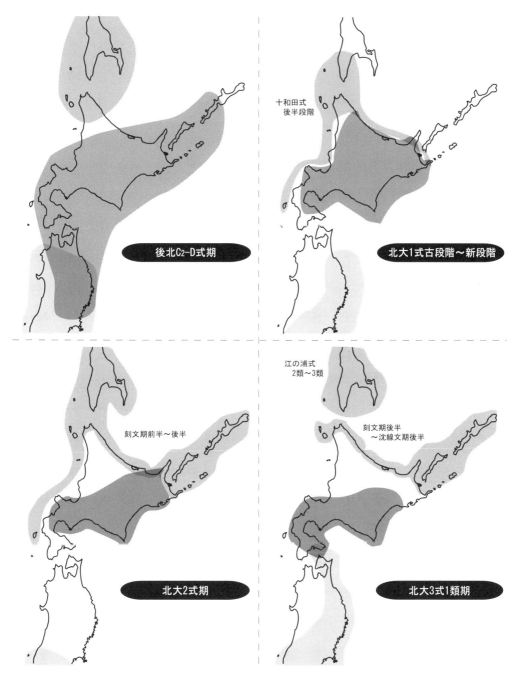

図 208 擦文土器成立前期の型式圏

手県奥州市中半入遺跡などでは、皮革加工に利用されたと考えられる黒曜石製石器が出土している。続縄文文化と古墳文化は、後北 C_2-D 式期に確立した物資流通を基盤とし、黒曜石製石器を利用した生産・流通とその対価品の流通に支えられて相互依存の度合いが強まると評価されている（藤沢 2001）。北海道島での古墳文化系文物の出土は、以上のような古墳文化の東北地方北部への拡大と連動したものだと

考えられる（八木2010）。

　菊池芳朗（2010）は、この時期の東北地方南部で古墳築造が盛期をむかえ、集落の多様化や階層化がすすみ、拠点的地域で手工業生産が集中的かつ継続的になされることを明らかにした。その背景に、本州島以南や朝鮮半島での軍事的緊張の高まりによって武器・武具の生産に不可欠となる皮革製品の需要が高まるなかでその産地として東北地方の評価が上昇したことと、有力古墳の被葬者が皮革製品とその生産にとって重要な黒曜石の生産と流通を掌握し、その対価品である鉄製品や威信材を地域に再分配するような経済活動があったことを考えた。これは、東北地方古墳文化の動向を倭政権の政策などを背景とする地域間交流の進展とのかかわりのなかでとらえた評価である。これを是認するならば、北海道島の諸文化も倭政権の動向の影響を間接的にこうむっていたと考えられることになる。[2]

1-3　北大2式期の土器型式群の動態（図208）

　北大2式になると、東北地方土師器からの型式論的影響が強まる。東北地方北部では北大式がほとんど影をひそめ、分布の南限が道南部まで北上する。[3] 北大2式では、前時期までに十和田式からもたらされた突瘤文が独自の系統として定着する。北大2式の突瘤文はオホーツク刻文土器にもたらされており、両者の型式間関係は継続している。ただし、前時期までの型式論的影響の流れが「北→南」だったのに対し、この時期は「南→北」に変わることは注目すべきであり、東北地方土師器からの影響の強まりと連動した変化である可能性がある。道東部の北大2式のまとまった資料は、オホーツク海側ではウトロ遺跡など一部の遺跡で確認されるのみとなり、太平洋側の釧路地方で多くみられるようになる。

　この時期、大陸の靺鞨土器の系統をひく土器が環オホーツク海域に広く展開し、サハリン島や北海道島の宗谷海峡周辺部・オホーツク海沿岸部・千島列島が同一の土器型式圏となる（刻文期前半）。やがて、北海道島周辺に展開したオホーツク土器は、サハリン島（江の浦式2類）、道北部（刻文Ⅱ群）、道東部（刻文後半）で地域化がすすむ（熊木2004b）。オホーツク土器内部の地域差の顕在化と、北大式とオホーツク土器の型式間関係の変化が、ほぼ同時期に起きていることは興味深い。天野哲也（1978）は、道北部と道東部のオホーツク刻文土器に円形刺突文が残存するか否か、という地域差に注目した。斉一性の高いオホーツク刻文土器が展開する（熊木2009・2012）なかに、北大2式からの型式論的影響の強弱によって道北部と道東部の違いがあらわれるのが実態だと考えられる。[4]

1-4　北大2式期の歴史的位置づけ

　環オホーツク海域に大陸の靺鞨系文化の影響が広がり、道北・東部のオホーツク文化には鉄鉾や金属製耳飾など大陸系の装身具や武具が流入する（高畠2005, 米村・梅田編2009）。臼杵勲（2005b）は、中国の史料『通典』にこの時期の靺鞨系集団の一部とサハリンに存在したとされる流鬼（菊池1995）の交易と唐朝への朝貢の様子が記されていることに注目し、対唐朝の朝貢を動機とした靺鞨系集団の交易活動の活発化と道北・東部のオホーツク集団の金属製品等の需要の高まりが呼応するなかで、両集団の関係が強まったと考えた。さらに、この時期の土器型式の斉一性が、もともとアムール河口部・サハリン島・道北部・道東部などに居住していた系譜の異なる集団がそれぞれ主体的に靺鞨系文化の影響を受容したことによるみかけ上のものだと予察した（臼杵2010）。前時期のオホーツク集団と続縄文集団の接

触がオホーツク海側と日本海側で異なっていたことが、靺鞨系文化の影響を受容する集団の系譜の違いを醸成した可能性がある。したがって、今後、オホーツク文化の展開を続縄文集団側の動向とからめて評価する余地がある（熊木2013）。

道央部では、江別市町村農場1遺跡や余市町フゴッペ洞窟前庭部で住社式併行とされる土師器坏（八木2010）が、余市町大川遺跡で6世紀後半〜末葉とされる須恵器坏蓋（日高2003）が出土している。道北部では、土師器（天野1978, 小野1998, 宇部2009）など本州系文物が多く出土する。また、モヨロ貝塚01064号墓（米村・梅田編2009）で刻文期前半の土器と直刀が副葬されており、道東部でも早くから本州系文物が流入していたことが明らかになった。これらの「南→北」という文物の流れは、東北地方土師器から北大2式に、そして北大2式からオホーツク刻文土器に型式論的影響がおよぶ様相と整合的である。天野（2002）は、礼文町香深井1遺跡出土ヒグマ頭蓋骨のDNA分析による集団識別・産地推定結果を受けて、道央部石狩低地帯近辺の続縄文集団によって捕獲された子グマが礼文島のオホーツク集団に贈与されたと解釈した。該当する子グマの骨は、十和田式〜刻文I群期の2号竪穴住居および魚骨層IVから出土したものであり、道央部の土器型式をめぐる影響の流れが変化しつつある時期の所産であることは注目に値する。今後、続縄文集団とオホーツク集団の関係に本州島の動向がかかわっていた可能性を視野に入れるのも一案だろう。

ただ、この時期の東北地方北部の様相は、よくわからない。秋田県横手市田久保下遺跡（桜田・高橋編1992）など、一部の遺跡で古墳文化系の遺構・遺物のなかに続縄文系の遺構・遺物がともなっており、交流関係は前時期から継続していたと考えられている（藤沢2001, 今泉・藤沢2006）。しかし、東北地方南部では、地域によって古墳築造や手工業生産が断絶するなど社会・政治構造全体が激変することが明らかにされており、その背景として、倭政権の政治変動と対地域政策のみなおし、気候の悪化などが考えられている（菊池2010）。先述の田向冷水遺跡では、この時期の土器や竪穴住居址の数が減少しており、やはり倭政権の継続的な膨張政策がとられなかったことや気候の悪化が原因だと考えられている（八木2010）。道北・東部にもたらされた靺鞨系文化の影響や道内の続縄文集団とオホーツク集団の影響関係の変質、東北地方古墳社会での手工業生産や地域間交流の衰退などを考慮するならば、この時期の北海道島と本州島の交流関係の質が、前時期から変わった可能性を考える必要があるかもしれない。

1-5 北大3式1類期の土器型式群の動態 （図208）

北大3式1類になると、東北地方土師器からの型式論的影響はさらに強まる。また、道南部や道央部で宇部編年1〜2期の土師器（ないしその系統をひく土器）が多く出土するようになり、恵庭市西島松5遺跡（和泉田編2002）のように、北大3式1類と土師器が渾然一体となって出土する遺跡もあらわれる。ただし、密接な型式間関係をうかがえるのは甕系にかぎられる。坏系はまだ定着せず、同じ状況は道南部でもみられる（八木2010）。前時期に縮小した北大式の分布圏は再び拡大し、八雲町オクツナイ2遺跡（三浦編2004a）、七飯町上藤城3遺跡（横山編2000）、大間町大間貝塚（橘1975）、滝沢市（旧滝沢村）高柳遺跡（桐生編1987）など、道南部や東北地方北部で散発的に出土している。[5]

この時期のオホーツク土器は、刻文土器から沈線文土器に変わる。熊木俊朗（2010a）は、道北部と道東部で様相の異なる沈線文土器が展開することを明らかにした。それによると、沈線文期前半に道北

部から道東部に型式論的影響がおよんだのち、同後半に道東部から道北部へと逆方向に型式論的影響がおよぶようになり、道東部の沈線文期前半では、道北部からもたらされた属性と道東部在地の刻文期後半の属性が交錯することで、道北部と様相の違う沈線文土器が展開するという。このように、オホーツク土器は前時期に地域化した型式圏同士の交渉がみられるが、道央部の諸型式との積極的な交渉はみられない。ただし、香深井1遺跡で北大3式1類や東北地方土師器が出土していることから、関係はとだえていない。したがって、オホーツク土器の地域間交渉の推移を、道央部以南の土器型式の動向との関連からさぐってみる価値はあるだろう。

1-6　北大3式1類期の歴史的位置づけ

東北地方北部では、八戸地方の馬淵川・奥入瀬川流域を中心にカマド付竪穴住居址からなる集落群が形成され、関東系土師器坏や円筒土製品などが出土する（宇部2007b）。また、末期古墳の造墓もはじまり、副葬品の武具・馬具・装身具には東国からの移入品もあることが指摘されている（八木2010）。これらの現象の背景として、東北地方南部以南の集団との交流（宇部前掲，八木前掲）やそこからの集団移住（松本2006・2010）が想定されており、[6] 宮城県仙台市郡山遺跡Ⅰ期官衙など初期官衙の造営が東北地方の広域的なヒトの流動化をうながしたと考えられている（宇部2014）。

北海道島では、西島松5遺跡、フゴッペ洞窟前庭部（野村・瀧瀬1990）、小樽市蘭島遺跡D地点の土坑墓から大刀や鉄鏃など本州産鉄器が出土し（八木前掲）、一方、八戸市根城跡で北海道赤井川産黒曜石が出土している（佐藤1998）。北海道島と東北地方北部で交流があったことは確実である（宇部2007b）。北大3式1類の型式圏の拡大や東北地方土師器からの型式論的影響の強まりは、以上のような動向が背景にあったと考えられる。

道北・東部オホーツク海沿岸部では、刻文期後半から沈線文期後半にかけて、鉄鏃・金属製耳飾や直刀など大陸系・本州系文物がともに流入している。こうした「威信材」の出土はモヨロ貝塚と枝幸町目梨泊遺跡に偏り、前者での数量が上まわることが明らかにされている（高畠2005）。

2　擦文土器の成立－擦文第1期前半～後半－（図209）

2-1　擦文第1期前半～後半の土器型式群の動態

東北地方土師器との関係がさらに強まる。甕系では、北大式系統の分帯系列・北大3式2類と土師器系統の一帯系列が併存するようになる。道央部では、両系統が共伴・共存する遺構・遺跡が増える。また、坏系が定着し、須恵器の坏・台付坏・蓋も流入する（鈴木（琢）2006，宇部2011）。東北地方からの強い影響のもとで、在地系統・外来系統の各器種がさまざまに組成するのがこの時期の特徴である。一方、分帯系列の甕は、青森県の八戸地方や津軽地方の遺跡で客体的に出土する（図193-1）。このように、東北地方北部から道央部まで、北大式系統の甕と東北地方土師器系統の甕・坏が組成比を違えながら渾然一体となって存在し、みかけのうえで類似する土器様式圏となる（図140）。

擦文第1期後半になると、在地系統の分帯系列の甕のみ横走沈線文の施文位置が変わる。東北地方土師器系統の各器種は、本書でみた属性にかぎり変化がない。器種組成も前時期と同じ様相を示す。道央部と東北地方北部の型式間関係にも大きな変化はない。資料は少ないが、中間地帯の道南部でも道央部とほぼ同じ様相を示すようである。

擦文第1期前半〜後半の道央部の甕系の様相をこまかくみると、恵庭市や千歳市など石狩低地帯南部では分帯系列主体の遺構・遺跡が多く、札幌市など石狩低地帯北部では一帯系列と分帯系列が共伴・共存する遺構・遺跡が多い（図56）。北大3式2類も含めた3者が共伴・共存する遺跡・遺構は、南部・北部ともに少ない。

　道北宗谷海峡周辺部・オホーツク海沿岸部では、擦文土器やそれに類する資料が出土する。熊木（2011）は、オホーツク沈線文土器と擦文第1期前半〜後半の分帯系列甕の文様施文域の類似性に注目し、擦文土器からオホーツク沈線文土器へ型式論的影響がおよんだ可能性を指摘した。沈線文期の大部分は北大3式1類に併行し、擦文第1期前半と併行するのは一部にかぎ

図209　擦文土器成立期の型式圏

られる。したがって、型式論的影響は相対的に短い期間でおよんだと考えられる。その後、道東オホーツク海沿岸部で沈線文土器から変化した貼付文土器が、道北宗谷海峡周辺部・オホーツク海沿岸部まで分布を拡大する（熊木2010a）。

　前時期に形成された「道央部と東北地方北部」「道北部と道東部」という2つの型式交渉圏は、この時期にも引き継がれている。目を南にむけると、この時期の東北地方北部の土師器（宇部編年3期）には、東北地方中・南部の土師器からの強い影響が認められることが指摘されている（宇部2007b）。すなわち、この時期は、「東北地方中・南部と北部」「東北地方北部と道央部」「道央部と道北部」「道北部と道東部」という各隣接型式圏同士が、強い交渉・影響関係でむすばれることに特徴がある。[7]

2-2　擦文第1期前半〜後半の歴史的位置づけ

　東北地方北部では、八戸地方で集落群の形成がつづく。関東系土師器坏や関東系のカマドをもつ竪穴住居址などがあり、前時期の交流を基盤としてより南の地域との関係が継続したと考えられている（宇部2007b）。この時期の陸奥国では、東国からの多量の移民、城柵・官衙・寺院の造営、国府多賀城の創建など、律令国家の面的な領域支配が着々とすすめられ、一方、日本海側でも、出羽国の建国と諸国からの移民、出羽柵の高清水岡への移転などの大きな動きがある。こうした律令国家の動向が、東北地方北部の様相にも影響をおよぼしたと考えられる。八木（2010）は、この時期を末期古墳の「拡大期」とし、東北地方北部の北上川流域や馬淵川・奥入瀬川流域で成立した末期古墳が道央部石狩低地帯にも展開すると論じた。さらに、この時期の末期古墳の副葬品である蕨手刀・銙帯・和同開珎を「8世紀型副葬品」と呼び、その東北地方北部への流入が律令国家の朝貢・饗給とかかわっていたと考えた。朝貢・

総論　擦文土器の歴史的位置づけ

饗給の対象が北海道島の住人にまでおよんだのかは議論の余地があるが、本州系文物が北海道島に流入する背景に律令国家の直接的・間接的な関与があったことはまちがいないだろう。

一方、八戸市丹後平古墳（坂川・渡編2006）で赤井川産黒曜石が出土するなど（藁科2006）、北海道島と東北地方北部の交流も継続しており、両地域の土器型式圏の様相（図209）ときわめて整合的である。上記のような律令国家の動向が、前時期からの土器型式圏の成りたちや型式圏同士の関係に直接的な影響をおよぼすことはなかったようであり、国家の関与しない在地住人同士の自生的な交流（蓑島2001，宇部前掲）がなされていたことを示唆する。

道央部では、このような東北地方北部との交流を踏まえてカマド付き竪穴住居址からなる集落が増える（宇部前掲，八木前掲）。八木は、石狩低地帯南部の集落形成が北部よりも早いと指摘した（前掲：232-234頁）。しかし、北部では、札幌市K435遺跡C地点（上野・仙庭編1993）、K518遺跡第3次調査地点（小針編2011）、C43遺跡（出穂編2006）、C522遺跡（出穂編2007）、C44遺跡植物園収蔵庫地点（小杉他編2011）、K39遺跡附属図書館本館再生整備地点（小杉他編2012）、泊村ヘロカルウス遺跡E地点・G地点（田部編1997）などで擦文第1期前半～後半にさかのぼる竪穴住居址が検出されている。[8] したがって、甕系の編年を基軸としてみるかぎり、南部と北部で集落形成に顕著な時期差はないと考えるのが妥当である。近年、石狩低地帯南部と北部の集落形成期の違いなどを根拠に、東北地方北部との交流ルートが太平洋側か日本海側かで二極的に論じられる傾向にあるが、土器型式圏のあり方をみるかぎり、土器型式レベルの交渉ルートは太平洋側と日本海側で通時的に併存していたと考えるのが無難だろう。なお、道南部では、遺跡の数が道央部よりも少なく、東北地方北部との交流を基盤としてヒトの活動が活発化した道央部との違いがあることが指摘されている（八木前掲）。

オホーツク海沿岸部では、目梨泊遺跡などで大陸系の鉄鉾・曲手刀・金属製耳飾、本州系の直刀・蕨手刀が出土している。高畠（2005）は、この時期の「威信材」が目梨泊遺跡に偏ることに注目し、モヨロ貝塚への一極集中が緩和されるなかであらたな交易拠点として集落が成立したと評価した。また、オホーツク文化にもたらされる「威信材」の主体が、8世紀を境に大陸系から本州系に徐々に変わることを明らかにした。

3　擦文土器の展開－擦文第2期前半～擦文第3期前半―

3−1　擦文第2期前半～第2期後半の土器型式群の動態（図210）

道央部では、甕系は在地系統の分帯系列で横走沈線文の施文位置が変わり、外来系統の一帯系列で分帯系列の横走沈線文が転写されるものが出現する。引きつづき北大3式2類も存在しており、分帯・一帯両系列との折衷例が増える。分帯系列と一帯系列、もしくはそれに北大3式2類も含めた3者が共伴・共存する遺構・遺跡は前時期よりも格段に増え（図57）、在地系統と外来系統の接触・融合がすすむ。それは、在地系統の甕系が主体となって外来系統の甕系を取りこむことで独自性を強める、という変化である。この時期以後、外来系統の甕系（一帯系列1類）が主体となる組成はほぼなくなる。

道南部では、甕系は頸部横走沈線文がせり上がる札前2類、無文で口唇部に凹みをもつ札前3類が出現し、道央部と地域差が生じはじめる。ただし、道南部と道央部の関係がとだえることはなく、それぞれの地域の系統の土器が相互にもたらされている。

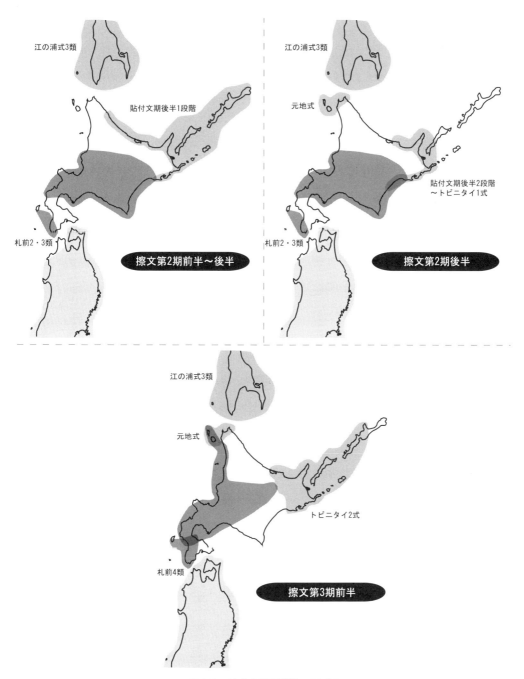

図 210　擦文土器展開期の型式圏

　坏系は、道央部・道南部ともに平底化し、脚部・高台のつく坏や高坏が出現する。道南部では、口縁部に横走沈線文をほどこす文様構成の系統が定着する。道央部では、この系統が道南部からもたらされ、文様構成が錯綜する。道南部で地域化した甕系と坏系はいずれも道央部におよんでいるが、総じて坏系の浸透力が強い。ロクロ製土師器坏が北海道島に普及するのもこの時期であり、道央部の坏系は外来器

総論　擦文土器の歴史的位置づけ

種もまじえて多様化する。この時期の東北地方北部の津軽地方には、坏をはじめとするロクロ製土器の出土量が増加し器種も多様化するなど、生産の画期がおとずれる（岩井2009）。道央部と道南部の坏系の系統の分岐・交錯と、東北地方北部の土器生産体制の変化との関係をさぐることは、北海道島と東北地方北部の坏系の差異化の実態を解明することにつながると考えられる。

　道東オホーツク海沿岸部では、オホーツク土器が貼付文期前半から後半1段階に変わる。北見市（旧常呂町）トコロチャシ跡遺跡1号内側竪穴住居址（駒井編1964）でロクロ製土師器坏が出土しており、東北地方系統の土器はオホーツク土器型式圏までもたらされている。そこには、道央部以南から道東部へむかう土器の搬入や型式論的影響といった「流れ」をみいだせる。そして、この「流れ」によってオホーツク貼付文土器は徐々に変容し（貼付文期後半2段階）、やがてトビニタイ1式が成立する。大西秀之（2004）は、トビニタイ1式の成立に関与したのは道央部の擦文土器だと述べた。この考えは妥当であり、道央部からの土器にかかわる「流れ」は、すでに貼付文期後半から様々な形でもたらされていたと考えられる。トビニタイ1式では、貼付文期後半に出現したトビニタイ型文様構成が確立する。この時期から器形などに擦文土器甕の型式論的影響がおよぶが、トビニタイ型文様構成の構造的な安定性に示されるように、トビニタイ式の型式的成りたちが崩されることはない。あくまで道東部在地型式が主体となって外来型式を徐々に取りこんでおり、住人の交代を想定できるような様相はみられない。

　このように、この時期、東北地方北部、道南部、道央部、道東オホーツク海沿岸部の各地域で在地土器型式圏が明瞭になる。それでは、これらの型式圏同士の交流範囲はどのように評価できるだろうか。道東オホーツク海沿岸部では、ロクロ製土師器坏以外に東北地方系統であることを積極的に示す土器はみられない。そのため、このロクロ製土師器坏は、道央部を介して道東部にもたらされたと考えられる。それは、道央部の甕系が道東部で散発的に出土することからも裏づけられる。逆に、道東部系統の土器は、千歳市ウサクマイN遺跡（種市他編2001）で貼付文期後半1段階が貫入的に出土していることをのぞけば、十勝川下流域を主体的な分布の西限とする。東北地方北部では、青森県の下北半島、青森平野、津軽平野、秋田県の男鹿半島や雄物川河口部の一部の遺跡で、擦文第2期の甕系が散発的に出土する。このように、各地の隣接する型式圏同士の交渉関係は、確実に前時期から維持されている。

　ただ一方で、各地の型式圏の内容が異なる点にも注目したい。たとえば、道央部の擦文土器は東北地方北部にもたらされるが、そこでは在地の土師器を変容させることなく呑みこまれる。逆に、東北地方北部系統の土器は、たしかに甕系は道央部の在地系統のなかに呑みこまれるが、ロクロ製土師器坏や須恵器坏などは在地の甕系と組成する。また、道東部のトビニタイ式は道央部の擦文土器からの型式論的影響を受けながらも独自の系統的変遷をたどるが、逆に擦文土器に影響をおよぼした痕跡はない。すなわち、「東北地方北部と道央部」「道央部と道東オホーツク海沿岸部」がそれぞれ密接な関係でむすばれていると同時に、「東北地方北部→道央部→道東オホーツク海沿岸部」と玉突き状につながる南からの強い「流れ」が存在しているのである。[9] 各地の土器型式は、この「流れ」に取りこまれるなかで主体的かつ連鎖的に変容していたのが実態だろう。

3－2　擦文第3期前半の土器型式群の動態（図210）

　道央部の甕系では、在地系統の分帯系列・北大3式2類と外来系統の一帯系列が融合して重ね描き

モチーフが確立する。分布は道北日本海沿岸部・上川地方にも広がり、道東部、道南部、東北地方北部でも客体的ながら出土がめだってくる。道南部の甕系では、札前2・3類から4類に変わり、横走沈線文が口縁部に集約し独自の系統として定着する。札前4類は、道央・北部、道東部、東北地方北部でも出土する。すなわち、この時期は、道央・北部と道南部でそれぞれ地域化をとげた甕系が、東北地方北部も含めた広い範囲で交渉関係をもつことに特徴がある。

その一方で、坏系は道央・北部と道南部でともに変化がない。擦文土器では、擦文第2期前半～後半に坏系が広域で錯綜し、擦文第3期前半に甕系が広域で錯綜する、という器種ごとの動態のタイムラグがある。これまで、7・8世紀に斉一性の高かった東北地方北部と北海道島の土器群が9世紀を境に地域化をとげる、という図式的な説明がなされてきたが、甕系と坏系がそれぞれ型式交渉や系統の接触・融合・分岐・交錯など複雑なプロセスをたどりながら地域差が拡大してゆくのが実態だと理解できる。

道東部では、トビニタイ1式から2式に変わる。分布は北・東部に広がり、内陸部の河川中流域などあらたな環境にも展開する（図173）。前時期と同様に器形などに擦文土器からの型式論的影響がおよぶ。依然として安定した型式的成りたちが保たれていることから、上記のあらたな動きは在地住人主体のものと評価できる。

このように、この時期の甕系は、前時期に確立された型式圏同士の関係を引き継ぐ形で交渉がなされている。各型式圏にもたらされる異系統土器の出土量が前時期よりも多く、交渉の頻度は確実に高まっている。また、各型式圏の分布範囲が拡大することも注目すべき変化である。ロクロ製土師器坏や五所川原窯産須恵器の流入に象徴されるように、南からの「流れ」は継続しているが、この時期では「流れ」に取りこまれた各地の在地住人が主体的に隣接地域との関係を取りむすぶことで、型式圏の分布範囲の拡大と交渉の活発化が達成されている、と言えそうである。

ここで、いままでにみた地域以外の様相を確認しておこう。

胆振・日高地方では、苫小牧市共和2遺跡2号住居跡（苫小牧市教育委員会編1987）で坏Ⅱb群が出土しており、居住の痕跡が擦文第2期後半までには確実に認められる。平取町ユオイチャシ（北海道埋蔵文化財センター編1986）の墓では北大3式2類が出土しており、その下限は擦文第2期後半までくだる可能性がある。また、遺構出土という条件をはずせば、擦文第2期後半以前の甕系と坏系はかなりの点数が確認されている。このような資料の状況は、擦文第2期後半以前の遺構の存在を推測させるものであるが、今後の調査の進展と資料の蓄積を待たなければならない部分が多い。現時点では、擦文第3期前半になって遺物・遺構が増加することが確実である。

道東部太平洋側では、釧路市（旧音別町）ノトロ岬遺跡（山本編1984）や浦幌町十勝太若月遺跡（石橋他1975）で北大3式2類がまとまって出土している。とりわけ釧路地方では、擦文第2期の甕系も出土しているが、全体的に北大3式2類の出土がめだつ。坏系はほとんど出土しない。このような状況は、東北地方系統の土器（一帯系列甕・坏）がおよんだ主要範囲が胆振・日高地方を含む道央部までであったため、在地系統の土器（北大3式2類・分帯系列）が主体をなすようになったことを反映していると考えられる。擦文第2期後半になると、釧路周辺では東からオホーツク貼付文期後半1段階が進出し、十勝川河口部ではオホーツク貼付文期後半2段階やトビニタイ1式が出土する。続く擦文第3

期前半にはトビニタイ2式が主体的に分布するようになる。当地方の様相を時系列に沿ってまとめると、北大3式1類期まで道央部と同じ様相を示していたが、擦文第1期前半になると、東北地方系統の土器の浸透度の違いによって、道央部との間で甕系の系統組成、甕系と坏系の器種組成などに違いが生じる。擦文第2期後半になると、今度は道東部系統の土器が浸透するようになり、各系統の土器がモザイク状に分布することになる。擦文第3期前半になると、道央部系統の土器は減り、道東部系統の土器によって占められるようになる。このように、当地方はその地理的位置によるためか、より西方と東方に分布する土器型式の断続的な浸透を受けることに特徴がある。

道北宗谷海峡周辺部では、オホーツク貼付文期後半1段階まで道東オホーツク海沿岸部と密接な関係にあったが、その後、道央部の擦文第2期後半とサハリン島南部の江の浦式3類からそれぞれ型式論的影響がもたらされ、元地式が成立する。熊木（2010b）は、元地式を「サハリン・道北端部在地・道北擦文の各集団の出入りが急激に活発化した結果、ある種の社会的混乱が生じて土器製作技術伝統の継承が困難になった」なかで「いわば妥協の産物として生じた型式」（309頁）だと理解した。[10] 熊木の言う急激な活発化とは、先にみた擦文第3期前半の型式圏の拡大に関係する可能性が高い。

3－3 擦文第2期前半～第3期前半の歴史的位置づけ

擦文第2期前半～後半は、東北地方北部と道央部、道央部と道東オホーツク海沿岸部の各型式圏がそれぞれ密接な関係でむすばれると同時に、それらを玉突き状につなぐ南からの強い「流れ」が存在していた。そして、擦文第3期前半には、この「流れ」に取りこまれるなかで、道央部・道東部・道南部それぞれの型式圏が主体的にヨコの関係を取りむすびながら連鎖的に分布を広げる状況を確認できた。

この時期、「東北三十八年戦争」と呼ばれる蝦夷の反乱と征討、国家財政の疲弊による征夷の終焉と蝦夷支配体制の転換などの歴史イベント（今泉1992）を経たのち、東北地方北部には、須恵器・鉄器・塩など各種手工業生産の展開（井出2004）、集落の再編（八木2010）や新興集落の造営（宇部2010）、末期古墳の衰退と葬送儀礼の変容（八木前掲）などの大きな転機がおとずれる。道央部には秋田県北部で生産された須恵器坏がもたらされており（鈴木（琢）2006, 宇部2011）、土器以外にも両地域の考古資料の類似性が指摘されている（宇部2007b・2010）。道央部が東北地方北部の動向と密接な関係にあったことは確実である。青森県では、津軽地方で9世紀後半や10世紀前半以降に集落の拡大がすすみ、上北・下北地方でも10世紀初頭～前半にあらたに集落が形成される（宇部2010）。

擦文第2期後半～第3期前半の型式圏の拡大は、東北地方北部での諸活動の活性化と連動した現象である可能性が高く、南からの強い「流れ」の背景を考えるうえで示唆的である。八木（2010）は、擦文第2期前半の石狩低地帯北部では住居の数が少ないと指摘したが、札幌市ではこの時期に土器や竪穴住居址の数が増加しており、石狩低地帯南部と北部で集落の様相に地域差はみられない。後志地方も同様である。ヒトの動きは南部より北部で活発になっているようにみえる。[11]

蓑島栄紀（2001）は、この時期の北海道島と東北地方北部の地域間交流の画期を、ⅰ）秋田城を交易港とする国家の長距離交易の定例化・肥大化と、それにともなう両地域間の自生的・非国家的交流・流通システムの阻害・抑圧（8世紀後半～9世紀）、ⅱ）元慶の乱終焉後の秋田城主体の北方交易体制の弛緩とそれにともなう両地域間の自生的交流の再編（9世紀末～10世紀）、の2点にみいだした。瀬川拓

郎 (2005) は、道北日本海沿岸部・上川地方の遺跡立地と資源利用のあり方を検討し、社会を維持するために鉄器が不可欠となるなかで、対価品となる干鮭を生産するためのサケ漁に特化した生業体系と、対価品を移出するための「日本海交易集団」を介した流通体制が確立されると考えた。これらは、①南からの強い「流れ」を「本州産文物の流通」として説明できること、②擦文第2期前半～第3期前半の道内各型式圏の交渉の活発化や分布の拡大と整合すること、の2点において注目される考えである。

ただし、井出靖夫 (2004) は、擦文第3期前半までの津軽半島日本海沿岸部での集落形成が少ないことから、須恵器・鉄生産導入期における日本海交易ルートは明確ではないとし、元慶の乱による秋田城焼失が城柵での朝貢交易体制変容の画期になったとしても、あらたな交易システムに転換されるまでに時間を要したと考えた。[12] 澤井玄 (2007b) も、東北地方北部で各種手工業生産が活発になる時期と北海道島で鉄器の普及が強まる時期にタイムラグがあることに注目し、当初鉄器は東北地方北部社会内部の交易品として供給されたと考えた。澤井の考えは、笹田朋孝 (2013) による擦文文化期の時期別・地域別の鉄器普及率の検討によっても支持されている。

以上を踏まえると、擦文第2期前半～第3期前半の道内各型式圏の交渉の活発化と分布の拡大や、石狩低地帯北部や道北上川地方・日本海沿岸部での集落の増加は事実だとしても、それらがどの程度まで東北地方北部との交易活動の活性化とむすびつけられるのかは、なお検討の余地があると言えそうである。交易を含めた集団のさまざまな活動や動向を総合的にみすえるなかから、説明の枠組みを丹念に整備してゆくことが重要だろう。

道北宗谷海峡周辺部では、土器の出土量が減少し、ヒトの活動が低調になった可能性が考えられる（熊木 2012）一方で、枝幸町以南のオホーツク海沿岸部では、オホーツク貼付文期後半の集落が多数展開し、やがて知床半島以南の地域を主体としてトビニタイ1式～2式期の集落が展開する。瀬川（2007・2011a・b）は、9世紀末に擦文文化が拡大するなかでオホーツク文化がトビニタイ文化に変わり、次第に分布域を縮小させてゆくと述べた。しかし、この時期のトビニタイ式は、擦文土器の系統をひく属性を柔軟に取りこみながら広範な地域やあらたな環境に展開するのが実態であり、そこに「擦文集団に押され」（瀬川2011a：36頁）るような状況はまったくみいだせない。それは、土器以外の考古資料の様相にも示されている（榊田2010）。この時期の道東部の動向については、南からの強い「流れ」に取りこまれるなかで道央部の型式圏と関係を取りむすびながら分布を広げることにこそ注目すべきである。[13] トビニタイ1式～2式期の伊茶仁カリカリウス遺跡では、鉄器出土率が同時期の道内他地域とくらべて高いことが指摘されている（笹田2013）。そこには交易によって鉄器を入手しつつ依然として石器を補完的に使用する集団のあり方をみいだせるが（榊田2010）、トビニタイ式の変遷・展開のあり方と整合的である点に注目しておきたい。

道東部のこのような動向を説明するうえで有力視されているのは、大陸の靺鞨系文化の動向がオホーツク集団と擦文集団の関係に変化をもたらした、という考えである。蓑島（2001）や臼杵（2005b）は、9世紀になると渤海の北進によって靺鞨諸部が王国に服属し、それまでの自主的な交易活動が規制され朝貢も途絶するなかで、靺鞨の交易の縮小によって文物の入手が困難になったオホーツク集団が交流対象を本州の律令国家に替えたと考えた。実際、貼付文期後半になると大陸系金属製品がほとんど姿を消

し、本州系の蕨手刀や直刀が主体になることが明らかにされている（高畠2005）。

4　擦文土器の変容－擦文第3期後半～第4期後半－

4－1　擦文第3期後半の土器型式群の動態（図211）

　前時期まで、甕系では各型式圏同士が交渉関係をもち、異型式がそれぞれの型式圏に客体的にもたらされていた。ところが、この時期になると、道央・北部でモチーフの相互変換関係が確立し、この型式圏の土器製作者があらたな情報ネットワークでむすばれる。道央・北部の甕系は、徐々に道東部に分布を広げ、その影響を受けてトビニタイ2式が3式に変わる。トビニタイ3式には、口縁部肥厚帯の消失や貼付文による擦文土器甕のモチーフの借用など、あらたな変化が生じる。ただし、トビニタイ型文様構成をはじめ前時期までの系統をひく属性も根強く残り、依然として型式的成りたちは保たれている。

　道南部の様相はやや不明瞭であるが、前時期と同様に札前4類が展開していたと思われる。北見市（旧常呂町）岐阜第二遺跡8号竪穴住居址（東京大学考古学研究室編1972）で札前4類と擦文第3期後半が共伴している。それまでの道南部と道央・北部の型式交渉関係が維持されたまま、道東部への分布拡大が進行したと考えられる。

　坏系は前時期と大きな違いがなく、引きつづき同様の製作にかかわる情報が共有されている。すなわち、坏系の製作にかかわる情報は保守的に維持されつつ甕系のみあらたな情報ネットワークのなかで製作される、という状況が土器製作の場に生まれるのである。

　東北地方北部をみると、津軽地方では、ロクロ製食膳具が坏と皿に二極化すること、ロクロ製煮炊具・貯蔵具がさらに多様化し生産のピークに達すること、五所川原窯の須恵器生産が本格化し多様な器種が生産・流通することなど、土器生産体制に独自の変化が生じている（岩井2009）。八戸地方では、ロクロ製食膳具の急激な減少など独自色が強まっている（宇部2014）。このような東北地方北部の動向が北海道島の甕系と坏系のあり方にいかなる影響をおよぼしたのかは今後の検討課題であるが、少なくとも甕系については、北海道島と東北地方北部で土器製作者を取りまく情報ネットワークがまったく異質のものになったことは確実である。

　東北地方北部では、擦文第3期後半や札前4類などの甕系が客体的に出土している。齋藤淳（2009・2011）は、胎土分析結果を加味し、北海道島からもたらされた搬入品とともに、遺跡周辺の粘土を用い「擦文土器の流儀」にしたがって在地製作されたものもあったと指摘した。「擦文土器の流儀」にモチーフの相互変換関係を含めることが許されるならば、道央・北部と情報ネットワークを共有する土器製作者が東北地方北部までやってきて在地で土器製作に従事した、という状況が浮かびあがる。むろん、東北地方北部の擦文土器は、在地の土師器にくらべて点数が少なく分布も偏っていること（齋藤2009）から、上記のような土器製作者の数も全体からみればごくわずかである蓋然性が高い。とはいえ、少ないながらも土師器と異質な情報ネットワークでむすばれた土器製作者が偏在していたことが、東北地方北部各地の土器製作の場を取りまくコンテクストに多様化をもたらした可能性は十分考えられよう。

4－2　擦文第4期前半～後半の土器型式群の動態（図211）

　道央・北部の甕系は、モチーフの相互変換関係を維持しながら道東部の型式圏を席巻してゆく。さらに、席巻したのちもモチーフの相互変換関係は広域で維持され、道南部をのぞく道内全域がこの関係に

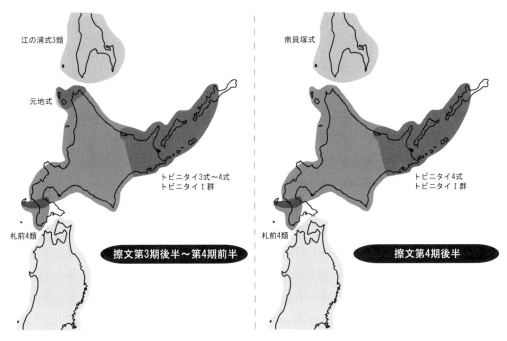

図211　擦文土器変容期の型式圏

よってむすばれる地域に変貌する。換言すれば、前時期に確立された特異な情報ネットワークが広域に張りめぐらされるようなコンテクストが、土器製作の場に成立したのである。坏系も、甕系と同じモチーフが盛んにほどこされるなど大きな変化が生じる。

　道東部では、トビニタイ3式から4式に変わる。トビニタイ型文様構成は確認されるが、モチーフの借用や頸部無文帯の消失など、擦文土器からの型式論的影響がより強まる。この時期に、「トビニタイⅠ群」が出現し、トビニタイ4式から擦文土器甕に型式論的影響がもたらされるなどの変化がある。これらの現象は、擦文第4期前半～後半の甕系とトビニタイ4式との双方向的な型式交渉関係が確立されたことを反映している。擦文第4期前半・後半の甕系のモチーフを忠実に採りいれた「トビニタイⅠ群」(図168-1・3・12) の存在は、トビニタイ式の系統をひく属性が擦文土器のモチーフの相互変換関係にスムーズに取りこまれたことを示す。トビニタイ4式からの型式論的影響も、こうした流れのなかで擦文土器甕にもたらされたと考えられる。トビニタイ4式の型式的成りたちが依然として保たれていることから、道東部在地の土器製作者が主体的に擦文第4期前半～後半の土器製作者と情報ネットワークを共有するようになったと理解できる。

　道南部では、道央部以東で相互変換関係にあるモチーフが口縁部文様に転写される（図187・188）。すなわち、道南部の系統をベースとして道央部以東の系統が独自に取りこまれている。

　東北地方北部の津軽地方では、ロクロ製食膳具の出土量、法量分化の程度、組成などに地域差が生じ、ロクロ製煮炊具・貯蔵具の生産が終了するなどの変化が認められ、その要因として、環濠集落（いわゆる防御性集落）の出現を契機とする集落再編や五所川原窯の操業停止による生活様式の変化が指摘され

ている（岩井2009）。擦文土器の出土は環濠集落でめだつようであり（齋藤2009）、前時期に想定された土器製作の場を取りまくコンテクストの多様化との関係が注目される。

　ここで、サハリン島南部で出土する擦文土器（瀬川2012, 澤井2012）をみると、小破片のためモチーフ全体の構図を把握できないものが多いが、おおむね擦文第3期前半～第4期前半におさまる。一方、在地型式の南貝塚式には、「トビニタイⅠ群」のように擦文土器のモチーフを忠実に採りいれたものはないようである。したがって、南貝塚式は、擦文土器のモチーフの相互変換関係にもとづく情報ネットワークには組みこまれず、独自の情報ネットワークのもとで製作されていたと考えられる。サハリン島の様相は不明瞭な部分が多く、今後の資料の増加を待たなければならないが、道央・北部、道東部、道南部とは異質な土器製作の場が展開していたことを想定しておきたい。

4－3　擦文第3期後半～第4期後半の歴史的位置づけ

　東北地方北部では、環濠集落が成立するなど集落構造の画期（井出2004）が認められる。環濠集落の成立・終末時期、機能、出現の背景については、文献に記される安倍氏・清原氏の動向をめぐる評価などもからんで多くの考えが提示されている。[14] 北海道島との関係については、各種生産・交易拠点や交易ネットワークの形成（蓑島2001, 井出前掲）、北方の産物をめぐる地域社会内外の軋轢の増加（小口2006, 八木2011）など、おもに交易とのかかわりで評価されている。北海道島の鉄器出土率は、道南部・道央部・道東部太平洋側で相対的に高いことが指摘されている（笹田2013）。道央・北部の系統が道東部・道南部に浸透する全道的な土器型式群の様相と、交易活動にからむ環濠集落の評価が、鉄研究の成果をかすがいとしてむすびつく可能性はある。

　瀬川（2011b）の言うトビニタイ文化を同化する擦文文化の「爆発的拡大」という表現は、この時期を形容するにふさわしい。ただ、「トビニタイⅠ群」の存在に象徴される擦文4期前半～後半とトビニタイ式の双方向的な型式交渉や、トビニタイ式の系統をひく属性が擦文土器のモチーフの相互変換関係にスムーズに付加されることなどを踏まえると、前時期までに確立した地域間の安定的関係を基盤として同化が進行しているようにみえる。したがって、トビニタイ文化の同化を「確執」（瀬川2007a：34頁）、「追いたて」（同：149頁）といったマイナスイメージの言葉で説明することには違和感をおぼえる。[15] トビニタイ4式期の斜里町須藤遺跡（金盛他1981）では、鉄器出土率が同時期の道内他地域とくらべて高いことが指摘されている（笹田前掲）。鉄器をめぐる交易の頻度が増すなかで、道東部の在地集団が道央・北部などからの移住集団とスムーズに同化したと考えるのが合理的である。

　ただし、土器型式圏の様相と交易圏の様相が一対一対応するとはかぎらないため、擦文第3期後半以降の土器型式群の動態を交易論のみで説明することには慎重でありたい。この時期に交易があったのは確実だとはいえ、「活発な交易」を想定できるほど道内の鉄器の量は多くないことが鉄研究によって明らかにされていること（笹田前掲）を踏まえるならば、交易を含めた多様な社会活動全体のなかで土器型式群の動態を評価しなくてはならない。

　先に、道央・北部で確立された情報ネットワークが広域で維持される背景として、各地の集団が接触頻度を高め物理的・社会的距離を縮めてゆくようなあり方を推測した（第4章第6節2参照）。これは、集落や生業など土器研究以外の方面からも研究を積み重ねることで妥当性を検証しなければならない問

題であるが、その追究は、道内各地のセトルメント・システム、道内外の地域間交流や交易など、この時期の擦文社会のあり方に対する理解を深めることにつながる。擦文第3期後半以降の状況については、上記諸事項に関する様々な仮説が林立しているが（藤本1982a, 瀬川2005・2007, 蓑島2006・2010・2011, 鈴木2007, 澤井2008・2010b）、議論が十分に尽くされているとは言いがたい。それらを検証するという意味でも、土器研究を軸にすえた多方面からの研究は推奨されるべきである。

5　擦文土器の終焉—擦文第5期—

5-1　擦文第5期の土器型式群の動態

擦文第4期前半から後半にかけて、モチーフの相互変換関係にもとづく情報ネットワークが広域に張りめぐらされ、その影響の受容のあり方によって、道央・北部、道東部、道南部、東北地方北部、サハリン島南部にそれぞれ独自のコンテクストをもつ土器製作の場が創出される。

東北地方では、この時期までに国産陶器や貿易陶磁器、かわらけなどが出土するようになり（伊藤1997, 井上1997, 木村1998, 榊原1998, 及川1998, 日本貿易陶磁研究会秋田大会事務局編2007, 植松2008）、青森県でもそれまでの古代的土器様式が変容すると考えられている（岩井2008・2009, 齋藤2011）。このような東北地方の土器様相が、道内各地の土器製作の場に影響をおよぼした可能性はある。これは、擦文土器の終焉とかかわる重要な問題であるが、立ちいった検討をおこなえるほど資料が蓄積していないため、現時点で擦文第5期の様相を評価するのは控えたい。基礎研究を積み重ねることで当該期の様相を浮きぼりにしてゆくことが、今後の重要な課題である（第9章第3節参照）。

5-2　擦文第5期の歴史的位置づけ

この時期、東北地方北部で環濠集落が消滅する。本州島北端に群郷制が施行され社会的緊張が緩和されたと考えられており（小口2006）、奥州藤原氏による北奥支配との関係が示唆される。12世紀の東北地方北部では、かわらけ、国産陶器や輸入陶磁器、経塚など平泉文化とかかわりの深い遺構・遺物が発見されている（八重樫2002）。北海道島にも関連遺物が流入しており、奥州藤原氏を介した都との交易が注目されている。

入石直正（2010）は、12世紀の日本社会と北海道島の交易が奥州藤原氏を媒介としたものだったのに対し、13世紀以後になると、日本海に開発された商業航路を介してより直接的な交易になることに注目している。擦文文化の終焉と考古学的なアイヌ文化の成立（宇田川2001）の問題ともかかわる本州島の動向として、注目される。

6　擦文土器の通時的変動と画期

以上、時空間的に隣接する諸型式との系統的つながりや共時的交渉と関連させながら、擦文土器の変遷過程を成立・展開・変容・終焉の順に分けて論じてきた。擦文土器の変遷にかぎって画期を設定すると、次のようになる。

擦文土器成立前期…北大1式古段階～北大3式1類期
擦文土器成立期…　擦文第1期前半～後半
擦文土器展開期…　擦文第2期前半～第3期前半
擦文土器変容期…　擦文第3期後半～第4期後半

擦文土器終焉期… 擦文第5期

　諸型式の分布圏や諸型式間の共時的交渉関係は、各期で変動している。擦文土器の変遷を隣接諸型式との共時的交渉関係史としてとらえなおすと、さらに次のようにまとめられる。

第一次錯綜期…北大1式古段階～北大3式1類期
安定期　　…擦文第1期前半～第3期前半
第二次錯綜期…擦文第3期後半～第5期

　擦文土器は、一度目の共時的交渉関係の錯綜と変動を経て成立し、安定期がつづいたのち、二度目の共時的交渉関係の錯綜と変動を経て終焉をむかえると理解できる。

　ここで注意したいのは、第一次錯綜期と第二次錯綜期とでは、錯綜のあり方がまったく異なることである。第一次錯綜期では、異系統の土器型式が頻繁に接触している（図36）。また、道北宗谷海峡周辺部から道東オホーツク海沿岸部に展開するオホーツク土器や、東北地方南部から北部に展開する土師器に典型的なように、ある系統の土器は別系統の土器の分布が希薄であるか存在しない地域に進出し席巻する、という特徴がある（図208）。それゆえ、各系統の土器型式の型式論的特徴と分布には、一定の排他性がみられる。一方、第二次錯綜期では、錯綜すること自体がモチーフの相互変換という1つの構造的関係（図103）のもとで安定している。それも、広範な、膨大な数の竪穴住居址の存在から予想される高い人口密度をほこる地域で起きる現象だという点で特異なものである。また、ある型式が別の型式圏を席巻する点は第一次錯綜期と同じだが、各地で在地型式とのスムーズな接触・融合が達成されている点は大きな違いである（図211）。

　このような2つの錯綜期の違いを考えるうえで注目されるのは、安定期の存在である（図209・210）。北大3式1類期と擦文第1期前半、および擦文第3期前半と同後半では、型式圏の分布や型式圏同士の交渉のあり方が類似しており（第2節2-1、第2節4-1参照）、各期は2つの画期を境に断絶するのではなく連続的に推移する。すなわち、第一次錯綜期の共時的交渉関係を踏まえて各地の住人同士の安定的な関係が確立し、さらにその関係を踏まえて第二次錯綜期のあらたな共時的交渉関係が取りむすばれる、という変動の道筋をみいだせるのである。このような擦文土器の通時的変動の様相は、居住者の大がかりな交替を想定するような歴史像（大井2004a）にそぐわない。むしろ、北海道島の在地住人が主体となりつつ、連続的かつ不可逆的に社会のあり方を変えてゆく、という歴史像（瀬川2005）と整合的である。

7　擦文土器の歴史的位置づけ

　このように、擦文土器の変遷は、隣接諸型式との共時的関係を明らかにすることで、通時的な隣接諸型式との関係史として読み解くことができるようになる。それによれば、擦文土器の変遷像とは、その成立前期から東北地方土師器やオホーツク土器と通時的に接点をもち、分布の縮小と拡大、型式・型式圏の錯綜と安定をくりかえしながら不可逆的に変動してゆく、というものであった。そこからは、各地の在地型式が主体となるような連続性をみいだせること、東北地方北部から北海道島全域において各土器型式が連鎖的に変動していることなど、興味深い知見も得られた。

　この視点は、交易をはじめとする地域間交流とその変動がキーワードとなっている近年の擦文社会の

研究の実践にも寄与できるものである。本節では、型式交渉関係から読みとれる「動き」の背景を先行研究で論じられてきた諸事項とつきあわせることで、土器研究と擦文社会研究の接点になりそうな事象を素描した。その結果、擦文土器の通時的変動の背景には、東北地方の古墳時代から古代そして中世へといたる歴史的変動が密接に関係している蓋然性が高いことが明らかになった。そして、そこに在地性と主体性が明確にみいだせることを重視するならば、擦文土器の変動の様相とは、本州島の歴史のうねりから切りはなされることなく、かといって完全に埋没してしまうこともない、北海道島独自の歴史像を映しだす鏡のようなものだと考えることができるだろう。

第3節　本書の成果と今後の展望

1　擦文土器編年研究の展望

　本書の土器編年は、個別土器の分析結果を遺構一括資料の実態と照らしあわせて設定した。そのため、全道的な土器編年網の構築という意味では一定の成果をおさめることができたと考える。もちろん、筆者は、本書の編年が永続的に機能するなどとはまったく考えていない。当然のことながら、資料が増加し研究が進展すれば修正を余儀なくされるだろうし、やがては研究史のなかに埋没する運命にあることも覚悟している。重要なことは、その時々の資料水準のもとで土器との対話を絶えずくりかえし、いくつもの方法論を切磋琢磨し、土器編年の内容に厚みをもたせてゆこうとする姿勢にこそある。擦文土器がもつ多様な側面のうち、これまで光があてられていなかった部分をわずかにでも照らし、研究全体の分厚い記述に多少なりとも貢献できたとすれば、本書の目的は達せられたことになる。

　今後は、分析する属性を増やしたり分析視点を変えるなどしてさらなる細分の可能性をさぐること、地域ごとの属性のまとまり方を明らかにしながら地域性の成りたちを復元することなど、時間軸と空間軸に配慮したより緻密な編年の整備を実践することが、擦文土器編年研究の課題の1つになるだろう。本書であつかった土器に関して具体的に述べると、道央部の北大3式2類の細分可能性の追究、道央部の前半期擦文土器甕と北大3式2類の型式交渉のより具体的な復元、道東部の北大3式2類や前半期擦文土器甕の編年設定と変遷過程の解明および系統の復元、後半期擦文土器甕の細分可能性の追究と地域間交渉の細かな復元、擦文土器坏・高坏の地域差や型式交渉の復元、オホーツク貼付文土器の個体レベルの編年設定、道南部擦文土器の編年整備、などが挙げられよう。いずれも良好な資料の増加を待たなければ着手できない課題であるが、今後も継続的に取りくんでゆきたい。

　また、本書であつかっていない器種である壺、鉢、注口・片口土器の編年研究を実践することも、擦文土器編年の内容を豊かにするうえで不可欠である。擦文文化の遺構では出土土器の点数が少ない例が多いため、後述する集落研究においては、1点の土器の編年的位置づけがきわめて重要な意味をもつ。したがって、いかにマイナーな器種といえども、その編年研究は決しておろそかにできないものである。

　以上のような北海道島内での土器編年研究の実践と同時に、東北地方の土器研究とのかかわりにも積極的に目をむける必要がある。東北地方でも、擦文土器の研究は精力的にすすめられている（齋藤2009・2012等）。しかし、これまでの研究では、北海道島の土器編年研究上の問題点が十分意識されて

総論　擦文土器の歴史的位置づけ

おらず、その問題の解決に取りくんだ本書の成果に照らすと検討を要する点もみられる。本書の成果を東北地方側の研究成果と照らしあわせることで、日本列島北辺地域の土器研究にいっそうの厚みをもたせてゆくことも今後の課題としたい。

　なお、擦文土器研究は、土器の見方という切り口から、本州島の古代土器研究にも寄与できる可能性がある。近年、本州島の古代土器研究において、中央主義的な史観を脱した「地方」の土器の実態解明の必要性が説かれている（高橋1999）。その点、「古代」の枠外に位置するためにこうした問題意識が醸成されやすい北方地域は、中央主義的史観がもつ問題点を浮きぼりにし解決のための方法論を鍛えられる格好のフィールドである。すなわち、擦文土器の研究は、このフィールドで考古学を実践する際の基礎研究であるばかりでなく、本州島の古代土器の相対化という射程をもつ。「中央」の「常識」にしたがえないがゆえにあつかいがむずかしく、「常識」ではとらえきれないからこそ多くの可能性を秘めた土器、それが擦文土器なのである。もちろん、「常識」が機能しないフィールドでは、「何でもあり」の悪しき相対主義に陥りやすい危険があることに注意しなくてはならない。この点を意識し、本書では、土器とその出土状況を編年設定の原理にすえ、分析する資料の性質に応じて方法論を吟味し、用いた方法論をほかの方法論と比較し、そして第三者による検証可能性を保持することに腐心した。このような点に留意しつつ、「常識」にとらわれない土器研究の可能性を少しでも多く引きだすことができるならば、それは擦文土器研究にとどまらず、本州島の古代土器研究を複眼的にみつめ、内容に厚みをもたせてゆくことにもつながるだろう。

2　集落論・地域間交流論への接続

　本書の土器編年は、単純に時空間軸という意味では静態的なものである。これをタイム・スケールにすることで、土器を出土した個々の遺構の帰属時期を認定し、各遺構が検出された個々の集落の動態復元、さらには集落群の動態復元へと歩をすすめることができるだろう。近年活発になされている擦文文化の交易論を、〝いかになされていたのか〟という観点から掘りさげるためには、各集落・集落群の動態を解明する作業が不可欠である。

　一方で、本書で設定した各時期の土器内容には、隣接諸型式からの型式論的影響や、隣接諸型式との共時的交渉の有無・度合いによってもたらされる変異の振幅差を想定してあり、在地系統と外来系統の接触・交錯・融合・分岐・置換といった時空間的展開を俯瞰できるように構成している。したがって、本書の土器編年は、各時期の内容を動態的にとらえる視座ももちあわせている。この視座により、土器の搬入・搬出や型式交渉が個別器種や器種組成のいかなるレベルで確認されるのか、というように、土器からみた地域間交流を重層的にとらえることもできよう。そして、想定される各レベルの地域間交流がいかなるヒトの動きを反映しているのか、重層的な検討・解釈にすすむことができるようになろう。

　このような系統論的視点によって、擦文土器が隣接諸型式と密接な関係をむすびながら変遷したことを明らかにしたことは、擦文文化の集落論を推しすすめるうえで重要な成果である。なぜなら、土器という日常生活レベルの道具が北海道島を超えた広域的なネットワークの影響下にあったということは、土器製作者の生活する集落が広範な社会的ネットワークのもとで形成されていたことを直接的・間接的に示唆するものだからである。擦文土器成立前期から終末期は、列島中央部以南や大陸に諸王権・国家

が勃興し、東北地方北部など「周辺」に位置づけられた地域に多大な政治的・経済的影響がおよんだ時期である。その影響は、直接的・間接的に北海道島にもおよんでいる。したがって、擦文文化の集落論では、地域ごとで集落の緻密な時空間的動態を復元するようなミクロな検討とともに、地域を超えた広い範囲での社会情勢のなかに個々の集落の時空間的展開を位置づけ評価するようなマクロな検討も必要になる。そもそも、集落成員が織りなす社会的諸行為の関係がその集落内だけで完結するとは考えにくく、個々の集落・集落群のマクロレベルでの位置づけは、擦文文化にかぎらず集落研究全般において必要不可欠な作業であるにちがいない。その意味で、擦文文化の集落遺跡からもっとも普遍的に出土する擦文土器の実態をマクロな視野から評価し得た本書の成果は、大きな意義をもつと考える。

註

1) 弁天島では、弁天島西貝塚（北地文化研究会1968）と弁天島遺跡（八幡他編1966, 西本2003, 北構・前田編2009）で後北C_2-D式の小破片が出土している。また、後者（八幡他前掲）で型式不明とされた突瘤文と3条の微隆起線文をもつ小破片（33頁第16図-4）は、北大1式古段階～新段階に相当する可能性がある。いずれも点数は非常に少ないようである。

2) ただし、東北地方日本海側では太平洋側のように南北交流の拠点となるような遺跡がみつかっておらず、交流の内容や動向が東西で異なっていたことに注意が喚起されている（菊池2012）。続縄文集団が東北地方のどの地域の古墳文化集団と交流していたかという問題は、先述の続縄文集団とオホーツク集団の接触の「東西差」とも関係する可能性がある。

3) ただし、道南部で出土するのは北大3式1類の可能性も残す粗製土器甕2d類である（図34-7～9・13・15～18）。その場合、北大2式の分布の南限は、胆振・日高地方となる。

4) 網走市モヨロ貝塚（米村・梅田編2009）や弁天島遺跡では、突瘤文をもつ刻文期前半が出土しており、今後、道東部でも類例が増加する可能性に留意する必要がある。ところで、刻文期前半の突瘤文については、斉一性のある刻文期前半が展開するなかで十和田式の属性が残存する、という解釈も可能である（熊木2009：310頁）。ただ、モヨロ貝塚など十和田式が出土していない遺跡もあることから、やはり北大2式から刻文期前半への型式論的影響も考慮すべきだろう。

5) 高柳遺跡出土土器は粗製土器甕2d類であり、上限が北大2式期にさかのぼる可能性もある（図35-17）。

6) この時期以降の東北地方北部の居住者を、在地住人主体とみるか（八木2010・2011）古代日本国からの移住者主体とみるか（松本2006・2011）で意見が分かれているが、在地住人と移住者が二者択一的に論じられているわけではない。

7) 道央部と道東部の型式間関係は不明瞭であるが、後述するように本州産鉄器が道北部だけでなく道東部にも流入していることを踏まえれば、なんらかの交渉があった可能性がある。

8) ヘロカルウス遺跡E地点3号住居址では、分帯系列1類の甕とⅡa群の坏に8世紀後半にさかのぼる須恵器蓋（鈴木（琢）2006）が共伴している。住居の構築時期が擦文第1期後半にさかのぼり、廃絶時期が擦文第2期前半にくだる事例だと思われる。

9) 東北地方北部と道南部の関係は、資料が少なく現時点では詳細をつかめない。

10) 筆者は、擦文第2期後半の資料が道北部に少ないことからみて、道央部の擦文土器が元地式の成立にかかわった可能性もあると判断している。もちろん、現状で道北部の発掘調査例は少なく、今後当該期の土器が発見される可能性はある。

11) 札幌市で発見された擦文文化集落の大半は河川氾濫原に立地しているため、河川の増水や地滑りなどの自然災害によって住居の埋没・廃棄と新築の頻度が相対的に高くなり、そのことが竪穴住居址数をみかけの上で多くしている可能性

を考慮しなくてはならない。また、前後の時期とくらべた擦文第2期後半の相対的な時間幅の長さ（表63）も、人口や集落規模を前後の時期と比較する際に注意が必要となる。ただし、筆者は、土器型式圏が拡大し交渉が活発化しているのは確実であることからみて、以上のような問題を考慮するとしても、この時期の石狩低地帯北部で集団の活動が活性化したことに疑う余地はないと考えている。札幌市H519遺跡（石井編2006）では、周溝をもつ竪穴住居址や堝（図201）など東北地方北部と同様の遺構・遺物が発見されており、東北地方北部からのヒトの移動を示唆する例として注目される。

12) 文献史学でも、中央政府の外交の様相から、10世紀前葉は政府による北方世界からの収奪を十分におこない得る段階ではない、という見解が出されている（小口2006）。

13) 瀬川の論考にかぎらず、当該期の北海道島の考古学的歴史叙述においては、道央部を「主」、道東部を「従」としてとらえるものが多い。今後は、基礎資料の綿密な検討と方法論の抜本的みなおしを踏まえ、地に足のついた議論を展開してゆくことが必要である（榊田2010）。

14) 各説の違いに触れる余裕はないが、小口雅史（2006・2010）、佐藤智雄（2006）、八木（2011）の論考が参考になる。

15) ただし、瀬川（2007a）は、トビニタイ文化の同化を急激なプロセスのもとですすめられたものではなく、静かにとりこんでゆく擦文文化の戦略として読みとっている。

引用・参考文献

【書籍・論文等】
〈邦文〉

青野友哉 2011「続縄文文化と弥生文化」『講座日本の考古学　弥生時代（上）』青木書店、522-545

阿部義平 1999『蝦夷と倭人』青木書店

阿部義平編 2008a「［特定研究］北部日本における文化交流－続縄文期　寒川遺跡・木戸脇裏遺跡・森ヶ沢遺跡発掘調査報告＜上＞」『国立歴史民俗博物館研究報告』143

阿部義平編 2008b「［特定研究］北部日本における文化交流－続縄文期　寒川遺跡・木戸脇裏遺跡・森ヶ沢遺跡発掘調査報告＜下＞」『国立歴史民俗博物館研究報告』144

天野哲也 1978「オホーツク文化の展開と地域差」『北方文化研究』12：75-92

天野哲也 1987「本州北端部は擦文文化圏にふくまれるか」『考古学と地域文化』同志社大学考古学シリーズ刊行会、529-544

天野哲也 2002『クマ祭りの起源』雄山閣

天野哲也 2003「オホーツク文化前期の地域開発について」『北海道大学総合博物館研究報告』1：66-77

天野哲也 2010「オホーツク文化前期・中期の地域開発と挫折」『北東アジアの歴史と文化』北海道大学出版会、287-295

天野哲也・小野裕子 2007「擦文文化の時間軸の検討－道央、北部日本海沿岸域と東北北部の関係－」『北東アジア交流史研究』塙書房、241-268

天野哲也・小野裕子編 2007『古代蝦夷からアイヌへ』吉川弘文館

天野哲也・池田榮史・臼杵　勲編 2009『中世東アジアの周縁世界』同成社

五十嵐国広 1989「千島列島出土のオホーツク式土器」『根室市博物館開設準備室紀要』3：9-37

石井　淳 1994「東北地方北部における続縄文土器の編年的考察」『筑波大学先史学・考古学研究』5：33-55

石附喜三男 1965「北海道における土師器の諸問題」『先史学研究』5：39-51

石附喜三男 1968「擦文式土器初現的形態に関する研究」『札幌大学紀要教養部論集』1：1-45

石附喜三男 1060「擦文式土器とすｶﾑﾁｬﾂｶ土器の融合　接触関係」『北海道考古学』5：67-80

石附喜三男 1973「〝江別式土器〟の終末年代と所謂〝北大式土器〟（一）」『札幌大学紀要』5：33-44

石附喜三男 1976「擦文式文化の終末年代に関する諸問題」『江上波夫教授古稀記念論集（考古・美術編）』山川出版社、29-50

石附喜三男 1984「擦文式土器の編年的研究」『北海道の研究Ⅱ』清文堂、127-158

井出靖夫 2004「古代東北地方北部におけるエミシ社会と交易システム」『日本考古学』18：111-129

伊藤武士 1997「出羽における10・11世紀の土器様相」『北陸古代土器研究』7：32-44

伊東信雄 1942「樺太先史時代土器編年試論」『喜田貞吉博士追悼記念国史論集』東京大東書館、19-44

伊藤博幸 1989「陸奥国の黒色土師器－岩手・宮城地域－」『東国土器研究』2：1-15

伊藤博幸 1990「陸奥国の黒色土師器－その展開と終焉－」『東国土器研究』3：1-15

井上雅孝 1997「陸奥における10・11世紀の土器様相」『北陸古代土器研究』7：45-56

今泉隆夫 1992「律令国家と蝦夷」『宮城県の歴史』山川出版社、28-73

今泉隆夫・藤沢　敦 2006「古代史の舞台　東北」『列島の古代史　ひと・もの・こと１古代史の舞台』岩波書店、63-110

今村啓爾 1983「文様の割り付けと文様帯」『縄文文化の研究　第5巻　縄文土器Ⅲ』雄山閣、124-150

今村啓爾 2010『土器から見る縄文人の生態』同成社

今村啓爾 2011「異系統土器の出会い－土器研究の可能性を求めて－」『異系統土器の出会い』同成社、1-26

岩井浩人 2008「津軽地域における古代土器食膳具の変遷－9世紀から11世紀を中心に－」『青山考古』24:17-43

岩井浩人 2009「津軽南域における古代の土器様相」『扶桑　田村晃一先生喜寿記念論文集』青山考古学会・田村晃一先生喜寿記念論文集刊行会、187-213

上野秀一 1974「第3節　土器群について」『札幌市文化財調査報告書Ⅴ　N162遺跡』札幌市教育委員会、91-103

植松暁彦 2008「庄内地方北部の10〜11世紀代の土器群の様相」『山形県埋蔵文化財センター研究紀要』5:145-168

氏家和典 1957「東北土師器の型式分類とその編年」『歴史』14:1-14

氏江敏文 1995「「南貝塚式土器」に関するメモ」『北海道考古学』31:229-240

右代啓視 1991「オホーツク文化の年代学的諸問題」『北海道開拓記念館研究年報』19:23-49

右代啓視 1999「擦文文化の拡散と地域戦略」『北海道開拓記念館研究紀要』27:23-43

臼杵　勲 2004『鉄器時代の東北アジア』同成社

臼杵　勲 2005a「香深井A遺跡出土陶質土器の再考」『海と考古学』六一書房、15-22

臼杵　勲 2005b「北方社会と交易－オホーツク文化を中心に－」『考古学研究』52-2:26-27

臼杵　勲 2010「アムール川流域・サハリンとオホーツク文化」『北海道考古学会2010年度研究大会　オホーツク文化とは何か』北海道考古学会、11-17

宇田川洋 1967「擦文式文化研究略史」『北海道考古学』3:43-47

宇田川洋 1980「擦文文化」『北海道考古学講座』みやま書房、151-182

宇田川洋 2001『アイヌ考古学研究・序論』北海道出版企画センター

宇田川洋編 1984『河野広道ノート　考古篇5』北海道出版企画センター

内山敏行 2005「鏃から見た七世紀の北日本」『七世紀研究会シンポジウム　北方の境界接触世界』七世紀研究会、33-45

宇部則保 1989「青森県における7・8世紀の土師器－馬淵川下流域を中心として－」『北海道考古学』25:99-120

宇部則保 2000「古代東北地方北部の沈線文のある土師器」『月刊考古学ジャーナル』462:8-12

宇部則保 2002「東北北部型土師器にみる地域性」『海と考古学とロマン－市川金丸先生古稀記念献呈論文集－』市川金丸先生古稀を祝う会、247-265

宇部則保 2007a「青森県南部〜岩手県北部」『古代東北・北海道におけるモノ・ヒト・文化交流の研究』東北学院大学文学部、260-284

宇部則保 2007b「古代東北北部社会の地域間交流」『古代蝦夷からアイヌへ』吉川弘文館、106-138

宇部則保 2009「香深井1遺跡の土師器について」『北海道考古学』45:67-74

宇部則保 2010「九・一〇世紀における青森県周辺の地域性」『古代末期・日本の境界－城久遺跡群と石江遺跡群』森話社、311-345

宇部則保 2011「蝦夷社会の須恵器受容と地域性」『海峡と古代蝦夷』高志書院、187-214

宇部則保 2014「古代馬淵川流域周辺の土器様相」『八戸市埋蔵文化財センター是川縄文館研究紀要』2:11-31

梅原達治編 1982『北海道における農耕の起源（予報）－文部省科学研究費による－』札幌大学

遠藤勝博・相原康二 1983「岩手県南部（北上川中流域）における所謂第Ⅰ型式の土師器・前期土師器の内容について」『考古学論叢Ⅰ』株式会社東出版寧楽社、361-385

榎森　進・小口雅史・澤登寛聡編 2008『アイヌ文化の成立と変容－交易と交流を中心として［上］エミシ・エゾ・アイヌ』岩田書院

大井晴男 1970「擦文文化とオホーツク文化の関係について」『北方文化研究』4:21-69

大井晴男 1972「第二節　北海道東部における古式の擦文式土器について－擦文文化とオホーツク文化の関係について，補論1－」『常呂』東京大学文学部、433-446

大井晴男 2004a『アイヌ前史の研究』吉川弘文館

大井晴男 2004b「'貼付文系オホーツク土器群'の'型式論'的変遷を考える－「型式論」のためのノート（3）－」『北海道考古学』40:167-184

大石直正 2010『中世北方の政治と社会』校倉書房

大島秀俊 1988「北大～擦文式土器における整形手法について－小樽市蘭島遺跡群出土土器を中心として－」『北海道考古学』24:105-117

大島秀俊 1989「北海道小樽市蘭島遺跡群における土師器供膳形態の様相について」『北海道考古学』25:79-97

大島秀俊・稲垣和幸 1985「小樽市蘭島餅屋沢遺跡周辺の表採土器について」『北海道考古学』21:99-103

大塚達朗 2000『縄紋土器研究の新展開』同成社

大西秀之 1996a「トビニタイ土器分布圏の諸相」『北海道考古学』32:87-100

大西秀之 1996b「トビニタイ土器分布圏における〝擦文式土器〟の製作者－異系統土器製作技術の受容にみる集団関係－」『古代文化』48-5:48-62

大西秀之 2004「擦文文化の展開と〝トビニタイ文化〟の成立－オホーツク文化と擦文文化の接触・融合に関する一考察－」『古代』115:125-156

大西秀之 2009『トビニタイ文化からのアイヌ文化史』同成社

大沼忠春 1980「続縄文文化」『北海道考古学講座』みやま書房、127-150

大沼忠春 1989「北海道の文化」『古代史復元 9　古代の都と村』講談社、174-184

大沼忠春 1996「北海道の古代社会と文化」『古代蝦夷の世界と交流』名著出版、103-140

大沼忠春・佐藤隆広・江差高校考古学部 1976「江差町厚沢部川河口遺跡の採集資料」『桧山考古学研究会会誌』5:1-10

大沼忠春・工藤研治・中田裕香 2004「総説　続縄文・オホーツク・擦文文化」『考古資料大観　第11巻　続縄文・オホーツク・擦文以降』小学館、37-46

大場利夫 1971「北海道周辺地域に見られるオホーツク文化－Ⅳ千島－」『北方文化研究』5:1-30

大村　直 1983「弥生土器・土師器編年の細別とその有効性」『史館』14:33-46

小口雅史 2003「古代北東北の広域テフラをめぐる諸問題－十和田 a と白頭山（長白山）を中心に－」『日本律令制の展開』吉川弘文館、421-456

小口雅史 2006「防御性集落の時代背景－文献史学の立場から－」『北の防御性集落と激動の時代』同成社、173-196

小口雅史 2010「北日本の古代末から中世」『北東アジアの歴史と文化』北海道大学出版会、337-356

小野哲也 2009「北海道域における鉄鍋の受容と土器文化の終焉」『中世東アジアの周縁世界』同成社、86-98

小野裕子 1998a「北海道における続縄文文化から擦文文化へ」『月刊考古学ジャーナル』436:4-10

小野裕子 1998b「利尻島赤稚貝塚と礼文島香深井 A 遺跡の時間的関係について」『野村崇先生還暦記念論集　北方の考古学』野村崇先生還暦記念論集刊行会、349-365

小野裕子 2007「擦文文化後半期に関する年代諸説の検討」『古代蝦夷からアイヌへ』吉川弘文館、391-418

小野裕子 2008「擦文文化の終末年代をどう考えるか」『アイヌ文化の成立と変容－交易と交流を中心として［上］エミシ・エゾ・アイヌ』岩田書院、83-100

小野裕子 2011「続縄文後半期の道央地域の位置について－土器からみた地域間関係－」『海峡と古代蝦夷』高志書院、77-128

小保内裕之 2006「第Ⅳ章第 3 節　古墳時代の土器」『田向冷水遺跡Ⅱ《第一分冊　本文編》』八戸市教育委員会、113-125

及川　司 1998「岩手県における 11 ～ 19 世紀の土器－かわらけを中心として－」『東北中世考古学会　第 4 回研究大会資料　東北地方の在地土器・

陶磁器II』東北中世考古学会、65-69

加藤邦雄 1981「瀬棚町発見の火葬墓について」『北海道考古学』17:91-113

加藤博文・松田　功・木山克彦・布施和洋 2005「斜里町以久科北海岸遺跡測量調査第1次報告」『知床博物館研究報告』26:61-70

加藤博文・内山幸子・木山克彦・布施和洋・松田　功・マーク・ハドソン 2006「知床半島チャシコツ岬下B遺跡で確認したオホーツク文化終末期のヒグマ祭祀遺構について」『北海道考古学』42:129-134

加藤博文・布施和洋・小林彩花・山添晶久・濱野由香里・安田龍平・岩波　連・内山晋吾 2009「斜里町以久科北海岸遺跡測量調査第2次報告」『知床博物館研究報告』30:97-107

加藤道男 1989「宮城県における土師器研究の現状」『考古学論叢II』纂修堂、277-329

金盛典夫・椙田光明 1984「オホーツク文化の終末－擦文文化との関係－」『月刊考古学ジャーナル』235:25-29

金子浩昌・橘　善光・奈良正義 1975「第二次大間貝塚調査概報」『北海道考古学』11:51-66

川名広文・高畠孝宗 2010「音標ゴメ島遺跡分布調査報告」『枝幸研究』2:45-62

菊池徹夫 1970「擦文式土器の形態分類と編年についての一試論」『物質文化』15:19-33

菊池徹夫 1972a「擦文式土器基本形態の形成」『北海道考古学』8:63-72

菊池徹夫 1972b「トビニタイ土器群について」『常呂』東京大学文学部、447-461

菊池俊彦 1995『北東アジア古代文化の研究』北海道大学図書刊行会

菊池芳朗 2010『古墳時代史の展開と東北社会』大阪大学出版会

菊池芳朗 2012「各地の古墳XI　東北」『古墳時代研究の現状と課題　上　古墳研究と地域史研究』同成社、227-247

木村　高 1994「東北地方－後北C_2・D式、北大I式土器の周辺－」『北海道考古学』30:101-109

木村　高 1998「青森県域における在地土器の編年について－津軽地方・11世紀中葉から12世紀前半－」『東北中世考古学会　第4回研究大会資料　東北地方の在地土器・陶磁器II』東北中世考古学会、53-55

木村　高 1999「東北地方北部における弥生系土器と古式土師器の並行関係－続縄文土器との共伴事例から－」『研究紀要』4:47-62

工藤研治 2004「続縄文文化の土器」『考古資料大観　第11巻　続縄文・オホーツク・擦文以降』小学館、153-164

工藤雅樹 1976「東北考古学の諸問題」『東北考古学の諸問題』東出版寧楽社、1-19

熊木俊朗 1999「第2節　香深井5遺跡出土「元地式」土器について」『北海道礼文町香深井5遺跡発掘調査報告書(2)』礼文町教育委員会、159-167

熊木俊朗 2001「後北C_2・D式土器の展開と地域差－トコロチャシ跡遺跡出土土器の分析から・続縄文土器における文様割りつけ原理と文様単位(2)－」『トコロチャシ跡遺跡』東京大学大学院人文社会系研究科、176-217

熊木俊朗 2003「道東北部の続縄文文化」『新北海道の古代2　続縄文・オホーツク文化』北海道新聞社、50-69

熊木俊朗 2004a「鈴谷式土器編年再論」『宇田川洋先生華甲記念論文集　アイヌ文化の成立』北海道出版企画センター、167-189

熊木俊朗 2004b『環オホーツク海沿岸地域古代土器の研究』東京大学学位請求論文

熊木俊朗 2007「サハリン出土オホーツク土器の編年－伊東信雄氏編年の再検討を中心に－」『北東アジア交流史研究』塙書房、173-199

熊木俊朗 2009「第6章分析　第1節人工遺物1オホーツク土器の編年と各遺構の時期について」『史跡最寄貝塚』網走市教育委員会、303-319

熊木俊朗 2010a「オホーツク土器の編年と地域間交渉に関する一考察－北見市（旧常呂町）栄浦第二遺跡9号竪穴オホーツク下層遺構出土土器群の再検討－」『比較考古学の新地平』同成社、709-718

熊木俊朗 2010b「元地式土器に見る文化の融合・接触」『北東アジアの歴史と文化』北海道大学出版会、297-313

熊木俊朗 2011「オホーツク土器と擦文土器の出会い」『異系統土器の出会い』同成社、175-196

熊木俊朗 2012「香深井A遺跡出土オホーツク土器の型式細別と編年」『東京大学考古学研究室研究紀要』26:1-38

熊木俊朗 2013「北海道東北部の続縄文文化とサハリン・千島列島」『Arctic Circle』86:4-9

熊木俊朗・福田正宏・榊田朋広・森　岬子・宇田川洋・ワシレフスキーＡ．Ａ．2007「追加資料：セディフ1遺跡の出土資料再報告」『極東ロシアにおける新石器時代から鉄器時代への移行過程に関する考古学的研究』東京大学大学院人文社会系研究科附属北海文化研究常呂実習施設、106-112

熊木俊朗・高橋　健編 2010『千島列島先史文化の考古学的研究』東京大学大学院人文社会系研究科附属北海文化研究常呂実習施設

久保　泰 1984「Ⅱ　擦文式土器について」『札前』松前町教育委員会、238-242

桑原滋郎 1976「東北地方北部および北海道の所謂第Ⅰ型式の土師器について」『考古学雑誌』61-4:1-20

河野広道 1933「北海道式薄手縄紋土器群」『北海道原始文化集英』犀川会、16-21

河野広道 1935「北海道石器時代概要」『ドルメン』4-6:114-122

河野広道 1955「斜里町史先史時代史」『斜里町史』斜里町教育委員会、1-75

河野広道 1959「北海道の土器」『郷土の科学』23:1-8, 35-42

河野広道・名取武光 1938「北海道の先史時代」『人類学・先史学講座』6:1-41（再録：1972:141-179）

越田賢一郎 2003「Ⅲ　後志管内の遺跡分布調査」『奥尻町青苗砂丘遺跡Ⅱ』北海道埋蔵文化財センター、102-104

小嶋芳孝 1996「蝦夷とユーラシア大陸の交流」『古代蝦夷の世界と交流』名著出版、399-437

小杉　康 1995「土器型式と土器様式」『駿台史学』94:58-131

小杉　康 2006「論点解題」『心と形の考古学』同成社、245-278

児玉作左衛門・大場利夫 1956「根室国温根沼遺跡の発掘について」『北方文化研究報告』11:75-145

後藤寿一 1932「古墳の発掘について－江別豊跡調査報告第一報－」『蝦夷往来』8:37-45

後藤寿一 1934「北海道の先史時代に就いての私見」『考古学雑誌』24-11:709-727

後藤寿一 1935a「北海道の古墳について」『北海道倶楽部』2-2

後藤寿一 1935b「石狩国江別町の竪穴住居趾について」『考古学雑誌』25-2:29-49

後藤寿一 1943「北見国枝幸並に常呂の竪穴について」『北海道先史時代考1』北海道出版企画センター、121-127

後藤寿一・曽根原武保 1934「胆振国千歳郡恵庭村の遺蹟について」『考古学雑誌』24　2.15-38

小林謙一・中澤寛将 2010「青森県森ヶ沢遺跡の炭素14年代測定研究」『中央史学』55:1-39

小林　敬 2004「網走川流域におけるトビニタイ土器群の出土する遺跡」『宇田川洋先生華甲記念論文集　アイヌ文化の成立』北海道出版企画センター、231-243

小林　克 1993a「東北北部の続縄紋期の土器」『二十一世紀への考古学－櫻井清彦先生古稀記念論文集－』雄山閣、246-258

小林　克 1993b「江別C₂式土器の本州分布をめぐって－『東北続縄文式』の視点から－」『先史考古学研究』4:153-182

小林行雄 1930「弥生式土器に於ける櫛目式文様の研究」『考古学』1-5・6:382-391

小林行雄 1931「弥生式土器に於ける櫛目式文様の研究（二）」『考古学』2-5・6:137-147

小林行雄 1932「櫛目式文様の分布－弥生式土器に於ける櫛目式文様の研究　完－」『考古学』3-1:10-21

小林行雄 1933「先史考古学に於ける様式問題」『考古学』4-8:223-238

小林行雄 1959「けいしき　形式・型式」『図解考古学事典』東京創元新社、296-297

小林行雄編 1939『弥生式土器聚成図録正編解説』東京考古学会

小林行雄・末永雅雄・藤岡謙二郎 1943『大和唐古弥生式遺跡の研究』桑名文星堂

駒井和愛 1964「Ⅲ　擦文土器とオホーツク土器」『オホーツク海沿岸・知床半島の遺跡（下）』東京大学文学部、152-175

駒澤大学考古学研究室 2009「北海道川上郡標茶町二股遺跡第 3 地点における第一次発掘調査報告概報」『標茶町郷土館報告』21:1-20

近藤義郎 1976「原始資料論」『岩波講座　日本歴史　別巻 2』岩波書店、9-36

齋藤　淳 2001「津軽海峡領域における古代土器の変遷について」『青森大学考古学研究所研究紀要』4:1-29

齋藤　淳 2002「本州における擦文土器の変遷と分布について」『海と考古学とロマン－市川金丸先生古稀記念献呈論文集－』市川金丸先生古稀を祝う会、267-283

齋藤　淳 2008「北奥出土の擦文土器について」『青森県考古学』16:79-88

齋藤　淳 2009「北奥出土の擦文（系）土器について」『2009 年北海道考古学会研究大会「擦文文化における地域間交渉・交易」資料集』北海道考古学会、18-40

齋藤　淳 2011「古代北奥・北海道の地域間交流－土師器坏と擦文（系）土器甕－」『海峡と古代蝦夷』高志書院、131-185

齋藤　淳 2012「北奥における擦文（系）土器の終末について」『青森県考古学』20:67-80

斉藤　傑 1963「空知郡栗沢町由良遺跡出土の土器」『北海道青年人類科学研究会会誌』1:1-2

斉藤　傑 1967「擦文文化初頭の問題」『古代文化』19-5:77-84

斉藤　傑 1971「擦文文化について考えるためのメモ　その 1」『市立旭川郷土博物館研究報告』7:19-33

斉藤　傑 1972「擦文文化について考えるためのメモ　その 2」『市立旭川郷土博物館研究報告』8:25-54

斉藤　傑 1982「擦文文化に対する見方」『考古学研究』29-3:115-118

斉藤　傑 1983「擦文土器の成立をめぐる問題」『北海道考古学』19:125-130

西蓮寺健 1979「第五節　いわゆる「北大式」と擦文時代」『ウサクマイ遺跡群とその周辺における考古学的調査』千歳市教育委員会、168-170

西蓮寺健 1981「いわゆる『北大式』省察野帳－北海道千歳市ウサクマイ遺跡群が提起する問題－」『古代』69・70:83-118

榊田朋広 2006「トビニタイ式土器における文様構成の系統と変遷」『物質文化』81:51-72

榊田朋広 2007「異系統土器論からみたトビニタイ式土器と擦文土器の型式間交渉と動態」『物質文化』84:43-69

榊田朋広 2009a「北大式土器の型式編年－続縄文／擦文変動期研究のための基礎的検討 1 －」『東京大学考古学研究室研究紀要』23:39-92

榊田朋広 2009b「土器容量組成からみたトビニタイ文化と擦文文化の関係」『古代』122:123-153

榊田朋広 2009c「北海道　続縄文・擦文・オホーツク文化以降」『月刊考古学ジャーナル』586:144-147

榊田朋広 2010「トビニタイ文化研究の現状と課題」『異貌』28:56-107

榊田朋広 2011「擦文時代前半期甕形土器の型式学的研究－続縄文／擦文変動期研究のための基礎的検討 2 －」『日本考古学』32:33-58

榊田朋広 2012「擦文時代後半期土器編年研究をめぐる諸問題－札幌市 K518 遺跡出土甕形土器を起点として－」『北海道考古学』48:53-68

榊田朋広 2014「擦文文化」『北海道考古学』50:101-112

榊田朋広・熊木俊朗 2014「北海道　続縄文・擦文・オホーツク文化以降」『月刊考古学ジャーナル』656:142-145

榊原滋高 1998「青森県における在地土器（かわらけ）の編年について－ 12 世紀後半から 18 世紀まで－」『東北中世考古学会　第 4 回研究大会資料　東北地方の在地土器・陶磁器Ⅱ』東北中世考古学会、56-62

佐久間正明 2000「福島県における五世紀代の土器変遷－様式的側面を中心に－」『法政考古学』26:27-59

桜井清彦 1958a「東北地方北部における土師器と竪穴に関する諸問題」『館址－東北地方における集落址の研究－』東京大学出版会、141-156

桜井清彦 1958b「北海道奥尻島青苗貝塚について（第一次調査概報）」『古代』27:1-8

笹田朋孝 2013『北海道における鉄文化の考古学的研究』北海道出版企画センター

笹田朋孝・豊原熙司 2007「北海道東部・釧路町床丹（トコタン）出土の遺物」『北方探究』8:31-65

笹田朋孝・高瀬光永・榊田朋広 2009「湧別町川西遺跡出土資料の紹介－遠軽町先史資料館「清野コレクション」より－」『北方探究』9:43-50

佐藤忠雄 1979「北海道西南部の擦文文化－青苗貝塚にみる終末期の資料－」『季刊どるめん』22:68-80

佐藤達夫 1964「附・モヨロ貝塚の縄文，続縄文及び擦文土器について」『オホーツク海沿岸・知床半島の遺跡（下）』東京大学文学部、89-96

佐藤達夫 1972「第四節　擦紋土器の変遷について」『常呂』東京大学文学部、462-488

佐藤敏幸 2003「律令国家形成期の陸奥国牡鹿地方（1）－古代牡鹿地方の土器様式－」『宮城考古学』5:97-124

佐藤敏幸 2006「東北地方における7世紀から8世紀前半の土器研究史－関東系土師器研究の現状と新たな研究視点の模索－」『宮城考古学』8:123-144

佐藤智雄 2006「青森県における防御性集落の時代と生業－その考古学的現状の確認と仮説の検証を中心に－」『北の防御性集落と激動の時代』同成社、93-120

佐藤信行 1968「宮城県岩出山町木戸脇裏遺跡－所謂北大式の南漸資料－」『考古学雑誌』53-4:53-60

佐藤信行 1975「本州に於ける北大式遺跡の分布とその意義」『北海道考古学』11:67-78

佐藤信行 1976「東北地方の後北式文化」『東北考古学の諸問題』東出版寧楽社、263-298

佐藤信行 1983「宮城県内の北海道系遺物」『北奥古代文化』14:1-13

佐藤信行 1984「宮城県内の北海道系遺物」『宮城の研究　第1巻　考古学篇』清文堂出版、425-478

佐藤嘉広 1998「東北地方－特に中・北部の古墳期の石器のあり方－」『月刊考古学ジャーナル』433:9-14

佐原　真 1979「土器の用途と製作」『日本考古学を学ぶ（2）』有斐閣、40-60

佐原　真 1999「文献資料と考古資料」『歴博大学院セミナー　考古資料と歴史学』吉川弘文館、245-276

澤井　玄 1992「「トビニタイ土器群」の分布とその意義」『古代』93:128-151

澤井　玄 2007a「北海道内の七〜一三世紀の土器編年について」『北東アジア交流史研究』塙書房、511-535

澤井　玄 2007b「土器と竪穴の分布から読み取る擦文文化の動態」『古代蝦夷からアイヌへ』吉川弘文館、324-351

澤井　玄 2008「十一〜十二世紀の擦文人は何をめざしたか」『アイヌ文化の成立と変容－交易と交流を中心として［上］エミシ・エゾ・アイヌ』岩田書院、217-246

澤井　玄 2010a「土器製作技法からみた北海道の土器文化の終焉」『比較考古学の新地平』同成社、730-739

澤井　玄 2010b「国後島の大規模竪穴群と擦文文化」『北東アジアの歴史と文化』北海道大学出版会、315-334

澤井　玄 2012「サハリン国立大学所蔵クズネツォーヴォ1遺跡の擦文土器」『サハリンと千島の擦文文化の土器－サハリンと千島へのアイヌ民族の進出－』函館工業高等専門学校、128-129

汐泊川遺跡調査団 1965「汐泊遺跡（汐泊川遺跡群第1地点）の資料」『Field』2

椙田光明 1996「トビニタイ文化と擦文文化の様相－根室管内を中心として－」『博物館フォーラム　アイヌ文化の成立を考える』北海道立北方民族博物館、115-120

杉浦重信 1999「千島・カムチャツカの様相」『海峡と北の考古学　シンポジウム・テーマ2・3資料集Ⅱ』日本考古学協会1999年度釧路大会実行委員会、183-208

杉山寿栄男 1938「北海道石狩國濱益村岡島洞窟遺跡」『人類学雑誌』53-7:34-46

鈴木克彦 1977「青森県の擦文文化－擦文文化の外縁圏における一様相－」『季刊どるめん』22:81-95

鈴木公雄 1964「土器型式の認定方法としてのセットの意義」『考古学手帖』21:1-3

鈴木　信 2003「道央部における続縄文土器の編年」『ユカンボシC15遺跡（6）』北海道埋蔵文化財センター、410-452

鈴木　信 2004「古代北日本の交易システム－北海道系土器と製鉄遺跡の分布から－」『宇田川洋先生華甲記念論文集　アイヌ文化の成立』北海道出版企画センター、65-97

鈴木　信 2006「Ⅴ　再々報告の金属製品」『西島松5遺跡（4）』北海道埋蔵文化財センター、151-192

鈴木　信 2007「アイヌ文化の成立過程－物資交換と文化変容の相関を視点として－」『古代蝦夷からアイヌへ』吉川弘文館、352-390

鈴木　信 2011「二　古墳時代並行期の北方文化【北海道の続縄文文化】」『講座日本の考古学　古墳時代（上）7』青木書店、726-758

鈴木　信・豊田宏良・仙庭伸久 2007「xi. 北海道南部～中央部」『古代東北・北海道におけるモノ・ヒト・文化交流の研究』東北学院大学文学部、304-339

鈴木琢也 2006「擦文土器からみた北海道と東北地方北部の文化交流」『北方島文化研究』4:19-41

鈴木琢也 2010「古代北海道と東北地方の物流」『北方世界の考古学』すいれん舎、101-118

鈴木靖民編 1996『古代蝦夷の世界と交流　古代王権と交流1』名著出版

瀬川拓郎 1995「旭川市旭町1遺跡発掘調査報告Ⅰ」『旭川市博物館研究報告』1:35-66

瀬川拓郎 1996「擦文文化の終焉－日本海沿岸集団の形成と日本海交易の展開－」『物質文化』61:1-17

瀬川拓郎 2005『アイヌ・エコシステムの考古学』北海道出版企画センター

瀬川拓郎 2007『アイヌの歴史　海と宝のノマド』講談社

瀬川拓郎 2011a「古代北海道の民族的世界と阿倍比羅夫遠征」『海峡と古代蝦夷』高志書院、35-63

瀬川拓郎 2011b「アイヌ史における新たなパースペクティブ」『アイヌ史を問いなおす－生態・交流・文化継承－』勉誠出版、14-30

瀬川拓郎 2012「サハリン・千島出土の擦文土器とトビニタイ土器」『サハリンと千島の擦文文化の土器－サハリンと千島へのアイヌ民族の進出－』函館工業高等専門学校、111-127

瀬川拓郎・友田哲弘 1996「旭川市旭町1遺跡発掘調査報告Ⅱ」『旭川市博物館研究報告』2:45-63

関根達人 2008「平泉文化と北方交易2－擦文期の銅鋺をめぐって－」『平泉文化研究年報』8:33-50

高杉博章 1975「擦文文化の成立とその展開」『史学』47-1・2:99-131

高瀬克範 2002「北海道　続縄文・擦文・オホーツク文化以降」『月刊考古学ジャーナル』488:154-156

高橋千晶 2007「岩手県南部」『古代東北・北海道におけるモノ・ヒト・文化交流の研究』東北学院大学文学部、210-244

高橋照彦 1999「「律令的土器様式」再考」『瓦衣千年－森郁夫先生還暦記念論文集－』真陽社、602-616

高橋信雄 1982「東北地方北部の土師器と古代北海道系土器との対比」『北奥古代文化』13:15-30

高橋　学 1997「口縁部に沈線文をもつ土師器－秋田県域での事例－」『蝦夷・律令国家・日本海－シンポジウムⅡ・資料集－』日本考古学協会1997年度秋田大会実行委員会、91-110

高畠孝宗 2005「オホーツク文化における威信材の分布について」『海と考古学』六一書房、23-44

高畠孝宗 2011「オホーツク文化における刀剣類受容の様相－枝幸町目梨泊遺跡を中心に－」『北方島文化研究』9:15-31

竹田輝雄 1970「発足岩陰遺跡概括」『茶津4号洞窟遺跡・発足岩陰遺跡』小樽市博物館、29-32

田才雅彦 1983「北大式土器」『北奥古代文化』14:20-29

橘　善光 1975「青森県大間町奥戸出土の擦文式土器」『北奥古代文化』7:64

千葉　豊 2008「型式学的方法①」『縄文時代の考古学2　歴史のものさし－縄文時代研究の編年体系』同成社、43-54

千葉　豊・曽根　茂 2010「福田K2式の成立をめぐって－柳澤清一氏の批判に答える－」『縄文時代』21:167-180

千代　肇 1965「北海道の続縄文文化と編年について」『北海道考古学』1:19-38

千代　肇 1969「北海道奥尻島遺跡調査概報」『考古学雑誌』55-1:49-58

千代　肇 1982「北海道の直弧文と丁字頭勾玉」『考古学と古代史』同志社大学考古学シリーズ刊行会、299-306

塚本浩司 2002「擦文土器の編年と地域差について」『東京大学考古学研究室研究紀要』17:145-184

塚本浩司 2003「擦文時代の遺跡分布の変遷について」『東京大学考古学研究室研究紀要』18:1-34

塚本浩司 2004「10世紀中葉以降、東北北部出土の擦文土器の分類とその背景について」『北方探究』6:1-12

塚本浩司 2007「石狩低地帯における擦文文化の成立過程について」『古代蝦夷からアイヌへ』吉川弘文館、167-189

塚本浩司 2009「擦文土器からみた地域間関係」『2009年北海道考古学会研究大会「擦文文化における地域間交渉・交易」資料集』北海道考古学会、7-17

辻　秀人 1990「東北古墳時代の画期について（その2）−7世紀史の理解をめざして−」『伊東信雄先生追悼　考古学古代史論攷』伊東信雄先生追悼論文集刊行会、323-347

辻　秀人 2005「土器研究の方法」『東北学院大学論集　歴史学・地理学』39:1-32

辻　秀人 2007a「栗囲式土師器の成形方法」『古代東北・北海道におけるモノ・ヒト・文化交流の研究』東北学院大学文学部、411-417

辻　秀人 2007b「総括」『古代東北・北海道におけるモノ・ヒト・文化交流の研究』東北学院大学文学部、443-458

辻　秀人編 2007『古代東北・北海道におけるモノ・ヒト・文化交流の研究』東北学院大学文学部

富水慶一 1965「浜中村霧多布出土のオホーツク式土器」『北海道考古学』1:82-85

富水慶一 1969「和天別川河口竪穴住居址群遺跡調査概要（第3次調査）」『北海道考古学』5:49-58

富水慶一 1970「白糠郡音別町の擦文文化遺跡調査報」『北海道考古学』6:71-85

豊田宏良 1987「擦文土器にみる貼付囲繞帯文様の分析−馬蹄形押捺文を中心として−」『遡航』5:59-82

仲田茂司 1989「陸奥国における奈良時代土師器の地域性について」『歴史』72:73-104

仲田茂司 1997「東北・北海道における古墳時代中・後期土器様式の編年」『日本考古学』4:109-121

中田裕香 1990「石狩低地帯における擦文時代後期の土器について」『古代文化』42-11:19-28

中田裕香 1996「北海道の古代社会の展開と交流−−〇〜一三世紀−」『古代蝦夷の世界と交流』名著出版、141-168

中田裕香 2004a「擦文文化の土器」『新北海道の古代3　擦文・アイヌ文化』北海道新聞社、40-09

中田裕香 2004b「オホーツク・擦文文化の土器」『考古資料大観　第11巻　続縄文・オホーツク・擦文以降』小学館、165-179

中田裕香・上野秀一・平川善祥・越田賢一郎・石川直章・藤井誠二・石井　淳 1999「擦文土器集成」『海峡と北の考古学　シンポジウム・テーマ2・3資料集Ⅱ』日本考古学協会1999年度釧路大会実行委員会、287-322

名取武光 1939「北海道の土器」『人類学・先史学講座』10:1-41

名取武光 1972『アイヌと考古学（一）』北海道出版企画センター

名取武光・峰山　巌 1962「アヨロ遺跡」『北方文化研究報告』17:107-145

新岡武彦 1931「本道石器時代最後の遺物」『蝦夷往来』創刊号:13-16

贄　元洋 1991「様式と型式」『考古学研究』38-2:112-130

西　弘海 1982「土器様式の成立とその背景」『小林行雄博士古稀記念論文集　考古学論考』平凡社、447-471

西　幸隆 1972「釧路地方のオホーツク式土器について」『釧路市立郷土博物館々報』207:65-69

西　幸隆 1988「北海道釧路市材木町5遺跡出土の湖州鏡について」『釧路市立博物館紀要』13:1-8

西　幸隆・沢　四郎 1975「釧路湿原周縁の遺跡分布」『釧路湿原総合報告書』釧路市立郷土博物館、301-336

西本豊弘 2003「第1部　根室市弁天島遺跡発掘調査報告」『国立歴史民俗博物館研究報告』107:1-115

日本貿易陶磁研究会秋田大会事務局編 2007『日本貿易陶磁研究会秋田大会資料集　出羽の出土陶磁器−安東氏とその時代−』日本貿易陶磁研究会

根本直樹 1985「火山灰を視点とする擦文式土器編年の一試案」『北海道考古学』21:27-59

野村　崇 1993「北海道出土の石製模造品に関するノート」『先史学と関連科学』吉崎昌一先生還暦記念論集刊行会、135-140

野村　崇・大島秀俊 1992「北海道余市町フゴッペ洞窟出土の土器(1)」『北海道開拓記念館調査報告』31:49-65

野村　崇・瀧瀬芳之 1990「北海道余市町フゴッペ洞窟前庭部出土の鉄製武器」『古代文化』42-10:21-25

林　謙作 1990「縄文時代史6.縄文土器の型式(1)」『季刊考古学』32:85-92

日高　慎 2001「東北北部・北海道地域における古墳時代文化の受容に関する一試考−古墳時代中期を中心として−」『海と考古学』4:1-22

日高　慎 2003「北海道大川遺跡出土資料の再検討」『考古学に学ぶ(Ⅱ)』同志社大学考古学シリーズ刊行会、721-730

平川善祥 1995「サハリン・オホーツク文化末期の様相」『「北の歴史・文化交流研究事業」研究報告』北海道開拓記念館、135-156

平光吾一 1929「千島及び辨天島出土土器破片に就て(2)」『人類学雑誌』44-5:192-200

福田正宏 2007『極東ロシアの先史文化と北海道』北海道出版企画センター

藤沢　敦 2001「倭の周縁における境界と相互関係」『考古学研究』48-3:41-55

藤本　強 1965「オホーツク土器について」『考古学雑誌』51-4:28-44

藤本　強 1972「第一節　常呂川下流域の擦文土器について」『常呂』東京大学文学部、407-433

藤本　強 1977「第二節　続・常呂川下流域の擦文土器について(Ⅰ)」『岐阜第三遺跡』東京大学文学部、133-137

藤本　強 1979「トビニタイ文化の遺跡立地」『北海道考古学』15:23-34

藤本　強 1980「第五節　続・常呂川下流域の擦文土器について(Ⅱ)」『ライトコロ川口遺跡』東京大学文学部、119-127

藤本　強 1982a『擦文文化』教育社

藤本　強 1982b「総論」『縄文文化の研究　第6巻　続縄文・南島文化』雄山閣、4-7

藤本　強 1983「文化の認識について−斉藤傑氏に答える−」『考古学研究』29-4:104-107

藤本　強 1985「第五節　続・常呂川下流域の擦文土器について(Ⅲ)」『栄浦第一遺跡』東京大学文学部、311-319

藤本　強 1988『もう二つの日本文化』東京大学出版会

藤本　強 2009『日本列島の3つの文化』同成社

古川一明・白鳥良一 1991「土師器の編年　東北」『古墳時代の研究　第6巻　土師器と須恵器』雄山閣、108-120

プロコフィエフ M.・デリューギン V.・ゴルブノーフ S.（中川昌久訳　菊池俊彦・中村和之監修）2012『サハリンと千島の擦文文化の土器−サハリンと千島へのアイヌ民族の進出−』函館工業高等専門学校

北地文化研究会 1968「根室市弁天島西貝塚調査概報」『考古学雑誌』54-2:49-64

松下　亘 1963「いわゆる北大式についての一考察−続縄文文化の終末と擦文文化の初源との問題−」『北海道地方史研究』46:6-12

松田　猛 2004「北海道東部太平洋岸における擦文土器について」『宇田川洋先生華甲記念論文集　アイヌ文化の成立』北海道出版企画センター、115-131

松本建速 2006『蝦夷の考古学』同成社

松本建速 2011『蝦夷とは誰か』同成社

三浦圭介 1991「本州の擦文文化」『月刊考古学ジャーナル』341:22-28

三浦圭介 1994「古代東北地方北部の生業にみる地域差」『北日本の考古学　南と北の地域性』吉川弘文館、149-174

三浦圭介 1995「第3章　古代」『新編弘前市史　資料編1-1 考古編』、弘前市市長公室企画課、187-391

三浦圭介 1998「北日本の古代文化－亀ヶ岡文化人の末裔たち－」『月刊考古学ジャーナル』436:2-3

光井文行 1987「7・8世紀にみられる沈線文をもつ土器について」『(財) 岩手県文化振興事業団埋蔵文化財センター紀要』7:71-88

光井文行 1990「岩手県にみられる古代の北海道系土器について－頸部に段をもつ甕形土器を中心に－」『(財) 岩手県文化振興事業団埋蔵文化財センター紀要』10:1-10

光谷拓実 2007「第Ⅶ章　分析と考察　第1節　年輪年代法による新田 (1)、高間 (1) 遺跡出土木材の年代測定」『石江遺跡群発掘調査報告書』青森市教育委員会、281-285

三辻利一・小野裕子・天野哲也 2008「オホーツク文化の集団間・対外交流の研究－1. 礼文島香深井1遺跡出土陶質土器の蛍光X線分析－」『北海道大学総合博物館研究報告第4号　極東民族史におけるアイヌ文化の形成過程』北海道大学総合博物館、139-152

蓑島栄紀 2001『古代国家と北方社会』吉川弘文館

蓑島栄紀 2006「北海道・津軽の古代社会と交流」『日本海域歴史体系　第二巻　古代篇Ⅱ』清文堂出版株式会社、37-81

蓑島栄紀 2010「北方社会の史的展開と王権・国家」『歴史学研究』872:38-48

蓑島栄紀 2011「北海道太平洋側内陸部におけるシカ皮・ワシ羽の生産・流通と生態系」『アイヌ史を問い直す－生態・交流・文化継承－』勉誠出版、148-160

宮　宏明 1980「十勝太若月遺跡出土の擦文前期の新資料」『十勝考古』4:41-42

八重樫忠郎 2002「平泉藤原氏の支配領域」『平泉の世界』高志書院、112-126

八木光則 1998「陸奥における土師器の地域性」『岩手考古学』10:57-66

八木光則 2006「陸奥北半における轆轤土師器の導入」『吉岡康暢先生古希記念論集　陶磁器の社会史』吉岡康暢先生古希記念論集刊行会、155-170

八木光則 2007a「渡嶋蝦夷と麁蝦夷」『古代蝦夷からアイヌへ』吉川弘文館、139-166

八木光則 2007b「渡島半島における土師器の導入」『北方島文化研究』5:17-30

八木光則 2007c「ⅷ. 岩手県中部」『古代東北・北海道におけるモノ・ヒト・文化交流の研究』東北学院大学文学部、245-259

八木光則 2008「渡嶋蝦夷と津軽蝦夷」『アイヌ文化の成立と変容－交易と交流を中心として [上] エミシ・エゾ・アイヌ』岩田書院、69-81

八木光則 2010『古代蝦夷社会の成立』同成社

八木光則 2011a「古代北日本における移住・移民」『海峡と古代蝦夷』高志書院、215-235

八木光則 2011b「北奥の古代末期囲郭集落」『古代中世の蝦夷世界』高志書院、55-90

柳沼賢治 1999「福島県における5世紀土器とその前後」『東国土器研究』5:21-42

柳澤清一 2007『北方考古学の新地平』六一書房

矢野健一 2003「初期の「型式」と「様式」の相違－山内清男の「型式」と小林行雄の「様式」－」『立命館大学考古学論集Ⅲ-2』1031-1041

矢野健一 2007「縄文時代の編年」『縄文時代の考古学2　歴史のものさし－縄文時代研究の編年体系』同成社、3-21

山浦　清 1983「オホーツク文化の終焉と擦文文化」『東京大学考古学研究室研究紀要』2:157-179

山内清男 1935「縄紋式文化」『月刊ドルメン』4-6:82-85

山内清男 1937「縄紋土器型式の細別と大別」『先史考古学』1-1:29-32

山本哲也 1997「ロクロ土師器と北海道」『國學院大學考古学資料館紀要』13:78-104

横山英介 1982「擦文時代の開始にからむ諸問題」『考古学研究』28-4:26-35

横山英介 1984「北海道におけるロクロ使用以前の土師器－擦文時代前期の設定－」『考古学雑誌』70-1:52-75

横山英介 1990『擦文文化』ニュー・サイエンス社

横山英介・直井孝一・石橋孝夫 1975「北海道の土師器－「擦文土器」の母体をめぐっての試論－」『考古学研究』22-2:32-48

横山浩一 1985「型式論」『岩波講座　日本考古学1　研究の方法』岩波書店, 44-78

吉岡康暢 1989『日本海域の土器・陶磁［中世編］』六興出版

吉野勢津子 1974「十勝地方におけるオホーツク」『浦幌町郷土博物館報告』5:13-15

渡辺俊一 1981「石狩低地帯の土師器」『北海道考古学』17:37-53

ワシレフスキー A. A.（福田正宏・熊木俊朗訳）2006「サハリン州コルサコフ地区オホーツコエ村「セディフ遺跡群」における新石器時代・初期鉄器時代・中世の考古学的文化複合」『北海道考古学』42:1-16

藁科哲男 2006「丹後平古墳群出土黒曜石製石器、石片の原材産地分析」『丹後平古墳群』八戸市教育委員会, 123-130

〈英文〉

Tezuka,K.and Fitzhugh,B.2004.New evidence for expansion of the Jomon Cuiture and the Ainu into the Kuril islands:from IKIP 2000 anthropological research in the Kuril islands.Biodiversity and Biogeography of the Kuril Islands and Sakhalin.Vol.1:85-95.

〈露文〉

Березкин Ю.Е. 2002 Керамика из района бухты Оля на острове Итуруп // Археологические Вести №9. С.119-123, Санкт-Петербург.

Прокофьев М.М., Березкин Ю.Е., Зайцева Г.И. 1989 Новые радиоуглеродные определения абсолютного возраста археологических памятников о.Итуруп(Курильские острова) // Древние культулы Дальнего Востока СССР(археологическии поиск). С.30-34, Владивосток.

Стешенко Т.В., Гладышев С.А. 1977 Древние памятники Курильских островов // Исследования по археологии Сахалинской области. С.21-37, Владивосток.

【発掘調査報告書】

青木　誠編 2002『船浜遺跡Ⅱ』小樽市教育委員会

青木　誠編 2003『船浜遺跡Ⅲ』小樽市教育委員会

青野友哉編 1999『ポンマー縄文後期〜近世アイヌ文化期の貝塚と集落－』伊達市教育委員会

青野友哉編 2005『有珠善光寺2遺跡発掘調査報告書』伊達市教育委員会

青森県埋蔵文化財調査センター 1976『黒石市牡丹平南遺跡・浅瀬石遺跡発掘調査報告書』青森県教育委員会

青森県埋蔵文化財調査センター編 1988『李平下安原遺跡』青森県教育委員会

青森県埋蔵文化財調査センター編 1991『中野平遺跡』青森県教育委員会

青森県埋蔵文化財調査センター編 1998『小奥戸（2）遺跡・小奥戸（4）遺跡』青森県教育委員会

青森県埋蔵文化財調査センター編 2000『岩ノ沢平遺跡』青森県教育委員会

青森県埋蔵文化財調査センター編 2006『潟野遺跡』青森県教育委員会

青柳文吉編 1995『湧別町川西遺跡』北海道立北方民族博物館

赤石慎三編 2002『苫小牧東部工業地帯の遺跡群Ⅷ－苫小牧市静川遺跡・柏原17遺跡発掘調査報告書－』苫小牧市教育委員会

秋山洋司編 1997『K36遺跡　タカノ地点』札幌市教育委員会

秋山洋司編 1998『H37遺跡　栄町地点』札幌市教育委員会

秋山洋司編 2001『K39遺跡　第7次調査』札幌市教育委員会

荒生健志・小林　敬 1986『美幌町文化財調査報告Ⅱ　元町2遺跡』美幌町教育委員会

新家水奈・佐藤　剛編 2002『恵庭市西島松9遺跡』北海道埋蔵文化財センター

旭川市教育委員会 1985『緑町4遺跡』旭川市教育委員会

石井　淳編 2000『K39遺跡　第8次調査』札幌市教育委員会

石井　淳・出穂雅実・秋山洋司 2002『K440遺跡』札幌市教育委員会

石井　淳編 2006『H519遺跡』札幌市教育委員会

石川　朗・松田　猛編 1992『釧路市北斗遺跡Ⅱ』釧路市埋蔵文化財調査センター

石川　朗編 1995『釧路市東釧路貝塚調査報告書』釧路市埋蔵文化財調査センター

石川　朗編 1996『釧路市幣舞遺跡調査報告書Ⅲ』釧路市埋蔵文化財調査センター

石川　朗編 1999『釧路市幣舞遺跡調査報告書Ⅳ』釧路市埋蔵文化財調査センター

石川　朗編 2005『釧路市幣舞2遺跡調査報告書Ⅰ』釧路市埋蔵文化財調査センター

石川　徹 1979『続千歳遺跡』千歳市教育委員会

石川直章編 1998『文庫歌遺跡Ⅲ』小樽市教育委員会

石附喜三男編 1973『伊茶仁遺跡－B地点発掘報告書－』北地文化研究会

石附喜三男編 1974『北海道千歳市ウサクマイ遺跡－B地点発掘報告書－』千歳市教育委員会

石附喜三男編 1977『北海道千歳市ウサクマイ遺跡－N地点発掘報告書－』ウサクマイ遺跡調査団

石橋次雄・木村方一・後藤秀彦 1974『十勝太若月－第二次調査－』浦幌町教育委員会

石橋次雄・山口　徹・後藤秀彦・河村七五三吉 1975『十勝太若月－第三次調査－』浦幌町教育委員会

出穂雅実編 1999a『K499遺跡・K500遺跡・K501遺跡・K502遺跡・K503遺跡（第2分冊）』札幌市教育委員会

出穂雅実編 1999b『K499遺跡・K500遺跡・K501遺跡・K502遺跡・K503遺跡（第4分冊）』札幌市教育委員会

出穂雅実編 2006『C43遺跡』札幌市教育委員会

出穂雅実編 2007『C522遺跡』札幌市教育委員会

和泉田毅編 2002『恵庭市西島松5遺跡』北海道埋蔵文化財センター

稲垣和幸編 1996『町村農場1遺跡（6）』江別市教育委員会

稲垣はるな編 1999『能取岬周辺の遺跡』北海道立北方民族博物館

因幡勝雄 1987『オムサロ台地竪穴群－昭和61年度遺跡保存整備事業概報・Ⅰ－』紋別市教育委員会

因幡勝雄 1988『オムサロ台地竪穴群－昭和61年度遺跡保存整備事業概報・Ⅱ－』紋別市教育委員会

乾　哲也・小野哲也・奈良智法編 2007『厚真町　上幌内モイ遺跡（2）』厚真町教育委員会

乾　芳宏編 2000『大川遺跡における考古学的調査Ⅱ（墓壙編）』余市町教育委員会

乾　芳宏編 2001『大川遺跡における考古学的調査Ⅳ（総括編）』余市町教育委員会

乾　芳宏編 2004『余市町大川遺跡（2003年度）』余市町教育委員会

岩崎卓也・前田　潮編 1980『北海道東部地区の遺跡研究』筑波大学歴史・人類学系

上野秀一編 1974『札幌市文化財調査報告書Ⅴ　N162遺跡』札幌市教育委員会

上野秀一編 1979『札幌市文化財調査報告書ⅩⅩ　K446遺跡』札幌市教育委員会

上野秀一編 1980『札幌市文化財調査報告書ⅩⅩⅡ　K460遺跡』札幌市教育委員会

上野秀一編 1989『K441遺跡　北34条地点』札幌市教育委員会

上野秀一編 1990『K135遺跡4丁目地点（1988年度調査）』札幌市教育委員会

上野秀一編 1995『K113遺跡　北34条地点』札幌市教育委員会

上野秀一編 1997『K39遺跡　大木地点』札幌市教育委員会

上野秀一・仙庭伸久編 1993『K435遺跡』札幌市教育委員会

上野秀一・加藤邦雄編 1987『K135遺跡4丁目地点5丁目地点』札幌市教育委員会

上野秀一・羽賀憲二 1987『K36遺跡』札幌市教育委員会

ウサクマイ遺跡研究会編 1975『烏柵舞』雄山閣

宇田川洋 1975『幾田』羅臼町教育委員会

宇田川洋・藤本　強 1977『岐阜第二遺跡』常栄会

宇田川洋・豊原煕司 1984『トブー遺跡の発掘調査』釧路川流域史研究会

宇田川洋・熊木俊朗編 2001『トコロチャシ跡遺跡』東京大学大学院人文社会系研究科

宇田川洋・熊木俊朗編 2003『居住形態と集落構造から見たオホーツク文化の考古学的研究』東京大学大学院人文社会系研究科附属北海文化研
　　　究常呂実習施設

内山真澄編 1985『寿都町文化財調査報告書Ⅲ』寿都町教育委員会

内山真澄編 1999『北海道礼文町香深井5遺跡発掘調査報告書（2）』礼文町教育委員会

宇部則保・小久保拓也編 2001『田向冷水遺跡Ⅰ』八戸遺跡調査会

上屋真一編 1987『カリンバ2遺跡』恵庭市教育委員会

上屋真一編 1991『南島松1遺跡・南島松4遺跡』恵庭市教育委員会

上屋真一編 1993『ユカンボシE9遺跡・ユカンボシE3遺跡』恵庭市教育委員会

上屋真一編 2003『カリンバ3遺跡（1）』恵庭市教育委員会

上屋真一・佐藤幾子 2004『カリンバ3遺跡（3）』恵庭市教育委員会

枝幸町教育委員会編 1980『ホロナイポ遺跡』枝幸町教育委員会

枝幸町教育委員会編 1981『ホロナイポ遺跡Ⅱ』枝幸町教育委員会

枝幸町教育委員会編 1983『ウエンナイ2遺跡』枝幸町教育委員会

江別市郷土資料館編 1993『町村農場1・2遺跡（2）』江別市教育委員会

遠軽町教育委員会編 1972『寒河江遺跡－擦文文化期の遺跡－』遠軽町教育委員会

遠軽町教育委員会編 1994『寒河江遺跡』遠軽町・遠軽町教育委員会

遠藤昭浩編 1995『ウサクマイN・蘭越7遺跡における考古学的調査』千歳市教育委員会

扇谷昌康編 1979『日高門別の先史遺跡－沙流郡門別町埋蔵文化財発掘調査報告書－』門別町教育委員会

大川　清 1998『北海二島　禮文・利尻島の考古資料』窯業史博物館

大島秀俊・青木　誠編 1996『蘭島餅屋沢2遺跡』小樽市教育委員会

大谷敏三・田村俊之編 1982『末広遺跡における考古学的調査（下）』千歳市教育委員会

大谷敏三・田村俊之編 1986『『梅川3遺跡における考古学的調査』千歳市教育委員会

大沼忠春編1977『元和（続）』乙部町教育委員会

大野　亨・宇部則保・坂川　進・小保内裕之・渡　則子・藤谷一徳編2000『東北縦貫自動車道関係埋蔵文化財調査報告書Ⅱ　人首沢遺跡・毛合清水3遺跡・大仏遺跡　浅水川河川改修事業関係埋蔵文化財調査報告書　大仏遺跡』八戸市教育委員会

大野　亨編2002『盲堤沢（3）遺跡発掘調査報告書』八戸市教育委員会

大野　亨編2003『浅水川河川改修事業関係埋蔵文化財調査報告書Ⅱ　大仏遺跡Ⅱ』八戸市教育委員会

大野　亨・坂川　進・小笠原善範・渡　則子・小久保拓也・杉山陽亮編2004『八戸市内遺跡発掘調査報告書18』八戸市教育委員会

大場利夫・半沢信一・松崎岩穂・宮下正司1955『桧山南部の遺跡』北海道桧山郡上ノ国村教育委員会・同江差町教育委員会

大場利夫・奥田　寛1960『女満別遺跡』女満別町・教育委員会・郷土保勝会

大場利夫・石川　徹1961『浜益遺跡』北海道浜益郡浜益村役場・同浜益村教育委員会・同浜益村文化財調査委員会

大場利夫・松崎岩穂・渡辺兼庸1961『上ノ國遺跡』北海道桧山郡上ノ国村・同上ノ国村教育委員会

大場利夫・岡本幹二・児玉譲次1962『室蘭遺跡』北海道室蘭市・室蘭市教育委員会・市立室蘭図書館

大場利夫・棚瀬善一・金子有明1963『寿都遺跡』北海道寿都郡寿都町・北海道寿都郡寿都町教育委員会

大場利夫・石川　徹1966『恵庭遺跡』恵庭町教育委員会

大場利夫・山崎博信1971『天塩川口遺跡』天塩町教育委員会

大場利夫・菅　正敏1972『稚内・宗谷の遺跡（続）』稚内市教育委員会

大場利夫・大井晴男編1976『オホーツク文化の研究2　香深井遺跡（上）』東京大学出版会

大場利夫・大井晴男編1981『オホーツク文化の研究2　香深井遺跡（下）』東京大学出版会

岡田淳子・宮　宏明編2000『大川遺跡における考古学的調査Ⅰ』余市町教育委員会

小樽市教育委員会編1989『蘭島遺跡』小樽市教育委員会

小樽市教育委員会編1991a『蘭島餅屋沢遺跡』小樽市教育委員会

小樽市教育委員会編1991b『蘭島遺跡C地点・餅屋沢2遺跡（概報）』小樽市教育委員会

小樽市教育委員会編1992a『チブタシナイ遺跡』小樽市教育委員会

小樽市教育委員会編1992b『蘭島遺跡D地点』小樽市教育委員会

鬼柳　彰・立川トマス・和泉田毅・森　秀之1984『美深町楠遺跡』北海道埋蔵文化財センター

鬼柳　彰・森　秀之・中田裕香1989『深川市東広里遺跡』北海道埋蔵文化財センター

鬼柳　彰・田才雅彦・鎌田　望・倉橋直孝編1992『恵庭市ユカンボシE4遺跡』北海道埋蔵文化財センター

鬼柳　彰・田才雅彦・鎌田　望・西脇対名夫・倉橋直孝編1993『恵庭市ユカンボシE5遺跡』北海道埋蔵文化財センター

小野哲也・天方博章・乾　哲也編2009『上幌内モイ遺跡（3）』厚真町教育委員会

小保内裕之・渡　則子・小久保拓也・杉山陽亮・船場昌子編2005『八戸市内遺跡発掘調査報告書21』八戸市教育委員会

小保内裕之・杉山陽亮・船場昌子・小久保拓也編2006『田向冷水遺跡Ⅱ』八戸市教育委員会

街道重昭編1975『天塩川口遺跡調査報告書』天塩町教育委員会

柏木大延編2003『C424遺跡・C507遺跡』札幌市教育委員会

柏木大延編2004『K445遺跡』札幌市教育委員会

柏木大延編2005『M459遺跡』札幌市教育委員会

柏木大延・羽賀憲二編2005『C504遺跡』札幌市教育委員会

柏木大延・小針大志編 2009『K518遺跡 第2次調査』札幌市教育委員会

加藤邦雄編 1976『札幌市文化財調査報告書Ⅹ S153遺跡』札幌市教育委員会

加藤邦雄・上野秀一・羽賀憲二・田部 淳・森岡健二・田村美智子 1984『札幌市文化財調査報告書ⅩⅩⅦ T464遺跡・T465遺跡・T466遺跡・T468遺跡』札幌市教育委員会

加藤邦雄編 1995『K39遺跡 北11条地点』札幌市教育委員会

加藤邦雄・秋山洋司編 1996『K113遺跡 北35条地点』札幌市教育委員会

加藤晋平・菊池徹夫・宇田川洋・佐藤隆広 1982『広瀬遺跡』常呂川流域史研究会

金盛典夫・村田良介・松田美砂子 1981『斜里町文化財調査報告Ⅰ－須藤遺跡・内藤遺跡発掘調査報告書－』知床博物館協力会

川内 基編 1987『ヘロカルウス遺跡』北海道文化財研究所

川上 淳編 1994『穂香竪穴群発掘調査報告書』根室市教育委員会

菊池逸夫・千葉長彦・佐藤則之編 1992『伊治城跡』築館町教育委員会

北構保男・岩崎卓也編 1971『浜別海遺跡』北地文化研究会

北構保男・前田 潮編 2009『根室市弁天島遺跡14号竪穴の発掘調査－オホーツク文化貼付浮文期の大型住居址－』北地文化研究会

木村淳一編 2007『石江遺跡群発掘調査報告書』青森市教育委員会

木村哲朗編 1996『堀株神社遺跡発掘調査報告書』泊村教育委員会

木村哲朗編 1998『青苗遺跡（E地区）』奥尻町教育委員会

木村哲朗編 1999『青苗B遺跡』奥尻町教育委員会

木村哲朗編 2003『青苗遺跡～貝塚台地北東斜面～』奥尻町教育委員会

木村英明編 1981『北海道恵庭市柏木B遺跡発掘調査報告書』柏木B遺跡発掘調査会

桐生正一編 1987『高柳遺跡』滝沢村教育委員会

釧路市教育委員会編 1993『釧路市北斗遺跡Ⅲ』釧路市教育委員会

工藤研治・鈴木宏行編 2008『むかわ町穂別D遺跡』北海道埋蔵文化財センター

工藤哲司編 2004『鴻ノ巣遺跡第7次発掘調査報告書』仙台市教育委員会

久保 泰 1993『原口館』松前町教育委員会

久保 泰・小柳正夫・桐谷賢一編 1975『松前町建石遺跡・松前町大尽内遺跡発掘報告』松前町教育委員会

久保 泰・石本省三・松谷 太・斉藤 久 1984『札前』松前町教育委員会

熊谷仁志・谷島由貴・中山昭大・影浦 覚・袖岡淳子・大泰司統・広田良成編 2002『八雲町栄浜1遺跡』北海道埋蔵文化財センター

熊木庫一・加藤晋平・前田 潮編 1979『「天塩川口遺跡」調査報告書』天塩町教育委員会

小井川和夫・小川淳一 1982『御駒堂遺跡』宮城県教育委員会

河野本道・川上 淳編 1983『駒沢大学北海道教養部考古学研究会紀要 第3集』駒沢大学北海道教養部考古学研究会

国分直一・北構保男・増田精一・岩崎卓也・前田 潮 1974『オンネモト遺跡』根室市教育委員会

越田賢一郎編 2003『奥尻町青苗砂丘遺跡2』北海道埋蔵文化財センター

越田雅司・村田 大・広田良成編 2002『根室市穂香竪穴群』北海道埋蔵文化財センター

越田雅司・愛場和人・広田良成編 2003『根室市穂香竪穴群（2）』北海道埋蔵文化財センター

小杉 康編 2002『北大構内の遺跡ⅩⅡ』北海道大学

小杉　康編2003『北大構内の遺跡ⅩⅢ』北海道大学

小杉　康・高倉　純・守屋豊人編2011『K39遺跡工学部共用実験研究棟地点発掘調査報告書』北海道大学埋蔵文化財調査室

小杉　康・高倉　純・守屋豊人編2012『北大構内の遺跡ⅩⅨ』北海道大学埋蔵文化財調査室

小杉　康・高倉　純・守屋豊人・荒山千恵編2011『北大構内の遺跡ⅩⅧ』北海道大学埋蔵文化財調査室

小針大志・秋山洋司編2003『K523遺跡』札幌市教育委員会

小針大志編2011『K518遺跡　第3次調査』札幌市教育委員会

駒井和愛編1963『オホーツク海沿岸・知床半島の遺跡（上）』東京大学文学部

駒井和愛編1964『オホーツク海沿岸・知床半島の遺跡（下）』東京大学文学部

小谷地肇・田中寿明・成田和世編2008『中野平遺跡発掘調査報告書Ⅶ』おいらせ町教育委員会

小柳リラ子編2004『豊浜遺跡』福島町教育委員会

今野公顕・神原雄一郎・三浦陽一・佐々木亮二・岩城志麻他編2002『盛岡市内遺跡群－平成13年度発掘調査概報－』盛岡市教育委員会

斉藤邦典・松田裕美編2003『町内遺跡発掘調査事業報告書Ⅵ　字石崎地区分布調査・ワシリ遺跡分布調査』上ノ国町教育委員会

斉藤邦典・加賀谷央編2004『町内遺跡発掘調査事業報告書Ⅶ　ワシリ遺跡分布調査』上ノ国町教育委員会

斎藤俊明・小松正夫1987『宮崎遺跡発掘調査報告書』西目町教育委員会

西蓮寺健・田村俊之編1979『ウサクマイ遺跡群とその周辺における考古学的調査』千歳市教育委員会

坂川　進・佐々木浩一・村木　淳・小保内裕之・藤谷一徳編2000『八戸市内遺跡発掘調査報告書12』八戸市教育委員会

坂川　進・渡　則子編2002『丹後平古墳群』八戸市教育委員会

桜井清彦・菊池徹夫編1987『蓬田大館遺跡』六興出版

桜田　隆編1978『青森市三内遺跡』青森県教育委員会

桜田　隆・高橋　学編1992『秋田ふるさと村（仮称）建設事業に係る埋蔵文化財発掘調査報告書－富ヶ沢A・B・C窯跡　田久保下遺跡　富ヶ沢1号
　　～4号塚－（第2分冊）』秋田県教育委員会

札幌市教育委員会編2013『平成24年度調査報告書』札幌市教育委員会

佐藤一夫・宮夫靖夫編1984『タプコプ』苫小牧市教育委員会・苫小牧市埋蔵文化財調査センター

佐藤一夫・宮夫靖夫編1997『柏原5遺跡』苫小牧市教育委員会

佐藤和雄・和泉田毅・土肥研晶・佐藤　剛編2004『恵庭市西島松5遺跡（3）』北海道埋蔵文化財センター

佐藤和雄・鈴木　信・土肥研晶・立田　理・吉田裕吏洋編2006『恵庭市西島松5遺跡（4）』北海道埋蔵文化財センター

佐藤和雄・土肥研晶・吉田裕吏洋編2008『恵庭市西島松3遺跡・西島松5遺跡（5）』北海道埋蔵文化財センター

佐藤和雄・土肥研晶・柳瀬由佳編2010『恵庭市西島松2遺跡』北海道埋蔵文化財センター

佐藤一志編2000a『大麻3遺跡（8）』江別市教育委員会

佐藤一志編2000b『大麻3遺跡（9）』江別市教育委員会

佐藤隆広編1994『目梨泊遺跡』枝幸町教育委員会

佐藤忠雄編1981『奥尻島青苗遺跡』奥尻町教育委員会

沢　四郎編1963『阿寒町の文化財　先史文化篇第1輯』阿寒町教育委員会

沢　四郎編1971『弟子屈町下鐺別遺跡発掘報告』弟子屈町教育委員会

沢　四郎他1971『羅臼』羅臼町教育委員会

沢　四郎編 1972『北海道厚岸町下田ノ沢遺跡』北海道出版企画センター

沢　四郎・西　幸隆編 1975『釧路市北斗遺跡調査概要』釧路市教育委員会

沢　四郎・松田　猛編 1977『弟子屈町矢沢遺跡調査報告－第1次調査－』弟子屈町教育委員会

柴田信一・三浦孝一 1992『コタン温泉遺跡　縄文時代集落と貝塚の調査』八雲町教育委員会

柴田信一・横山英介・吉田　力 2004『栄浜2・3遺跡』八雲町教育委員会

柴田信一・三上英則 2009『浜中1遺跡発掘調査報告書』八雲町教育委員会

島田祐悦・信太正樹編 2009『大鳥井山遺跡－第9次・第10次・第11次調査－』横手市教育委員会

白糠町教育委員会編 1969『北海道白糠町の先史文化　第四輯』白糠町教育委員会

シン・荒井共同企業体編 2012『近文町5遺跡・近文町6遺跡』旭川市

末光正卓・広田良成編 2011『千歳市キウス5遺跡（9）』北海道埋蔵文化財センター

椙田光明 1978『標津の竪穴』標津町教育委員会

椙田光明 1980『標津の竪穴Ⅲ』標津町教育委員会

椙田光明 1981『標津の竪穴Ⅳ』標津町教育委員会

椙田光明 1982『史跡標津遺跡群カリカリウス遺跡発掘調査報告書』標津町教育委員会

椙田光明・椙田美枝子 1983『標津の竪穴Ⅵ』標津町教育委員会

椙田光明・椙田美枝子 1985『標津の竪穴Ⅷ』標津町教育委員会

椙田光明・椙田美枝子 1986『標津の竪穴Ⅸ』標津町教育委員会

椙田光明・椙田美枝子 1987『標津の竪穴Ⅹ』標津町教育委員会

椙田光明・椙田美枝子 1988『標津の竪穴ⅩⅠ』標津町教育委員会

椙田光明編 2010『標津川河岸遺跡』標津町教育委員会

椙田光明編 2013a『古道第6遺跡』標津町教育委員会

椙田光明編 2013b『伊茶仁孵化場第1竪穴群遺跡』標津町教育委員会

鈴木宏行編 2011『釧路町天寧1遺跡（2）－町道改良地点－』北海道埋蔵文化財センター

鈴木宏行編 2014『長沼町幌内D遺跡』北海道埋蔵文化財センター

鈴木　信・三浦正人・鎌田　望・千葉英一編 1995『千歳市オサツ2遺跡（1）・オサツ14遺跡』北海道埋蔵文化財センター

瀬川拓郎編 1984『錦町5遺跡』旭川市教育委員会

瀬川拓郎編 1985『錦町5遺跡Ⅱ』旭川市教育委員会

瀬川拓郎編 1988『錦町5遺跡Ⅲ』旭川市教育委員会

瀬棚町教育委員会編 1985『南川2遺跡』瀬棚町教育委員会

仙庭伸久・上野秀一編 1995『H317遺跡』札幌市教育委員会

園部真幸編 1991『高砂遺跡（8）』江別市教育委員会

高木　晃編 2002『中半入遺跡・蝦夷塚古墳発掘調査報告書』岩手県文化振興事業団埋蔵文化財センター

高橋　理編 1996『末広遺跡における考古学的調査Ⅳ』千歳市教育委員会

高橋正勝編 1971『柏木川』北海道文化財保護協会

高橋正勝編 1980『アヨロ遺跡－続縄文（恵山式土器）文化の墓と住居址－』北海道先史学協会

高橋正勝編 1982『萩ヶ岡遺跡』江別市教育委員会

高橋正勝・直井孝一編 1989『高砂遺跡(5)』江別市教育委員会

高橋勇人編 2009『釧路市幣舞2遺跡調査報告書Ⅱ』釧路市埋蔵文化財調査センター

高畠孝宗編 1999『落切川左岸遺跡』枝幸町教育委員会

田口　尚編 1993『美沢川流域の遺跡群ⅩⅥ』北海道埋蔵文化財センター

武田　修 1993『常呂遺跡』常呂町教育委員会

武田　修編 1983『TK07遺跡』常呂町教育委員会

武田　修編 1988『TK67遺跡』常呂町教育委員会

武田　修編 1995『栄浦第二・第一遺跡』常呂町教育委員会

武田　修編 1996『常呂川河口遺跡(1)』常呂町教育委員会

武田　修編 2000『常呂川河口遺跡(2)』常呂町教育委員会

武田　修編 2002『常呂川河口遺跡(3)』常呂町教育委員会

武田　修編 2004『常呂川河口遺跡(4)』常呂町教育委員会

武田　修編 2005『常呂川河口遺跡(5)』常呂町教育委員会

武田　修編 2006『常呂川河口遺跡(6)』常呂町教育委員会

武田　修編 2007『常呂川河口遺跡(7)』北見市教育委員会

武田　修編 2008『常呂川河口遺跡(8)』北見市教育委員会（ところ埋蔵文化財センター）

竹田輝雄 1970『積丹半島調査報告書　茶津4号洞窟遺跡・発足岩陰遺跡』小樽市博物館

竹田輝雄・千代　肇・福田茂夫 1993『伊達市有珠オヤコツ遺跡・ポンマ遺跡』伊達市教育委員会

立川トマス・末光正卓編 1999『恵庭市ユカンボシE7遺跡』北海道埋蔵文化財センター

田中　亮編 2012『C544遺跡』札幌市教育委員会

田部　淳編 1997『ヘロカルウス遺跡E～G地点』泊村教育委員会

田部　淳・村上章久編 2005『堀株1遺跡(2)』泊村教育委員会

種市幸生・田中哲郎・菊池慈人・山中文雄・遠藤昭浩・松田淳子編 2001『千歳市ウサクマイN遺跡』北海道埋蔵文化財センター

田村俊之編 1985『末広遺跡における考古学的調査(続)』千歳市教育委員会

田村俊之・高橋　理編 1989『イヨマイ6遺跡における考古学的調査(1)』千歳市教育委員会

田村俊之・高橋　理・豊田宏良編 1991『祝梅川山田遺跡における考古学的調査』千歳市教育委員会

田村俊之編 1994『丸子山遺跡における考古学的調査』千歳市教育委員会

千歳市教育委員会編 1978『祝梅三角山D遺跡における考古学的調査』千歳市教育委員会

千歳市教育委員会編 1981『末広遺跡における考古学的調査(上)』千歳市教育委員会

茅野嘉雄・岩田安之・木村　高編 2009『米山(2)遺跡Ⅵ・宮田館遺跡Ⅶ』青森県教育委員会

千葉大学考古学研究室編 2005『北海道標津町伊茶仁ふ化場第1遺跡第1次発掘調査概報』千葉大学考古学研究室

千葉大学考古学研究室編 2006『北海道標津町伊茶仁ふ化場第1遺跡第2次発掘調査概報』千葉大学考古学研究室

千葉大学考古学研究室編 2007『北海道標津町伊茶仁ふ化場第1遺跡第3次発掘調査概報』千葉大学考古学研究室

千葉大学考古学研究室編 2008『北海道標津町伊茶仁ふ化場第1遺跡第4次発掘調査概報』千葉大学考古学研究室

千葉大学考古学研究室編 2009『北海道標津町伊茶仁ふ化場第1遺跡第5次発掘調査概報』千葉大学考古学研究室

千葉大学考古学研究室編 2010『北海道標津町伊茶仁ふ化場第1遺跡第6次発掘調査概報』千葉大学考古学研究室

千葉大学考古学研究室編 2011『北海道標津町伊茶仁ふ化場第1遺跡第7次発掘調査概報』千葉大学考古学研究室

千葉大学考古学研究室編 2012『北海道中標津町鱒川第3遺跡第1次発掘調査概報』千葉大学考古学研究室

千葉大学考古学研究室編 2013『北海道中標津町鱒川第3遺跡第2次発掘調査概報・当幌川遺跡第1次発掘調査概報』千葉大学考古学研究室

東京大学大学院人文社会系研究科・文学部考古学研究室・常呂研究室編 1995『ライトコロ右岸遺跡』東京大学大学院人文社会系研究科・文学部

東京大学文学部考古学研究室編 1972『常呂』東京大学文学部

苫小牧市教育委員会編 1987『苫小牧東部工業地帯の遺跡群Ⅱ－厚真町厚真7遺跡・共和遺跡・早来町壺浅1遺跡発掘調査報告書－』苫小牧市教育委員会・苫小牧市埋蔵文化財調査センター

苫小牧市埋蔵文化財調査センター編 1990『苫小牧東部工業地帯の遺跡群Ⅲ－厚真町厚真3・12遺跡・苫小牧市静川8遺跡発掘調査報告書－』苫小牧市教育委員会・苫小牧市埋蔵文化財調査センター

苫小牧市埋蔵文化財調査センター編 1995『苫小牧東部工業地帯の遺跡群Ⅴ－苫小牧市静川19・静川26・柏原18遺跡発掘調査報告書－』苫小牧市教育委員会・苫小牧市埋蔵文化財調査センター

苫前町教育委員会編 1987『香川三線遺跡』苫前町教育委員会

苫前町教育委員会編 1988『香川6遺跡・香川三線遺跡』苫前町教育委員会

富水慶一 1969a『北海道白糠町の先史文化－第三輯－』白糠町教育委員会

富水慶一 1969b『北海道白糠町の先史文化 第二輯・第三輯図録篇』白糠町教育委員会

豊原熙司・福士廣志 1980『浜中町埋蔵文化財分布調査報告－第3次報告－』浜中町教育委員会

豊原熙司・福士廣志 1981『浜中町埋蔵文化財分布調査報告－第4次報告－』浜中町教育委員会

豊原熙司・涌坂周一 1981『植別川遺跡』羅臼町教育委員会

直井孝一編 1976『WakkaoiⅡ』石狩町教育委員会

直井孝一編 1977『WakkaoiⅢ』ワッカオイ調査団

直井孝一・園部真幸編 1983『江別市文化財調査報告書ⅩⅦ』江別市教育委員会

直井孝一編 1988『高砂遺跡（4）』江別市教育委員会

長町章弘編 2004『柏木川7遺跡』恵庭市教育委員会

中村良一・工藤利幸・高橋義介 1988『大久保・西久保遺跡発掘調査報告書』（財）岩手県文化振興事業団埋蔵文化財センター

名寄市教育委員会編 1979『名寄市文化財調査報告書Ⅰ』名寄市教育委員会

奈良智法・乾　哲也編 2010『厚真町厚幌1遺跡（2）・幌内7遺跡（1）』厚真町教育委員会

奈良智法・乾　哲也・熊谷　誠編 2009『厚真町ニタップナイ遺跡（1）』厚真町教育委員会

西　幸隆・沢　四郎編 1974『釧路市貝塚町1丁目遺跡調査報告－第4次調査－』釧路市立郷土博物館

西　幸隆・松田　猛編 1983『北海道阿寒町下仁々志別竪穴群』阿寒町教育委員会

西　幸隆・菅谷誉紫子・蛯原真奈美・松田　猛 1989『釧路市材木町5遺跡調査報告書』釧路考古学研究会

野月寿彦・石井　淳編 2008『K528遺跡』札幌市教育委員会

野月寿彦・秋山洋司編 2010『N533遺跡』札幌市教育委員会

野中一宏編 1997『町村農場1遺跡（7）』江別市教育委員会

野辺地初雄・野辺地章太・高橋　昇編 2004『岩内町東山1遺跡』岩内町教育委員会

野村　崇編 1997『北海道由仁町の先史遺跡［復刻版］』由仁町教育委員会

野村　崇他 1982『二ッ岩』北海道開拓記念館

羽賀憲二編 1989『K441遺跡　北33条地点・N12遺跡』札幌市教育委員会

羽賀憲二編 1992『N426遺跡』札幌市教育委員会

羽賀憲二編 1999a『N156遺跡』札幌市教育委員会

羽賀憲二編 1999b『K499遺跡・K500遺跡・K501遺跡・K502遺跡・K503遺跡（第1分冊）』札幌市教育委員会

羽賀憲二編 2004『N30遺跡（第2次調査）』札幌市教育委員会

長谷川徹編 1986『有珠善光寺2遺跡』伊達市教育委員会

東通村教育委員会編 1999『東通村史－遺跡発掘調査報告書編－』東通村教育委員会

平川善祥編 1995『雄武竪穴群遺跡』北海道開拓記念館

弘前市教育委員会編 2001『早稲田遺跡・福富遺跡発掘調査報告書』弘前市教育委員会

深川市教育委員会編 1997『東納内遺跡』深川市教育委員会

福士廣志 1983『姉別川17遺跡発掘調査報告』浜中町教育委員会

福士廣志 1985『高砂遺跡第2地点発掘調査報告』小平町教育委員会

藤井誠二編 1997『K39遺跡　長谷工地点』札幌市教育委員会

藤井誠二編 1998『K39遺跡　緑化地点』札幌市教育委員会

藤井誠二編 2001『K39遺跡　第6次調査』札幌市教育委員会

藤井　浩編 1996『千歳市ユカンボシC9遺跡』北海道埋蔵文化財センター

藤田　登編 1985『御幸町－茅部郡森町における縄文時代の住居址と土壙群発掘記録－』森町教育委員会

藤田　登編 1993『尾白内2－続縄文遺跡の調査報告－』森町教育委員会

藤本　強編 1976『トコロチャシ南尾根遺跡』北海道常呂郡常呂町

藤本　強編 1977『岐阜第三遺跡』東京大学文学部

藤本　強編 1980『ライトコロ川口遺跡』東京大学文学部

藤本　強・宇田川洋編 1982『岐阜第二遺跡－1981年度－』常呂町

藤本　強編 1985『栄浦第一遺跡』東京大学文学部

北海道大学埋蔵文化財調査室編 1986『サクシュコトニ川遺跡』［株］北海道機関紙印刷所出版企画室

北海道埋蔵文化財センター編 1982a『美沢川流域の遺跡群Ⅴ』北海道埋蔵文化財センター

北海道埋蔵文化財センター編 1982b『美沢川流域の遺跡群Ⅵ』北海道埋蔵文化財センター

北海道埋蔵文化財センター編 1982c『吉井の沢の遺跡』北海道埋蔵文化財センター

北海道埋蔵文化財センター編 1986『ユオイチャシ跡・ポロモイチャシ跡・二風谷遺跡』北海道埋蔵文化財センター

北海道埋蔵文化財センター編 1988『新千歳空港用地内埋蔵文化財発掘調査報告書　第2分冊　美沢川流域の遺跡群ⅩⅠ』北海道埋蔵文化財センター

北海道埋蔵文化財センター編 1990『美沢川流域の遺跡群ⅩⅢ』北海道埋蔵文化財センター

北海道埋蔵文化財センター編1992『美沢川流域の遺跡群ⅩⅤ　第1分冊　美々3遺跡・美々7遺跡・美々8遺跡』北海道埋蔵文化財センター

北海道埋蔵文化財センター編1993『美沢川流域の遺跡群ⅩⅥ　第1分冊　美々7遺跡・美々8遺跡』北海道埋蔵文化財センター

北海道埋蔵文化財センター編1994a『美沢川流域の遺跡群ⅩⅦ　美沢3遺跡・美々8遺跡』北海道埋蔵文化財センター

北海道埋蔵文化財センター編1994b『千歳市ユカンボシC2遺跡』北海道埋蔵文化財センター

北海道埋蔵文化財センター編1998『千歳市キウス5遺跡（5）』北海道埋蔵文化財センター

北海道夕張東高等学校郷土研究部編1967『夕張川流域の先史遺跡』北海道夕張東高等学校郷土研究部

本田克代・豊原熙司・涌坂周一1980『船見町高台遺跡』羅臼町教育委員会

本田克代・村田吾一1980『国後島の遺物』羅臼町教育委員会

前田　潮・藤沢隆志編2001『北海道礼文町香深井6遺跡発掘調査報告書』礼文町教育委員会

前田　潮・山浦　清編2004『根室市トーサムポロ遺跡R-1地点の発掘調査報告書－オホーツク文化末期の竪穴群－』北地文化研究会

前田正憲編2000『原口A遺跡』松前町教育委員会

前山精明・相田泰臣編2002『南赤坂遺跡』巻町教育委員会

眞壁　建・松田亜紀子編2003『山田遺跡発掘調査報告書（Ⅰ～K・M1区）』鶴岡市教育委員会

松田　功他1993『オショコマナイ河口東遺跡・オタモイ1遺跡発掘調査報告書』斜里町教育委員会

松田　功・中村竹虎・門間　勇2002『チャシコツ岬下B遺跡発掘調査報告書』斜里町教育委員会

松田　功・豊原熙司・坂井通子・因幡勝雄2006『クシュンコタン遺跡発掘調査報告書』斜里町教育委員会

松田　功・村本周三・田代雄介2011a『ウトロ遺跡』斜里町教育委員会

松田　功・村本周三・田代雄介2011b『チャシコツ岬下B遺跡発掘調査報告書』斜里町教育委員会

松田淳子編2004『トメト川3遺跡における考古学的調査』千歳市教育委員会

松谷純一・上屋真一編1988『中島松6・7遺跡』恵庭市教育委員会

松谷純一編1989『中島松5遺跡A地点』恵庭市教育委員会

松谷純一編1992『中島松1遺跡・南島松4遺跡・南島松3遺跡・南島松2遺跡』恵庭市教育委員会

松谷純一編1995『ユカンボシE7遺跡』恵庭市教育委員会

松谷純一編1997『茂漁4遺跡』恵庭市教育委員会

松谷純一編2004『恵庭公園遺跡』恵庭市教育委員会

松前町教育委員会編1989『札前Ⅱ』松前町教育委員会

松前町教育委員会編1991『札前Ⅲ』松前町教育委員会

三浦孝一編2004『オクツナイ2遺跡』八雲町教育委員会

三浦孝一・柴田信一・吉田　力2005『浜松2遺跡Ⅲ』八雲町教育委員会

三浦正人・倉橋直孝編1997『千歳市キウス7遺跡（4）』北海道埋蔵文化財センター

三浦正人・鈴木　信編1998『千歳市ユカンボシC15遺跡（1）』北海道埋蔵文化財センター

三浦正人・菊池慈人・皆川洋一・新家水奈・阿部明義・愛場和人・袖岡淳子・広田良成編2008『千歳市キウス9遺跡』北海道埋蔵文化財センター

皆川洋一編2002『奥尻町青苗砂丘遺跡』北海道埋蔵文化財センター

峰山　巖・金子浩昌・松下　亘・竹田輝雄1971『天内山－続縄文・擦文・アイヌ文化の遺跡－』北海道出版企画センター

峰山　巌・宮塚義人 1983『おびらたかさご』小平町教育委員会

峰山　巌編 1984『伊達市南有珠 7 遺跡発掘調査報告』伊達市教育委員会

宮　宏明編 1988『柏木川 8 遺跡・柏木川 13 遺跡』恵庭市教育委員会

宮　宏明編 1989『沢町遺跡』余市町教育委員会

宮　宏明編 1999『入舟遺跡における考古学的調査』余市町教育委員会

宮塚義人 1983『おびらたかさごⅡ』小平町教育委員会

村田　大・吉田裕吏洋編 2005『恵庭市柏木川 4 遺跡（2）－Ａ・Ｃ地区－』北海道埋蔵文化財センター

森　秀之編 2004『茂漁 7 遺跡・茂漁 8 遺跡』恵庭市教育委員会

森　靖裕他 1990『矢不来 3 遺跡』上磯町教育委員会

森岡健治編 1996『カンカン 2 遺跡』平取町教育委員会

森岡健治編 2010『パンケヌッチミフ遺跡』平取町教育委員会

森町教育委員会編 1994『御幸町 2 －茅部郡森町における縄文時代の住居址と土壙群発掘記録－』森町教育委員会

八重柏誠編 2011『元町 2 遺跡』美幌町教育委員会・美幌町郷土史研究会

山崎博信・長谷川功・宮島武彦・高橋稀一・海老原郁雄・今井勝人・斉藤武一 1965『開生遺跡』道北先史文化調査団・名寄郷土史研究会

山本文男編 1981『別保川左岸 1 遺跡発掘調査報告書』釧路町教育委員会

山本文男編 1984『ノトロ岬』音別町教育委員会

八幡一郎・増田精一・岩崎卓也編 1966『北海道根室の先史遺跡』根室市教育委員会

横山英介・石橋孝雄編 1975『Wakkaoi』石狩町教育委員会

横山英介編 2000『上藤城 3 遺跡発掘調査報告書』七飯町教育委員会

吉崎昌一・横山英介・直井孝一・伊藤千尋・飽津博史・岡安　武・中岡宇田子編 1975『紅葉山砂丘における考古学的調査報告』石狩町教育委員会

吉崎昌一・岡田淳子編 1981『北大構内の遺跡 1』北海道大学

吉崎昌一・岡田淳子編 1987『北大構内の遺跡 5』北海道大学

米村哲英 1970『ピラガ丘遺跡』斜里町教育委員会

米村哲英 1972『ピラガ丘遺跡－第Ⅱ地点発掘調査概報－』斜里町教育委員会

米村哲英・金盛典夫 1976『ピラガ丘遺跡－第Ⅲ地点発掘調査報告－』斜里町教育委員会

米村哲英編 1991『浜佐呂間Ⅰ遺跡・HS － 05 遺跡』佐呂間町教育委員会

米村　衛編 1993『嘉多山 3 遺跡・嘉多山 4 遺跡』網走市教育委員会

米村　衛・梅田広大編 2009『史跡最寄貝塚』網走市教育委員会

涌坂周一・豊原煕司・本田克代・大場靖友 1984『松法川北岸遺跡』羅臼町教育委員会

涌坂周一他 1991『オタフク岩遺跡』羅臼町教育委員会

涌坂周一編 1996『相泊遺跡（2）』羅臼町教育委員会

涌坂周一編 2002『隧道丘陵地遺跡』羅臼町教育委員会

和田英昭・米村　衛 1986『嘉多山遺跡』網走市教育委員会

図表出典

序論

図1・2：榊田原図

第1章　擦文土器研究史からみた問題の所在と方法論の展望

図3：宇部2002（1段目左）、上屋・佐藤2004（1段目中央）、竹田1970（1段目右）、石附編1977（2段目左）、小針・秋山編2003（2段目中央）、藤井編2001（2段目右）、羽賀編2004（3段目左）、東京大学考古学研究室編1972（3段目中央・右）、武田編2007（4段目左）、駒井1963（4段目中央・右）、藤本編1980（5段目左）、駒井1963（5段目中央）、八幡他編1966（5段目右）より作成。

第2章　北大式土器の編年と系統

図4・14～16・32・36：榊田原図。

図5・7～11：榊田2009aを改変。

図6：1・5は小杉他編2011。2は立川・末光編1999。3は笹田・豊原2007。4は小保内他編2006。

図12：直井編1977。

図13：1は木村編1981。2～8は北海道埋蔵文化財センター編1982c。

図17：1は大島・青木編1996。2は木村編1996。3は佐藤編2000b。4は峰山編1984。

図18：1は小樽市教育委員会編1989。2は立川・末光編1999。3は大島・稲垣1985。4は松谷・上屋編1988。

図19：小樽市教育委員会編1992b。

図20：1は小樽市教育委員会編1992a。2・3は野村・大島1992。4乾編2000。5・6は吉崎・岡田編1987。7は森編2004。8は江別市郷土資料館編1993。9は田村他編1991。10は木村編1996。11は柏木編2005。12は木村編1981。13・14は小杉他編2011。

図21：1・13・14は小杉他編2011。2は柏木編2005。3は北海道埋蔵文化財センター編1982c。4は木村編1996。5・8・12は佐藤編2000b。6は乾編2004。7は大島・青木編1996。9は大場・石川1966。10・15は佐藤・宮夫編1997。11は藤井編1996。16は野村・大島1992。

図22：1は乾編2004。2・3・5～7は横山・石橋編1975。4は西蓮寺・田村編1979。8・9は田中編2012。10は江別市郷土資料館編1993。

図23：1・2は乾編2000。3・4は乾編2001。5は羽賀編1992。6は直井編1988。7は木村編1996。8・9は種市他編2001。10は佐藤他編2008。11・12は青木編2003。13は野村・大島1992。14は佐藤・宮夫編1984。15は園部編1991。16は三浦他編2008。17は三浦・倉橋編1997。18は西蓮寺・田村編1979。

図24：1は小杉他編2011。2は立川・末光編1999。3は高橋編1980。4・9は松谷編2004。5は北海道埋蔵文化財センター編1992。6は上屋編1993。7は新家・佐藤編2002。8は北海道埋蔵文化財センター編1993。10は松谷編1995。11は上屋編1987。12は上屋・佐藤2004。13は柏木編2003。14は小樽市教育委員会編1989。

図25：1・2は北海道埋蔵文化財センター編1990。3は長町編2004。4は苫小牧市埋蔵文化財調査センター編1995。5は宇部2002。6は松谷・上屋編1988。7は宮編1999。8は小樽市教育委員会編1989。9は立川・末光編1999。10・11は和泉田編2002。

図26：1は北海道埋蔵文化財センター編1982c。2・5は西蓮寺・田村編1979。3は三浦・鈴木編1998。4は佐藤編2000a。6は種市他編2001。7は小杉他編2011。8は野村・大島1992。

図27：1は野月・石井編2008。2は大谷・田村編1986。3は森編2004。4は北海道埋蔵文化財センター編1982c。5は野村・大島1992。6～8・16は小杉他編2011。9・12は種市他編2001。10・11は乾編2000。13は上屋編1987。14は青木編2003。15は佐藤編2000a。

図28：1・2・5は小杉他編2011。3は種市他編2001。4は北海道埋蔵文化財センター編1998。6・9は田中編2012。7は小樽市教育委員会編1992a。8は苫小牧市埋蔵文化財調査センター編1995。10は和泉田編2002。11は松谷・上屋編1988。12は苫小牧市埋蔵文化財調査センター編1990。13は松谷編2004。

図29：1～4は鈴木編2014。5・6・11・12は小杉他編2011。7・8・13～15は立川・末光編1999。9・10は高橋編1982。

図30：1～4は北海道埋蔵文化財センター編1982c。5は乾編2004。6は宇部2002。7・8は上屋編1987。9・10は和泉田編2002。

図31：1は三浦・鈴木編1998。2は鈴木編2014。3は乾編2001。4はウサクマイ遺跡研究会編1975。5～7は立川・末光編1999。8・9は阿部編2008b。

図33：1～4は川名・高畠2010。5～9は松田他2011a。10～13は笹田・豊原2007。14～20は山本編1984。21は鈴木編2011。22は石橋他1975。

図34：1は千代1965。2～7は横山編2000。8は藤田編1993。9は汐泊川遺跡調査団1965。10～18は三浦編2004。

図35：1～3は大野他編2004。4～7は小保内他編2006。8は金子他1975。9は茅野他編2009。10は阿部編2008b。11は橘1975。12は東通村教育委員会編1999。13・14は今野他編2002。15・16は中村他1988。17は桐生編1987。18～20は高木2002。21・22は斎藤・小松1987。23は阿部編2008a。24は菊池他編1992。25は眞壁・松田編2003。

第3章　前半期擦文土器甕の編年と系統

図37～50：榊田2011を改変。

図51：菊池1972a。

図52：上野編1974。

図53：岡田・宮編2000。

図54：1・9・10は乾編2000。2は北海道埋蔵文化財センター編1986。3は和泉田編2002。4は上屋編1991。5・6は小樽市教育委員会編1989。7は小樽市教育委員会編1992a。8は乾編2004。11は松谷編1989。12～14は松谷・上屋編1988。15は旭川市教育委員会1985。16・17はシン・荒井共同企業体編2012。18は北海道埋蔵文化財センター編1990。

図55～57：榊田原図。

図58：1・5は大谷・田村編1982。2・7・9は藤井編2001。3は上野編1979。4は鈴木他編1995。6は野月・石井編2008。8は岡田・宮編2000。10は松谷・上屋編1988。

第4章　後半期擦文土器甕の編年と動態

図59・78・80・97・99～104：榊田原図。

図60：1～4は石井編2006。5・6は岡田・宮編2000。7・8は苫前町教育委員会編1987。9・10は松谷・上屋編1988。11・12は大谷・田村編1982。13～15は田村編1985。

図61：1～5・12～14は岡田・宮編2000。6～9は苫前町教育委員会編1987。10・11は峰山・宮塚1983。

図62：1・2は苫前町教育委員会編1987。3～5は峰山・宮塚1983。6～8は鈴木他編1995。9～11は東京大学考古学研究室編1972。12・13は藤井編2001。14～17は仙庭・上野編1995。

図63：1～3は宮塚1983。4～6は峰山・宮塚1983。7・8は岡田・宮編2000。9～15は鈴木他編1995。16～18は苫前町教育委員会編1988。

図64：1～4は羽賀編2004。5・6は田村編1985。7・8は枝幸町教育委員会編1981。9～12は峰山・宮塚1983。13～15は瀬川1995。16・17は出穂編1999a。

図65：1～3は金盛他1981。4・5は苫前町教育委員会編1987。6・7は苫前町教育委員会編1988。8～10・17・18は峰山・宮塚1983。11・12は大場・大井編1976。13・14は岡田・宮編2000。15・16は高畠編1999。

図66：1～4は峰山・宮塚1983。5・6は武田編2000。7・8は苫前町教育委員会編1988。9～18は金盛他1981。19・20は石川編2005。

図67：1・2は苫前町教育委員会編1988。3・4は金盛他1981。5・6は武田編2007。7・8は藤本編1977。9・10は鬼柳他1984。11～14は東京大学考古学研究室編1972。15・16は越田他編2002。

図68：1・2は越田他編2002。3・4・8・9は武田編2007。5～7は藤本編1977。10・11は石川編2005。12・13は武田編2005。14・15は山崎他1965。16・17は金盛他1981。

図69：1～3は金盛他1981。4～6は和田・米村1986。7～10は藤本編1977。11・12は川上編1994。13～15は駒井編1963。

図70：1・2は越田他編2003。3～5は河野・川上編1983。6・7は武田編2007。8～10は沢編1972。11～15は東京大学考古学研究室編1972。16～19は金盛他1981。

図71：1・2は加藤他1982。3・4は枝幸町教育委員会編1983。5～10は武田1993。11～15は枝幸町教育委員会編1980。

図72：1～4は東京大学考古学研究室編1972。5～7は鬼柳他1984。8～15は駒井編1963。16～19は西・松田編1983。

図73：1～5は藤本編1980。6～14は石橋他1974。

図74：1～3・14～17は東京大学考古学研究室編1972。4～6は八幡他編1966。7～9は武田編2005。10～13は石川・松田編1992。

図75：1～3は東京大学大学院人文社会系研究科・文学部考古学研究室・常呂研究室編1995。4・5は鬼柳他1984。6・7は武田編1996。8～13は東京大学考古学研究室編1972。14～16は駒井編1963。17・18は武田編2004。

図76：1・2・12～14は東京大学大学院人文社会系研究科・文学部考古学研究室・常呂研究室編1995。3・4・7・8は武田編1996。5・6は稲垣編1999。9～11は釧路市教育委員会編1993。15～19は和田・米村1986。

図77：1・2は遠軽町教育委員会編1994。3・4は東京大学大学院人文社会系研究科・文学部考古学研究室・常呂研究室編1995。5～8は石川・松田編1992。9・10は米村編1991。

図79：羽賀編2004（1）、峰山・宮塚1983（2）、枝幸町教育委員会編1981（3）、石川編2005（4）、金盛他1981（5・6）より作成。

図81：藤井編2001（1・5・6）、東京大学考古学研究室編1972（2）、鈴木他編1995（3）、羽賀編2004（4）峰山・宮塚1983（7・8）より作成。

図82：金盛1976（1）、岡田・宮編2000（2）、鬼柳他1989（3）、羽賀編2004（4）、鈴木他編1995（5・6）より作成。

図83：藤本・宇田川編1982（1）、羽賀編2004（2）、東京大学考古学研究室編1972（3）、八幡他編1966（4）より作成。

図84：仙庭・上野編1995（1）、鈴木他編1995（2～4）、越田他編2002（5）、石橋他1974（6）、東京大学考古学研究室編1972（7）より作成。

図 85：岡田・宮編 2000 より作成。

図 86：苫前町教育委員会編 1987（1）、峰山・宮塚 1983（2）より作成。

図 87：武田編 2000（1）、枝幸町教育委員会編 1981（2）、越田他編 2003（3）、鬼柳他 1989（4）、宮塚 1983（5）、苫前町教育委員会編 1987（6）より作成。

図 88：羽賀編 2004（1）、山本編 1984（2）、高橋編 2009（3）より作成。

図 89：峰山・宮塚 1983（1）、大場・大井編 1976（2）、武田編 2004（3）、加藤他 1982（4）より作成。

図 90：苫前町教育委員会編 1988（1）、石井編 2006（2）、武田編 2004（3）、金盛他 1981（4・5）、高畠編 1999（6・7）より作成。

図 91：藤本編 1977（1）、石橋他 1974（2）、鬼柳他 1984（3）、武田編 1996（4）、金盛他 1981（5）、枝幸町教育委員会編 1980（6）、東京大学考古学研究室編 1972（7）、河野・川上編 1983（8）より作成。

図 92：川上編 1994 より作成。

図 93．藤本編 1977（1・4）、武田編 1996（2）、枝幸町教育委員会編 1983（3）より作成。

図 94：柏木編 2004（1）、苫前町教育委員会編 1988（2）、高橋編 2009（3）、石川・松田編 1992（4・5）、石橋他 1974（6）より作成。

図 95：石川・松田編 1992（1）、山本編 1984（2）、鬼柳他 1984（3）より作成。

図 96：金盛 1976（1）、峰山・宮塚 1983（2）より作成。

図 98：1 は峰山編 1984。2 は工藤・鈴木編 2008。3 は青野編 2005。4～6 は森岡編 1996。7～9 は乾他 2007。10～15 は小野他 2009。

第 5 章　擦文土器坏・高坏の編年

図 105・107・108・110～113・118・120・129：榊田原図。

図 106：宇部 2002 より作成。

図 109：左・中央は藤井編 2001。右は上野・仙庭編 1993。

図 114：1 は松谷・上屋編 1988。2 は鈴木他編 1995。3・8 は柏木・羽賀編 2005。4・9～12 は岡田・宮編 2000。5 は三浦・鈴木編 1998。6・7 は上野・仙庭編 1993。13・14 は宮編 1989。

図 115：1・2・10 は田村編 1994。3 は上屋編 2003。4 は松谷・上屋編 1988。5・6 は森編 2004。7・8 は田部編 1997。9・19～22 は野辺地他編 2004。11 は佐藤他編 2010。12～14 は柏木編 2003。15 は岡田・宮編 2000。16～18 は藤井編 2001。23・24 は宮編 1988。

図 116：1～4 は野月・石井編 2008。5・6 は藤井編 2001。7・8 は石井編 2006。9・10 は岡田・宮編 2000。11 は鈴木他編 1995。12 は松谷・上屋編 1988。13 は瀬川編 1988。14～18 は苫前町教育委員会編 1987。19・20 は藤井編 1997。

図 117：1 は藤井編 1997。2 は森編 2004。3 は鈴木他編 1995。4 は小樽市教育委員会編 1992a。5 は上野編 1979。6 は石井編 2006。7～9 は藤井編 2001。10 は苫前町教育委員会編 1988。

図 119：1～5 は藤井編 2001。6・7 は苫前町教育委員会編 1988。

図 121：1 は藤本編 1980。2 は駒井編 1963。3 は鬼柳他 1984。

図 122：1・2 は加藤編 1995。3 は羽賀編 2004。4 は藤井編 1997。5 は大場・大井編 1976。6・16～19 は苫前町教育委員会編 1987。7・8・20～23 は峰山・宮塚 1983。9 は街道編 1975。10～12 は苫前町教育委員会編 1988。13 は深川市教育委員会編 1997。14 は瀬川 1995。15 は金盛他 1981。24 は小樽市教育委員会編 1992a。

図 123：1 は苫前町教育委員会編 1987。2 は上屋編 1987。3 は東京大学考古学研究室編 1972。4 は金盛他 1981。5 は小杉編

2003。6は上野編 1997。

図124：1は小杉編 2003。2・3・9・11・12は金盛他 1981。4は藤本編 1977。5・6・15は東京大学考古学研究室編 1972。7・8は名寄市教育委員会編 1979。10は加藤編 1995。13は武田編 2006。14は武田編 2007。16・17は枝幸町教育委員会編 1980。18・19は八幡他編 1966。

図125：1は石川編 2005。2は武田編 2004。3は武田編 1996。4は山本編 1981。5は石川・松田編 1992。

図126：1は武田編 2006。2は武田編 2007。3・5・6は武田編 1996。4は武田編 2004。7は金盛他 1981。8は米村編 1991。9～12は鬼柳他 1984。13は名寄市教育委員会編 1979。

図127：1は鬼柳他 1984。2は北構・岩崎編 1971。3は駒澤大学考古学研究室 2009。

図128：1は宇部 2002。2は八木 2007b。3・4は三浦編 2004。

第6章　擦文土器の編年設定と成立過程の復元

図130：1～3・7～9は田村編 1994。4・5・10・11は田部編 1997。6・12・13は上野・仙庭編 1993。14は上屋編 2003。

図131：1は三浦他編 2008。2・3は藤井編 1996。4・8は松谷・上屋編 1988。5は村田・吉田編 2005。6は三浦・鈴木編 1998。7は岡田・宮編 2000。9～11は柏木編 2003。

図132：1～3は仙庭・上野編 1995。4・5・8～11は岡田・宮編 2000。6・7は松谷編 1997。12～14は野辺地他編 2004。15・16は藤井編 2001。

図133：1・5・10は上野編 1979。2は柏木編 2003。3は小針・秋山編 2003。4は岡田・宮編 2000。6・9・11は鈴木他編 1995。7・8は野月・石井編 2008。12は加藤編 1995。

図134：1は福士 1985。2は上野編 1980。3は峰山・宮塚 1983。4・5は苫前町教育委員会編 1987。6は岡田・宮編 2000。7～9は藤井編 1997。10～13は苫前町教育委員会編 1988。

図135：1・4・10～12は苫前町教育委員会編 1987。2は鈴木他編 1995。3・5～7は苫前町教育委員会編 1988。8は瀬川 1995。9は羽賀編 2004。

図136：1・10・11は苫前町教育委員会編 1987。2～4・14は金盛他 1981。5・6は武田編 2000。7・8・15は石川編 2005。9・13は藤本編 1977。12は峰山・宮塚 1983。

図137：1・13は武田編 2007。2・3・5・6は駒井編 1963。4・8・9・14は金盛他 1981。7・10～12は石川編 2005。

図138：1～4・6は石川・松田編 1992。5・7は米村編 1991。

図139・140：榊田原図。

第7章　トビニタイ式土器の編年と系統

図141・147・158・160・163・170：榊田原図。

図142：1は加藤他 2009。2は金盛他 1981。3は児玉・大場 1956。4・5は駒井編 1964。6は沢他 1971。7・8は米村 1970。

図143：1～8・15は椙田 1982。9は松田他編 2011a。10・16は涌坂編 2002。11は涌坂他 1991。12は小林 2004。13は吉野 1974。14は加藤他 2006。

図144：1・5は青柳編 1995。2は宇田川・熊木編 2003。3・6・7は涌坂他 1984。4・8は北構・前田編 2009。

図145：椙田 1982（1～4）、武田編 2005（5）、駒井編 1964（6・7）、涌坂他 1984（8）、本田他 1980（9・11）、沢他 1971（10）、松田他編 2011a（12）より作成。

図146：椙田 1982（1・2）、椙田 1980（3）、金盛 1976（4・5）、駒井編 1964（6）、沢他 1971（7）、涌坂他 1991（8・9）より作成。

図148：1～4は椙田 1982。5は松田他編 2011a。

図 149：1 〜 5 は椙田 1982。6 は吉野 1974。

図 150：1 は椙田 1982。2 は武田編 2005。3 は宇田川 1975。4 は駒井編 1964。

図 151：1 は加藤他 2006。2・3・5 〜 7 は椙田 1982。4 は小林 2004。8 は宇田川 1975。9・10 は沢他 1971。11 は涌坂他 1991。12 は涌坂他 1984。13 は駒井編 1964。

図 152：1 〜 4 は本田他 1980。5・6 は金盛 1976。7 は沢編 1971。8 は松田他編 2011a。9 は松田他編 2011b。10 〜 12 は椙田 1980。13 は涌坂編 2002。

図 153：1 は豊原・福士 1980。2 は石附編 1973。3 は涌坂他 1991。4 は荒生・小林 1986。5 は沢他 1971。6 は沢編 1972。7・8 は米村 1970。9 は小林 2004。

図 154：1 は豊原・福士 1980。2・4 は米村編 1993。3・5・6 は金盛他 1981。7 は石附編 1973。8 は武田編 2007。

図 155：1・2 は高橋編 2009。3 は武田編 2007。4・6 〜 9 は金盛他 1981。5 は東京大学考古学研究室編 1972。10 は駒井編 1964。

図 156：武田編 2002。

図 157：駒井編 1964。

図 159：1・2 は宇田川・熊木編 2003。3 は青柳編 1995。4 は涌坂他 1984。5・6 は野村他 1982。

図 161・162：前田・山浦編 2004。

図 164：1 〜 7 は国分他 1974。8 〜 13 は北構・前田編 2009。

図 165：涌坂他 1984。

図 166：1 〜 8 は青柳編 1995。9 〜 14 は野村他 1982。

図 167：松田他 2002。

図 168：1 〜 6 は金盛他 1981。7 は石附編 1973。8 は宇田川編 1984。9 は涌坂他 1991。10 は椙田編 2010。11 は加藤他 2009。12 は椙田・椙田 1987。

図 169：金盛他 1981（上段）、高橋編 2009（下段左）、武田編 2007（下段右）より作成。

図 171・172：榊田 2012 を改変。

図 173・175：榊田 2010 を改変。

図 174：1 〜 9・12 は五十嵐 1989。10・11 は大場 1971。13 〜 15 は Березкин 2002。16 は熊木・高橋編 2010。17 は Стешенко и.др. 1977。

第 8 章　道南部擦文土器の編年と系統

図 176 〜 179・190・191：榊田原図。

図 180：久保他編 1975（上段左）、久保他 1984（上段右・下段右）、佐藤 1979（下段左）より作成。

図 181：1 は梅原 1982。2・4 は久保他編 1975。3・5・7 〜 10 は瀬棚町教育委員会編 1985。6 は柴田他 2004。

図 182：1・2 は松前町教育委員会編 1991。3 は久保他 1984。4 は前田編 2000。5 は加藤 1981。6 は藤田編 1985。7 〜 9 は大沼他 1976。

図 183：1 は出穂編 1999a。2 は苫前町教育委員会編 1987。3・4 は東京大学考古学研究室編 1972。5 〜 8 は武田編 2007。9 は加藤他 1982。10 は西他 1989。11 は枝幸町教育委員会編 1981。

図 184：久保他 1984。

図 185：1・2 は松前町教育委員会 1989。3 〜 7 は久保他 1984。

図186：1は石井編2006。2は福士1985。

図187：1は佐藤1979。2〜5・8は前田編2000。6・7は大場他1961。9は木村編1999。10は加藤1981。11は佐藤編1981。

図188：1・3は佐藤1979。2・4・5は佐藤編1981。6は加藤1981。

図189：1〜6は瀬棚町教育委員会編1985。7は三浦他2005。8は柴田他2004。9〜12・16〜18は久保他1984。13・14・22は佐藤編1981。15・23・24は佐藤1979。19は大場他1955。20は斉藤・加賀谷編2004。21は大沼編1977。

第9章　北大式土器と擦文土器の広域編年対比

図192：1は乾編2004。2は宇部・小久保編2001。3・4は阿部編2008b。5・6は宇部2009。

図193：大野編2002。

図194：青森県埋蔵文化財調査センター編2006。

図195：小谷地他編2008。

図196：青森県埋蔵文化財調査センター編1998。

図197：青森県埋蔵文化財調査センター編1988。

図198：桜田編1978。

図199・204：桜井・菊池編1987。

図200：弘前市教育委員会編2001。

図201：石井編2006。

図202：1〜5は内山編1999。6・7は熊木2007。

図203：駒井編1964。

図205：1〜3は和泉田編2002・鈴木（信）2006。4〜6は佐藤編1994。

図206：1は八幡他編1966。2は加藤1981。

図207：西他編1989。

総論

図208〜211：榊田原図。

挿表はすべて榊田作成。

あとがき

　本書は、2013年1月に東京大学大学院人文社会系研究科に提出した博士学位論文に変更を加えたものである。大学を出て研究環境が変化したこともあり、本書の完成にいたるまで多くの年数を費やすことになってしまった。それでも完成に漕ぎつくことができたのは、論文の作成において懇切丁寧にご指導くださった熊木俊朗先生、審査においていたらない点をご教示くださった宇田川洋先生、菊池徹夫先生、佐藤宏之先生、設楽博己先生、本書の作成においてご尽力くださった福田正宏先生の、温かい眼差しと激励のお言葉があったおかげである。まず、この6名の先生に深甚の謝意を表します。

　ほかに、新井隆一、石川　朗、乾　哲也、右代啓視、宇部則保、臼杵　勲、内山幸子、大坂　拓、大貫静夫、岡内三眞、菊池俊彦、木山克彦、越田賢一郎、小杉　康、近藤二郎、齋藤　淳、笹田朋孝、澤井　玄、鈴木琢也、瀬川拓郎、髙倉　純、高瀬克範、高瀬光永、高橋　健、高橋龍三郎、塚本浩司、寺崎秀一郎、豊原熙司、中澤寛将、中田裕香、根岸　洋、簑島栄紀、山浦　清、涌坂周一の諸先生・諸氏よりいただいたご助言や励ましのお言葉に、今日まで支えられた。深く感謝申し上げます。仙庭伸久氏をはじめとする札幌市埋蔵文化財センターの諸氏には、多大なるご負担をおかけした。本書は、皆様の支え無くしては完成しなかったと痛感している。厚くお礼申し上げます。

　本書の編集に当たっては、北海道出版企画センターの野澤緯三男氏から多大なご尽力を賜った。入稿から出版にいたるまで、多くの面でご配慮いただいたことに、改めてお礼申し上げます。

　ほかにも、本論に関連した資料調査では多くの方々・機関のお世話になったが、これまでに発表した拙稿にそれぞれ記しているので、ここで改めて名前を挙げないのをお許しいただきたい。

　最後に、会えば必ず筆者を励ましてくれた祖父勇・祖母久子、好きなことを続ける筆者をいついかなる時も温かく見守り支え続けてくれた父栄治・母和子、そして筆者の最大の心の支えである兄幸介に、深く感謝申し上げたい。

榊田　朋広　Sakakida, Tomohiro

1982年　神奈川県秦野市生まれ
2004年　早稲田大学第一文学部総合人文学科卒業
2010年　東京大学大学院人文社会系研究科単位取得退学
現　在　札幌市埋蔵文化財センター勤務
　　　　博士（文学）

擦文土器の研究
―古代日本列島北辺地域土器型式群の編年・系統・動態―

発　行　2016年11月10日
著　者　榊田　朋広
発行者　野澤　緯三男
発行所　北海道出版企画センター
　　　〒011-0018　札幌市北区北18条西6丁目2-47
　　　　　　電　話　011-737-1755
　　　　　　ＦＡＸ　011-737-4007
　　　　　　振　替　02790-6-16677
　　　　　　ＵＲＬ　http://www.h-ppc.com/
　　　　　　E-mail　hppc186@rose.ocn.ne.jp
　　　　　　印刷所　㈱北海道機関紙印刷所
　　　　　　製本所　石田製本㈱

乱丁・落丁はおとりかえします。

ISBN978-4-8328-1610-7　C3020